Gesellschaftliches Subjekt

Erwachsenenpädagogische Perspektiven und Zugänge

herausgegeben von

Malte Ebner von Eschenbach

Stephanie Günther

Anja Hauser

Schneider Verlag Hohengehren

2014

Diese Veröffentlichung wurde von der Hans-Böckler-Stiftung finanziell unterstützt.

Bibliographische Information der Deutschen Nationalbibliothek
Die Deutsche Nationalbibliothek verzeichnet diese Publikation in der Deutschen Nationalbibliographie; detaillierte bibliographische Daten sind im Internet über »http://dnb.d-nb.de« abrufbar.

ISBN 978-3-8340-1380-4

Schneider Verlag Hohengehren, D-73666 Baltmannsweiler
Homepage: www.paedagogik.de

Grafik und Satz: Benjamin Paul, Rachel Eguakun
Lektorat: Stefanie Haufe

Gedruckt auf umweltfreundlichem Papier (chlor- und säurefrei hergestellt).

© Schneider Verlag Hohengehren, 73666 Baltmannsweiler 2014.
   Printed in Germany. Druck: Stückle, Ettenheim

Gesellschaftliches Subjekt

für Joachim Ludwig zum 60. Geburtstag

Grußwort

des Vorstands der Sektion Erwachsenenbildung
der Deutschen Gesellschaft für Erziehungswissenschaft

Vier Jahre, vom 22.9.2006 bis zum 27.9. 2010, war Joachim Ludwig 1. Sprecher des Vorstandes der Sektion Erwachsenenbildung in der Deutschen Gesellschaft für Erziehungswissenschaft. Die vielfältigen Aktivitäten der Sektion in dieser Zeit lassen sich vielleicht am besten mit zwei Attributen charakterisieren: Es ging um *Strukturierungsarbeit* und die vorherrschende Perspektive war dabei eine *gesellschaftswissenschaftliche*. So beschäftigten sich die Tagungen dieser Zeit vielfach mit soziologisch konnotierten Themen (z.B. demografischer und sozialer Wandel 2009 in München oder Gouvernance 2010 in Chemnitz).

Weiterhin investierte der Vorstand auf Anregung von Joachim Ludwig und in persönlich engagierter Kooperation mit dem Deutschen Institut für Erwachsenenbildung viel Arbeit in die Entwicklung und Gestaltung einer Forschungslandkarte Erwachsenenbildung – nicht zuletzt, um die Sichtbarkeit erwachsenenpädagogischer Forschung zu erhöhen und diese auch innerhalb der Disziplin besser zu erschließen. Die Früchte dieser Arbeit sind für alle gut (allgemein) zugänglich, sei es in Form der Tagungsbände der Jahrestagungen dieser Zeit, sei es bei der Recherche in den inzwischen über 1200 Projekten, die in der Forschungslandkarte verzeichnet sind. Hinzu kommt sein Beitrag bei der Entwicklung des Netzwerkes Alphabetisierung, das dazu dient, die unterschiedlichen erwachsenenpädagogischen Forschungs- und Entwicklungsarbeiten zur Alphabetisierung innerhalb und außerhalb des BMBF-Förderschwerpunkts zu diesem Thema miteinander in Verbindung zu bringen. Beinahe nebenbei begleitete Joachim Ludwig in seiner Vorstandszeit auch noch die Entstehung der Arbeitsgemeinschaft (und späteren Kommission) Organisationspädagogik, in der er auch zeitweise als Vorstandsmitglied fungierte. Schließlich ist Joachim Ludwigs Zusammenarbeit mit Wiltrud Gieseke bei der Durchführung eines Kolloquiums und einer daraus entstandenen einzigartigen und umfangreichen Publikation zur Würdigung und zum Gedächtnis des großen Erwachsenenpädagogen Hans Tietgens am 23.10.2009 hervorzuheben.

Zu diesen sichtbaren Aktivitäten kommen weiterhin zahlreiche Aufgaben, die sich im Hintergrund abgespielt haben. Sie reichen von Aufgaben offizieller Art (wie Gespräche mit Vertreterinnen und Vertretern des Bundesministeriums für Bildung und Forschung) über Impulse zur Nachwuchsförderung bis hin zu koordinierenden Abstimmungen mit Vorstands- und anderen Kolleginnen und Kollegen aus der Disziplin. Fragt man einige von Ihnen nach der Zusammenarbeit mit Joachim Ludwig, so wird – neben der freundlich-bayerischen Verbindlichkeit, Humor und einem aufrichtigen Interesse an der Arbeit des wissenschaftlichen Nachwuchses – immer wieder einmal sein Haus in Potsdam erwähnt. Das kommt wohl nicht von ungefähr, diente es doch als Besprechungsort für manche der oben angesprochenen weniger formellen Aktivitäten, deren Bedeutung für die Weiterentwicklung einer wissenschaftlichen Community kaum zu unterschätzen sind. Hinzu kommt, dass diese Umgebung scheinbar geradezu metaphorische Kraft entfaltet hat. Zum Garten des Hauses gehört nämlich ein großer Teich, der nicht nur zum Schwimmen einlädt, sondern natürlich auch mancherlei Anforderungen bereithält. Pflanzen müssen in ihrem Wachstum begrenzt werden, Pumptechnik ist zu warten, kurz: nur kontinuierliche, ebenso einfühlsame wie anstrengende Pflegearbeit schafft die Grundlage, damit ein solcher See einladend und schön sein kann – und je weniger diese Anmutung als Resultat harter Arbeit erscheint, umso erfolgreicher ist sie gewesen. Strukturierungsleistungen – hier wie in der Erwachsenenbildung – gehören also offenbar zum Kernrepertoire von Joachim Ludwig und in seiner Zeit als Sektionsvorstand hat er auf diese Weise entscheidend zur Sichtbarkeit der Erwachsenenbildung – in theoretischer wie empirischer Hinsicht – beigetragen.

Die Orientierung auf das *Subjekt in der Gesellschaft* zeugte darüber hinaus von einem sozialwissenschaftlichen und, man darf wohl auch sagen: sozialpolitischen Interesse. Hier erweist es sich als Bereicherung für die Disziplin, wenn ein Kollege neben einer wissenschaftlichen Laufbahn auch Erfahrung in außerwissenschaftlichen Bereichen, hier insbesondere in der gewerkschaftlichen Bildungsarbeit einbringen kann, die durch hohe, sozial wirkende Verantwortungsübernahme gekennzeichnet ist.

Wir gratulieren Joachim Ludwig herzlich zu seinem Geburtstag und freuen uns, dass wir auch weiterhin von seiner Persönlichkeit und seine vielfältigen Impulsen für die Erwachsenenbildung profitieren können.

November 2014
Sabine Schmidt-Lauff, Heide von Felden, Henning Pätzold

Inhalt

II Räumliche und zeitliche Aspekte

III Empirische Einblicke in soziale Welten

IV Konzeptionelle Zugänge und Reflexionen zu Beratung und Hochschullehre

Einblicke in eine Forscherbiographie

Angaben zu den Autorinnen und Autoren

Einleitung: Gesellschaftliches Subjekt

Malte Ebner von Eschenbach, Stephanie Günther, Anja Hauser

1 Einführende Überlegungen

Die Rezeption und Weiterentwicklung der Holzkamp'schen Lerntheorie und die damit verbundenen methodologischen wie bildungspraktischen Fragestellungen werden von Joachim Ludwig seit über einem Jahrzehnt intensiv in der Erwachsenenbildung vorangetrieben (vgl. u.a. Ludwig 2000, 2014b sowie Bibliographie in diesem Band). Insbesondere sein Insistieren darauf, dass Lern- und Bildungsprozesse nicht ohne gesellschaftliche Eingebundenheit des Subjekts zu denken seien, grundieren sein wissenschaftliches Werk maßgeblich: „Lernen als soziales Handeln ist immer schon Teil der subjektiven Weltbezogenheit eines gesellschaftlichen Subjekts" (Ludwig 2012: 21).

Dabei interessiert sich Ludwig bereits von ‚erster Stunde' an für die sozialtheoretischen Grundlagen von Lernen und Bildung Erwachsener, wenn auch nicht unbedingt im Fahrwasser Holzkamps. Bereits in seiner Dissertation „Bildungsarbeit als Zurückeroberung der Praxis" greift Ludwig (1990) das Spannungsverhältnis von Subjekt und Gesellschaft auf, verdeutlicht dies am Beispiel der Praxis von Bürgerinitiativen und Friedensbewegung und diskutiert die Relevanz seiner Erträge für gewerkschaftliche Arbeiterbildung.

Mit dem umfangreichen Nachdenken und Forschen zu Lern- und Bildungsprozessen aus der Perspektive der handelnden Subjekte beteiligt sich Joachim Ludwig maßgeblich an der Etablierung eines subjektwissenschaftlichen Ansatzes in der Erwachsenenbildung. Wie im Interview mit Kurt Müller (vgl. in diesem Band) ersichtlich wird, treibt Ludwig vor allem methodologische Diskussionen kontinuierlich voran und spricht sich für eine empirische „Bildungsprozessforschung" aus.

Vor diesem Hintergrund freuen wir uns, Prof. Dr. Joachim Ludwig zu Ehren seines 60. Geburtstages diesen Band zu widmen, der sich auf vielerlei Weise mit seinem wissenschaftlichen Werk auseinandersetzt. Mit dem Titel *„Gesellschaftliches Subjekt"* wird ein Rahmen vorgeschlagen, der einerseits eine der zentralen Prämissen Ludwig'schen Nachdenkens – das Verhältnis von Subjekt und Gesellschaft – aufgreift, und andererseits in der Lage ist, Kontaktflächen zu weiterführenden Überlegungen zu Lernen und

Bildung von Erwachsenen zu stiften. Folglich enthält der Sammelband Beiträge, in denen sich die Autorinnen und Autoren mit je ihrem Verständnis zu den theoretischen und methodologischen Überlegungen Ludwig'scher Provenienz ins Verhältnis setzen.

Joachim Ludwig hat die subjektwissenschaftliche Perspektive auf Lernen explizit mit seiner Habilitationsschrift „Lernende verstehen" (2000) in die Diskurse der Erwachsenenbildung eingebracht. Anhand des Untertitels „Lern- und Bildungschancen in betrieblichen Modernisierungsprojekten" wird deutlich sichtbar, dass Ludwig Lernprozesse immer auch in einem bildungstheoretischen Kontext diskutiert (vgl. aktuell u.a. Ludwig 2014a). Kern dieser Auseinandersetzung sind Selbst- und Weltverständigungsprozesse von Subjekten, die konsequent im Kontext gesellschaftlicher Bedeutungsstrukturen aufgegriffen werden, beispielsweise Lernen im Betrieb (vgl. u.a. Ludwig 2000, 2008), in der Hochschule (vgl. u.a. Ludwig/Schmidt-Wenzel 2014), in der gewerkschaftlichen Bildungsarbeit (vgl. u.a. Ludwig 1990), in der Alphabetisierung (vgl. Ludwig 2012) und Beratung (vgl. u.a. Ludwig 2014b).

Von einer Sichtweise, die Lernen „als innerpsychische Aktivität und Leistung betrachtet, die dem Bildungsprozess als individuelles Vermögen zugrunde liegt und ihn mit bedingt" (Ludwig 2002: 154), grenzt sich Ludwig entschieden ab. Denn ein solcher Forschungszugang beschränkt Lernprozesse auf kognitive Leistungen, sodass vor diesem Hintergrund die eigenlogischen Interessen, die Sinn- und Bedeutungshorizonte der Lernenden systematisch marginalisiert werden. Ludwig wählt hingegen einen Zugang, der – im Anschluss an die Arbeiten von Holzkamp (1995) – Lernen als eine soziale Kategorie konzeptualisiert. Hiernach ist das Lernen von Erwachsenen immer mit ihrer Lebenspraxis verbunden, die konstitutive Bedeutung für Bedürfnisse und Lerninteressen hat. Dabei bezeichnen Interessen die „subjektive Notwendigkeit, Verfügung über individuell relevante gesellschaftliche Lebensbedingungen zu gewinnen bzw. zu bewahren" (Holzkamp 1995: 189). Im Anschluss daran betrachtet Ludwig Lernen als soziales Handeln *gesellschaftlicher Subjekte* – „als individuelle Seite des Bildungsprozesses [...] als Bezugnahme der Lernenden auf Welt" (Ludwig 2012: 20) – mit dem Ziel der Erweiterung von Handlungsfähigkeit. In dieser Weise setzt sich Ludwig von einem Bedingungsdiskurs ab, der Lernen als Ursache-Wirkungs-Zusammenhang erklärt.

Lernforschung vom Subjektstandpunkt, wie Ludwig sie unternimmt, erhebt demzufolge den Anspruch, sich dem Eigensinn der Lernenden explizit zuzuwenden. Die dafür erforderliche Positionierung im Begründungsdiskurs durchzieht Ludwigs Forschungsarbeiten wie ein roter Faden. Dabei werden Lernprozesse als Bedeutungs-Begründungszusammenhänge des Subjekts rekonstruiert und mittels eines sinnverstehenden Zugangs aufgegriffen (vgl. u.a. Faulstich/Ludwig 2004).

Im Hinblick auf didaktische Fragen plädiert Ludwig dafür, den Standpunkt des Subjekts einzunehmen (vgl. Ludwig/Rihm 2013). Von dort aus können die gesellschaftliche Eingebundenheit des Subjekts und seine daraus resultierenden Interessen berücksichtigt und zum Ausgangspunkt des darauf bezogenen pädagogischen Handelns werden. Im Sinne dieses beratungsorientierten Zugangs werden Handlungsproblematiken von Erwachsenen produktiv aufgenommen und dienen als Ausgangspunkt für eine Rekonstruktion von Bedeutungs-Begründungszusammenhängen.

Der hier skizzierte Versuch, Ludwigs Sichtweisen auf Lern- und Bildungsprozesse vom Standpunkt des Subjekts aus gebündelt zu betrachten, ermöglicht eine Lesart, die im Kern zwei Aspekte zum Verhältnis von Subjekt und Gesellschaft betont:

- Einerseits sind Subjekte als *gesellschaftliche Subjekte* zu denken, da ihr Handeln gesellschaftlich vermittelt ist, d.h. Subjekte in einem Verhältnis zu allgemein gegebenen Bedeutungsstrukturen stehen.

- Andererseits sind Subjekte als *gesellschaftliche Subjekte* zu denken, weil ihr Handeln auf die Erweiterung gesellschaftlicher Teilhabemöglichkeiten in Form individueller Handlungsfähigkeit zielt. Dabei werden gesellschaftliche Verhältnisse im Anschluss an Holzkamp stets als widersprüchlich angenommen.

Hiermit ist zunächst ein möglicher Zugang zum *gesellschaftlichen Subjekt* umrissen, den wir im Zusammenhang des vorliegenden Bandes zur Disposition stellen. Daneben versammelt der Band ein ausgewähltes Spektrum an erwachsenenpädagogischen Perspektiven und Zugängen zum *gesellschaftlichen Subjekt*. Diese eingebrachten Impulse offerieren Reflexionsmöglichkeiten hinsichtlich des Verhältnisses von Forschungsgegenständen, Methodologien und Methoden zur Erforschung von Lernen und Bildung gesellschaftlich eingebundener Subjektivität (vgl. auch Faulstich 2014). In freier Assoziation würde Joachim Ludwig wohl sagen: Dieses Buch ist eine Einladung zur Selbst- und Weltverständigung.

2 Zu den Beiträgen

Ausgehend von diesen Überlegungen systematisieren vier thematische Schwerpunkte den vorliegenden Band, die in ihrer je spezifischen Form das Spannungsverhältnis zwischen Subjekt und Gesellschaft aufgreifen. Lesarten und Anknüpfungspunkte kommen variantenreich zum Vorschein und oszillieren in einem Kontinuum zwischen impliziten und expliziten Bezugnahmen. Diese Dynamik gewinnt an Kontur durch folgende inhaltliche Strukturierung: I) Methodologische und methodische Überlegungen, II) Räumliche und zeitliche Aspekte, III) Empirische Einblicke in soziale Welten und IV) Konzeptionelle Zugänge und Reflexionen zu Beratung und Hochschullehre. Der Band schließt mit Einblicken in biographische Stationen Joachim Ludwigs.

I Methodologische und methodische Überlegungen

Der erste Themenschwerpunkt widmet sich methodologischen und methodischen Überlegungen zum gesellschaftlichen Subjekt. Dabei stehen wissenschaftstheoretische Grundlagen der Subjektwissenschaft einerseits und Überlegungen zur Operationalisierung eines subjektwissenschaftlichen Ansatzes andererseits im Fokus.

Kristine Baldauf-Bergmann geht in ihrem Beitrag der Frage nach, inwieweit der subjektwissenschaftliche Ansatz Holzkamps gegenwärtig noch als zeitgemäß einzustufen ist. Angesichts der sozialwissenschaftlichen Diskurse der letzten 20 Jahre, so führt die Autorin aus, wird die Angemessenheit einer solch materialistisch-dialektischen Theorie wie der Subjektwissenschaft zunehmend begründungspflichtig. Vor diesem Hintergrund diskutiert Baldauf-Bergmann die wissenschaftstheoretischen Grundlagen der Subjektwissenschaft, ob sie einerseits zum Aufschließen von Möglichkeitsräumen für Lernen angesichts gesellschaftlicher Transformationen beitragen, andererseits ob und wie Subjektwissenschaft ihr Potenzial als kritische Theorie auch weiterhin entfalten kann.

Einen Selbstverständigungsversuch zwischen Subjektwissenschaft und Objektiver Hermeneutik unternimmt *Stephanie Günther* in ihrem Beitrag. In vier Fragmenten legt sie ihre Lesart zentraler Kategorien der beiden Theorien dar und arbeitet Parallelen und Differenzen der Begrifflichkeiten Klaus Holzkamps und Ulrich Oevermanns heraus. Mit der Diskussion methodologischer Prinzipien der Subjektwissenschaft schließt Günther ihre Überlegungen.

Ortfried Schäffter erarbeitet in seinem Beitrag eine relationstheoretische Rekonzeptionalisierung pädagogischer Dienstleistung und orientiert sich dabei an subjektwissenschaftlichen Überlegungen. In diesem Horizont widmet sich Schäffter einem Verständnis pädagogischer Dienstleistung, das für ihn als ein reziprokes Beziehungsgefüge zu begreifen ist, welches sich nicht mehr hinreichend als ökonomischer Warentausch erklären lässt, sondern als interaktive Wertschöpfung in Betracht gerät. Damit setzt er sich entschieden von der Spielart eines marktradikalen Denkens ab, ohne aber ökonomisches Denken grundsätzlich zu verbannen. Vielmehr unternimmt er den Versuch, es sozialwissenschaftlich zurückzuerobern und für die Erwachsenenbildung fruchtbar zu machen, indem die gesellschaftliche Wertschöpfung ko-produktiver Zusammenarbeit als beidseitiger Aussteuerungsprozess betont wird.

Die Autorinnen *Anke Grotlüschen*, *Barbara Nienkemper* und *Franziska Bonna* lokalisieren eine Differenz zwischen Teilnehmenden- und Adressatenforschung zum funktionalen Analphabetismus, wie sie im erwachsenenpädagogischen Diskurs thematisiert würde. Für den Bereich der Forschung zu Alphabetisierung und Grundbildung werden empirische Ergebnisse aus Adressaten- und Teilnehmendenforschung vergleichend analysiert, um durch Teilnehmendenforschung entstehende Verallgemeinerungen zu relativieren. Dabei werden Forschungsdesiderata in der Adressatenforschung zum funktionalen Analphabetismus aufgedeckt.

II Räumliche und zeitliche Aspekte

Mit der Fokussierung räumlicher und zeitlicher Aspekte von Lern- und Bildungsprozessen setzt sich der zweite Themenschwerpunkt auseinander. Vor dem Hintergrund der aktuellen Rehabilitierung raumtheoretischer Überlegungen sowie der Berücksichtigung temporaltheoretischer Ansichten geben die hier versammelten Beiträge einen breiten Einblick in mögliche Rezeptionsvarianten des Verhältnisses zwischen Subjekt und Gesellschaft.

Peter Faulstich setzt sich in seinem Beitrag mit Leiblichkeit als unhintergehbare Voraussetzung menschlichen Lernens auseinander. Die subjektwissenschaftliche Lerntheorie Holzkamps wird dabei als kontextuale Lerntheorie interpretiert. Mit der Ausdifferenzierung der Holzkamp'schen Kategorie der Situiertheit als Körperlichkeit und Leiblichkeit zeigt Faulstich Anschlüsse an phänomenologische Überlegungen auf. Von dort aus nimmt er phänomenologische, soziale, politisch-ökonomische Raumtheorien unter die Lupe und diskutiert abschließend Anforderungen und Möglichkeiten für empirische Forschungen zu Lernräumen und Lernorten.

Der Frage, wie Lern- und Bildungsverhältnisse im sozialen Raum jenseits pädagogischer Einrichtungen empirisch erforscht werden können, wendet sich *Ulla Klingovsky* in ihrem Beitrag zu. Mit einer poststrukturalistischen Forschungsperspektive will die Autorin die „kulturelle Grammatik" hinter den Lern- und Bildungsverhältnissen dechiffrieren, der sie eine „subjektivierende Bedeutung" beimisst. Klingovsky entfaltet hierfür methodologische Überlegungen zu diskursiven Ordnungsstrukturen, kultureller Praktik, Raum und Körper, um daran anschließend ein Forschungsprogramm zu skizzieren, in welchem das ehemalige Flughafengelände „Tempelhofer Feld" in Berlin diskursanalytisch-ethnographisch als Sozialraum auf seine Lern- und Bildungsverhältnisse hin untersucht werden soll.

Mit dem Konstrukt des „intermediären Raums" befasst sich *Malte Ebner von Eschenbach* in seinem Beitrag. In diesem Zusammenhang rekurriert er auf die pädagogische Relevanz von Widerständigkeit bei „Lern- und Bildungsprozessen in der Zivilgesellschaft". Dabei entfaltet Ebner von Eschenbach Überlegungen, dass dieses Lernen von Erwachsenen seine Dynamik und gesellschaftliche Produktivität aus dem Eigensinn und aus der selbstbewussten Widerständigkeitsbewegung der Beteiligten schöpft. Widerständigkeit gerät hiernach als grenzbetonender Kontaktprozess in den Blick, der zwischen differenten Semiosphären (Lotman) verlaufend, Lern- und Bildungsprozesse zu beschreiben vermag.

Wolfgang Jütte beschreibt in seinem Beitrag den Ertrag netzwerkanalytischer Zugänge für die qualitative Weiterbildungsforschung. Er befasst sich mit der Sichtbarmachung von Beziehungsgeflechten durch Netzwerkanalysen. Mit der Visibilisierung von Beziehungsverhältnissen zwischen den vielfältigen Beteiligten in Forschungszusammenhängen stellt der Autor eine Erhebungs- und Darstellungsform vor, deren Erkenntnismöglichkeiten noch lange nicht ausgeschöpft sind. Anhand ausgewählter Beispiele aus Forschungsprojekten skizziert Jütte, wie das partizipative Potenzial von Visualisierung genutzt werden könnte.

Sabine Schmidt-Lauff wendet sich Lernprozessen von Subjekten aus einer bildungs- und temporaltheoretischen Perspektive zu. Ausgehend von aktuellen Diskursen um gesellschaftliche Wandlungsprozesse unternimmt sie eine zeitdiagnostische Einordnung von Lernen, die Lernen als spezifisches Handeln in der Zeit und als spezifisches Gestalten von Zeit charakterisiert. Dass Lernen sich als zeitenthoben verstehen lässt, untermauert Schmidt-Lauff anhand einer explorativen Studie an Orten kultureller Bildung. Lernen und Bildung als zeitenthobenes Handeln zu spezifizieren ermöglicht hiernach auch, es gegen die gängige Indienstnahme in Nutzen- und Verwertungsbezüge zu verteidigen.

In seinem Beitrag betrachtet *Peter Kossack* die Veränderung des Diskurses um Lebenslanges Lernen und zeichnet seine Entwicklung vom Wissensspeichermodell zum Kompetenzmodell in zwei Re-Visionen nach. Dabei macht er einerseits auf eine individualistische Herkunft des Kompetenzbegriffs aufmerksam. Andererseits werde darüber hinaus im derzeitigen Reden über Kompetenz das Handlungssubjekt als Projektionsfläche für von außen gesetzte Kompetenzniveaus thematisiert. Der Autor reflektiert kritisch, wie in der Diskussion um Kompetenzentwicklung das Handlungssubjekt aus subjektwissenschaftlicher und machtanalytischer Perspektive berücksichtigt wird. Abschließend entwirft Kossack mit der Rekontextualisierung des Kompetenzbegriffes in Hinblick auf dessen gesellschaftliche, ökonomische und pädagogischen Funktionen eine alternative Vision zum Kompetenzbegriff.

III Empirische Einblicke in soziale Welten

Das Verhältnis von Subjekt und Gesellschaft kommt in den Beiträgen des dritten Themenschwerpunktes als Verhältnis von Subjekten und Lern- bzw. Handlungskontexten in den Blick. Im Fokus stehen somit verschiedene soziale Welten, die empirisch erschlossen werden.

Wie sich Verwaltungsbeschäftigte im Kontext von Organisationsentwicklung vergesellschaften, beleuchtet *Anja Hauser* in ihrem Beitrag aus einer subjektwissenschaftlichen Perspektive. Mit Rückgriff auf Holzkamps Kategorie der Handlungsfähigkeit entwickelt sie einen Begriff des Subjekt-Seins, um subjektive Vergesellschaftungsprozesse im Kontext von Verwaltungsreformen zu untersuchen. Anhand empirischer Reflexionen zu Handlungsmöglichkeiten, die Verwaltungsbeschäftigte nach Durchlaufen einer Qualifizierungsmaßnahme hinsichtlich künftiger, neuer beruflicher Aufgaben antizipieren, legt Hauser einen Blickwinkel frei, der in Bezug auf die personellen Ressourcen für erfolgreiche Reformumsetzung insbesondere deren subjektiv funktionales Eigenleben berücksichtigt.

Juliane Giese und *Jürgen Wittpoth* nehmen empirische Bedingungen der Möglichkeiten und Grenzen von Lernen in sozialen Welten in den Blick. Dabei rekurrieren sie auf den Lebensweltbegriff der phänomenologischen Wissenssoziologie und fragen nach Formen der Abwehr von Lernzumutungen, indem sie anhand der Dokumentarischen Methode Umgangsweisen von Subjekten mit Selbstverständlich-Gewordenem analysieren. Die empirisch gewonnenen Erkenntnisse werden im Lichte Goffman'scher und Bourdieu'scher Überlegungen interpretiert. Ausgehend von dem zugrunde gelegten Lebensweltbegriff werden Subjekte in ihrer Bezugnahme auf einen wissensspezifisch geprägten gesellschaftlichen Bereich – auf „kleine soziale Welten" – hin untersucht.

Dieter Nittel und *Julia Schütz* gehen in Ihrem Beitrag der Frage nach, welche beobachtbaren und nicht-beobachtbaren Merkmale sozialer Welten pädagogisch Tätiger sich explizieren lassen. Hierzu stellen sie erste Erkenntnisse einer Studie zur Pädagogischen Erwerbsarbeit im System des lebenslangen Lernens vor. Als zentrales Ergebnis der Studie werden zwei Merkmale herausgearbeitet, die pädagogischer Praxis im System des Lebenslangen Lernens gemein sind: erstens die Allgegenwart des Zeigens und seine Materialisierung in Zeige-Technologien und zweitens die zeitversetzte Wirksamkeit pädagogischen Tuns.

Der individuellen und sozialen Konstruktion von Wirklichkeit als Ausgangspunkt für erwachsenenpädagogische Teilnehmenden- und Adressatenforschung wenden sich *Rudolf Tippelt*, *Bettina Setzer* und *Barbara Lindemann* in ihrem Beitrag zu. Hierbei explizieren sie den Mehrwert der Lebensweltforschung anhand zweier Beispiele. Da Lebenswelt nicht über statistische Daten erhoben werden kann, plädieren die Autoren für eine Nutzung der Milieuforschung, mit deren Hilfe Einstellungen und Lebensstile abgebildet werden können. Darüber hinaus sei die Hinwendung zu Altersbildern ertragreich, da sie – als ein spezifischer Teil konstruierter Wirklichkeit – mit Weiterbildungsbereitschaft und -teilnahme zusammenhängen.

IV Konzeptionelle Zugänge und Reflexionen zu Beratung und Hochschullehre

In den Beiträgen des vierten Themenschwerpunktes werden konzeptionelle Überlegungen zu den Vermittlungskontexten Beratung und Hochschullehre entfaltet und reflektiert. Dabei werden biographische Aspekte, die Bedeutung von Entscheidungen und Kommunikation, sowie das Verhältnis von Lehren und Lernen fokussiert.

Bernd Dewe nimmt Beratungsprozesse als Vermittlungsprozesse in den Blick, die sich im Horizont von deutender Rekonstruktion und rhetorisch-persuasivem Dialog bewegen. Er diskutiert, wie sich subjektorientierte Beratung theoretisch charakterisieren lässt und erörtert zentrale Voraussetzungen des Ratgebenden für eine gelingende Realisierung des Beratungsprozesses. Dewe zufolge benötige der subjektorientierte Berater neben vielfältigem Theoriewissen aus verschiedenen Gebieten, ebenso Empathie, persuasives Vermögen, die Kompetenz des Vortragens sowie ein situatives Toleranzvermögen im Umgang mit Mehrdeutigkeit und Widersprüchlichkeit.

Die Bedeutung von Entscheidungen in Beratungsformaten thematisiert *Wiltrud Gieseke* in ihrem Beitrag. Beratung als professionelle Praktik bediene sich unterschiedlicher Theorien mit ihren dazugehörigen Methoden und finde sich in verschiedenen Handlungsfeldern wieder. Gemeinsam sei allen Typen und Formaten von Beratung jedoch, dass es um Entscheidungen gehe. Die Autorin wirft die Frage auf, wie eine bessere Entscheidungsfähigkeit des Subjekts für seine Bildungs- und Berufsentwicklung unterstützt werden könnte. Die Wertschätzung von Lernen und Bildung für das persönlich und gesellschaftlich agierende Subjekt, so Gieseke, bedarf permanenter Diskussion und Infragestellung, die nicht durch soziale Techniken oder mechanische Optimierungsstrategien ersetzt werden könne.

Ekkehard Nuissl stellt in seinem Beitrag typische biographische Deutungen funktionaler Analphabeten im Kontext von Alphabetisierungsarbeit in den Mittelpunkt und reflektiert diese im Hinblick auf Beratungshandeln. Er verweist auf die Biographie als ein sozialwissenschaftlich beschreibbares Element in der Beziehung von Individuum und Umwelt, das insbesondere im Bereich der Beratungsarbeit mit Analphabeten relevant wird. Über die Kennzeichnung biographischer Methoden in der Erwachsenenbildung plädiert Nuissl für eine biographische Zentrierung in Bildungs- und Beratungsprozessen mit Analphabeten. Solche „Mischberatungen" integrieren Themen der Bildungsberatung, Lernberatung sowie Laufbahnberatung im Grenzbereich zwischen pädagogischer Biographiearbeit und Psychotherapie.

Mit dem Subjekt und seiner Entwicklung im Bereich akademischer Lehr-Lern-Zusammenhänge beschäftigt sich *Kirstin Bromberg* in ihrem Beitrag. Dabei diskutiert sie Entwicklungsprozesse im Kontext einer Verschränkung forschungsbasierten Lehrens und studentischen Lernens. In einem Vergleich zwischen Ludwigs Typen von Lehre im Format der Forschung und der angelsächsischen Forschungslinie

„The Scholarship of Teaching and Learning" stellt sie Gemeinsamkeiten heraus. Bromberg schlägt daraufhin vor, internationale Ansätze in die deutsche hochschuldidaktische Diskussion um forschungsbasierte Lehre stärker einfließen zu lassen.

Im Beitrag von *Alexandra Schmidt-Wenzel* stehen ebenfalls Vermittlungsprozesse an Hochschulen im Mittelpunkt. Die Autorin beschreibt ein Best Practice Beispiel einer Lehre im Format der Forschung, wie Ludwig sie subjektwissenschaftlich theoretisiert. Kern der Betrachtung sind Vermittlungsmöglichkeiten im Studium, die auf eine Relationierung wissenschaftlichen Wissens und handlungspraktischer Situationen zielen, welche Schmidt-Wenzel als Professionalität begreift. Im Zentrum ihrer Reflexion stehen die subjektiven Lerninteressen der Studierenden und deren Auseinandersetzung mit gesellschaftlichen Realitäten.

Einblicke in eine Forscherbiographie

In einem von *Kurt Müller* geführten Interview kommt Joachim Ludwig zu Wort und reflektiert zentrale Stationen seiner bildungspraktischen Arbeit und seiner wissenschaftlichen Laufbahn, wodurch den Leserinnen und Lesern ganz persönliche Einblicke in seine Forscherbiographie gewährt werden.

Kristine Baldauf-Bergmann, Cornelia Gabel, Till Heyer-Stuffer und *Christin Schramm* resümieren in ihrem Beitrag die theoretische Fundierung ihrer Arbeit im Netzwerk Studienqualität Brandenburg (sqb), die Joachim Ludwig als Initiator und wissenschaftlicher Leiter einbrachte und die nach wie vor als eine wichtige Ressource für die hochschuldidaktische Arbeit gilt.

Mit einem bibliographischen Schriftenverzeichnis Joachim Ludwigs wird dieser Band abgerundet.

3 In eigener Sache

Die Idee zur Anfertigung einer Festschrift entstand in Voraussicht auf den 60. Geburtstag Joachim Ludwigs. Dabei verfolgten wir die Absicht, seine theoretischen und empirischen Auseinandersetzungen mit erwachsenenpädagogischen Fragen zum inhaltlichen Bezugspunkt zu machen. Wir danken deshalb allen Autorinnen und Autoren für ihre Beiträge zu diesem Vorhaben sowie für den kooperativen Austausch zu inhaltlichen Aspekten, wodurch der Band schließlich seine Gestalt gewinnen konnte.

Darüber hinaus bedanken wir uns herzlich bei Ulla Klingovsky und Peter Kossack, die uns während des Entstehungsprozesses des Bandes begleiteten und bei diffizilen Entscheidungen hilfreich zur Seite standen. Ebenso herzlich danken wir den Mitarbeiterinnen und Mitarbeitern des Netzwerks Studienqualität Brandenburg (sqb), die uns bei der Umsetzung des Vorhabens kollegial unterstützten, indem sie jederzeit ein offenes Ohr für unsere Fragen hatten, uns Räume für Planungs- und Redaktionsaktivitäten öffneten und uns mit formidablem „Geheimwissen" ausstatteten.

Ebenfalls danken wir unserem Lektorats- und Grafikteam, das aus einer losen Textsammlung ein druckreifes Manuskript zauberte. Mit vollem Engagement für unser Vorhaben und einer unentwegten Akribie war schließlich ein pünktliches Finale möglich. Hierfür bedanken wir uns ganz besonders bei Stefanie Haufe und Benjamin Paul für die ausdauernde und zuverlässige Feinarbeit am Manuskript und bei Rachel Eguakun für die grafische Gestaltung des Einbandes.

Wir danken dem Schneiderverlag Hohengehren für das Vertrauen in dieses Buchprojekt, insbesondere Rainer Schneider für die freundliche Kooperation und die produktiven Empfehlungen zur verlagstechnischen Umsetzung unserer Ideen zur Publikation.

Schließlich bedanken wir uns sehr herzlich bei Elsa Ludwig für ihre konspirativen Zuarbeiten und persönliche Unterstützung, die dieses Projekt von Beginn an beflügelten.

Literatur

Faulstich, P. (Hg.) (2014): Lerndebatten. Phänomenologische, pragmatistische und kritische Lerntheorien in der Diskussion. Bielefeld

Faulstich, P./Ludwig, J. (Hg.) (2004): Expansives Lernen. Baltmannsweiler

Holzkamp, K. (1995): Lernen. Subjektwissenschaftliche Grundlegung. Frankfurt a.M./New York

Ludwig, J. (1990): Bildungsarbeit als Zurückeroberung der Praxis. Zum Verhältnis institutionalisierter Erwachsenenbildung und selbstinitiierten Lernens am Beispiel gewerkschaftlicher Arbeiterbildung und der Praxis von Bürgerinitiativen. München

Ludwig, J. (2000): Lernende verstehen. Lern- und Bildungschancen in betrieblichen Modernisierungsprojekten. Bielefeld

Ludwig, J. (2002): Welche Lernchancen eröffnen scheiternde Lebensführungsregeln? Ein pädagogischer Zugang zum Konzept der alltäglichen Lebensführung. In: Voß, G./Weihrich, M. (Hg.): Arbeit und Leben im Umbruch. Beiträge zur subjektorientierten Soziologie der Arbeit und Arbeitsgesellschaft. Mering, 153-164

Ludwig, J. (2008): Lernender Forschungszusammenhang. Praxis und Reflexion interdisziplinärer und transferorientierter Forschungsprozesse. Bielefeld

Ludwig, J. (Hg.) (2012): Lernen und Lernberatung. Alphabetisierung als Herausforderung für die Erwachsenendidaktik. Bielefeld

Ludwig, J. (2014a): Subjektwissenschaftliche Lerntheorie und Bildungsprozessforschung. In: Faulstich, P. (Hg.): Lerndebatten. Phänomenologische, pragmatistische und kritische Lerntheorien in der Diskussion. Bielefeld, 181-202

Ludwig, J. (2014b): Zur rekonstruktiven Handlungslogik professioneller pädagogischer Beratung. In: Schwarz, M./Ferchhoff, W./Vollbrecht, R. (Hg.): Professionalität: Wissen – Kontext. Sozialwissenschaftliche Analysen und pädagogische Reflexionen zur Struktur bildenden und beratenden Handelns. Festschrift für Bernd Dewe. Bad Heilbrunn (i.E.)

Ludwig, J./Rihm, T. (2013): Der Subjektstandpunkt in der Didaktik. In: Zierer, K. (Hg.): Jahrbuch für Allgemeine Didaktik 2013. Neuere Ansätze in der Allgemeinen Didaktik. Baltmannsweiler, 83-96

Ludwig, J./Schmidt-Wenzel, A. (2014): Wie Lehrer lernen. Pädagogische Kompetenzentwicklung in Selbstlernarchitekturen. Opladen (i.E.)

I Methodische und methodologische Überlegungen

„Holzkamp reloaded" oder: Ist der subjektwissenschaftliche Ansatz eigentlich noch zeitgemäß?

Kristine Baldauf-Bergmann

Die weitreichende Bedeutung des Lernens als bedeutsame Ressource für individuelle wie gesellschaftliche Entwicklungen und insbesondere für die Zukunftsfähigkeit sich transformierender Gesellschaften geht in der Erwachsenenbildung einher mit einer stetigen Ausdehnung des Lernbegriffes und einer damit verbundenen Ausweitung der erwachsenenpädagogischen Aufgabenfelder. Ein relevanter Ansatz zur Bearbeitung des Verhältnisses von subjektivem Lernen und der Entwicklung gesellschaftlicher Strukturen liegt seit Mitte der 1990er Jahre mit der subjektwissenschaftlichen Lerntheorie vor, die Klaus Holzkamp im Rahmen der Kritischen Psychologie[1] entwickelt hat (vgl. Holzkamp 1985, 1987, 1995). Parallel dazu zieht sich die Geschichte von deren Rezeption und Anwendung in der Erwachsenenbildung – etwa zum „Lehr-Lern-Kurzschluss" (vgl. Arnold 1996), zur Subjektwissenschaft in der Erwachsenenbildung (vgl. Faulstich/Ludwig 2004; Baldauf-Bergmann 2009), zu empirischen Untersuchungen (vgl. exemplarisch Ludwig 2000, 2012).[2]

Interessant ist, dass in der Erwachsenenbildung – anders als in der Psychologie (vgl. Journal für Psychologie 2008) – die Diskussion der wissenschaftstheoretischen (materialistisch-dialektischen) Grundlagen der Subjektwissenschaft, wie sie mit dem Untergang sozialistischer Staaten und Gesellschaftsformen begonnen hat, bisher noch kaum aufgegriffen wird. Immerhin wird seitdem die Legitimation materialistisch-dialektischer Theorien massiv in Frage gestellt bzw. zumindest auf neue Weise begründungspflichtig (vgl. Mattes/Dege 2008; Rexilius 2008). Man kann dies natürlich als Nachwehen politischer Umbrüche relativieren. Vergegenwärtigt man sich jedoch die sozialwissenschaftlichen Diskurse der letzten 20 Jahre, so trifft das von Holzkamp in den 1990er Jahren herausgearbeitete Verständnis eines gesellschaftlich vermittelten Lernens mittlerweile auf eine dreifache Krise: die des Bildungsbegriffes, des Wissenschaftsverständnisses und die des Gesellschaftsverständnisses.

---

[1] Die Kritische Psychologie versteht sich als Subjektwissenschaft. Ich verwende beide Begriffe im Folgenden synonym.
[2] Einzelheiten zur Rezeptionsgeschichte vgl. Baldauf-Bergmann 2009: 193f.

Dadurch werden nicht mehr nur einzelne Aspekte der subjektwissenschaftlichen Lerntheorie in Frage gestellt, sondern grundlegende Voraussetzungen der Subjektwissenschaft kontingent.

Dieser Beitrag geht deshalb der Frage nach, mit welcher wissenschaftskonzeptionellen Problemstellung man konfrontiert ist, wenn man subjektives Lernen – trotz dieser massiven Krisen – in strukturellen, gesellschaftlichen Veränderungen erschließen, erforschen und entwickeln möchte und in welcher Weise die Potentiale der Holzkamp`schen Subjektwissenschaft und Lerntheorie dafür genutzt werden können bzw. im Sinne eines „Reloading" weiter entwickelt werden müssen.

1 Mehrfache Krisen und ihre Relevanz für die Sozialwissenschaften

Natürlich kann spätestens seit den poststrukturalistischen Diskursen nicht mehr von „der (einen) Krise" des Bildungsbegriffes, bzw. des Wissenschafts- oder Gesellschaftsverständnisses gesprochen werden. Trotzdem lassen sich aus den Diskursen einige charakteristische Aspekte hervorheben, was diese Krisen eigentlich ausmacht und vor welchen Problemen und Aufgaben eine kritische Erziehungstheorie und -praxis damit steht.[3]

1.1 Krise des Bildungsbegriffes – Denken aus Bildungsruinen?

Häufig sind es Verschiebungen im Bildungsverständnis, an denen eine Krise des Bildungsbegriffes festgemacht wird. Dies geschieht z.B. dann, wenn Bildung nicht länger als Prozess gilt, dem erst durch die lernenden Subjekte Sinn, Bedeutung und Struktur verliehen wird, sondern lediglich noch instrumentelles Lernen erscheint, mit dem sich die Individuen mit dem nötigen Wissen, den Kompetenzen und Fähigkeiten ausstatten, um die sich permanent verändernden Anforderungen bewältigen zu können. In dieser Logik operiert ein sinnentleertes Subjekt mit einem instrumentellem Wissen, das zu beliebigen Zwecken verwendet werden kann: „Das Wissen und die Bewertung und Bedeutung des Wissens werden auf die gleiche Ebene projiziert, womit suggeriert wird, die Lücke zwischen beiden Ebenen durch Wissensvermittlung und -aneignung schließen und somit das Verhältnis des Subjekts zum Wissen steuern zu können" (Wimmer 2002a: 53).

Wimmer verortet solche Verschiebungen im Kontext einer gesellschaftlichen Dynamik, die sich als beschleunigte und vervielfältigte Produktion von Problemen darstellt, die im Sinne der Rückkoppelung Wirkungen von zuvor erzeugten Ursachen sind, für die es keine Lösungen mehr gibt. Man habe es mit der „total gewordenen und spiral förmig aufsteigenden Reflexivität eines Verhältnisses zu tun, das sich zu sich selbst verhält" (ebd.: 61). In diesem Teufelskreis erzeuge Wissen *Unbestimmtheit* und Handeln *Unentscheidbarkeit*. Wenn aber jedwede Phänomene zugleich ihre Negation hervorbringen, beinhaltet gesellschaftliche Entwicklung zugleich deren Dekonstruktion. Damit gehen abgrenzbare Bezugspunkte (wie die Perspektive des emanzipierten Subjektes) oder klar umrissene Kontroversen (wie humanistischer vs. ökonomistischer Bildungsbegriff) verloren, an denen sich Kritik traditionell abgestossen und Wirksamkeit entfaltet hat (vgl. ebd.: 50f). Das Problem liegt demnach nicht nur in der Reduzierung des Bildungsverständnisses selbst, sondern darin, dass solche Verschiebungen Teil von gesellschaftlichen Entwicklungen sind, in denen eine Kritik am Bildungsverständnis kaum noch Anker findet, um genügend wirksam werden zu können.

Mit der Krise des Bildungsbegriffes stehen deshalb nicht nur Bildungsziele, -inhalte und -formen zur Debatte, sondern die Frage, woran eine bildungsbezogene Kritik in dieser widersprüchlichen Situation überhaupt ansetzt und was sie bewirken kann. Wimmer sieht eine derart heimatlos gewordene

---

[3] Ich beziehe mich im Folgenden exemplarisch auf Wimmer (2002a, 2002b), weil seine Analyse der Krise des Bildungsbegriffes und des Wissenschaftsverständnisses die Frage von Bildung und Subjekt sowie die Problematik einer kritischen Positionsgewinnung unter den Bedingungen von Unbestimmtheit und Kontingenz berühren.

Kritik in der Aufgabe, „das Denken in Ruinen" (Bolz 1996) zu lernen, statt universalistische Positionen zu beanspruchen oder gar neue Totalitäten zu stiften. Als Lösungsperspektive entwirft er eine kritische Bestimmung von Bildung, welche die Genese des Neuen nicht aus idealistisch gesetzten Erwartungen bezieht (weder durch Rückgriff auf Traditionen noch durch Vorgriff auf utopische Bilder), sondern aus Möglichkeitsperspektiven, die aus gegebenen sozialen Handlungszusammenhängen erschlossen werden und die auch nur (im Sinne des Utopischen ohne Utopie) in einem relationalen Verhältnis zu diesen zu verstehen sind (vgl. Wimmer 2002a: 66).

1.2 Krise des substanziellen Wissenschaftsverständnisses

Mit gesellschaftlichen Entwicklungen, in denen sich soziale Prozesse zunehmend als kulturell relativ und historisch kontingent erweisen, geht der Verlust eines ontologischen Wahrheitsbegriffes einher: objektive Bezugspunkte, kausale Verknüpfungen, Prognosen zwischen Wirklichkeit und Möglichkeit werden obsolet (vgl. Wimmer 2002b: 112). Dieser Verlust stellt nicht nur die erkenntnis- und wissenschaftstheoretischen Voraussetzungen tradierter Wissenschaft in Frage, sondern auch die Geltungskraft von Theorie und von Forschung. Damit gerät das tradierte, auf einer substanziellen Repräsentations- und Bestimmungslogik basierende, Wissenschaftsverständnis in die Krise.

In kulturwissenschaftlichen Diskursen wird diese Krise als Anlass für einen notwendigen Paradigmenwechsel („Cultural turn") von einem substanziellen zu einem relationalen Wissenschaftsverständnis interpretiert (vgl. Hörning 2004; Reckwitz 1999; für die Pädagogik Brumlik 2006). Abstoßpunkte für diesen „Cultural turn" bieten substanzielle philosophische und methodologische Zugänge zu sozialen Prozessen, in denen das Individuum und das individuelle Handeln als elementare Einheit und Substanz des Sozialen angenommen werden. In der Logik substanziellen Denkens aber können soziale Prozesse nur als Addition individueller Handlungen erklärt werden, deren Ursprung entweder in den substanziellen Eigenschaften der Einzelnen oder in einem übergeordneten Ganzen liegt. Möchte man soziale Prozesse als dynamisches Zusammenspiel begreifen, so bedarf es spezifischer Kategorien („terms of relations", vgl. Emirbayer 1997: 287), welche die prozesshafte, kontinuierliche Seite sozialen Handelns sowie dessen kontextuelle Eingebundenheit erschließen. Ebenso ist zu berücksichtigen, dass soziale Phänomene wie z.B. Individuierung und Unterwerfung keine getrennten und klar voneinander unterscheidbaren Vorgänge sind, sondern sich von Beginn als „szenische Einheit" vollziehen: *„Zwischen* und *in* Kulturen, Gesellschaften, Regionen, Generationen, Geschlechtern, Subjekten, Diskursen ist die Beziehung zum jeweils anderen gespannt, ambivalent, konflikthaft und durch Ungleichheit, Ungerechtigkeit und Gewalt geprägt" (Wimmer 2002b: 115, Hervorh. i.O.).

Angesichts der Vielfalt theoretischer Ansätze, die den „Cultural turn" bearbeiten und ihm zuzuordnen sind, wird es allerdings auch zur offenen Frage, was kritische Wissenschaftsansätze im Kontext der Krise des Wissenschaftsverständnisses ausmacht, woran sie ansetzen und was sie leisten müssen. So geht die Krise des tradierten Wissenschaftsverständnisses mit dem Problem einher, dass die pluralen Wissensformen und Diskursarten nicht mehr von einem eindeutigen, übergeordneten Ganzen her in Beziehung gestellt und aus einer demgegenüber (eindeutigen) kritischen Perspektive entwickelt werden können. Gleichzeitig ist unklar, wie wissenschaftliches Handeln als „nicht-universalistisches", „nicht-normatives" entwickelt werden kann, ohne dabei in eine willkürliche Beliebigkeit von Theorieansätzen zurückzufallen. Kritische Erziehungswissenschaft steht Wimmer zufolge in der Aufgabe, ihre Bedeutung und ihren Ort in den gesellschaftlichen Transformationsprozessen neu zu bestimmen und dazu „die Tugend der Kritik und ihre Tradition zu pflegen und sie zugleich einer genealogischen Dekonstruktion zu unterziehen" (ebd.: 116).

1.3 Krise der Deutung gesellschaftlicher Prozesse

Mit der Deutung gesellschaftlicher Prozesse geht es um Entstehung und Wandel von überindividuellen, strukturierenden Ordnungen, auf die sich handelnde und lernende Subjekte beziehen und die sie (mit-) konstituieren, reproduzieren wie verändern können. Eine Dimension, ohne die man nicht auskommt, wenn man sozialwissenschaftliche Gegenstände wie Handeln und Lernen in ihren sozialen Dynamiken und Zusammenhängen bestimmen möchte.

Wird aus kulturwissenschaftlicher Sicht kritisiert, dass sich gesellschaftliche Veränderungen bzw. die Strukturen dieser Veränderungen einem rationalen Zugang und der Planung entziehen, so geht die poststrukturalistische Kritik noch einen Schritt weiter: Demnach ist die Dynamik von Gesellschaft, d.h. sozialer Wandel oder gesellschaftliche Entwicklung nicht länger als historische Kontinuität und als in sich zusammenhängender sinnhafter Geschichtsverlauf zu interpretieren, sondern als Gleichzeitigkeit bzw. Verschränkung von Kontinuität und Diskontinuität (vgl. Gertenbach 2008). Damit sind insbesondere die im 19. Jahrhundert entwickelten Gesellschaftskonzepte in die Krise geraten, mit denen Gesellschaft als für sich stehende Einheit bzw. als eine vorgegebene, äußere, stabile Realität aufgefasst werden, in der alle Erscheinungen durch eine grundlegende Struktur (z.B. bei Marx durch die Struktur der kapitalistischen Warenproduktion) charakterisiert sind, aus deren innewohnender Entwicklungslogik universale Prinzipien abgeleitet werden können (vgl. ebd.: 220).

Gesellschaftliche Entwicklungen sind demnach nicht als länger universeller Vorgang auf der Basis eines fundamentalen Grundes zu begreifen, sondern vielmehr als „polykontexturelle Verschränkung" (ebd.: 222) bzw. als Überlagerung partieller Veränderungen.[4] Tradierte Anhaltspunkte, woran sich subjektives Handeln in emanzipatorischer Perspektive in der Widersprüchlichkeit gesellschaftlicher Prozesse orientieren kann, gehen damit erst einmal verloren. Es wird zwar betont, dass die jeweiligen Ereignisse und Möglichkeitsspielräume als in hohem Maße in gesellschaftliche Kräfteverhältnisse sowie in politische und soziale Kämpfe eingebettet zu denken sind (vgl. ebd.: 220). Doch wie diese Kräfteverhältnisse als widersprüchliche Handlungsstrukturen im Spannungsfeld zwischen lebensweltlicher Fundierung und potentiell globaler Vermitteltheit angemessen analysiert werden können, ist damit noch nicht gesagt.

2 Herausforderungen für die sozialwissenschaftliche Theoriebildung und Forschung

Unabhängig ob man Wimmers Positionen oder den kulturwissenschaftlichen bis poststrukturalistischen Ausführungen wie vorgestellt folgen mag, die beschriebenen Krisen konfrontieren mit Phänomenen der Kontingenz und Unbestimmtheit. In ihrer paradoxen Gleichzeitigkeit bzw. engen Verschränkung von Konstitution und Dekonstruktion, von Kontinuität wie Diskontinuität verweisen sie auf elementare Veränderungen in den gesellschaftlichen Transformationsprozessen selbst, deren Qualität sich nicht mehr von einem ontologischen Wahrheitsverständnis oder von universalen Positionen her erschließen lässt. Mit der dadurch ausgelösten „Krise der Repräsentations- und Bestimmungslogik" (Wimmer 2002: 111, 115) geraten nicht nur etablierte Begründungszusammenhänge der sozialwissenschaftlichen Bestimmung von zentralen Gegenständen wie Handeln, Lernen, Bildung ins Scheitern, sondern stehen gleichzeitig auch die wissenschaftstheoretischen Voraussetzungen und die epochalen, historischen Denkstrukturen zum gesellschaftlichen Selbstverständnis zur Debatte.

Damit ergibt sich vor dem Hintergrund der beschriebenen Sinn- und Deutungsverschiebungen und den damit verbundenen Krisen zunächst die Aufgabe, die konstitutiven Momente sozialwissenschaftlicher Theoriebildung, d.h. die impliziten Voraussetzungen der jeweiligen sozialwissenschaftlichen Gegenstandsbestimmung kontingent zu setzen, um diese in ihrer historisch-sozialen Gewordenheit in den

---

[4] Zu Dynamiken der Transformationsgesellschaft vgl. Schäffter 2001.

Blick zu nehmen und in Bezug auf die zeitgemäßen Herausforderungen hinterfragen zu können. Zu untersuchen ist, inwieweit sich implizite, konstitutive Momente der Theoriebildung fassen lassen, aus denen sich – vor dem Hintergrund der Krisen – offene Fragen ergeben, die einen materialistisch-dialektischen Ansatz wie die Kritische Psychologie als nicht mehr zeitgemäß erscheinen lassen. Dies wird im Folgenden exemplarisch ausgeführt.

2.1 Offene Fragen am Beispiel der Kritischen Psychologie

Interessante Perspektiven zur Reflexion der wissenschaftstheoretischen Grundannahmen eröffnet Jandl, der sich mit dem Verhältnis von Kritischer Psychologie und Postmoderne auseinandergesetzt hat (vgl. Jandl 1999). Jandl legt dar, dass die Kritische Psychologie als eine „große Erzählung" (ebd.: 69) verstanden werden kann, die viele Merkmale einer Wissenschaftskonzeption der Moderne aufweist, in der die Suche nach der einen Wahrheit und der unbedingte Glaube an einen Fortschritt als prägend für diese Epoche gelten.

So vertrete man in der Kritischen Psychologie z.B. die Ansicht, mit den Kategorien die einzig adäquate Eröffnung des Gegenstandes der Psychologie zu ermöglichen[5] und die traditionellen Ansätze der Psychologie in der einzigen, nämlich Kritischen Psychologie aufzuheben (vgl. ebd.: 110). Auch werde das Widerspruchsprinzip der materialistischen Dialektik in der Lesart der Moderne interpretiert, indem „das Plurale als Oberfläche, als bloß Unreflektiertes des Einen zu denken ist" (ebd.: 113).

Ein weiterer zu beleuchtender Aspekt bezieht sich auf den Stellenwert als zugrunde liegende Philosophie der Kritischen Psychologie und auf die Art der Anwendung der materialistischen Dialektik als zentrales Entwicklungsprinzip. So weist Holzkamp vier Bezugsebenen aus, „auf denen sich die Kritische Psychologie >kritisch< gegenüber traditionell-psychologischen Positionen verhält", davon als erste die philosophische Ebene, auf der die Kritische Psychologie „als in der materialistischen Dialektik, wie sie von Marx, Engels und Lenin entwickelt wurde, gegründet" (Holzkamp 1985: 27, Hervorh. i.O.), zu charakterisieren sei. Auf der gesellschaftstheoretischen Ebene „gründet sich die Kritische Psychologie im historischen Materialismus (als auf gesellschaftlich-historische Prozesse bezogene Spezifizierung materialistischer Dialektik), insbesondere in der >Kritik der politischen Ökonomie< des Kapitalismus, wie sie von Marx im >Kapital< entfaltet wurde" (ebd.: 27, Hervorh. i.O.). Und um den evolutionären Entwicklungsprozess und die Herausbildung des Psychischen zu begreifen (vgl. ebd.: 63), bezieht sich Holzkamp ganz zentral auf das materialistisch-dialektische Widerspruchsprinzip.

Entlang dieser konstitutiven Aspekte lassen sich nun mehrere *offene Fragen stellen*:

1) *Verständnis der materialistisch-dialektischen Grundannahmen:*
   a) Werden die materialistisch-dialektischen Entwicklungsgesetze als Forschungsmethode verstanden und genutzt oder werden sie darüber hinaus – in einem verabsolutierenden Modus – mit der Gesetzmäßigkeit und Struktur von praktischen bzw. gesellschaftlichen Veränderungen (etwa mit dem Erreichen des Sozialismus als höchste entwickelte Gesellschaftsform) in eins gesetzt?
   b) Beinhaltet der Bezug auf die materialistische Dialektik, dass die Kritische Psychologie implizit mit der Notwendigkeit eines (wie auch immer definierten) zu erreichenden Fortschrittes verknüpft ist?

---

[5] Jandl nimmt damit Bezug auf Holzkamp, der kritisiert, dass es den Theorien der traditionellen Psychologie an paradigmatisch, d.h. methodisch und wissenschaftlich, fundierten Kategorien mangele (vgl. Holzkamp 1985: 32) und dass diese Beschränkungen durch die funktional-historische Kategorialanalyse überwunden würden (ebd.: 39).

2) *Gesellschaftstheoretisches Verständnis:* Beruht die Kritische Psychologie in einem statischen Sinne konstitutiv auf der marxistischen Gesellschaftstheorie und deren Interpretation der 1970er Jahre? Ist sie damit gleichermaßen veraltet und kann deshalb in den gegenwärtigen Wissenschaftsdebatten nicht (mehr) produktiv genutzt werden?

3) *Wissenschaftsverständnis:* Ist die Kritische Psychologie von ihrem Selbstverständnis her als gesetzgebende Vernunft (im Sinne eines steten Fortschritts bei der Entwicklung zur sozialistischen Gesellschaft) zu verstehen oder als entwicklungsoffene, interpretierende Sozialwissenschaft?

4) *Verständnis der subjektwissenschaftlichen Kategorien:* Sind die kategorialen Bestimmungen Ausdruck eines wissenschaftlichen Entwicklungsstandes zur Analyse des menschlichen Handelns, oder sind sie im Sinne absoluter, definierender „Letztheiten" konzipiert worden?

Auch wenn bis hier erst einige der konstitutiven Momente Kritisch-Psychologischer Theoriebildung angesprochen wurden, so könnte man versucht sein, allein schon die offenen Fragen, die vor dem Hintergrund der Krisen in diesen Zusammenhängen zu eröffnen sind, als ausreichenden Anlass zu sehen, die Kritische Psychologie als nicht mehr zeitgemäß abzutun und als historischen Ansatz *ad acta* zu legen. Stehen hier doch so grundlegende Aspekte, wie philosophische, gesellschaftstheoretische Prämissen als auch das wissenschaftliche Selbstverständnis, zur Debatte.

2.2 Offensiver Anschluss und Neuverortung – Reloading Holzkamp als wissenschaftliche Aufgabe

Eine ganz andere Perspektive eröffnet sich jedoch, wenn man die veränderten Sinn- und Deutungshorizonte als Herausforderung in gesellschaftlichen Transformationen aufgreift und aus den Krisen heraus folgende Fragen aufwirft:

- Wie lassen sich jenseits der Krisen der verabsolutierenden, universalen, definierenden Theorien Wissenschaftskonzeptionen generieren, mit denen Horizonte und Möglichkeitsräume für subjektives Handeln und Lernen in den komplexen Entwicklungsstrukturen und Bewegungsprozessen gesellschaftlicher Transformationen aufgeschlossen und entwickelt werden können?
- Kann die Kritische Psychologie – trotz der offenen Fragen – dafür genutzt werden und wenn ja, in welcher Weise?

In dieser Perspektive geht es nicht mehr nur um eine lediglich mitvollziehende Aktualisierung einer Theorie, sondern um eine Neuverortung, welche die gegenwärtigen wissenschaftstheoretischen Herausforderungen aufgreift und neue, zeitgemäße Nutzungsperspektiven erschließt. Diese Neuverortung, bzw. dieses „Reloading" beinhaltet drei Schritte: 1. Die Deutung des Paradigmenwechsels als wissenschaftskonzeptionelle Aufgabe, 2. Die Ausarbeitung der Potentiale der Kritischen Psychologie für diese Aufgaben, 3. Aufschluss der Potentiale für relationale Analyse- und Handlungsperspektiven.

3 Reloading Holzkamp

3.1 Paradigmenwechsel als wissenschaftskonzeptionelle Aufgabe

Im Rahmen des sogenannten „Cultural Turn" und des paradigmatischen Wechsels vom *substantialism zum relationalism* ist die Auffassung, dass das Wesen des Sozialen in „terms of relations" zu beschreiben sei, d.h. in Kategorien, welche die dynamische, prozesshafte, kontinuierliche Seite sozialen Handelns sowie dessen kontextuelle Eingebundenheit erschließen (vgl. Emirbayer 1997: 282). Schäffter geht darüber noch einen Schritt hinaus, indem er Relationalität als paradigmatischen Raum entfaltet, in dem das Wesen des Sozialen durch Verhältnisse (z.B. durch das Verhältnis von „agency and structure") gefasst wird, die in wechselseitigen Prozessen komplementär aufeinander bezogen sind. Er illustriert einen dahingehenden Wandel wissenschaftstheoretischer Perspektiven am Beispiel des Verhältnisses „Lernen und sozialer Kontext" (vgl. Schäffter 2012: 144):

1) *„Container-Modell":* Lernen unterliegt einer eigenen Logik und verläuft daher unabhängig von dem Wandel seiner Kontextbedingungen. Andererseits lässt sich auch der Kontext nicht von den „in ihm" verlaufenden Lernprozessen beeinflussen. *(Das Verhältnis konstituiert sich aus substantiellen Einheiten, die ohne wechselseitigen Einfluss sind.)*

2) *Strukturdeterminismus:* der sozialstrukturelle Kontext wird als maßgeblicher Sinnhorizont für die in ihm möglichen Lernprozesse gesehen, gilt jedoch als ein vom Lernen unabhängiger übergeordneter Rahmen, dessen Wandel einer eigenen, evolutionären Gesetzmäßigkeit folgt. *(Das Verhältnis konstituiert sich aus Prozessen, bei denen der eine Prozess den anderen beeinflusst und dominiert.)*

3) *Relationales Paradigma:* Die Logik des Lernens und des sozialstrukturellen Kontextes werden als aufeinander bezogen verstanden, wobei sie wechselseitig Veränderungen auslösen und sich gegenseitig als „Bedingungen ihrer Möglichkeit" konstitutiv voraussetzen. Hier bildet der Kontext einerseits den Möglichkeitshorizont für die ihm entsprechenden „Formate" des Lernens, wie andererseits auch die Lernprozesse ihren Kontext rekursiv zu reformieren vermögen. *(Das Verhältnis konstituiert sich aus zwei Prozessen, die komplementär miteinander interferieren und in einem Wechselverhältnis mit ihrem Kontext stehen.)*

Übertragen auf das Verhältnis von Theoriebildung und gesellschaftlichen Veränderungen bedeutet dies, dass sich das Verhältnis aus beiden komplementär aufeinander bezogenen Prozessen konstituiert, entwickelt und verändert. Im Kontext von gesellschaftlichen Transformationsprozessen findet diese wechselseitige Konstituierung in einem Feld paradigmatischen Strukturwandels statt, d.h. die wechselseitigen „Bedingungen ihrer Möglichkeit" sind nicht nur in ständiger Veränderung befindlich, sondern führen gleichsam in einen „Raum" kontingent gewordener Sinn- und (Be-)Deutungshorizonte. Paradigmatische Kontextwechsel stellen sich so gesehen als zunächst noch unbestimmt oder höchstens unterbestimmt erfahrbare Möglichkeitshorizonte dar, die vorerst im Sinne einer Suchbewegung durch wissenschaftskonzeptionelle Erweiterungen in ihrer Potentialität weiter zu erschließen sind.

Schäffter (2012: 145) verweist hinsichtlich der Überschreitung eines obsolet gewordenen Sinnkontextes und des Eintritts in einen neuartigen, aber noch unbekannten Möglichkeitshorizont auf Wygotskijs *„Zone der nächsten Entwicklung"* (1964: 259). Eine solche Phase des Übergangs zeichnet sich dadurch aus, dass konkrete Herausforderungen für weitere Entwicklungen nicht mehr greifbar sind und neuartige Möglichkeitshorizonte noch nicht vorweggenommen werden können. Im Sinne des Überganges geht es deshalb um die Aufgabe, zunächst durch die Wahrnehmung von Krisen und die reflektierende Negation des vorangehenden Kontextes veränderte Bedingungsgefüge zu erkunden und diese als Potentialität von mehreren möglichen, sich erst in der Entwicklung „offenbarenden" Zukunftsperspektiven sichtbar zu machen (vgl. Schäffter 2012: 145). Um die aufscheinenden Zukunftsperspektiven aber auch als tatsächliche Ressource für neue Entwicklungen erschließen zu können, müssen die potentiell verfügbaren, aber noch nicht in praktischer Tätigkeit erschlossenen Möglichkeiten durch performatives und exploratives Handeln im Kontext einer zielgenerierenden Suchbewegung realisiert und überprüft werden.

3.2 Krisen und besondere Potentiale der Kritischen Psychologie

Was die Kritische Psychologie aus heutiger Sicht und vor dem Hintergrund elementarer Krisen wissenschaftlicher Erkenntnistätigkeit so interessant macht, ist die Tatsache, dass diese Wissenschaftskonzeption selbst als Antwort auf elementare Diskrepanzen und Krisen (in der Psychologie) herausgearbeitet wurde (vgl. Holzkamp 1985: 45). Holzkamp setzte konzeptionell an drei zentralen Kritikpunkten an:

1) Die Kritik an einer *ahistorischen Gegenstandsbestimmung in der Psychologie*, mit der psychische Prozesse auf die Ebene individuellen Verhaltens reduziert und abstrahiert von ihrer gesellschaftlichen Praxis gefasst werden. Diese Kritik stützte sich auf eine ausweisbare Diskrepanz: es lagen zeitgenössische wissenschaftliche Erträge zur Gesellschaftlichkeit des Menschen[6] vor, hinter welche der damals gegebene Arbeits- und Kenntnisstand in der Psychologie zurückfiel.

2) Die Kritik an einem *reduzierten Selbstverständnis wissenschaftlicher Praxis*, in dem von den gesellschaftlich-strukturellen Voraussetzungen des psychologischen Erkennens und Handelns abstrahiert wird. Diese Kritik basierte auf der gesellschaftstheoretischen Erkenntnis, dass nicht nur die forschenden Subjekte Teil der gesellschaftlichen Verhältnisse sind, auf die sich ihre Erkenntnistätigkeit bezieht, sondern dass dies insbesondere auch für die WissenschaftlerInnen, ihre wissenschaftlichen Aufgaben und ihre wissenschaftlichen „Produktionsmittel" gilt (vgl. Holzkamp 1985: 26f.).

3) Die Kritik, dass *psychologische Theoriebildung, Forschung und Praxis innerdisziplinär zu wenig miteinander verschränkt* sind, als dass die Erträge der Disziplin an die Flexibilität, Komplexität und Temporalität gesellschaftlicher Aufgaben anzuschließen vermögen. Vor dem Hintergrund des materialistisch-dialektischen Grundgedankens, dass die wissenschaftliche Erkenntnis und Durchdringung gesellschaftlicher Verhältnisse und deren Entwicklung und Veränderung eine Einheit darstellen, in der sich beide Pole wechselseitig zur Voraussetzung werden, verwies diese Kritik sowohl auf einen Mangel an gesellschaftspolitischer Relevanz von Wissenschaft als auch auf erkenntnistheoretische Verluste, die auf die strukturelle Trennung von Theorie und Praxis zurückgehen (vgl. Holzkamp 1979).

Holzkamp nutzte die Krisen der Psychologie als konzeptionelle Abstoßpunkte, um Wissenschaft sowie die Konstitution sozialwissenschaftlicher Gegenstände in mehrfacher Hinsicht aus der Isolation des Elfenbeinturms zu lösen und diese durch die wissenschaftskonzeptionellen Entwicklungen der Kritischen Psychologie konstitutiv in ein relationales Verhältnis zu gesellschaftlicher Praxis setzen zu können.

---

[6] So fußt die Begründung Holzkamps ganz wesentlich auf der von ihm aufgewiesenen Diskrepanz, dass die traditionelle Psychologie wesentliche zeitgenössische wissenschaftliche Erträge (Marx´sche Gesellschaftstheorie bzw. Darwins Evolutionstheorie), welche die Gesellschaftlichkeit und Gewordenheit des Menschen zum Gegenstand haben, weder in ihren konzeptionellen, methodischen noch in ihren gegenstandsbezogenen Konsequenzen aufgegriffen hat (vgl. Holzkamp 1985: 42).

Dies bezog sich

a) auf den Gegenstand (das „Psychische"): Holzkamp arbeitete – methodologisch fundiert – psychologische Kategorien, Konzepte und Methoden aus, mit denen subjektives Handeln, Lernen, Denken, etc. als Teil gesellschaftlicher Praxis bestimmt, erforscht und entwickelt werden kann (vgl. Holzkamp 1985);

b) auf ein Wissenschaftsverständnis, das den Wechsel zum wissenschaftlich begründeten Subjektstandpunkt im gesellschaftlichen Zusammenhang vollzieht. Dies bedeutete, den externen wissenschaftlichen Standpunkt aufzugeben und ihn im Zusammenhang gesellschaftlicher Prozesse als reflektierten Binnenstandpunkt neu zu bestimmen;

c) auf die wissenschaftliche Tätigkeit, indem Holzkamp diese zu einer Wissenschaftskonzeption ausbaute, mit welcher der materialistisch-dialektische Erkenntnis- und Veränderungsprozess durch eine systematische Verknüpfung von psychologischer Theoriebildung, Forschung und Praxis umgesetzt werden kann.

Dabei ist mit Blick auf die gegenwärtigen Krisen und die Herausforderungen des Überganges in einem Feld paradigmatischen Strukturwandels auf mehrere Potentiale hinzuweisen. Holzkamp betrachtet die *Kritische Psychologie nicht als Einzel-Theorie*, die im Sinne einer abgeschlossenen Einheit den Stand seiner Erkenntnis- und Analysemittel zu fixieren hat, *sondern als spezifisches wissenschaftliches, relationales Paradigma*:

„Die Kritische Psychologie ist [...] der entschiedenste Beitrag, auf der Grundlage materialistischer Dialektik, für die Individualwissenschaft bzw. Psychologie [...] eine kategoriale Basis zu entwickeln, die den Charakter eines wissenschaftlichen Paradigmas hat, also den Gegenstand der Individualwissenschaft/Psychologie in seiner äußeren Abgehobenheit und inneren Struktur [...] eindeutig faßbar und in einem einheitlichen, gegenstandsadäquat gegliederten System kategorial-methodologischer Bestimmungen abbildbar macht" (ebd.: 32).

Und das Paradigma der Kritischen Psychologie ist nach Holzkamps Verständnis nicht als Absolutes aufzufassen, sondern im Sinne eines historischen Übergangsproduktes als Relationales. So handelt es sich „beim Paradigma-Konzept um einen wissenschaftsgeschichtlichen Verhältnisbegriff [...], bei dem Paradigmatizität letztlich nur als historischer Fortschritt, gemessen an einem vorgängig unentfalteteren kategorialen Stand der Wissenschaft, ausweisbar ist" (Holzkamp 1985: 36).

Wissenschaft steht bei Holzkamp über rein theoretische Erklärungen hinaus *in der Aufgabe, die Subjekte durch eine erweiterte Verfügung über die (Lebens-)Bedingungen in der lebenspraktischen Erweiterung ihrer Handlungsfähigkeit zu unterstützen* (vgl. Holzkamp 1987: 15). *Mit dem Kategoriensystem*, wie es Holzkamp in funktional-historischer Analyse herausgearbeitet hat, *handelt es sich*, wie er selbst betont, *keinesfalls um ein geschlossenes Deduktionssystem*, das unmittelbar zur Bezeichnung psychischer Erscheinungsformen verwendet werden kann. Die Kategorien sind vielmehr als Rahmenbestimmungen und analytisches Instrumentarium zu verstehen, mit denen aus der Perspektive der Subjekte aktualempirische Phänomene auf die in ihnen zum Tragen kommenden wesentlichen Entwicklungswidersprüche hin erschlossen werden können (vgl. Holzkamp 1985: 516).

3.3 Subjektwissenschaftliche Selbstveränderung und Entwicklungsoffenheit als relationale Veränderungsmodi auf zwei Ebenen

Holzkamp bezog die Entwicklungsgesetze der materialistischen Dialektik nicht nur auf seinen Gegenstand. Er wendete die dialektische Methode auch auf sich selbst als wissenschaftlich erkennendes Subjekt an. Die Wahrnehmung von wissenschaftlichen Diskrepanzen und deren Wendung in entwicklungsoffene (Wissenschafts-)Projekte sind wesentliche Momente, um Krisen durch Selbstveränderung und Entwicklungsoffenheit produktiv beantworten zu können. Im Sinne eines relationalen Veränderungsmanagements werden damit Optionen auf zwei Ebenen eröffnet:

1) *Die Wissenschaftskonzeption ist entwicklungsoffen auf der Ebene permanenter gesellschaftlicher Entwicklungen:* Mit der Subjektwissenschaft können sozialwissenschaftliche Gegenstände im Kontext gesellschaftlicher Entwicklungen in einer Weise bestimmt, erforscht und entwickelt werden, bei der die Wissenschaftskonzeption selbst in Relationalität zu gesellschaftlichen Veränderungen stetig ausgebaut werden kann.

2) *Die Wissenschaftskonzeption ist* – als Veränderung von grundlegenden Strukturen und Rahmenbedingungen wissenschaftlich-konzeptioneller Entwicklungen – *entwicklungsoffen auf der Ebene paradigmatischer Transformationsprozesse*[7]*:* Die Entwicklung der Kritischen Psychologie steht als Beispiel dafür, wie disziplinäre Krisen in den Kontext paradigmatischer Transformationsprozesse gestellt und neue wissenschaftliche, konzeptionelle (Neu-)Entwicklungen als Antwort auf die Herausforderungen im Übergang zu paradigmatisch neuen Möglichkeits-Horizonten entwickelt werden können.

Im Folgenden werden die beiden Optionen, die damit einhergehenden relationalen Modi des Veränderungsmanagements und die daraus abzuleitenden Aufgaben eines „Reloading" der Subjektwissenschaft dargelegt.

3.3.1 Reloading I: Subjektwissenschaft als relationaler Veränderungsmodus im Kontext stetiger gesellschaftlicher Entwicklungen (Veränderungen 1. Ordnung)

Holzkamp stellt mit der Kritischen Psychologie drei Relata, die in der üblichen wissenschaftlichen Praxis getrennt konstituiert und für sich betrachtet werden, wissenschaftskonzeptuell in einen Zusammenhang (vgl. Abb.1):

1) Gesellschaftliche Entwicklungen
2) Sozialwissenschaftliche Gegenstände
3) Wissenschaftliche Konzeptionen

---

[7] Schäffter bezeichnet permanente gesellschaftliche Entwicklungen als Veränderungen „erster Ordnung", bei der sich Veränderungen innerhalb eines gleichbleibenden Kontextes und innerhalb eines weiterhin übereinstimmenden Sinn- und Bedeutungshorizonts vollziehen. Davon unterscheidet er gesellschaftliche Transformationen, bei der sich „Veränderungen von Veränderungen", also Veränderungen „zweiter Ordnung" vollziehen, in denen sich noch unbekannte Sinn- und Bedeutungshorizonte herausbilden (vgl. Schäffter 2012: 143).

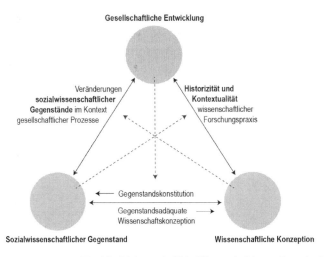

Abb. 1 Sozialwissenschaftliche Wissenschaftskonzeptionen in einem relationalen Feld

Dadurch wird ein relationales Feld erzeugt, in dem nicht nur Veränderungen einzelner Relata betrachtet werden, sondern Relationen (Wechselwirkungen) zwischen allen drei Relata. Die Diskrepanzen können so im Sinne stetiger Performanz produktiv für die weitere Entwicklung des Zusammenhanges als auch der einzelnen Relata genutzt werden.

Herausbildung eines relationalen Modus von Theoriebildung und Forschung: Inhaltlich gelingt es in diesem relationalen Zusammenhang, nicht nur sozialwissenschaftliche Gegenstände angemessen als gesellschaftliche Gegenstände zu konstituieren, zu erforschen und zu entwickeln, sondern auch permanente Veränderungen wie die zunehmende Flexibilisierung, strukturelle Komplexität und Temporalisierung gesellschaftlicher Prozesse reflexiv zu verstehen und wissenschaftlich fundiert zu gestalten. Wissenschaftskonzeptionell gelingt es (gegenüber der Ableitung von Theorien aus universalistischen Ideologien), eine relationale Entwicklung zwischen wachsendem Verständnis des disziplinären Gegenstandsbereiches (in der Subjektwissenschaft die Bestimmung des Psychischen als menschliches Handeln auf gesellschaftlichem Niveau) und der dafür nötigen Erweiterung von Begriffen, theoretischen Konzepten und Methoden auf wissenschaftskonzeptioneller Ebene zu konstituieren.

Im Rahmen des relationalen Zusammenhanges eröffnet sich somit die Option, wissenschaftskonzeptionelle Entwicklungen als einen Prozess, der komplementär mit der wachsenden Komplexität gesellschaftlicher Prozesse verschränkt ist, im Modus einer relationalen Entwicklungsdynamik auszubauen. Diese Option stellt zugleich eine Alternative zur Theoriebildung und Forschung im Modus der Repräsentations- und Bestimmungslogik bzw. der ontologischen Wahrheitsfindung dar.

Für ein „Reloading (I)" der Kritischen Psychologie im Kontext stetiger gesellschaftlicher Entwicklungen (Veränderungen erster Ordnung) stellen sich folgende Aufgaben: Damit diese Option einer relationalen wissenschaftskonzeptionellen Entwicklung genutzt werden kann, reicht es nicht mehr aus, die Subjektwissenschaft lediglich – auf dem Stand ihrer Entwicklung der 1990er Jahre – anzuwenden. Tatsächlich steht vor diesem Hintergrund nicht die Aktualität der Subjektwissenschaft auf dem Prüfstand, sondern die Aktualität und Angemessenheit ihrer Lesarten und Nutzungsweisen. Problematisch sind diese insbesondere dann, wenn damit die Kritische Psychologie in der Rezeption auf eine Einzeltheorie verengt und auf deren bloße Anwendung reduziert wird. Mit solchen Lesarten und Nutzungsweisen wird die Subjektwissenschaft von ihren konzeptionellen Zusammenhängen abstrahiert und werden die Optionen ihrer relationalen Entwicklung ausgeblendet.

Um die Kritische Psychologie in ihrem Potential als entwicklungsoffenes Projekt (re-)aktualisieren und nutzen zu können, bedarf es einer wissenschaftlichen Praxis, mit der die Relationen zwischen den drei Polen des relationalen Zusammenhanges produktiv werden können. Dafür spielt es m.E. eine wichtige Rolle, aus der wissenschaftlichen Position heraus wahrnehmungsfähig für Diskrepanzen im wissenschaftlichen oder gesellschaftlichen Aufgabenfeld zu werden, die als Hinweise auf

- bedeutsame gesellschaftliche Entwicklungen/Veränderungen,
- elementare Unterbestimmtheit des zugrunde liegenden Gegenstandsverständnisses,
- konzeptuelle Grenzen der wissenschaftlichen Erkenntnismittel und -praktiken
- zu deuten sind, die spezifische Erweiterungen an einem oder mehreren Polen erfordern.[8]

Indem diese Erweiterungen auf neue Weise miteinander ins Verhältnis gesetzt werden, bleibt die Wissenschaftskonzeption entwicklungsoffen gegenüber gesellschaftlichen Veränderungen und kann durch die wachsenden wissenschaftlichen Erkenntnisse und Möglichkeiten dazu beitragen, gesellschaftliche Prozesse im Wandel zu gestalten. Wissenschaftliches Handeln kann so als reflexive, komplexe Praxis im Kontext relationaler Zusammenhänge und Entwicklungsdynamiken angelegt werden.

3.3.2 Reloading II: Subjektwissenschaft als relationaler Veränderungsmodus im Kontext paradigmatischer Transformationen (Veränderungen 2. Ordnung)

Paradigmatische Transformationen zeichnen sich durch fundamentale Veränderungen (Veränderungen zweiter Ordnung) von Zielen, Strukturen und Bedingungen menschlichen Handelns aus.[9] Sie sind verbunden mit Übergängen, die in hohem Maße von Ungewissheit gekennzeichnet sind, was die neuen, sich herausbildenden gesellschaftlichen Tätigkeitsstrukturen, Sinn- und Bedeutungshorizonte betrifft. Im Kontext von Transformationsprozessen wird deshalb verstärkt die Erschließung von Möglichkeitsräumen diskutiert, in denen produktive (subjektive und intersubjektive) Auseinandersetzungen zu Übergängen, ihrer Wahrnehmung und Gestaltung stattfinden können (vgl. Schneidewind 2013: 69f.). Dazu gehören

- die Herausbildung möglicher neuer Sinn und Bedeutungshorizonte,
- die Generierung von Suchbewegungen auf mögliche Übergangsziele hin,
- die Konzeption und Erprobung von Beobachtungs- und Erkenntnis-Mustern mit denen sich neu bildende Tätigkeitsstrukturen und -dynamiken in ihrer Entstehung und damit vorläufig beschreiben lassen,
- die Herausbildung von Orientierungsmustern in Übergangen (zwischen Dekonstruktion des Alten und Konstruktion des Neuen).

Konkret werden solche Möglichkeitsräume umgesetzt, indem interdisziplinäre (etwa soziale, technologische, wissenschaftliche) Kooperationszusammenhänge[10] geschaffen werden, in denen explorative Innovationsprozesse in Form neuer Anschauungs-, Willensbildungs- und Gestaltungsmuster hervorge-

---

[8] Konkret betrifft dies etwa die Frage, welche Erweiterungen durch neuere, nicht-universalistische Entwürfe von marxistisch-gesellschaftstheoretischen Analysen (vgl. Jaeggi 2007) für die einzelnen Relata wie auch für die gesamte Wissenschaftskonzeption diskutiert werden sollten.

[9] Auf historischer Ebene betrifft das z.B. Wandel gesellschaftlicher Formation wie etwa vom Feudalismus zum Kapitalismus, auf kultureller Ebene den Wechsel von Leitmedien der Überlieferung und Kommunikation, von der mündlichen Überlieferung über die Erfindung des Buchdruckes bis hin zur digital vernetzten Welt.

[10] Z.B. Nachhaltigkeitsprojekte zur Senkungs des CO_2-Ausstoßes einer Stadt (vgl. Schneidewind 2013: 24f.).

bracht werden können. Dabei läuft von Beginn an eine reflexive Schleife zwischen den eruierten Möglichkeitshorizonten[11] und den Optionen, die sich durch die Innovationsprozesse ergeben bzw. ggf. auch zerschlagen.

Auch die Kritische Psychologie wurde im Möglichkeitsraum eines Überganges, d.h. des paradigmatischen Strukturwandels von der bürgerlichen Gesellschaft zu einer partizipativen, sozialistisch-demokratischen Gesellschaft, herausgebildet. Dazu gehörte, als Selbstverortung, die umfassende Analyse des grundsätzlichen Stellenwerts der Kritischen Psychologie „im Wissenschaftsprozeß, ihrer wesentlichen theoretischen und methodologischen Resultate und der daraus sich ergebenden zentralen Arbeitsperspektiven" (Holzkamp 1985: 26) vorzunehmen. Mit Blick auf die neu entstandenen, wissenschaftlichen Handlungspraktiken schien es erforderlich, die Kritisch-Psychologischen „Aktivitäten [...] in ihrer Spezifik faßbarer zu machen und zu fördern, ihre Position im Gesamt des Wissenschaftsprozesses" zu festigen (ebd.). Zudem galt es, „die gedankliche Klarheit und damit Handlungsfähigkeit zu gewinnen, von denen aus wir uns zu den gestellten politischen, wissenschaftlichen und institutionellen Anforderungen bewußt ‚verhalten' und damit unsere Konzeption im Interesse menschlichen Erkenntnisfortschritts, der demokratischen Bewegung und der Betroffenen sinnvoll weiterentwickeln und praktisch wirksam werden lassen können" (ebd.).

Herausbildung und Nutzung eines relationalen Modus wissenschaftlicher Entwicklung zwischen „Gegebenem" und „Möglichem": Die Entwicklung der Kritischen Psychologie als Paradigma stellt Holzkamp in den Rahmen des materialistisch-dialektischen Entwicklungsdenkens. Demzufolge werden sowohl die Einschränkungen subjektiver und gesellschaftlicher Handlungsmöglichkeiten als auch deren (noch nicht entfalteten) Potentiale durch die Rekonstruktion der Bewegungs- und Entwicklungsgesetze der bürgerlichen Gesellschaft in ihrer historischen Bestimmtheit begreifbar (vgl. Holzkamp 1979: 29). Indem scheinbar unveränderlich gegebene Zustände der Gegenwart auf ihre inneren Bewegungsmomente hinterfragt werden, werden sie im Sinne von Zwischenzuständen in Übergängen wahrnehmbar, die in ihren Chancen und Einschränkungen sowohl Ausdruck ihrer spezifischen gesellschaftlichen Entstehungsprozesse (Einflüsse, Bedingungen, Interessen) sind als auch Ausgang neuer Möglichkeitshorizonte darstellen. Der entscheidende Schritt bestehe hier in einem Wechsel von einem Denken „in" den Bewusstseinsformen des gesellschaftlichen Lebens, mit dem „das Gegebene" blind reproduziert wird, zu einem Denken „über" diese Formen hinaus, was deren kritische Analyse und die Gewinnung des Horizontes eines „zukünftig Möglichen" mit einschließt und so reflektierte Veränderungen ermöglicht (vgl. Abb. 2).

Dieses Modell der Unmittelbarkeitsüberschreitung (vgl. Holzkamp 1985: 49, 421f.) eröffnet *auf der Ebene paradigmatischer Transformationsprozesse* die Option, wissenschaftskonzeptionelle Neu-Bestimmungen und -Entwicklungen als Veränderung grundlegender Arbeitsstrukturen und -praktiken entwicklungsoffen und relational zu Möglichkeitsräumen in Übergängen hervorzubringen. Damit stellen Wissenschaftskonzeptionen, die sich als relationale Paradigmen verstehen, zugleich eine Alternative zu Wissenschaftskonzeptionen im Sinne universalistischer Erzählungen dar.

Ausblick und Fragen zum „Reloading" der Kritischen Psychologie im Kontext paradigmatischer Transformationen (Veränderungen zweiter Ordnung): Nicht nur vor dem Hintergrund des Übergangs zu einer nachhaltigen Gesellschaft besteht Bedarf, die aufgewiesenen Krisen in Bildung, Wissenschaft und gesellschaftlicher Theoriebildung als Anlässe paradigmatischer Reichweite aufzugreifen, um das derzeitige Selbstverständnis, die Aufgabe und Rolle von Wissenschaft zu hinterfragen. So gilt es zu ermitteln, welche Forschungsinhalte und -strukturen, welche wissenschaftlichen Ausbildungs- und Vermittlungs-

---

[11] Hier z.B. zu den Produktions-, Arbeits- und Lebensformen einer nachhaltigen Gesellschaft.

funktionen, sowie, welche institutionellen Strukturen geschaffen werden müssen, damit Möglichkeits-Horizonte und Innovationsprozesse in gesellschaftlichen Transformationen in Gang gesetzt werden können, wie etwa für einen kollektiv tragfähigen Umgang mit der globalen Ressourcenknappheit (vgl. Schneidewind 2013: 123).

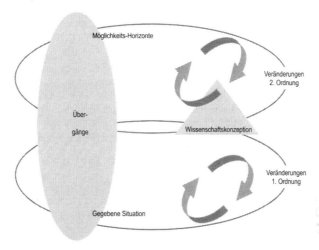

Abb. 2 Wissenschaftliche Praxis im Feld relationaler Entwicklungsdynamik

Konkret stellt sich die Frage, in welcher Weise die Kritische Psychologie durch die Verknüpfung von gesellschaftlichen und wissenschaftlichen Entwicklungsprozessen dazu beitragen kann, Möglichkeits-räume zu initiieren, zu strukturieren und zu verallgemeinern, welche in transformativen Übergängen die nötigen Infrastrukturen für experimentelle intersubjektive Lern- und Innovationsprozesse zwischen „Gegebenem" und „Möglichem" bieten, mit denen Optionen, etwa für den Übergang zu nachhaltigen Produktions-, Arbeits- und Lebensprozessen, hervorgebracht werden können.

Dies würde bedeuten, das materialistisch-dialektische Wissenschafts- und Entwicklungsverständnis zu nutzen, um die Dynamik von Prozessen in Übergängen noch besser verstehen zu lernen und dadurch in einer nicht-universalistischen Weise Möglichkeits-Horizonte für noch unbekannte Zukunftsoptionen zu gewinnen.

Literatur

Arnold, R. (1996): Weiterbildung. Ermöglichungsdidaktische Grundlagen. München

Baldauf-Bergmann, K. (2009): Lernen im Lebenszusammenhang. Der Beitrag der subjektwissenschaftlichen Arbeiten Klaus Holz-kamps zu einer pädagogischen Theorie des lebensbegleitenden Lernens. Berlin.

Bolz, N. (1996): Die Moderne als Ruine. In: Bolz, N./Reijen, W. van (Hg.): Ruinen des Denkens – Denken in Ruinen. Frankfurt a.M., 7-23

Emirbayer, M. (1997): Manifesto for a relational sociology. In: American Journal of Sociology, Vol. 103, No. 2, 281-317

Faulstich, P./Ludwig, J. (Hg.) (2004): Expansives Lernen. Baltmannsweiler

Gertenbach, L. (2008): Geschichte, Zeit und sozialer Wandel: Konturen eines poststrukturalistischen Denkens. In: Moebius, S./Reckwitz, A. (Hg.): Poststrukturalistische Sozialwissenschaften. Frankfurt a.M., 27-42

Hörning, K.-H. (2004): Kultur als Praxis. In: Jaeger, F./Liebsch, B./Straub, J./Rüsen, J. (Hg.): Handbuch der Kulturwissenschaften. Bd. 1: Grundlagen und Schlüsselbegriffe. Stuttgart, 139-151

Holzkamp, K. (1979): Zur kritisch-psychologischen Theorie der Subjektivität I. Das Verhältnis von Subjektivität und Gesellschaft-lichkeit in der traditionellen Sozialwissenschaft und im Wissenschaftlichen Sozialismus. In: Forum Kritische Psychologie, Bd. 4, 10-54

Holzkamp, K. (1985): Grundlegung der Psychologie. Studienausgabe. Frankfurt a.M.

Holzkamp, K. (1987): Lernen und Lernwiderstand, Skizzen zu einer subjektwissenschaftlichen Lerntheorie. In: Forum Kritische Psychologie, Bd. 20, 5-36

Holzkamp, K. (1995): Lernen. Subjektwissenschaftliche Grundlegung. Studienausgabe. Frankfurt a.M.

Jaeggi, R. (2007): Entfremdung, Zur Aktualität eines sozialphilosophischen Problems. Frankfurt a.M.

Jandl, M. J. (1999): Kritische Psychologie und Postmoderne. Frankfurt a.M.

Ludwig, J. (2000): Lernende verstehen: Lern- und Bildungschancen in betrieblichen Modernisierungsprojekten. Bielefeld

Ludwig, J. (Hg.) (2012): Lernen und Lernberatung. Alphabetisierung als Herausforderung für die Erwachsenendidaktik. Bielefeld

Mattes, P./Dege, M. (2008): Editorial. In: Mattes, P./Dege, M. (Hg.): Journal für Psychologie, Jg. 16, Ausgabe 2: Holzkamps Grundlegung der Psychologie. Nach 25 Jahren, 1-6, http://www.journal-fuer-psychologie.de/index.php/jfp/article/view/175/233, 05.02.2014

Reckwitz, A. (1999): Praxis-Autopoiesis-Text. Drei Versionen des Cultural turn in der Sozialtheorie. In: Reckwitz, A./Sievert, H. (Hg.): Interpretation, Konstruktion, Kultur. Ein Paradigmenwechsel in den Sozialwissenschaften. Opladen, 19-49

Rexilius, G. (2008): Wie Klaus Holzkamp posthum auf den Kopf gestellt wurde. In: Mattes, P./Dege, M. (Hg.): Journal für Psychologie. Jg. 16, Ausgabe 2: Holzkamps Grundlegung der Psychologie. Nach 25 Jahren, 1-27, http://www.journal-fuer-psychologie. de/index.php/jfp/article/view/177/235, 05.02.2014

Schäffter, O. (2001): Weiterbildung in der Transformationsgesellschaft. Baltmannsweiler

Schäffter, O. (2012): Relationale Weiterbildungsforschung. In: Baldauf-Bergmann, K. (Hg.): Veränderung von Lernen und Weiterbildung in der Transformationsgesellschaft. Tätigkeitstheorie. Journal für tätigkeitstheoretische Forschung in Deutschland, H. 7, 141-155, http://www.ich-sciences.de/index.php?id=141&L=0, 05.02.2014

Schneidewind, U./Singer-Brodowski, M. (2013): Transformative Wissenschaft. Klimawandel im deutschen Wissenschafts- und Hochschulsystem. Marburg

Wimmer, M. (2002a): Bildungsruinen in der Wissensgesellschaft. Anmerkungen zum Diskurs über die Zukunft der Bildung. In: Lohmann, I./Rilling, R. (Hg.): Die verkaufte Bildung. Kritik und Kontroversen zur Kommerzialisierung von Schule, Weiterbildung, Erziehung und Wissenschaft. Opladen, 45-68

Wimmer, M. (2002b): Pädagogik als Kulturwissenschaft. Programmatische Überlegungen zum Status der Allgemeinen Erziehungswissenschaft. In: Wigger, L./Cloer, E./Ruhloff, J./Vogel, P./Wulf, C. (Hg.): Zeitschrift für Erziehungswissenschaft. Forschungsfelder der Allgemeinen Erziehungswissenschaft, 109-122

Wygotskij, L.S. (1964): Denken und Sprechen. Stuttgart.

Selbstverständigungsversuche zwischen Subjektwissenschaft und Objektiver Hermeneutik

Stephanie Günther

Prolog

Als ehemalige Studentin und langjährige Kollegin von Joachim Ludwig habe ich mit seiner Lesart der subjektwissenschaftlichen Lerntheorie Klaus Holzkamps wissenschaftlich denken gelernt. In gemeinsamen Forschungswerkstätten, in denen wir letzthin vor allem nach methodischen Verfahren suchen, mit denen das Handeln von Subjekten als gesellschaftlich vermittelt adäquat berücksichtigt werden kann, haben wir immer wieder auch die Methodologie der Objektiven Hermeneutik, wie sie Ulrich Oevermann entwickelte, herangezogen. Dass diese Parallelen zu Holzkamps kategorialen Bestimmungen aufweisen, darauf hat Ludwig bereits in seiner Habilitationsschrift verwiesen (vgl. Ludwig 2000: 65f.). Eine Fortführung methodologischer Klärungen, wie sie von Ludwig begonnen wurden, ist Gegenstand meines Beitrages. Die folgenden Ausführungen stellen, wie der Titel des Beitrages bereits ankündigt, Selbstverständigungsversuche zwischen Subjektwissenschaft und Objektiver Hermeneutik dar. Ich stehe also mit meinen dargelegten Überlegungen am Anfang, man könnte sagen, das Folgende dokumentiert einen work in progress. Demzufolge hat es fragmentarischen Charakter und erhebt nicht den Anspruch einer ausgefeilten methodologischen und methodischen Diskussion.

Fragment 1

Ausgehend von einer materialistisch-dialektischen Gesellschaftstheorie legt Holzkamp in der Grundlegung der Psychologie (vgl. Holzkamp 1985) eine funktional-historische Kategorialanalyse, vor die das Psychische als mit den historisch bestimmten Lebensbedingungen vermittelt in den Blick nimmt. Die entwickelten Kategorien will Holzkamp explizit als analytische Begriffe verstanden wissen, nicht als Beschreibungen empirischer Gegenstände (ebd.: 516), weshalb Holzkamp bzgl. des Ertrages der Kritischen Psychologie auch von der Entwicklung einer kategorialen Basis mit dem „Charakter eines wissenschaftlichen Paradigmas" spricht (vgl. ebd.: 32 und Baldauf-Bergmann i.d. Bd.).

Eine zentrale Kategorie Holzkamps ist die der *gesellschaftlichen Bedeutungsstrukturen*. Die Lebensbedingungen in denen Menschen ihr Leben führen sind historisch bestimmt und ihnen als „gesellschaftliche Bedeutungsstrukturen" (Holzkamp 1985: 348) gegeben. Holzkamp folgt damit der Annahme einer bedeutungsstrukturierten Welt, auf welche sich Menschen in ihren Handlungen beziehen. Menschliches Handeln ist demnach also weder unmittelbar äußerlich bedingt, noch Resultat rein subjektiver Sinnstiftung (vgl. ebd.: 348). Es bezieht sich auf gesellschaftliche Bedeutungsstrukturen, die bei Holzkamp in doppelter Weise bestimmt sind: Erstens als „Inbegriff aller Handlungen, die durchschnittlich von Individuen ausgeführt werden (müssen), sofern der gesellschaftliche Produktions- und Reproduktionsprozeß auf einer gegeben Stufe möglich ist (sein soll), also gesamtgesellschaftlicher Handlungsnotwendigkeiten" (ebd.: 234). Zweitens als „Bezug jedes einzelnen Menschen zum gesamtgesellschaftlichen Handlungszusammenhang, wie er in den umgreifenden Bedeutungsstrukturen gegeben ist, indem nur durch die Handlungsumsetzung von gleichzeitig gesamtgesellschaftlich verflochtenen Bedeutungen die jeweils individuelle Existenz erhalten bzw. entwickelt werden kann" (ebd.).

Schon in seiner Erläuterung der Begriffe wird deutlich, dass Holzkamp hier aus zwei unterschiedlichen Perspektiven argumentiert. Aus einer gesellschaftlichen Perspektive stellen Bedeutungsstrukturen Handlungsnotwendigkeiten dar. „Handlungsnotwendigkeiten" impliziert, dass es Handlungsprobleme gibt die eine Gesellschaft zur Sicherung ihres Fortbestandes (Produktion und Reproduktion) bearbeiten muss. Bedeutungsstrukturen sind also funktional auf den Fortbestand der Gesellschaft hin ausdifferenzierte Handlungsnotwendigkeiten.[1] Gesellschaft spezifiziert Holzkamp als „in sich lebensfähiges Erhaltungssystem, in dem in verallgemeinert-vorsorgender Weise menschliche Lebensmittel/-bedingungen produziert werden." (ebd.: 306), mithin als gesamtgesellschaftliche Struktur. Aus der Perspektive der handelnden Gesellschaftsmitglieder stellen Bedeutungen wiederum „die den Individuen in den verschiedenen gesellschaftlichen Teilbereichen objektiv gegebenen Handlungs- und Denkmöglichkeiten" (Holzkamp 1985: 359) dar. Das Verhältnis von Subjekt und Gesellschaft ist bei Holzkamp folglich nicht deterministisch im Sinne einer Ursache-Wirkungs-Relation bestimmt. Vielmehr verweist er mit den Begriffen Bedeutungsaktualisierung und Möglichkeitscharakter von Bedeutungen (ebd.: 96, 236 und 367ff.) eben auf ein Sich-bewusst-Verhalten des Subjekts zu den wahrgenommenen Bedeutungen. Die für die subjektwissenschaftliche Theorie zentrale Kategorie der Bedeutungen ist also eine Vermittlungskategorie, die sowohl auf die objektive Seite gesellschaftlicher Realität, als auch auf den subjektiven Bezug zu dieser verweist (vgl. Baldauf-Bergmann 2009: 256). Zusammengefasst lässt sich sagen: gesellschaftliche Bedeutungsstrukturen bezeichnen bei Holzkamp historisch bestimmte gesellschaftliche Verhältnisse, die dem Subjekt Handlungsmöglichkeiten bieten. Diese Handlungsmöglichkeiten sind in kapitalistischen gesellschaftlichen Verhältnissen, wie Holzkamp sie aus marxistischer Perspektive analysiert, durch einen grundlegenden Widerspruch zwischen den Möglichkeiten der Erweiterung der Teilhabe an gesellschaftlicher Bedingungsverfügung und deren Einschränkung charakterisiert (vgl. Holzkamp 1985: 203 sowie Baldauf-Bergmann 2009: 269ff.). Der Begriff Handlungsmöglichkeiten ist bei Holzkamp spezifiziert als „doppelte Möglichkeit" und bezieht sich darauf, dass ich im Handeln immer entscheiden muss zwischen Handeln mit dem ich meine Teilhabe erweitere und Handeln mit dem ich sie einschränke.

---

[1] So stellen beispielsweise Berufe insofern Bedeutungsstrukturen dar, als dass diese für den Fortbestand der Gesellschaft notwendige und bewährte Handlungssequenzen thematisch zusammenfassen (bzgl. der gesellschaftlichen Funktion von Verwaltungshandeln vgl. Hauser i.d. Bd.).

Fragment 2

Der Bedeutungsbegriff spielt auch in der strukturtheoretischen Methodologie Ulrich Oevermanns eine zentrale Rolle. Oeverman führt den Bedeutungsbegriff unter Bezugnahme auf Meads Theorie des Symbolischen Interaktionismus ein. Bedeutungen sind demnach „interaktiv hergestellte objektive soziale Strukturen" (Oevermann u.a. 1979: 380). Oevermann nimmt damit, ebenso wie Holzkamp, eine analytische Trennung zwischen objektiven Bedeutungsstrukturen und deren subjektiven Interpretationen bzw. Intentionen des handelnden Subjektes vor und verweist auf eine konstitutionslogische Vorgängigkeit objektiver Bedeutungsstrukturen vor subjektivem Sinn (vgl. auch Oevermann 2002: 32). Darin begründet sich auch der Terminus objektiv.[2] Diesen verwendet Oevermann explizit analytisch, nicht ontologisch (vgl. Sutter 1997: 42f.) und markiert damit eine Analyseebene menschlichen Handelns, auf der Strukturen als regelgeleitet erzeugte Verfestigungen von Handlungen analysiert werden können (vgl. Oevermann 2002: 2). Unter Rückgriff auf Chomskys Universalgrammatik geht Oevermann davon aus, dass Bedeutungsstrukturen durch Regeln erzeugt werden. Regeln stellen bewährte Antworten auf Handlungsprobleme dar[3], die einst von Menschen in der Bewältigung ihres Lebens entworfen wurden (vgl. Loer 2006: 348). Hier ist m.E. eine Parallele zum oben explizierten Holzkamp'schen Begriff der „gesamtgesellschaftlichen Handlungsnotwendigkeiten" zu sehen. Anders als Holzkamp führt Oevermann mit dem Regelbegriff das Zustandekommen von Bedeutungsstrukturen jedoch nicht auf die Notwendigkeit der Organisation von Handlungen zum Erhalt der Gesellschaft im Sinne einer Realisierung „gesellschaftlicher Zielkonstellationen" als „antizipatorische Konstellationen von Notwendigkeiten verallgemeinerter Vorsorge unter Einsatz der dazu geschaffenen Arbeitsmittel" (Holzkamp 1985: 268) zurück, sondern auf die Notwendigkeit einer Grundlage zur Verständigung zwischen Menschen als Gattungswesen. Oevermanns Bezugskategorie ist der soziale Akt, nicht der gesellschaftliche Produktions- und Reproduktionsprozess. Damit hat Oevermann hier ein – konstitutionstheoretisch betrachtet – grundlegenderes Verständnis von Bedeutungsstrukturen als Holzkamp. Oevermann begründet das Zustandekommen und die Funktionalität objektiver Bedeutungsstrukturen sozialisationstheoretisch. In frühen Arbeiten forschte er zur Struktur familialer Interaktion (vgl. Oevermann u.a. 1976) und nahm dabei Anleihen bei Meads Modell der triadischen Struktur des sozialen Aktes.

Oevermann unterscheidet universale, epochenspezifische, gesellschaftsspezifische, subkulturelle und milieuspezifische Regeln als Basis von Strukturen (vgl. Wagner 2001: 49.). Universale Regeln sind nicht kritisierbar, d.h. sie sind durch Rekonstruktion zwar explizierbar und damit reflexiv zugänglich, können aber nicht verändert werden, weil sie gattungsspezifisch sind.[4] Anders ist es bei gesellschaftsspezifischen Strukturen. Diese seien durch Reflexion veränderbar und daher auch „Gegenstand soziologischer Kritik" (Oevermann 1979: 153 zit. n. Sutter 1997: 42). Oevermann verwendet den Terminus *objektive Bedeutungsstrukturen* zwar synonym mit *latenten Sinnstrukturen*, betont aber mit den beiden Begriffen jeweils eine andere Ebene. Der Begriff der objektiven Bedeutungsstrukturen bezieht sich methodisch betrachtet auf „die durch Regeln erzeugten objektiven Bedeutungen einer Sequenz von sinntragenden Elementen einer Ausdrucksgestalt, in der alle nur denkbaren konkreten (Lebens-)Äußerungen

---

[2] „Der Begriff der Objektivität wird also nicht im positivistischen Sinne gebraucht, er will vielmehr das benennen, was sich nicht mit der Konstruktionstätigkeit des Subjekts verrechnen lässt" (Pilz 2007: 103).

[3] So etwa das Deutungsmuster „Chancengleichheit", das auf das Problem der Unvereinbarkeit der Maximen „Belohnung nach Leistung" und „Gleichheit aller" beruht (vgl. Tiemann 2007: 7).

[4] Auf diese Regeln begründet die Objektive Hermeneutik später ihr methodisches Vorgehen. Sie macht sich die uns als Gattungswesen Mensch gegebene Kompetenz zu Nutze, dass wir als sprachlich-handlungsfähige Subjekte über universale Regeln verfügen (vgl. Wernet 2009: 14).

40

von Lebenspraxis-Formen verkörpert sein können" (Oevermann 2001: 39). Der übergeordnete Begriff der latenten Sinnstrukturen hingegen sei „ausschließlich methodologisch zugerichtet" (ebd.) und beziehe sich auf die objektiven Bedeutungsstrukturen von Ausdrucksgestalten.

Mit dieser Begrifflichkeit markiert Oevermann die Sinnstrukturiertheit der Welt als konstitutionstheoretische Prämisse der Objektiven Hermeneutik. Latente Sinnstrukturen stellen eine analytisch von den Intentionen des Subjektes zu unterscheidende Ebene dar. Der Sinnbegriff ist bei Oevermann also differenziert in manifesten Sinn – das, was Handelnde tun und sagen – und latenten Sinn – diejenigen Bedeutungen, die sich unabhängig von den Intentionen der Handelnden in den Handlungen ausdrücken und von anderen Handelnden aufgegriffen werden.[5] Will man das Handeln von Menschen verstehen, müsse man die „handlungsleitenden Regeln, der sich das Subjekt verpflichtet fühlt" (Oevermann 2001: 8) rekonstruieren, so Oevermann. Den Objektiven Hermeneutiker interessiert also die Strukturiertheit der fallspezifischen Auswahl von Handlungsoptionen. Was zum Fall der objektiv hermeneutischen Analyse wird, ist vom Forschenden zu entscheiden. Er muss klären auf welche Strukturebene hin der Fall rekonstruiert werden soll. In einem Fall stecken so gesehen immer mehrere Fallstrukturen:

> „Eine konkrete Handlung reproduziert nicht nur die Besonderheit einer konkreten Fallstruktur, sondern eine Vielzahl von Fallstrukturen, die auf verschiedenen Aggregierungsniveaus sozialer Strukturen liegen. Da ist zunächst die Fallstruktur der konkreten Einzelpersönlichkeit, dann haben wir es jedoch zugleich mit all jenen Fallstrukturen zu tun, in denen die konkrete Persönlichkeit Mitglied ist: seine Familie, seine Freundesgruppe, sein schichtenspezifisches Milieu, seine berufliche Bezugsgruppe, der Zeitgeist der Gesellschaft, zu der er gehört usf." (Oevermann 1985: 193 zit. n. Sutter 1997: 28).

Ein Handlungssubjekt kann also ebenso zum Fall werden wie ein Interaktionszusammenhang, eine Organisation oder eine Gesellschaft.

Fragment 3

Eine neben den gesellschaftlichen Bedeutungsstrukturen zweite zentrale Kategorie der Holzkamp'schen Theorie ist die der *subjektiven Handlungsgründe*. Mit diesem Begriff löst Holzkamp sprachlich den von ihm geforderten Perspektivwechsel ein – vom durch seine Lebensbedingungen determinierten Handlungssubjekt hin zum sich bewusst zu den Lebensbedingungen ins Verhältnis setzende Subjekt. In seinen Handlungen realisiert das Subjekt bestimmte gesellschaftliche Handlungsmöglichkeiten. Welche das sind, hängt nach Holzkamp erstens von der konkreten Lebenslage und der Position des Subjektes, als sich aus dem „arbeitsteiligen Gesamt der Gesellschaft ergebende Funktionszuweisung" (Holzkamp 1995: 137), ab. Zweitens vollzieht das Subjekt Handlungen vom Standpunkt je seiner Lebensinteressen aus (vgl. ebd.: 21). Handlungen sind insofern immer begründet und für die Subjekte selbst funktional (vgl. Holzkamp 1985: 352). Wie bzgl. der Kategorie gesellschaftliche Bedeutungsstrukturen bereits ausgeführt, sind subjektive Handlungsgründe in kapitalistischen Gesellschaftsverhältnissen durch den Grundwiderspruch von Verfügungserweiterung und Verfügungseinschränkung charakterisiert. Subjektwissenschaftliche Forschung, wie Holzkamp sie beschreibt, zielt nun einerseits darauf diese subjektive Funktionalität von Handlungsbegründungen im Spannungsverhältnis von verfügungserweiterndem und verfügungseinschränkendem Handeln zu verstehen, also zu verstehen, welche Bezüge die Handeln-

---

[5] Dass diese beiden Ebenen nicht nur analytisch zu trennen sind, sondern für Menschen auch erfahrbar werden, zeigt sich an Missverständnissen: Wenn Person A etwas sagt, Person B daran für sie sinnhaft anschließt, Person A dann wiederum aber entgegnet: „Nein, so habe ich das nicht gemeint", kann Person B sagen: „Aber so hast du es gesagt".

den zwischen ihren Lebensbedingungen und ihrem Handeln bewusst selbst herstellen.[6] Zweitens zielt subjektwissenschaftliche Forschung darüber hinaus darauf, diese subjektive Funktionalität und Widersprüchlichkeit von Handlungsbegründungen ins Verhältnis zu gesellschaftlichen Zielkonstellationen zu setzen. Im Ergebnis sind dann potenziell zwei Varianten denkbar. Erstens: die subjektiv funktionalen Handlungsbegründungen realisieren die gesellschaftlichen Zielkonstellationen. In diesem Fall hat das Subjekt die ihm qua Lage und Position möglichen objektiven Bedeutungsstrukturen als Handlungsmöglichkeiten realisiert. In diesem Fall ist – pädagogisch betrachtet – alles in Ordnung. Nicht so in der zweiten Variante: Hier kommen die subjektiv funktionalen Handlungsbegründungen nicht zur Deckung mit den gesellschaftlichen Zielkonstellationen. Sprich: Das Subjekt hat nicht alle ihm qua Lage und Position gegebenen Handlungsmöglichkeiten realisiert. Dies ist der pädagogisch interessante Fall. Holzkamp spricht vom „selbstschädigenden Charakter" von Handlungsbegründungen, bzw. von restriktiver Handlungsfähigkeit (vgl. ebd.: 381ff.). Da Holzkamp das Apriori setzt, dass der Mensch sich nicht bewusst selbst schaden kann (vgl. ebd.: 241ff.) schlussfolgert er, dass das Subjekt in widersprüchlichen kapitalistischen Verhältnissen „die Beteiligung an seiner eigenen Unterdrückung" zu „dynamisch unbewußten Anteilen der Persönlichkeit" (ebd.: 381) macht.[7]

Diese sind in meiner Lesart der Holzkamp'schen Schriften das zentrale Motiv seiner theoretischen und methodologischen Überlegungen. Holzkamp geht davon aus, dass Unbewusstes Ausdruck des Psychischen unter widersprüchlichen (kapitalistischen) Verhältnissen ist. Um in diesen Verhältnissen zu überleben, verdrängt das Subjekt den Widerspruch ins Unbewusste. Damit wird es sich selbst zum Feind, weil es den Handlungsrahmen, also die gesellschaftlichen Verhältnisse, die den Widerspruch erst hervorrufen so nicht zu ändern versucht, sondern sich als Individuum damit abfindet.

Mit dieser Konzeption des Unbewussten impliziert Holzkamp m.E, dass Unbewusstes potenziell wieder zu Bewusstem werden kann. Das Unbewusste ist „nicht ein einfaches Nichtwissen, sondern sozusagen permanentes Resultat der Unterdrückung besseren Wissens durch das Subjekt" (Holzkamp 1985: 397). Im Heben des Unbewussten ins Bewusste sieht Holzkamp eine Möglichkeit der Erweiterung von Handlungsfähigkeit. Im Heben des Unbewussten liegt sozusagen der Schlüssel zur Selbsterkenntnis und zur Befreiung des Subjektes aus selbstproduzierten einschränkenden Verhältnissen. In Holzkamps posthum erschienenem Spätwerk pointiert er den Gegenstandsbereich der Kritischen Psychologie und damit auch ihr Ziel: Subjektwissenschaft soll Selbstverständigung sein, in der das Individuum sich etwas, das es bisher nicht weiß, aber wissen könnte, reflexiv zugänglich macht (vgl. Holzkamp 1996: 78). Es geht demzufolge um eine Aufhebung des Unbewussten, mithin um (Selbst-)Aufklärung des Subjektes. Widersprüchliche gesellschaftliche Verhältnisse können von Menschen als solche erkannt und gemeinsam mit anderen handelnd überwunden werden, so Holzkamps Position.

---

[6] Würde sich subjektwissenschaftliche Forschung auf diesen Aspekt beschränken, dann könnte sich die Forscherin mit der Abfrage von Gründen der Beforschten begnügen. Das was das Subjekt als Handlungsbegründung angibt könnte dann mit soziodemographischen – der Lage und Position des Subjektes entsprechenden – Daten abgeglichen werden um die Vermitteltheit subjektiven Handelns mit den objektiven Lebensbedingungen zu erklären. Rekonstruktiv wäre ein solches Vorgehen freilich nicht, denn der Begriff Rekonstruktion impliziert ja gerade, dass ich die Konstruktion von Etwas zum Gegenstand meiner darauf bezogenen Re-Konstruktion mache.

[7] Mit einer solchen Auffassung vom Unbewußten grenzt sich Holzkamp gegenüber psychoanalytischen Begriffsverwendungen ab: „Damit wurde auch deutlich, daß eine derart hergeleitete kategoriale Bestimmung des Unbewußten eine radikale Kritik an all solchen Auffassungen einschließt, in welchen der allgemein-menschliche Charakter des Unbewußten, die genuine Irrationalität menschlichen Handelns und Denkens (meist in psychoanalytischer Tradition) gegen vorgeblich flach-rationalistische Vorstellung des Marxismus zur Geltung gebracht werden sollen: Das Unbewußte ist [...] das Implikat der subjektiven Begründetheit und Funktionalität eines Handlungsrahmens, der sich der Rationalität der Herrschenden, letztlich des Kapitals, unterwirft, wobei gerade dadurch, daß das Individuum in diesem Rahmen rational handelt, es sich selbst zum Feinde werden muß" (Holzkamp 1985: 381).

Wenn Oevermann von latenten Sinnstrukturen spricht, dann bezeichnet er m.E. etwas anderes als das, was Holzkamp hier als dynamisch Unbewusstes einführt. Der latente Sinn bezeichnet diejenigen Bedeutungen, die Menschen mit ihrem Handeln (re-)produzieren, ohne dass sie dies beabsichtigt haben. Oevermann spricht von einer „vom Wissen praktischer Subjekte logisch unabhängige[n] Realität" (Oevermann 2001: 41). Latenz hat für handelnde Subjekte eine alltagspraktische Funktion: sie stellt sicher, dass Subjekte in Interaktion mit anderen davon ausgehen können von ihrem Gegenüber verstanden zu werden. Im Alltagshandeln bin ich ja darauf angewiesen „abkürzende Verfahren der Bedeutungsentschlüsselung und des Motivverstehens" zu nutzen. Diese Verfahren bezeichnet Oevermann m.E. sehr treffend als „die das praktische Handeln ökonomisierenden Faktoren" (Oevermann u.a. 1979: 386). Sie sichern eine Verständigung zwischen Menschen auf einer aktuellen „gesellschaftlichen Entwicklungsstufe" (ebd.).

Damit wird nun deutlich, dass der Begriff des dynamisch Unbewussten bei Holzkamp nicht gleichzusetzen ist mit dem Oevermann'schen Latenzbegriff.[8] Holzkamp hält eine Aufhebung des Unbewussten potenziell für möglich und erstrebenswert. Für Oevermann hingegen stellt das Zusammenfallen von manifestem und latentem Sinn den „Grenzfall der vollständig aufgeklärten Kommunikation in der Einstellung der Selbstreflexion" (Oevermann u.a. 1979: 380) dar.

Fragment 4

Dass Holzkamp die Aufhebung des Unbewussten potenziell für möglich hält spiegelt sich m.E. insbesondere in den methodologischen Konsequenzen wider, die Holzkamp selbst, und später auch sein Schüler Morus Markard, aus den kategorialen Grundlegungen der Subjektwissenschaft ziehen. Die zentrale methodologische Konsequenz ist die sogenannte *Bedeutungs-Begründungs-Analyse* als Kern subjektwissenschaftlicher Forschung. In der Bestimmung der Analyseschritte spricht Holzkamp bei der Bedeutungsanalyse von einer Analyse der konkreten untersuchungsfeldspezifischen Bedeutungsstrukturen auf ihre typischen Handlungsmöglichkeiten und -beschränkungen hin.[9] Begründungsanalyse beschreibt er als Analyse subjektiver Handlungsbegründungen als Realisierung bestimmter untersuchungsfeldspezifischer Handlungsmöglichkeiten vom Standpunkt des Subjektes aus. Forschungspraktisch umgesetzt werden Bedeutungs-Begründungs-Analysen in klassisch subjektwissenschaftlichen Arbeiten durch zwei methodische „Prinzipien": dem „Mitforscher-Prinzip" und dem Prinzip der Handlungsforschung als „Einheit von Erkennen und Verändern" (Markard 2009: 268ff.). Holzkamp bezeichnet subjektwissenschaftliche Forschungspraxis als „gemeinsame Praxis des Forschers und der Betroffenen in Richtung auf [...] Möglichkeiten der Erweiterung der Bedingungsverfügung" (Holzkamp 1985: 562). Mit dem methodischen Konzept der „Entwicklungsfigur" wird dabei in einem vierschrittigen Verfahren versucht das Verhältnis von subjektiven Sachverhalten und objektiven Lebensbedingungen zu rekonstruieren (ausführlich in Markard 2009: 279ff.). Ausgehend von einer Problemkonstellation, welche die Betroffenen meist als Bedingungskonstellation schildern, wird eine Reformulierung als Bedeutungs-Begründungs-Zusammenhang unter Zuhilfenahme Holzkamp'scher Kategorien vorgenommen. Ausgehend von dieser Reformulierung werden dann alternative Handlungsoptionen gemeinsam mit den Betroffenen entwickelt, die diese anschließend in ihrer Lebenspraxis erproben.[10]

---

[8] Erkenntnisreich bezüglich weiterführender Selbstverständigungsversuche zwischen Subjektwissenschaft und Objektiver Hermeneutik könnte hingegen ein Vergleich zwischen dem Holzkamp'schen Begriff des ‚dynamisch Unbewußten' und dem Oevermann'schen Deutungsmusterbegriff (vgl. Oevermann 2001) sein.

[9] Eine Bedeutungsanalyse schulischer Lehr-Lernverhältnisse hat Holzkamp unter Rückgriff auf Foucault vorgelegt (vgl. Holzkamp 1995: 342-423).

[10] Dieses methodische Vorgehen weist m.E. Parallelen zum Ludwig'schen Beratungskonzept auf (vgl. Ludwig 2012: 197ff.).

Bildungspraktisch, d.h. im Hinblick auf die Selbstverständigung der Beforschten ist dieses methodische Vorgehen durchaus überzeugend. Methodologisch halte ich es angesichts der kategorialen Bestimmungen Holzkamps jedoch für problematisch, da die Bedeutungs-Begründungs-Analyse in Realisierung des Mitforscherprinzips auf eine Begründungsanalyse verkürzt wird. Zwar stellt Markard in der Beschreibung der Vorgehensweise subjektwissenschaftlicher Bedeutungs-Begründungs-Analysen in Rechnung, dass es sinnvoll sei den Kontext zu beachten, in dem der Betroffene sein Handlungsproblem erfährt. Wie eine kontextbezogene Bedeutungsanalyse methodisch kontrolliert erfolgen kann, spart er jedoch aus (vgl. Markard 2009: 281). Eine als Praxisforschung realisierte Analyse ist m.E. nicht in der Lage gesellschaftliche Bedeutungsstrukturen jenseits deren bewusstseinsfähiger, subjektiver Realisierung in Handlungsbegründungen mit zu erfassen. Ich als Mit-Forscherin bekomme ja nur diejenigen Handlungsmöglichkeiten bzw. Bedeutungsstrukturen in den Blick, die dem Subjekt in Form von Handlungsbegründungen bereits zugänglich sind. Wenn subjektwissenschaftliche Forschung auf das Verstehen der Begründungen von Subjekten in ihrer Vermitteltheit zu gesellschaftlichen Verhältnissen zielt, dann ist sie aber zwingend auf eine Bedeutungsanalyse angewiesen. Holzkamp selbst führt diesen Gedanken an, wenn er von „Möglichkeitsverallgemeinerung" spricht:

> „Wir verallgemeinern auf bestimmte typische Grundsituationen menschlicher Handlungsmöglichkeiten. Das ist bei uns die Möglichkeitsverallgemeinerung: ein bestimmter Bereich, in dem bestimmte Handlungsmöglichkeiten und Schranken bestehen, der sich ausgliedert aus dem gesamtgesellschaftlichen Rahmen, irgendwelche institutionellen Bedingungen, was auch immer das ist, Schule, Familie, sonstige Konstellationen in verschiedener Art. [...] Der Einzelfall ist eine Spezifikation solcher Fälle unter diesen Bedingungen" (Holzkamp 1983: 28ff.).

Mit dem Verweis auf Bereiche, in denen bestimmte Handlungsmöglichkeiten und Schranken bestehen, unterstellt Holzkamp ja feldspezifische Bedeutungsstrukturen, die den Handelnden Subjekten eben (noch) nicht in ihrer Gänze reflexiv zugänglich sind. Ich als Forscherin muss genau diese Handlungsmöglichkeiten jenseits von je konkreten bewusstseinsfähigen Realisierungen der Handelnden in den Blick bekommen, sie in ihrer typischen Sinnstrukturiertheit verstehen. Erst von dort aus lassen sich die subjektiven Handlungsbegründungen ja dann ins Verhältnis zu darüber hinausgehenden Handlungsmöglichkeiten setzen. Der Subjektwissenschaft geht es m.E. im Kern darum gesellschaftliche Verhältnisse in ihrer dem Subjekt zugewandten Form zu rekonstruieren. Diese lassen sich jedoch, so mein zentrales Argument, nur in Relation zu den ihnen (noch) nicht zugewandten Formen verstehen. In diesen liegt ja das Potenzial für Lern- und Bildungsprozesse als Prozesse der Realisierung erweiterter Handlungsfähigkeit bzw. gesellschaftlicher Teilhabe.

Literatur

Baldauf-Bergmann, K. (2009): Lernen im Lebenszusammenhang. Der Beitrag der subjektwissenschaftlichen Arbeiten Klaus Holzkamps zu einer pädagogischen Theorie des lebensbegleitenden Lernens. Berlin
Holzkamp, K. (1983): Der Mensch als Subjekt wissenschaftlicher Methodik. Vortrag, gehalten auf der 1. Internationalen Ferienuniversität Kritische Psychologie vom 7.-12. März 1983 in Graz, http://www.kritische-psychologie.de/files/kh1983a.pdf, 27.8.2014
Holzkamp, K. (1985): Grundlegung der Psychologie. Frankfurt a.M./New York
Holzkamp, K .(1995): Lernen. Subjektwissenschaftliche Grundlegung. Frankfurt a.M./New York
Holzkamp, K. (1996): Psychologie: Selbstverständigung über Handlungsbegründungen alltäglicher Lebensführung. In: Forum Kritische Psychologie 36, 7-112
Loer, T. (2006): Streit statt Haft und Zwang: objektive Hermeneutik in der Diskussion, methodologische und konstitutionstheoretische Klärungen, methodische Fragen und eine Marginalie zum Thomas-Theorem. In: sozialer sinn, H. 2, 345-374
Ludwig, J. (Hg.) (2012): Lernen und Lernberatung. Alphabetisierung als Herausforderung für die Erwachsenendidaktik. Bielefeld
Ludwig, J. (2000): Lernende verstehen. Lern- und Bildungschancen in betrieblichen Modernisierungsprojekten. Bielefeld
Markard, M. (2009): Einführung in die Kritische Psychologie. Hamburg

Oevermann, U. (2002): Klinische Soziologie auf der Basis der Methodologie der objektiven Hermeneutik – Manifest der objektiv hermeneutischen Sozialforschung, http://www.ihsk.de/publikationen/Ulrich_Oevermann-Manifest_der_objektiv_hermeneutischen_Sozialforschung.pdf, 24.08.2014

Oevermann, U. (2001): Zur Analyse der Struktur von sozialen Deutungsmustern. In: sozialer sinn, H. 1, 3-33

Oevermann, U. u.a. (1979): Die Methodologie einer „objektiven Hermeneutik" und ihre allgemeine forschungslogische Bedeutung in den Sozialwissenschaften. In: Soeffner, H.-G. (Hg.): Interpretative Verfahren in den Sozial- und Textwissenschaften. Stuttgart, 352-434

Oevermann, U. u.a. (1976): Beobachtungen zur Struktur der sozialisatorischen Interaktion. Theoretische und methodologische Fragen der Sozialisationsforschung. In: Auwärter, M./Kirsch, E./Schröter, K. (Hg.): Seminar: Kommunikation, Interaktion, Identität. Frankfurt a.M., 371-403

Pilz, D. (2007): Krisengeschöpfe. Zur Theorie und Methodologie der Objektiven Hermeneutik. Wiesbaden

Sutter, H. (1997): Bildungsprozesse des Subjekts. Eine Rekonstruktion von Ulrich Oevermanns Theorie- und Forschungsprogramm. Opladen

Tiemann, M. (2007): Grundbegriffe der Objektiven Hermeneutik, http://michaeltiemann.com/docs/GrundbegriffeGlossarObjHermeneutik.pdf, 24.08.2014

Wagner , H.-J. (2001): Objektive Hermeneutik und Bildung des Subjekts. Weilerswist

Wernet, A. (2009): Einführung in die Interpretationstechnik der objektiven Hermeneutik. Wiesbaden

Pädagogische Dienstleistung aus relationstheoretischer Sicht

Ortfried Schäffter

1 Einleitung

Um eine Übertragung relationstheoretischer Forschungsansätze auf erwachsenenpädagogische Anwendungsfelder konzeptuell vorzubereiten, wurde an der Humboldt-Universität Berlin ein längerfristiges Forschungsprogramm unter dem Titel „Lernen in gesellschaftlicher Transformation" (vgl. Baldauf-Bergmann 2012) initiiert, in dem sich unterschiedliche Promotionsvorhaben unter einem gemeinsamen Erkenntnisinteresse koordinieren ließen. In diesem Forschungskontext stellt sich die Aufgabe, zunächst einmal den paradigmatischen Kern eines „relational turns" (vgl. Schäffter 2014a) herauszuarbeiten. Unter dem Aspekt einer relationstheoretischen Gegenstandsbestimmung, mit der die bisherige warenförmig verdinglichte Engführung überwunden werden kann, erscheint ‚pädagogische Dienstleistung' nun als ein reziprokes Beziehungsgefüge, das sich nicht mehr hinreichend als ökonomischer Warentausch erklären lässt, sondern als interaktive Wertschöpfung verstanden werden kann. Damit wird zugleich vehement die Dominanz marktradikalen Denkens bestritten und der Versuch unternommen, ökonomisches Denken eben nicht kategorisch zu verbannen, sondern es vielmehr sozialwissenschaftlich zurückzuerobern (vgl. u.a. Helfrich 2009).

‚Pädagogische Dienstleistung' beruht somit auf onto-epistemologischen Prinzipien, die letztlich dem Kernbestand einer sich hierbei erst ausformulierbaren „Allgemeinen Relationstheorie" zuzurechnen sind. Der hier vorgestellte Versuch einer relationstheoretischen Rekonzeptualisierung von pädagogischer Dienstleistung baut notwendigerweise auf einschlägigen und daher unverzichtbaren Vorarbeiten auf. Zu nennen sind hier die subjektwissenschaftliche Grundlegung von Lehren und Lernen bei Klaus Holzkamp (1995) und Joachim Ludwig (2000), die differenzierte Begriffsklärung pädagogischer Dienstleistung bei Erhard Schlutz (1999, 2006) und die sozialökonomische Begriffsanalyse einer „interaktiven hybriden Wertschöpfung" bei Ralf Reichwald u.a. (2009).

2 Die sekundäre Funktion organisierten Lernens

Auf einer praxistheoretischen Ebene umfasst der pädagogische Organisationsbegriff ein relationales Feld vielfältiger Tätigkeiten des Organisierens von Lernprozessen. Hierbei sollte man sich vor Augen halten, dass organisiertes Lernen von Erwachsenen keineswegs immer auch veranstaltetes Lernen ist. Der sicherlich größte Teil an individuellem, aber auch an gruppengebundenem Lernen im Lebenslauf wird – in das Alltagsleben verschränkt – beiläufig bewerkstelligt. Die Bildung Erwachsener als ein zunächst von genuin pädagogischer Tätigkeit noch unabhängiger Prozess der Verarbeitung gesellschaftlicher Anforderungen und der bedeutungsbildenden Aneignung von Neuem und Fremdem verläuft daher nur ausnahmsweise extern organisiert (vgl. Schäffter 2012, 2014d). Der Auftritt von Lehrenden als Lernorganisatoren für andere wird vielmehr nur dann als zusätzliche Rolle erforderlich, wenn es für die Lernenden zeitökonomisch, fachlich oder sozial zu aufwendig, zu überfordernd oder zu unbefriedigend wird, ihre eigenen Lernprozesse selbst in die Hand zu nehmen und, wie man so schön sagt, „es sich selbst beizubringen". Bei der Selbstklärung von professioneller Erwachsenenbildung gilt es daher, sich die bereits vorangegangenen Lernprozesse als konstitutive Teilnahmevoraussetzungen bewusst zu machen, die in den eigenen Angeboten jeweils mitgedacht werden. Es geht hierbei um Aktivitäten und Kompetenzen auf der Aneignungsseite von Erwachsenenbildung, die eine entscheidende Voraussetzung dafür sind, ob und auf welche Weise funktional didaktisierte Bildungskontexte überhaupt als relevant wahrgenommen, für spezifische Lerninteressen ausgewählt und schließlich auch praktisch als Lernanlass genutzt werden können. Prinzipien wie Subjektorientierung oder Anschlusslernen stellen daher keine normativen Überhöhungen der Bildungspraxis dar, sondern sind realistischer Ausdruck dafür, dass professionelle Organisationsformen veranstalteten Lernens einen abgeleiteten, sekundären Charakter haben (vgl. auch Tietgens 1986: 111). Sie erfüllen eine Dienstleistung für zunächst autonome Lernbewegungen in alltäglichen Lebenszusammenhängen. Auch vor und nach veranstaltetem Lernen wird „selbstorganisiert" weitergelernt und dies um so erfolgreicher, je besser beide Lernkonturen intermediär aufeinander bezogen werden können (vgl. Schäffter 2001, 2012, 2014d; Ebner von Eschenbach 2014b). Insofern sind die Selbstlernstrukturen subjektwissenschaftlich zu klärende Voraussetzungen (vgl. Ludwig 2000), die über die Wirksamkeitschancen für weiteres Anschlusslernen in Alltagssituationen entscheiden. Die Betonung der subsidiären Funktion veranstalteten Lernens im Sinne eines pädagogischen Dienstleistungsverständnisses bedeutet jedoch nicht, dass auf bewusste und entschiedene pädagogische Intentionalität bei den Bildungsanbietern verzichtet werden sollte (vgl. Schäffter 2014b). Subsidiär meint vielmehr, dass pädagogisch organisierende Tätigkeiten einem unterstützenden Gestus folgen, der vorhandene Aktivitäten bereits subjektwissenschaftlich voraussetzt: Sie erschließen einen bereits gegebenen Bedarf, sie greifen lernrelevante Interessen auf, sie konfrontieren defizitäre Zustände mit normativen Deutungsangeboten, sie korrigieren fehlerhaftes mit regelgerechtem Verhalten, und sie schließen neuartiges, unbekanntes Wissen an Vertrautes an.

3 Didaktische Funktionalstruktur

Auf der strukturtheoretischen Ebene eines erwachsenenpädagogisch gefassten Begriffs organisierten Lernens als unterstützende Dienstleistung geht es um die Aufgabe, die Vielzahl lernförderlich organisierender Einzeltätigkeiten verlässlich aufeinander zu beziehen und sie von personellen oder situativen Zufälligkeiten unabhängig zu machen. Es gilt, sie verbindlich ‚auf Dauer zu stellen', sie zu institutionalisieren (vgl. Schäffter 2001). Hierdurch bildet sich über pädagogische Einzelhandlungen hinaus Erwachsenenbildungsorganisation als eine vom Alltag der Mitarbeiter_innen wie der Teilnehmer_innen getrennte Sonderwelt eigener Logik heraus. Sie lässt sich als ein spezifisches Regelsystem verstehen, das auf das Herstellen, Aufrechterhalten und Weiterentwickeln didaktischer Rahmenbedingungen für lernförderliche Einzeltätigkeiten spezialisiert ist. Die dabei wirksamen Strukturen didaktischer Organisation stellen unabhängig davon, inwieweit sie von den Mitarbeiter_innen durchschaut werden, einen über berufliche Sozialisation erworbenen pädagogischen Bedeutungs- und Sinnzusammenhang dar, in dem äußerst heterogene lernförderliche Einzeltätigkeiten im praktischen Tun aufeinander bezogen werden können. Bemühungen um das Verstehen didaktischer Formalstrukturen müssen daher über die konkrete Lehr/ Lernsituation hinausgehen und den weiteren Radius pädagogischer Entscheidungsfelder mit einbeziehen. Die für eine derartige didaktische Analyse und Planung entwickelten Struktur- und Ebenenmodelle (vgl. Schäffter 1985) lassen erkennen, dass in der Erwachsenenbildung kaum übergreifende formale Regelungen bestehen, sondern dass die entsprechenden Entscheidungen immer wieder neu auf der Ebene der Bildungsträger und der Einrichtungen gefällt werden. Gleichzeitig ist aber auch auf der Ebene der Einrichtung der Formalisierungsgrad nur gering ausgeprägt. Das relativ offene Netzwerk didaktischer Entscheidungen in seinem relationalen Zusammenspiel zwischen makro-didaktischen (Programmebene) und mikro-didaktischen (Ebene der Einzelveranstaltungen) Gestaltungsmöglichkeiten erweist sich strukturell als überaus plastisch, für die Akteur_innen aber auch äußerst orientierungsarm. Ein solcher Befund bleibt in seiner Bewertung ambivalent. Was von den Mitarbeiter_innen einerseits als pädagogischer Gestaltungsspielraum geschätzt werden kann, wirkt andererseits auch schnell überfordernd. Bei zu geringer Strukturierungsleistung wird pädagogische Organisation daher ihrer Entlastungsfunktion nicht gerecht, denn als Institutionalisierung didaktischer Entscheidungsverläufe dient sie zunächst der Routinisierung, der Zeitersparnis und der Übersichtlichkeit von normalisierten Verfahrensabläufen. Praktisch zeigt sich dieser Routinisierungsprozess an gefestigten Handlungsmodellen wie Kurssystemen, Angebotstypen, Veranstaltungsformen, Zeitorganisationsmustern, Lehrgangscurricula, Arbeitsmappen, Medienpaketen und Übungsmaterialien. In die Selbstverständlichkeit gewohnheitsmäßiger Erwartungen abgesunken sind aber auch strukturelle Vorentscheidungen wie räumliche Binnengliederung, Ausstattung und vielfältige didaktische Arrangements. Die Funktionalstruktur einer Einrichtung gibt hierbei Aufschluss über didaktische Arbeitsteilung und den systematischen Zusammenhang unterschiedlicher Gestaltungsbereiche erwachsenenpädagogischen Handelns. Als kategoriales System kann sie über die empirische Realsituation einer Bildungseinrichtung allerdings nur wenig handlungsleitende Erkenntnisse liefern. Stattdessen wird rasch erkennbar, dass jede Weiterbildungseinrichtung meist mehrere miteinander in Konkurrenz stehende Ziele verfolgt. So verliert eine funktionale Analyse didaktischer Organisation, die vorwiegend von den übergeordneten Zielbeschreibungen ausgeht, schnell den Bezug zur profanen Realität und erschöpft sich in Beschreibungen davon, wie eine Bildungseinrichtung idealerweise „funktional" organisiert sein sollte und berücksichtigt nicht hinreichend die pädagogische Organisation als ein komplexes, mehrstelliges soziales Beziehungsgefüge (vgl. Förster 2012).

4 Relationstheoretische Rekonzeptualisierung

Wenn in den einleitenden Überlegungen versucht wurde, ein substantialistisch hypostasiertes Verständnis von pädagogischer Organisation durch das Verständnis eines „lernunterstützenden Beziehungsgefüges" zu ersetzen, so läuft dies auf eine relationstheoretische Rekonzeptionalisierung von pädagogischen Praktiken hinaus.

Es stellt sich dabei die Frage, was eigentlich unter einer „relationstheoretischen Sicht" auf pädagogische Dienstleistung zu verstehen ist. Ohne Frage handelt es sich dabei um eine grundsätzliche Veränderung der Blickrichtung:

Im Alltagsverständnis geht man von getrennten, objekthaften Gegenständen aus, die zunächst als eigenständig betrachtet werden und erst sekundär mit anderen, ebenfalls eigenständigen, Objekten in Beziehung gebracht werden. Metaphorisch ließe sich eine solche Gegenstandsbetrachtung als „Billard-

Modell" bezeichnen: Hier „stoßen sich die Dinge hart im Raume". Anders verfahren wir bei „relationalen" Begriffen: kein Zwilling ohne den anderen, keine Mutter ohne ihr Kind, keine Fremdheit ohne die sie „hervorrufende" Eigenheit (vgl. Amann/Hirschauer 1997), kein System ohne seine konstitutive Grenzlinie zur systemspezifischen Umwelt, keine Vorderseite der Münze ohne ihre Kehrseite. Niklas Luhmann fasst Relationalität medientheoretisch als eine „Logik der Form". Kurz und vereinfachend gesagt: wir bemühen uns um ein „dialektisch vernetztes Denken".

In einer relationstheoretischen Rekonzeptualisierung geht es folglich darum, die im alltäglichen Zusammenhang vorwiegend als getrennt wahrgenommen Objekte daraufhin zu befragen, ob sie nicht in relationaler Begrifflichkeit weitaus zutreffender zu verstehen sind, als in der Unterstellung einer substanziell getrennten Eigenständigkeit. Ist beispielsweise „Behinderung" eine besondere objektive Eigenschaft, die ich einem anderen personal zuschreiben kann oder gehören dazu vielmehr nicht mindestens zwei? Nämlich einer der behindert wird und ein anderer, der ihn behindert. „Behinderung" lässt sich somit begrifflich *intransitiv* als substanziell zuschreibbare Eigenschaft und *transitiv* als ein Modus wechselseitiger Beziehung benutzen. Genau auf diese Unterscheidung bezieht sich eine relationstheoretische Gegenstandsbestimmung.

Am Beispiel der Einseitigkeit einer Zuschreibung von Behinderung als einer individuellen Eigenschaft wird zudem erkennbar, dass der methodologische Perspektivwechsel fort von einer substantiellen und hin zur Beidseitigkeit einer relationalen Sicht tiefgreifende Veränderungen in der Gegenstandsbestimmung auslöst, die nicht nur erkenntnistheoretische, sondern zutiefst politische Konsequenzen haben kann und dies vielfach auch haben soll. Insofern beruht der hier angesprochene epistemische Perspektivenwechsel auf einer bewussten gesellschaftspolitischen Entscheidung und dies bereits auf einer präempirischen kategorialen Ebene. Angesprochen ist somit eine bewusste Veränderung von dem, was Martina Plümacher (2002) als „Epistemische Perspektivität" bezeichnet. Im Rahmen der kategorial angesiedelten Rekonstruktion eines Begriffs werden nämlich neuartige und bisher noch unbekannte Hinsichten auf den sich hierbei klärenden Forschungsgegenstand erschlossen, der in einer relationslogischen Hinsicht erst intelligibel, das heißt, nun überhaupt erst empirisch beobachtbar wird (vgl. exempl. Ebner von Eschenbach 2014a). Diesen Übergang von einer substantiellen hin zu einer relationslogischen Hinsicht bezeichnen wir als „relationstheoretische Rekonzeptualisierung".[1] Sie setzt zunächst die Einnahme einer Kontingenzperspektive (vgl. Holzinger 2007) auf den Gegenstand voraus und bedeutet, dass man ihn zwar zunächst wie gewohnt in substantieller Deutung, dann aber auch relational fassen kann. In einem dritten Schritt lässt sich dann die substantielle Deutung wiederum mit einer relationalen Sicht in wechselseitigen Bezug setzen, womit methodologisch die logisch nächst höhere Ebene einer iterativen Gegenstandskonstitution erreicht wird. Kontingenz beruht somit zunächst auf der Erfahrung eines Scheiterns des bisher gültigen Deutungshorizonts. Man muss also erst schmerzlich erkennen, dass ‚das Fremde' an einem mir begegnenden Menschen nicht seine ‚Eigenart' ist, die er tunlichst ablegen sollte, sondern dass es sich um einen wechselseitigen Beziehungsmodus handelt, an dem auch die eigene persönliche ‚Eigenart' konstitutiv mitwirkt.

Es dürfte an diesem Punkt erkennbar geworden sein, dass ein „Lehrangebot" nicht mehr als eine produkthaft fertiggestellte Ware wie ein Billardball auf dem ‚grünen Tisch' von Planenden betrachtet und ausgewählten Adressatengruppen ‚zugespielt' werden kann. Stattdessen ist der Lehr/Lern-Kontext als ein relationales Gefüge zu verstehen, in dem der pädagogische Dienstleister nur eine Seite der Medaille darstellt. Für eine relationale Sicht auf pädagogische Dienstleistung führt dies dazu, dass die Bildungsadressat_innen nicht mehr als Objekt von didaktischen Planungsverfahren oder effizienten

---

[1] Unterschiedliche Beispiele für relationstheoretische Rekonzeptualisierungen erwachsenenpädagogischer Kategorien finden sich in der HU-Homepage von Ortfried Schäffter im open access (http://ebwb.hu-berlin.de/team/schaeffter/downloads/standardseite#a1).

Rekrutierungsstrategien verstanden und dementsprechend ‚behandelt' werden. Stattdessen wird ihnen eine konstitutive Bedeutung für den Aufbau eines reziproken Arbeitsbündnisses zuerkannt.[2] Erst wenn Dienstleistung nicht mehr einseitig gefasst, sondern als eine zweiseitige Relation rekonzeptualisiert wird, lässt sich erkennen, inwieweit die Kategorie der ‚Lehre' nicht mehr allein handlungstheoretisch auf individuelle „Lehrtätigkeit" verkürzt (vgl. Schäffter 2005), sondern darüber hinausgehend zur Grundlage einer ‚interaktiven Wertschöpfung' auf einer logisch höheren Ebene werden kann. Um dies theoretisch fassen zu können, bedarf es allerdings einer Klärung des Leistungsbegriffs.

5 Leistung: eine relationale Kategorie wechselseitiger Beziehung

Leistung im Verständnis einer systemtheoretischen Kategorie, wie sie Niklas Luhmann bereits von Talcott Parsons' AGIL-Schema übernommen hatte, bezieht sich nicht allein auf den *output* eines Systems im Sinne einer substantiell fassbaren Entäußerung an seine Umwelt. Weit darüber hinaus wird Leistung als eine relationale Kategorie erkennbar, bei der sich der Output intentional und selektiv auf ausgewählte andere „Systeme in der Umwelt" richtet und von diesen als ein Zugewinn erfahren wird. Andernfalls wäre eine Entäußerung keine Leistung, sondern ein Exkrement. D.h. eine Entäußerung wird erst dann zur Leistung, wenn sie erwartungsgemäß von der Nutzerseite als Zugewinn bewertet werden kann. Leistung beruht daher auf einer relationalen Beidseitigkeit der Beziehungsstruktur.

Aus relationstheoretischer Sicht ist in Hinblick auf die reziproke Struktur einer Leistungsbeziehung von Bedeutung, in welches Verhältnis die Relata zueinander gesetzt werden: Zu unterscheiden wären interaktionistisch fassbare Leistungsbeziehungen, in denen reziproke Verpflichtungsverhältnisse eingegangen werden (Lehnsherr/Vasall, Patrimonium/Familienmitglied etc.), also eine hierarchisch strukturierte Reziprozität, bei der das eine Relatum Dominanz gegenüber dem anderen erhält einerseits, und von einer egalitären Leistungsbeziehung andererseits, bei der sich beide Relata einer überindividuellen Beziehungsordnung unterwerfen (Bruderschaft, Genossenschaft), die durch ihr Beziehungsverhältnis erst konstituiert wird. Hierbei erhält eine, beide Relata übergreifende, Beziehungsform die Bedeutung von ‚objektiver Öffentlichkeit' im Sinne einer ‚Dimension des Dritten' (vgl. Bedorf 2003). Von Interesse für die Unterscheidung von Leistungsbeziehungen sind unter dem Aspekt der Konstitution von Sozialität die funktionalstrukturalistischen Modelle der ethnologischen Forschung von Bronislaw Malinowski und Marcel Mauss (1990). Hier ist es das transsubjektive Relationsgefüge von Gabe, Annahme und *sozialer Erwiderung*, in dem sich erst eine spezifische Beziehungsordnung herauszubilden vermag, die über situationsgebundene interpersonale Kommunikation hinausgeht.

Von historischer Bedeutung ist dabei, unter welchen gesellschaftlichen Verhältnissen es jeweils gelingt, die über individuelle Intentionalität nicht kausal steuerbaren Leistungsbeziehungen auf die gefestigte Ebene einer sozialen Ordnung zu transformieren. Hier bietet es sich an, zur Analyse pädagogischer Leistungsbeziehungen auf ethnologische Strukturtheorien von unterschiedlichen ‚Sozialen Formen der Gegenseitigkeit' zurückzugreifen (vgl. Stegbauer 2011; Hillebrandt 2009).

---

[2] An diesem Punkt könnte eine anerkennungstheoretisch fundierte pädagogische Organisationstheorie im Sinne eines relationalen Beziehungsgefüges seinen Ausgang nehmen (vgl. dazu Förster 2012).

6 Pädagogische Dienstleistung: ein Prozess interaktiver Wertschöpfung

Bei ‚Dienstleistung' wiederum handelt es sich um eine ökonomische Kategorie, die dadurch über den systemtheoretischen Leistungsbegriff hinausgeht, dass sie neben der Intentionalität der Leistungsseite auf die ‚interaktive Wertschöpfung' von Wechselwirkungen verweist, die jedoch noch nicht hinreichend relationstheoretisch ausgeschöpft wird.

6.1 Eine Aufforderung zum Umdenken

Der hier vorgenommene Rückgriff auf eine ökonomisch radikalisierte Kategorie pädagogischer Dienstleistung mag zunächst nur deshalb überraschen, weil von den Bildungswissenschaften, aber auch vom Mainstream der Betriebswirtschaftslehre, an die man sich häufig genug unreflektiert anzulehnen pflegt, der sich seit einiger Zeit abzeichnende Begriffswandel nicht mitvollzogen, um nicht zu sagen verschlafen, wurde. Der kategoriale Bedeutungswandel, der nun fällig wird, erklärt sich aus dem gegenwärtigen Epochenbruch von der Industrieökonomie hin zu einer Dienstleistungsökonomie und damit zu einer strukturell neuartigen Gesellschaftsformation (vgl. auch Baecker 2007: 8f.). Aufgrund einer „Positivierung des Unbestimmten" (Gamm 1994), die das bisherige lineare Denken ablöst, bedürfen auch die Funktionsbestimmung von Weiterbildung, ihrer Institutionalformen und Bildungsformate einer Neujustierung (vgl. Schäffter 2014c). Steuerungstheoretisch betrachtet, geht es dabei um einen, von dem Wirtschaftssoziologen Günther Schmid beschriebenen, „Paradigmenwechsel von steuernder zu lernender Gestaltung" (Schmid 2014). Will man daher Anschluss finden an die gegenwärtige ökonomische Theorieentwicklung jenseits neoliberaler Symptomverwertung, so verlangt dies zunächst, sich erleichtert von der ideologischen Gleichsetzung von Ökonomie und formaler Marktlogik zu verabschieden, wie sie in den letzten Jahrzehnten auch von Pädagog_innen oft gedankenlos übernommen wurde. Erst dann wird der Blick frei für die wirtschaftssoziologischen Theoriediskurse zu „Grenzen des Marktes" (Beckert 1997, 2009), zur sozialwissenschaftlichen Rekonstruktion der „Märkte als soziale Strukturen" (Beckert/Diaz-Bone/ Ganßmann 2007), zu den ökonomischen Erklärungsansätzen zur Bildung als „Non-Profit-Organisation" (Schäffter 1994) sowie zu der zivilgesellschaftlich motivierten „Gemeingut-Bewegung" (Helfrich 2009), die hier als genuin ökonomische Referenztheorien herangezogen werden können. Ökonomisches Denken wird in diesen Diskursen wieder kultur- und sozialwissenschaftlich zurückgewonnen. Hierin besteht das Anliegen meiner Argumentation!

6.2 Eine zunächst konsensfähige Definition

Als Dienstleistung werden grundsätzlich alle wirtschaftlichen Leistungen bezeichnet, die nicht als *gegenständliches Sachgut* in Form fertiger Produkte übergeben oder ausgetauscht werden, sondern die als *immaterielles Gut* durch einen gemeinsamen *Herstellungsprozess* erzeugt werden. Kennzeichnend ist hierbei das ‚uno actu Prinzip' einer *Gleichzeitigkeit der Leistungserstellung und Leistungsaneignung* (in Anlehnung an Schlutz 2006).

‚Pädagogische Dienstleistung' beschreibt hierbei aus der relationstheoretischen Sicht die Doppelseitigkeit einer *korrelativen Transaktion wechselseitiger Wertschöpfung.* Die Leistungserstellung gelingt nur aufgrund einer reziproken Wechselwirkung zwischen der Dienstleister- und der Nutzerseite. Leistung entsteht hierbei erst aufgrund der Beidseitigkeit der mitwirkenden Relata. Sie ist eine *Funktion* auf der Basis einer konstitutiven *Strukturdifferenz.* Die Nutzerseite ist somit als unverzichtbarer Bestandteil an der Leistungserstellung beteiligt und daher in ihren besonderen Kompetenzen wahrzunehmen und methodisch zu berücksichtigen (vgl. Bonnemeier/Reichwald 2012).

7 Eine relationstheoretische Strukturanalyse pädagogischer Dienstleistung

Visuelle Veranschaulichung des relationalen Gefüges

Abb.1: Cup or Faces

Erläuterung

In einer *relationstheoretischen Deutung* lässt sich die 'Gestalt' von *„Cup or Faces"* als eine diagrammatische Darstellung epistemologisch nutzen und sie als ein heuristisches Schema zur Ausdifferenzierung von transformativen Prozessen heranziehen. Anhand des Diagramms wird pädagogische Dienstleistung *als ein Prinzip intermediärer Vermittlung* innerhalb eines mehrstufigen Bedingungsfeldes relational bestimmbar und damit einer differenzierten Beobachtung zugänglich. Zuvor gilt es jedoch, zwei begriffliche Voraussetzungen zu klären:

- *Gestalt:* Zum besseren Verständnis ist es wichtig, dass nicht, wie alltagssprachlich üblich, die Gestalt einer Erscheinung mit ihrem figurativen Profil verwechselt wird. Als erkenntnistheoretische Kategorie bezeichnet 'Gestalt' vielmehr eine bedeutungsbildende kontrastreiche *Differenz zwischen Figur und (Hinter-)Grund*. Insofern bildet das Diagramm: „Cup or faces" erst in seiner Gesamtheit eine spezifische 'Gestalt', deren immanente Spannungsverhältnisse nachfolgend schrittweise ausgedeutet werden.

- *Vertikale Komplementarität:* Das oben dargestellte Diagramm ist in seiner semantischen Struktur doppeldeutig: Einerseits können die beiden *dunklen Seiten* als Hintergrund gelten und konstituieren hierdurch die Figur einer Vase („cup") – andererseits kann auch die *helle Fläche* als Hintergrund gelten und konstituiert hierdurch die linken und rechten Seiten als komplementär gespiegelte Figuren („faces"). Die interne Struktur dieser paradox anmutenden Gestalt erhält ihre besondere Pointe eines 'Kipp-Bildes' daraus, dass ein vertikaler *Wechsel zwischen Figur und Grund* jeweils zu einer sinnvollen, aber von einander abweichenden Bedeutungsbildung führt. Die vertikale Komplementarität führt zu einer kontingenten Unbestimmtheit und somit zu einer bildinternen spannungsreichen Dynamik.

Beispielhafte Anwendung

Überträgt man nun das strukturelle Relationsgefüge des Diagramms auf eine relationale Bestimmung pädagogischer Dienstleistung, so gelangt man zu folgenden Konkretisierungen:

- Die beiden sich dunkel abhebenden Figuren lassen sich idealtypisch als ein komplementäres Gegenüber von pädagogischer Dienstleisterseite und Nutzerseite symbolisieren. In ihrer reziproken Entsprechung führt jede Veränderung auf einer der beiden Seiten zu einem korrelativen Matching wechselseitiger Profilbildung. Man bekommt es damit bereits auf der horizontalen Ebene mit einer Dynamik zu tun, die auf eine strukturelle Wechselwirkung zurückzuführen ist.

- Die sich kontrastierenden Figurationen („faces") wollen wir somit als diagrammatische Symbolisierungen einer komplementären Dienstleister-Nutzer-Relation deuten. Ihre Konstitutionsbedingung beruht auf einem, die Figurationen erst ermöglichenden, hellen Hintergrund, der zunächst in seinem medialen Charakter latent und damit unthematisiert zu bleiben hat. Erst die Frage nach der ‚Vermittlung' zwischen der linken und rechten Seite, also zwischen beiden Figurationen der pädagogischen Dienstleistung und seiner Nutzung, thematisiert den beiden Seiten gemeinsamen Hintergrund.

- Mit diesem veränderten Fokus wird eine transformative Umkehrung von Figur und Grund ausgelöst: Dies aber ist der ‚springende Punkt': Fungierte bei der Thematisierung der beiden Figurationen das beide Vermittelnde zunächst noch als latente konstitutive Bedingung ihrer Möglichkeit, so schwinden mit der Thematisierung der Intermediarität des Zwischen nun die dunklen Kontraste („faces") in den Hintergrund und lassen schlagartig das beide Ränder Vermittelnde als eine ‚herausgehobene' Figuration erkennen.

- Der Zwischenbereich wird nun in seiner eigensinnigen Form und besonderen Bedeutung (als „cup") wahrnehmbar. Hierbei wird das ‚Zwischen' zu einem bestimmungsfähigen Erkenntnisgegenstand. Gleichzeitig bleibt aber auch ihre Schnittstellenfunktion im Sinne eines ‚Inter-face' erhalten. Ihre Konstitutionsbedingungen bezieht die intermediäre Figur somit aus der Vermittlung zwischen den sie rahmenden Figurationen, die nun ihren (dunkel kontrastierenden) Hintergrund bilden, der sich hinter der Figur zu einer medialen Darstellungsfläche (*screen*) zusammenzuschließen scheint.

- Mit dem vertikalen Umschlag bietet das Diagramm in der in ihm möglichen bedeutungsbildenden Umkehrung von Figur und Grund eine Überschreitung der zunächst noch dualen Struktur von zwei sich gegenüber stehenden Figurationen. Zusätzlich zu den beiden Seiten der pädagogischen Dienstleistung und der Nutzer („faces") kommt nun auch ihre intermediäre Vermittlungsinstanz als eine „Figur des Dritten" (vgl. Ellinger u.a. 2011; Bedorf 2003; Bedorf u.a. 2010) ins Spiel. Die zunächst duale Struktur erweitert sich somit erst in ihrem vertikalen Umschlag von Figur und Grund zu einem triadischen Relationsgefüge.[3] Dies ermöglicht eine fokussierende Bestimmung der komplementären Beziehungsstruktur zwischen beiden bisher eigenständig wahrgenommenen Relata.

---

[3] Hierbei bestätigt sich abermals die relationstheoretische These einer strukturell immanenten Dynamik triadischer Beziehungsverhältnisse.

- Übertragen auf den hier diskutierten Anwendungsfall pädagogischer Dienstleistungsbeziehung wird mit der nun thematisierbaren Figuration der Vermittlung zwischen pädagogischem Dienstleister und eigensinnigem Nutzer pädagogische Zielgruppenbestimmung als ein reziproker Kontaktprozess relationstheoretisch fassbar.

  Im Vollzug der Umkehrung vom latenten Hintergrund zu einer Figuration des Zwischenraums transformiert sich eine zunächst noch nicht aktualisierte, aber bereits objektiv zugrunde liegende Potentialität zu einer Figur des ‚Zwischen', die von beiden Seiten her ihre Profilbildung erhält. Dieser bislang aus seiner Latenz heraus vermittelnde Hintergrund kann nun als ein lernförderlich organisierbarer und damit intentional gestaltungsfähiger Kontaktprozess in den Blick genommen werden und rückt somit in den Vordergrund („cup"). Pädagogische Organisation bestimmt sich hierbei aus der Sicht einer „Figur des Dritten" und unterliegt dabei einer doppelten Logik transformativen Wandels zwischen beiden Relata: Sie bietet einerseits den konstituierenden Hintergrund für eine sich wechselseitig ausregelnde lernförderlich angelegte Dienstleistungsbeziehung, als auch andererseits die strukturelle Schnittstelle als einer besonderen Figuration pädagogischer Professionalität, in der ihre intermediäre Funktion eine feste, dauerhafte Struktur in Profilen pädagogischer Dienstleistung gewinnt.

- Pädagogische Dienstleistung vollzieht sich somit, strukturalistisch betrachtet, einerseits als ein korrelatives Matching in einem Prozess horizontaler Aussteuerung sowie einer immer neuen Umkehrung von Figur und Grund zwischen Weiterbildungsorganisation und den sich wandelnden Bedingungen wechselseitiger Aussteuerung.[4] Die historische ‚Gestalt' des Bedingungsgefüges unterliegt hierbei ebenfalls einem gesellschaftlichen Strukturwandel.

8 Die Dienstleister-Nutzer-Dyade: eine ko-produktive Leistungserstellung

Die elementare Variante einer koproduktiven Dienstleistungsbeziehung stellt die dyadische Interaktion dar. Hierbei kommt eine Leistungserstellung nicht zustande, wenn nicht beide Seiten daran reziprok mitwirken und sich produktiv aufeinander abstimmen. Allein die Frage, ob dabei die Koordination auf Seiten des Dienstleisters oder des Nutzers liegt, geht an der korrelativen Beziehungslogik vorbei. Die Abstimmung beruht auf der dynamischen Beziehungsstruktur eines „Zwischen".

- *Die relationale Vermittlung von Lehren und Lernen*

  In einer „systemischen" Rekonstruktion von „Lehren und Lernen" muss somit die dualistische Trennung von „Lehrtätigkeit" einerseits und „Aneignung" andererseits bereits als Kategorienfehler gelten, sondern stattdessen „Lehre" auf einer logisch übergeordneten Ebene als Funktion des pädagogischen Interaktionssystems (vgl. Schäffter 2005) betrachtet werden, die beide Relata umfasst. Ähnlich wie beim Paartanz muss hier jede einseitige Erklärungsperspektive auf einer handlungstheoretischen Ebene zu kurz greifen: Lehrtätigkeit wird ohne komplementäre Aneignungsaktivität niemanden „Lernen machen" (Willmann). Aneignung wiederum bedarf der komplementären Seite eines „befremdlichen" Lehrangebots,[5] wenn sie überhaupt Zugang zu bisher nicht verfügbaren Wissensbeständen gewinnen und sich nicht um sich selbst drehen will.

---

[4] Dies wurde an anderer Stelle bereits als ein Prozess der Verzwirnung struktureller Entwicklungsstränge konzeptualisiert (vgl. Schäffter 2013).

[5] Es geht in Aneignungsprozessen daher notwendigerweise um ein Differenzverhältnis, wie sie von Hirschauer und Amann als „Die Befremdung der eigenen Kultur" charakterisiert wurde (vgl. Amann/Hirschauer 1997).

- *Ein relationales Produktverständnis*
  Wenn oben in der ökonomischen Definition Dienstleistung deutlich von ‚gegenständlichen Sachgütern' abgegrenzt und folglich als ein ‚immaterielles Gut' bestimmt wurde, so trifft man dennoch gerade im Zusammenhang von Programmplanung auf den Fehler, diese Differenz beim Produktbegriff nicht hinreichend zu berücksichtigen. Vielfach wird vom Weiterbildungsmanagement das Ergebnis ihrer pädagogischen Planungsprozesse auf ein substantiell fassbares Produkt eines Angebotskalenders verdinglicht. Die Programmplaner_innen meinen irrtümlicherweise, sie seien fertig, wenn ihre Angebote schließlich hinreichend Anmeldungen nach sich gezogen haben. Das ähnelt einem Reiseveranstalter, der meint, er hätte seine Aufgabe erledigt, wenn ein Reiseangebot schließlich gebucht und bezahlt wurde. Hinterher kommen dann die Leute ärgerlich zurück, rennen ihm die Bude ein und sagen, sie hätten sich nicht erholt. So ist es letztlich ein großes Missverständnis, wenn man Dienstleistung als gegenstandsbezogenes Produkt auffasst. Mit dem Vertrag beginnt eine pädagogische Dienstleistung überhaupt erst, ist damit aber noch nicht vollzogen. Anbieter von Weiterbildungen erstellen als pädagogische Dienstleister eine besondere Produktvariante, die erstens immateriell ist und an deren Realisierung ihre Nutzer zweitens mitproduzierend beteiligt sind. Produktion und Konsumption fallen dabei uno actu zeitlich zusammen, und im partizipierenden Handeln wird das Produkt erst aus der Binnensicht der beteiligten Akteure erkennbar und verwendungsfähig.

- *Auslagerung des Erfolgsrisikos an die Lerner*
  Im Bereich der Weiterbildung hat ein verdinglichtes Produktverständnis von pädagogischer Dienstleistung zu unübersehbaren Fehlentwicklungen geführt: Die Anmeldung zu bzw. die Teilnahme an einer Maßnahme wurde bereits als abschließendes kalkulierbares Ergebnis aufgefasst und in den statistischen Auswertungen mit erfolgreichen Lernprozessen verwechselt. Dabei beschränkt sich die gesellschaftliche Funktion einer Weiterbildungseinrichtung nicht darauf, ihre Angebote wie ein Gemüsehändler zu ‚vermarkten'. Offenbar hat man in den Hochzeiten einer naiven Vulgärökonomie das wirtschaftswissenschaftlich bereits hinreichend geklärte Prinzip einer Dienstleistungsbeziehung nicht richtig verstanden. Das Erfolgsrisiko wurde ausschließlich auf die Seite der Nutzer_innen verlagert und davonausgegangen, dass es allein in der Verantwortung der Nutzerseite läge, ob die Teilnehmer_innen an ihren Lehrangeboten mit dem jeweiligen Lernarrangement etwas anzufangen wüssten und von ganz alleine erfolgreich zum Lernen kämen. Der Erfolg wurde externalisiert, sodass man nicht gesehen hat, dass bei Dienstleistungen die Verantwortung in dem korrelativen Verhältnis zwischen pädagogischem Dienstleister und Nutzer besteht.

- *Die Erfolgsabhängigkeit einer Performanz vom Publikum*
  Eine analoge Struktur einer interaktiven Wertschöpfung, bei der die Nutzerseite konstitutiv an der Erstellung eines immateriellen Guts beteiligt ist, findet sich nicht allein bei pädagogischen Dienstleistungsbeziehungen, sondern gilt grundsätzlich überall, wo man es auf der Nutzerseite mit dem sozialen Phänomen eines *„Publikums"* (vgl. Korenjak 2000; Bonfadelli/ Meier 1996) zu tun bekommt. Besondere Bedeutung hat dies für das Gelingen performativer Akte anspruchsvoller Geselligkeit, der Kunstästhetik, der gastfreundlichen Bewirtung und der stilvollen Unterhaltung. Sven Oliver Müller spitzt das korrelative Verhältnis in einer historischen Studie zum strukturellen Wandel „musikalischer Kommunikation" sogar einseitig in der Formel zu: „Das Publikum macht die Musik" (Müller 2014). Nicht zu Unrecht wissen Schauspieler_innen und professionelle Unterhaltungskünstler_innen zu berichten, in welch hohem

Maße der Erfolg einer Performanz von der sich wechselseitig verstärkenden „Resonanz" mit dem „Publikum" abhängt, die bei den „Vortragenden" zu Flow-Erlebnissen und kollektiven Machtphantasien führen können, die sich nicht mehr individualpsychologisch, sondern nur mit der gemeinsamen, wenn auch situativ begrenzten Konstitution einer emergenten Ordnung auf einem überindividuellen Syntheseniveau (Elias) von „Kommunikation unter Anwesenden" (vgl. Kieserling 1999) erklären lassen.

- *Ko-produktive Marketingstrategien partizipatorischer Produktentwicklung*
  Dass sich Ko-produktivität von nicht allein auf die sozialpsychologische Dimension zwischenmenschlicher Dienstleistungsbeziehungen beschränkt, sondern auch als Ressource für die Technikentwicklung genutzt wird, lässt an neueren Formen eines Produktmarketings beobachten, bei dem es nicht darum geht, dem Nutzer ein bereits anwendungsbereit fertig gestelltes Produkt, wie beispielsweise ein medizintechnisches Diagnoseverfahren oder eine hoch spezialisierte Software anzubieten. Stattdessen besteht die Dienstleistung in dem partizipatorisch angelegten Prozess einer gemeinsamen, auf den zunächst noch klärungsbedürftigen Bedarf der Nutzer_innen zugeschnittenen Produktentwicklung. Die besondere Pointe einer derartigen (sozio-technischen) Dienstleistung in Formen einer „hybriden Wertschöpfung" (Reichwald u.a. 2009) besteht nun darin, dass zu Beginn ihrer Produktentwicklung das angestrebte Ergebnis noch keiner der beiden Seiten bekannt sein kann und dass möglicherweise auch das Ausgangsproblem, für das gemeinsam eine (technische) Lösung erarbeitet werden soll, im Verlauf des ko-produktiven Entwicklungsprozesses noch deutliche Revisionen erfahren kann. Der moderierte Entwicklungsverlauf folgt dabei einem korrelativen Matching, bei dem definitionsgemäß Ausgangs- und Zielpunkt sich im Sinne einer zielgenerierenden Suchbewegung wechselseitig bestimmen. In ihrer topologischen Struktur ähnelt dies frappierend einem Kontext professioneller Beratung. Zwar steht im Falle eines Erfolgs am Ende ein technisches, materiell fassbares Produkt, das ‚hybride Produkt' der Dienstleistung eines ko-produktiven Entwicklungsprozesses, jedoch bewegt sich auf der immateriellen Ebene einer Innovation, die von einer der daran beteiligten Seiten auf sich allein gestellt nicht hätte erreicht werden können.

9   Die Auftraggeber-Dienstleister-Nutzer-Triade: Komplexität eines relationalen Feldes

Die relationale Beziehungsstruktur erhält bei Lerndienstleistungen allerdings einen unterschiedlichen Charakter, ob sie dyadisch, als Triade oder als ein mehrstelliges Beziehungsgefüge angelegt ist. Um der Komplexität der gegenwärtigen Weiterbildungswirklichkeit gerecht zu werden, gilt es daher, sowohl zwischen verschiedenen Dienstleistern auf der Angebotsseite als auch zwischen mehreren Adressatenbereichen auf der Nutzerseite zu differenzieren. Neben den primären *Lernergruppen* ist in der Regel der institutionelle *Auftraggeber* einer Bildungsmaßnahme mit zu berücksichtigen, hierbei aber auch aktiv an der Auftragserstellung (Planung und Evaluation) zu beteiligen. Als „Figur des Dritten" kommen bei Non-Profit-Organisationen (vgl. Schäffter 1994) auch öffentliche Unterstützergruppen („stakeholder") ins Spiel. Hierdurch kann die Beziehungsstruktur von Lerndienstleistungen die hohe Komplexität eines ‚relationalen Feldes' erreichen. Daraus folgt, dass sich Evaluation nicht mehr allein auf den Zufriedenheitsgrad der Teilnehmenden oder auf ihren Kompetenz-Zuwachs beschränken kann und zusätzliche Wirksamkeitserwartungen in Betracht zu ziehen hat. Auch mögliche *Interessenkonflikte* zwischen den Intentionen aller beteiligten Relata sind in der Zielgruppenkonzeption lernförderlich zu verarbeiten (vgl. Schlutz 1999).

10 Die intermediäre Funktion[6] pädagogischer Dienstleistung

In ihrer Rolle als ein unvermeidlich involvierter Akteur hat Pädagogische Dienstleistung in dem komplexen Beziehungsgefüge eine lernförderlich vermittelnde Funktion zu übernehmen, bei der sie sich auf ein Zusammenspiel von Gegensteuerung, Empowerment und Lernberatung einlassen muss. In der Beziehung zwischen der Dienstleister- und Nutzerseite unterliegt auch die Bestimmung und Gewährleistung des Nutzensaspekts einer korrelativen Aussteuerung. Verhindert wird hierdurch das sogenannte Nutzensparadoxon. Eine interaktive Wertschöpfung wird nämlich suboptimal, wenn sie sich ausschließlich an den *utilitaristischen* Nahzielen der Lerner_innen oder primär an einer *instrumentellen Interessenlage* des Auftraggebers orientiert. Unter Nutzensparadox ist somit eine nicht intendierte Verhinderung der Zielerreichung durch verengte Intentionalität zu verstehen. „Teilnehmerorientierung" bedarf daher bei Lerndienstleistung oder in Beratungskontexten immer einer pädagogischen „Gegensteuerung" (Tietgens 1986), um auch solche Lernmöglichkeiten verfügbar zu machen, zu denen die Nutzerseite aufgrund unzureichender Kompetenz noch keinen Zugang gefunden hat. Besonders gilt dies für pädagogische Dienstleistung im Kontext einer mehrschrittigen Entwicklungsbegleitung. Hier verhindert eine utilitaristisch verkürzte Zielvorwegnahme den lernförderlichen Umgang mit Unbestimmtheit, auf die professionell in Formen einer „zielgenerierenden Suchbewegung" zu antworten wäre. Lerndienstleistung dient somit auch der Minderung von Erfolgsdruck durch sicherheitsverleihende Kontexte der Entschleunigung (Angebot eines „psycho-sozialen Moratoriums") (vgl. ausführlich Schäffter 2001).

11 Reflexive Institutionalisierung in Resonanz auf gesellschaftlichen Strukturwandel

Das Prinzip pädagogischer Dienstleistung einer interaktiven Wertschöpfung in ko-produktiver Zusammenarbeit mit relevanten Zielgruppen und in produktiver Umweltoffenheit setzt in der Beidseitigkeit der Beziehung immer auch die Fähigkeit zur Grenzsetzung und den Schutz vor Fremdbestimmung voraus. Zugespitzt lässt sich sagen, dass die Attraktivität eines Kooperationspartners für andere weniger durch Gleichartigkeit, sondern durch seine charakteristische Verschiedenheit vom Partner entsteht. Produktive Zusammenarbeit lebt in relationstheoretischer Sicht aus den kennzeichnenden Differenzen auf der Basis einer zugrunde liegenden Übereinstimmung. Eine wichtige Voraussetzung für interne und externe organisatorische Zusammenarbeit einer Bildungseinrichtung besteht daher in der Erkennbarkeit und in der Wertschätzung des besonderen Profils der als pädagogisch wichtig erachteten Zielgruppe. Dies wiederum verlangt eine selbstbewusste Verdeutlichung des jeweiligen Andersseins, d.h. Klärung auch dessen, was jemand nicht ist bzw. nicht zu leisten vermag.

Eben dies schwingt in dem Begriff Profil mit: Es geht nicht nur um das Ausfüllen einer *inneren* Gestalt, sondern wesentlich um die Schnittkante, um die Kontrastlinie zum anderen. Grenzen sind daher immer auch Kontaktflächen. Je deutlicher die Grenze, desto konkreter werden lernhaltige Anknüpfungsmöglichkeiten erkennbar. So sollte sich ein Bildungswerk als Einzeleinrichtung aus ihrem Interesse am eigenen Profil nicht für alles, was es in ihrem Einzugsbereich an Bildungserwartungen auf sie einstürmt, zuständig fühlen. Es sollte auch nicht unter dem Anspruch stehen, alles zu können. Die Vielfalt ihrer Arbeitsformen wird vielmehr für Außenstehende, für neue Adressaten sowie für mögliche Kooperationspartner erst dann als Leistung erkennbar, wenn sie sich vor dem Hintergrund ausgeschlossener Möglichkeiten in ihrer besonderen Eigentümlichkeit unterscheiden lässt. So lässt sich diese strukturtheoretische Einsicht auf folgende Formel bringen: *Eine Einrichtung, die sich gezwungen meint, alles bieten zu müssen, leistet in Bezug auf ihr erkennbares Außenverhältnis zu wenig Anschlussfähiges.* Diese für Einrichtungen der Erwachsenenbildung nicht untypische Problematik lässt sich metaphorisch an einem Vergleich zwischen

---

[6] Zur Intermediarität des Pädagogischen vgl. Tenorth (1992) sowie Ebner von Eschenbach (2014b).

Spiegel und Resonanzkörper veranschaulichen (vgl. Schäffter 2002). Eine Bildungseinrichtung, die sich als Spiegelbild der thematischen Erwartungen und Leistungsansprüche ihrer Zielgruppen versteht, hat damit zu rechnen, dass sich in ihr zwar die unterschiedlichsten Umweltbereiche und Teilnehmergruppen in ihren Interessen und Bedürfnissen wieder finden, dass diese sich aber immer nur selbst in dem Angebot erkennen und dass dabei die Einrichtungsorganisation als spiegelnder Hintergrund bleibt. Die Einrichtung kann kaum als gestaltungsfähige Bildungsinstitution in Erscheinung treten. Hier ist gegen wärtig die zentrale Aufgabe eines „strategischen Weiterbildungsmanagements" zu verorten. Erst auf der makro-didaktischen Handlungs- und Entscheidungsebene eines strategischen Weiterbildungsmanagements eröffnen sich die strukturellen Möglichkeitsvoraussetzungen zur Herausbildung einer reflexiv individualisierten beruflichen Identität der pädagogisch Tätigen im Sinne einer „organisationsgebundenen Professionalitätsentwicklung" (vgl. Schicke 2012).

Literatur

Amann, K./Hirschauer, S. (Hg.) (1997): Die Befremdung der eigenen Kultur. Zur ethnographischen Herausforderung soziologischer Empirie. Frankfurt a.M.

Baldauf-Bergmann, K. (Hg.) (2012): Themenheft Veränderungen von Lernen und Weiterbildung in der Transformationsgesellschaft. Tätigkeitstheorie. Journal für tätigkeitstheoretische Forschung in Deutschland, H. 7, http://www.ich-sciences.de/index.php?id=87&L=0, 17.05.2014

Baecker, D. (2007): Studien zur nächsten Gesellschaft. Frankfurt a.M.

Beckert, J. (1997): Grenzen des Marktes. Die sozialen Grundlagen wirtschaftlicher Effizienz. Frankfurt a.M./New York

Beckert, J. (2009): Wirtschaftssoziologie als Gesellschaftstheorie. In: Zeitschrift für Soziologie. Jg. 38, H. 3, 182-197

Beckert J./Diaz-Bone, R./Ganßmann, H. (Hg.) (2007): Märkte als soziale Strukturen. Frankfurt a.M./New York

Bedorf, T. (2003): Dimensionen des Dritten. Sozialphilosophische Modelle zwischen Ethischem und Politischem. München

Bedorf, T./Fischer, J./Lindemann, G. (Hg.) (2010): Theorien des Dritten. Innovationen in Soziologie und Sozialphilosophie. München

Bonfadelli, H./Meier, W. A. (1996): Das erforschte Publikum. http://www.medienheft.ch/uploads/media/08_ZOOM_KM_02_Heinz_Bonfadelli_Werner_A_Meier_Publikumsforschung.pdf, 17.05.2014

Bonnemeier, S./Reichwald, R. (2012): „Hybride Wertschöpfung" – vom Industrieproduzenten zum Lösungsanbieter – ein State-of-the-Art Bericht. In: zfbf Sonderheft 65, 45-72

Ebner von Eschenbach, M. (2014a): Epistemische Widerständigkeit als produktiver Kontrapunkt. Kategoriales Nachdenken über Sozialraum. In: Girmes, R./Geschke, S.M. (Hg.): Dialog der Wissenschaften. Sich Aufgaben stellen: gemeinsam, taktvoll, verantwortlich. Münster (i.E.)

Ebner von Eschenbach, M. (2014b): Intermediarität. Lernen in der Zivilgesellschaft. Eine Lanze für den Widerstand. Berlin

Ellinger, E./Schlechtriemen, T./Schweizer, D./Zons, A. (Hg.) (2010): Die Figur des Dritten. Ein kulturwissenschaftliches Paradigma. Frankfurt a.M.

Förster, N. (2012): Eine transdisziplinäre Konstruktion von Beziehung – Implikationen für Führung, Management und Organisationsentwicklung. Hamburg

Gamm, G. (1994): Flucht aus der Kategorie. Die Positivierung des Unbestimmten als Ausgang der Moderne. Frankfurt a.M.

Helfrich, S./Heinrich-Böll-Stiftung (Hg.) (2009): Wem gehört die Welt? Zur Wiederentdeckung der Gemeingüter. München

Hillebrandt, F. (2009): Praktiken des Tauschens. Zur Soziologie symbolischer Formen der Reziprozität. Wiesbaden

Holzinger, M. (2007): Kontingenz in der Gegenwartsgesellschaft. Dimensionen eines Leitbegriffs moderner Sozialtheorie. Bielefeld

Holzkamp, K. (1995): Lernen. Subjektwissenschaftliche Grundlegung. Frankfurt a.M./New York

Kieserling, A. (1999): Kommunikation unter Anwesenden. Studien über Interaktionssysteme. Frankfurt a.M.

Korenjak, M. (2000): Publikum und Redner: Ihre Interaktion in der sophistischen Rhetorik der Kaiserzeit (Zetemata). München

Ludwig, J. (2000): Lernende verstehen. Lern- und Bildungschancen in betrieblichen Modernisierungsprozessen. Bielefeld

Mauss, M. (1990): Die Gabe. Form und Funktion des Austauschs in archaischen Gesellschaften. Frankfurt a.M.

Müller, S.O. (2014): Das Publikum macht die Musik, Musikleben in Berlin, London und Wien im 19. Jahrhundert. Göttingen

Plümacher, M. (2002): Epistemische Perspektivität. In: Sandkühler, H. J. (Hg.): Welten in Zeichen – Sprache, Perspektivität, Interpretation. Frankfurt a.M., 31-48

Reichwald, R./Krcmar, H./Nippa, M. (Hg.) (2009): Hybride Wertschöpfung: Konzepte, Methoden und Kompetenzen für die Preis- und Vertragsgestaltung. Lohmar-Köln

Schäffter, O. (1985): Kursleiterfortbildung: Überlegungen zur Intensivierung der Arbeitsbeziehungen zwischen hauptberuflichenund freien Mitarbeitern in der Erwachsenenbildung. 2. Aufl. Frankfurt a.M.

Schäffter, O. (1994): Erwachsenenbildung als Non-Profit-Organisation. In: GdW-Ph 4.10.20, http://ebwb.hu-berlin.de/team/schaeffter/iii26a, 17.05.2014

Schäffter, O. (2001): Weiterbildung in der Transformationsgesellschaft. Zur Grundlegung einer Theorie der Institutionalisierung. Baltmannsweiler

Schäffter, O. (2002): Strukturelle Öffnung von Weiterbildungseinrichtungen als Programmentwicklung: Spiegelbild oder Resonanzboden gesellschaftlicher Veränderungsanforderungen? In: Bergold, R./Mörchen, A./Schäffter, O. (Hg.): Treffpunkt Lernen – Ansätze und Perspektiven für eine Öffnung und Weiterentwicklung von Erwachsenenbildungsinstitutionen. Bd. 2, Recklinghausen, 205-214

Schäffter, O. (2005): Soziale Praktiken des Lehrens und Lernens, https://ebwb.hu-berlin.de/team/schaeffter/downloads/soz%20 prak, 17.05.2014

Schäffter, O. (2012): Allgemeinbildung im Umbruch. Lebenslanges Lernen und Katholische Erwachsenenbildung. In: Ziegler, H./ Bergold, R. (Hg.): Neue Vermessungen: Katholische Erwachsenenbildung heute im Spannungsfeld von Kirche und Gesellschaft. Blieskastel, 115-142

Schäffter, O. (2013): Verzwirnung von Struktur und Prozess, http://ebwb.hu-berlin.de/team/schaeffter/downloads/vi_ver-zw, 17.05.2014

Schäffter, O. (2014a): Die Kategorie der Relationalität. Der paradigmatische Kern und Felder einzelwissenschaftlicher Forschung. http://ebwb.hu-berlin.de/team/schaeffter/katrel, 17.05.2014

Schäffter, O. (2014b): Relationale Zielgruppenbestimmung als Planungsprinzip. Zugangswege zur Erwachsenenbildung im gesellschaftlichen Strukturwandel. Ulm/Münster

Schäffter, O. (2014c): Bildungsformate im gesellschaftlichen Strukturwandel. In: Felden, H. v./Schäffter, O./Schicke, H. (Hg.):Denken in Übergängen. Weiterbildung in transitorischen Lebenslagen. Wiesbaden, 111-136

Schäffter, O. (2014d): Navigieren durch vernetzte Bildungslandschaften. Zum impliziten Erwerb von Übergangskompetenz in Lernbiographien. In: Felden, H. v./Schäffter, O./Schicke, H. (Hg.): Denken in Übergängen. Weiterbildung in transitorischen Lebenslagen. Wiesbaden, 37-60

Schäffter, O./Schicke, H. (2012): Organisationstheorie. In: Schäffer, B./Dörner, O. (Hg.): Handbuch Qualitative Erwachsenen- und Weiterbildungsforschung. Opladen/Berlin/Toronto,166-179

Schicke, H. (2012): Organisation als Kontext der Professionalität. Beruflichkeit pädagogischer Arbeit in der Transformationsgesellschaft. Bielefeld

Schlutz, E. (1999): Erwachsenenbildung als Dienstleistung. In: GdW Ph Textziffer 4.10.10

Schlutz, E. (2006): Bildungsdienstleistungen und Angebotsentwicklung. Münster

Schmid, G. (2014): Wann wird der Arbeitsmarkt erwachsen? Folgen des Strukturwandels zwischen Bildung und Beschäftigung. In: Felden, H. v./Schäffter, O./Schicke, H. (Hg.): Denken in Übergängen. Weiterbildung in transitorischen Lebenslagen. Wiesbaden, 137-172

Stegbauer, Christian (2011): Reziprozität. Einführung in soziale Formen der Gegenseitigkeit. Wiesbaden

Tenorth, H.-E. (1992): Intention – Funktion – Zwischenreich. In: Luhmann, N./Schorr, K. E. (Hg.): Zwischen Absicht und Person. Fragen an die Pädagogik. Frankfurt a.M., 194-217

Tietgens, H. (1986): Erwachsenenbildung als Suchbewegung. Bad Heilbrunn

Abbildungsverzeichnis

Abbildung 1: http://upload.wikimedia.org/wikipedia/commons/7/74/Cup_or_faces_paradox.svg, 17.05.2014

Reproduktion von Stereotypen zum funktionalen Analphabetismus – die Fallstricke der Teilnehmendenforschung

Anke Grotlüschen, Barbara Nienkemper, Franziska Bonna

Ist es legitim, Schlussfolgerungen aus den Ergebnissen von Teilnehmendenforschung zu ziehen, wenn wir eigentlich nach Antworten suchen, die sich auf die Grundgesamtheit oder zumindest auf ähnliche Adressaten von Bildungsprogrammen beziehen?

Teilnehmende von Erwachsenenbildungsangeboten gehören manchmal einer spezifischen Subgruppe einer Population an, so wie funktionale Analphabet/inn/en heute oder marxistische Arbeiter/innen in den 1920er Jahren. Sobald sie in das Erwachsenenbildungssystem eintreten, entstehen erste Forschungsfragen: Wer sind sie? Mit wem ist diese Teilgruppe vergleichbar? Welche Bildungsangebote sind für diese Teilgruppe geeignet? Und wie viele Menschen aus dieser Teilgruppe nehmen nicht an Weiterbildung teil?

In den 1920er Jahren lautete eine der Kernfragen der deutschen Erwachsenenbildung: Will die Mehrheit der Arbeiter/innen eine Revolution und brauchen sie entsprechende Bildungsangebote, um eine sozialistische Gesellschaft führen zu können? Gertrud Hermes (1926) beantwortete diese Frage auf Basis der Ergebnisse ihrer Teilnehmendenforschung. Rainer Buchwald (1934) kritisierte an ihrer Forschung, dass sich Teilnehmende grundlegend von Nichtteilnehmenden unterscheiden. Die Diskussion blieb unbeantwortet, weil offenbar nach dem Zweiten Weltkrieg die Fragestellung an Relevanz verloren hatte.

In vergleichbarer Weise stellt sich heute die Frage: Was wissen wir über funktionale Analphabet/inn/en in westlichen Industriegesellschaften? Joachim Ludwig (2012) forschte selbst im Rahmen des BMBF Förderschwerpunktes zum Thema „Alphabetisierung und Grundbildung". In der Projektpublikation „Lernen und Lernberatung. Alphabetisierung als Herausforderung für die Erwachsenendidaktik" fasst er gemeinsam mit Katja Müller den deutschen Forschungsstand zur Alphabetisierung und Grundbildung zusammen. Die Autor/innen unterscheiden deutlich zwischen Untersuchungen, aus denen Erkenntnisse über Adressaten gewonnen werden können und Forschungsergebnissen, in denen Teilnehmende untersucht wurden. Ihr eigenes Projekt ordnen sie der „Forschungslinie" der Lernforschung zu (vgl. Ludwig/ Müller 2012a). In diesem Artikel möchten wir die Diskussion um die Unterschiede von Teilnehmenden-

und Adressatenforschung aufgreifen. Speziell möchten wir einen Beitrag dazu leisten, einige durch Teilnehmendenforschung ungewollt reproduzierte Stereotype funktionaler Analphabet/innen mit Hilfe von Ergebnissen aktueller Adressatenforschung abzubauen. Um einem potenziellen Missständnis vorzugreifen: Es geht keineswegs darum, qualitative Forschung zu diskreditieren. Alle Verfasserinnen arbeiten sowohl qualitativ als auch quantitativ und kennen die Vorzüge beider Herangehensweisen. Hier geht es nicht um eine Methodenfrage, sondern um die durchaus diffizile Frage der Reichweite von Ergebnissen für Teilnehmende und Adressaten.

Ein Vergleich der zwei quantitativen Untersuchungen „AlphaPanel" (Rosenbladt/Bilger 2011) und „leo. – Level-One Studie" (Grotlüschen/Riekmann 2012) zeigt, wie unterschiedlich Teilnehmende und potenzielle Adressaten von Alphabetisierungs- und Grundbildungsangeboten sind. Neben dem Blick auf die Unterschiede eröffnet der Vergleich auch die Möglichkeit zu fragen, unter welchen Umständen die Erwachsenenbildung fälschlicherweise Schlussfolgerungen aus der Teilnehmendenforschung auf ihre Adressaten zieht.

Es ist äußerst schwer, ein Sample von funktionalen Analphabet/inn/en außerhalb der Grundbildungskurse zu finden. Haushaltsbefragungen im Längsschnitt durchzuführen ist sehr teuer und aufwändig. Kleinere Studien beginnen oft damit, Interviewpartner/innen aus Weiterbildungsinstitutionen zu akquirieren. Die Einrichtungen erzeugen jedoch „neue" Teilgruppen, die bisher weder theoretisch bestimmt, noch in der Gesellschaft in ihrer Größenordnung erfasst sind. Wenn beispielsweise eine neue Adressatengruppe der Weiterbildung „Doppelkarrierepaare" sind, dann wird die Erwachsenenbildungsforschung diese Gruppen typischerweise zunächst in den Einrichtungen aufsuchen, um dann auf die gesamte Gruppe von „Doppelkarrierepaaren" schließen zu können.

Die Kernthese dieses Artikels lautet, dass es unangebracht ist, Informationen über Teilgruppen der Bevölkerung aus den Befunden der Teilnehmendenforschung zu verallgemeinern, weil sich die Gruppen der Teilnehmenden und Adressaten in ihrer Struktur voneinander unterscheiden. Die Verallgemeinerung von Ergebnissen der Teilnehmendenforschung geschieht aufgrund der Annahme, dass die Mitglieder einer Teilgruppe der Bevölkerung, die an Erwachsenenbildung teilnehmen, mehr oder weniger repräsentativ für die Gesamtgruppe sind. Wenn die Erwachsenenbildung Programme für eine Teilgruppe der Bevölkerung entwickelt, dann nutzen sie die Informationen, die sie von Teilnehmenden über die vermeintlich gewünschten Lerninhalte und Lebensumstände der gesamten Adressatengruppe hat. Dies führt zu falschen Schlussfolgerungen, wie jüngere Befunde eines hier nun zu skizzierenden Vergleichs von Teilnehmenden und Adressaten zeigen.

Im Folgenden beschreiben wir zunächst ein bekanntes Beispiel aus der Vergangenheit der Erwachsenenbildungsforschung, in dem die Problematik falscher Schlussfolgerungen am Beispiel der marxistischen Arbeiter/innen kritisch diskutiert wurde. Anschließend werden wir an einem Beispiel aus der aktuellen Forschung zur Adressatengruppe des funktionalen Analphabetismus unhaltbare Verallgemeinerungen aufdecken.

1 Teilnehmendenforschung und fragwürdige Verallgemeinerungen über die Arbeiter/innen der 1920er Jahre

In den 1920er Jahren herrschte in Deutschland eine lange kontroverse Diskussion darüber, welche Art von Erwachsenenbildungsangeboten Arbeiter/innen möglicherweise wollen. Die Erwachsenenbildung wurde ein Thema der Weimarer Reichsverfassung von 1919. Fast 2000 Volkshochschulen wurden in den darauffolgenden Jahren gegründet, wovon über die Hälfte überlebt hat. Die historische Frage bezog sich darauf, ob die neu geborenen Demokrat/inn/en so weitermachen sollten wie bisher oder ob Deutschland ein demokratisch sozialistischer Staat werden sollte. Mit einem Blick auf die extremen Lebensbedingungen der Arbeiterschaft, hielt die sozialistische Strömung der Erwachsenenbildung Kurse zur revolutionären Umgestaltung der Gesellschaftsordnung vor. Das bekannteste Beispiel in diesem Bereich ist die „Schule der Arbeit" in Leipzig. Dabei handelt es sich um ein Unterrichtsgebäude im Bauhausstil, das speziell gebaut wurde, um in Arbeitsgruppen zusammenzuleben, miteinander zu kooperieren und intensiv zu lernen. Die Lehrlingszimmer, in denen die Teilnehmenden über mehrere Monate wohnten, münden direkt in einen großen Innenraum. Die Architektur kann somit die Begegnung und somit den Diskurs unterstützen und Vereinzelung aufheben.

Die Schule der Arbeit wurde von Gertrud Hermes geleitet. Sie untersuchte 1926 in einer qualitativen Befragung von 1.255 Teilnehmenden der Erwachsenenbildung die Einstellungen und Meinungen marxistischer Arbeiter/innen sowie ihre Bereitschaft zur Revolution. Dabei bezog sie sich nur auf Schlussfolgerungen, die sie aus der Untersuchung von Arbeiter/innen mit einer marxistischen Orientierung gezogen hatte (vgl. Hermes 1926: 4,12). Sie erklärt, dass ihre Ergebnisse nicht auf die gesamte Arbeiterschaft zu verallgemeinern seien, allerdings schätzt sie ihre Befunde aufgrund ihrer Forschung und Erfahrungen als repräsentativ für *marxistische sowie am Marxismus orientierte Arbeiter/innen* ein. Viktor Engelhardt publizierte 1926 eine weitere Studie, die sich auf 16.000 Teilnehmende bezieht. Er kategorisiert ihre Bildungsinteressen sowie ihre Berufe. Engelhardt diskutiert die Repräsentativität der Untersuchung nicht, aber die Art, wie er die Ergebnisse zu den Bildungsinteressen der Gruppe „der Lehrerinnen" oder „der Ingenieure" im Text ausführt, impliziert die Verallgemeinerung der Gültigkeit seiner Ergebnisse für die Teilgruppe aller Lehrerinnen oder aller Ingenieure in der Bevölkerung.

Die Studien wurden so verstanden, als wenn sie ihre Ergebnisse für alle Arbeiter/innen verallgemeinern wollten (vgl. Große 1932; Buchwald 1934) – während weder Engelhardt noch Hermes dies eindeutig getan haben. Franz Große (1932) kritisiert, dass Engelhardts Kategorien Schwächen aufweisen und er darüber hinaus nicht die Verallgemeinerbarkeit von Teilnehmenden auf die Grundgesamtheit in Frage stellt. Buchwald (1934) kritisiert, dass teilnehmende Arbeiter/innen weniger als 0,5% der Arbeiterschaft in der Bevölkerung ausmachen. Dies entspreche keiner repräsentativen Anzahl. Die Ergebnisse seien vielmehr durch die Art der Erwachsenenbildungseinrichtung begründet, wie z.B. die Leipziger Tradition der Arbeiterbildung in Soziologie und politischer Ökonomie. Die Teilnehmenden seien insofern nicht repräsentativ für die gesamte Arbeiterschaft.

2 Von der Teilnehmendenforschung zu haltlosen Klischees funktionaler Analphabet/inn/en – für einen umsichtigen Umgang mit der Verallgemeinerung von Ergebnissen

Die Problematik wiederholt sich, sobald neue Bevölkerungsgruppen fokussiert werden. Entsprechende Warnhinweise finden sich in der deutschen Fachliteratur seit 2009 und 2010. Steffen Kleint eröffnet sein Lehrbuch zum Thema Alphabetisierung und Grundbildung mit der Anmerkung, dass Forschungsdesigns ihre Ergebnisse auf die Gesamtgruppe der funktionalen Analphabet/inn/en beziehen, wobei sich ihre Datenerhebung aber fast immer auf Interviews mit Teilnehmenden aus Lese- und Schreibkursen beschränkt: „Man geht in der Forschungsanlage allgemein vom nicht lernenden Illiteraten aus, bezieht sich dann aber faktisch fast ausschließlich auf die Subgruppe der Lernenden" (Kleint 2009: 10).

Der Soziologe Uwe Bittlingmayer kritisiert in einer umfassenderen Aussage, dass das meiste Wissen, was wir über Erwachsene mit niedrigen Lese- und Schreibfähigkeiten haben, aus der spezifischen Subgruppe der Teilnehmenden in Volkshochschulen generiert wird: „Die spezifische Population der Kursteilnehmenden an Volkshochschulen [...] generiert bis heute maßgeblich das Wissen über erwachsene Menschen mit geringen deutschen Schriftsprachkompetenzen" (Bittlingmayer u.a. 2010: 349, nochmals deutlicher 350).

In dem verbreiteten Fachbuch „Ihr Kreuz ist die Schrift" reflektieren Marion Döbert und Peter Hubertus, dass unser Wissen über den funktionalen Analphabetismus ausschließlich von Personen kommt, die bereits zugegeben haben, dass sie nicht ausreichend gut Lesen und/oder Schreiben können (vgl. Döbert/Hubertus 2000: 60). Obwohl diese Erkenntnis bereits im Jahr 2000 festgehalten wurde, wird trotzdem stellenweise angenommen, dass es sich bei Teilnehmenden und Nichtteilnehmenden um strukturell gleiche Gruppen handelt. Der Widerspruch wird noch in demselben Band an den Stellen sichtbar, wo die Datenlage zu den Nichtteilnehmenden dünner wird und verlässliche Information ausschließlich von Teilnehmenden vorliegen. So halten Döbert und Hubertus fest, dass *ältere funktionale Analphabet/inn/en* häufiger von Arbeitslosigkeit betroffen sind, auch wenn sie jahrelang gearbeitet haben (vgl. ebd.: 67). Es folgte die These, dass jede Person, die unzureichende schriftsprachliche Fertigkeiten besitzt, eine Vertrauensperson in ihrem Umfeld hat, an die sie Lese- und Schreibaufgaben delegieren kann (vgl. ebd.: 70). Auch wenn beide Schlussfolgerungen durchaus plausibel sind, fehlen doch gesicherte Informationen darüber, ob sie für diejenigen Betroffenen stimmen, die sich außerhalb des Alphabetisierungs- und Grundbildungsfelds bewegen. Diese Art der Generalisierung findet sich auch in anderen einschlägigen Forschungsarbeiten. Eine interessante und einflussreiche Dissertation zum Thema Analphabetismus schließt zum Beispiel aus qualitativen Interviews mit Teilnehmenden, dass die Betroffenen sich häufig selbst „dumm fühlen" (vgl. Linde 2008: 169).

Beziehen sich die Ergebnisse wirklich gleichermaßen auf funktionale Analphabet/inn/en außerhalb des Kurses wie auf diejenigen, die einen Kurs besuchen? Oder ist es unvorsichtig von den Teilnehmenden auf die Bevölkerung zu schließen? Und ist es nicht plausibel, dass beide Gruppen in ihrer Struktur vergleichbar sind?

Was wir zeigen wollen ist, dass Fachbuchautor/inn/en und Forschende, obwohl sie sicherlich keine unzulässigen Verallgemeinerungen vornehmen wollen, dennoch Texte schreiben, in denen Verallgemeinerungen enthalten sind, sprich, die Reichweite der Verallgemeinerung wird in den Texten selten expliziert. Auch wenn ich Andrea Linde wohlwollend und aus der Kenntnis ihrer differenzierten Denkweise unterstelle, dass sie ausschließlich Teilnehmende meint, steht es doch nicht in ihrem Fazit. Die Gefahr besteht also darin, dass sie missverstanden werden kann, wenn sie von „Betroffenen" spricht und ihr Erleben skizziert: Sie meint ausschließlich betroffene Teilnehmende. Betroffene Nichtteilnehmende sind – und das ist der Kern unserer Argumentation – mit den Ergebnissen der Teilnehmendenforschung möglicherweise unzureichend charakterisiert.

Die Kernfrage lautet: Ist es nicht möglich, dass die Gruppe derjenigen, die an Weiterbildung teilnehmen mehr oder weniger ein repräsentatives Sample der Gesamtgruppe abbilden? Warum nehmen wir an, die Arbeiter/innen in Leipzig sind nicht repräsentativ? Warum nehmen wir an, dass funktionale Analphabet/inn/en in Volkshochschulen nicht all diejenigen repräsentieren, die betroffen sind?

3 Der empirische Nachweis für die Unzulänglichkeit der Verallgemeinerung

Wir beziehen uns auf zwei aktuelle Studien, die sehr eng miteinander kooperiert haben. Prof. Dr. Dr. Rainer Lehmann von der Humboldt-Universität zu Berlin verantwortet das sogenannte AlphaPanel. Es handelt sich dabei um eine Studie zur Lebenssituation von Lernenden in Lese- und Schreibkursen an deutschen Volkshochschulen, die drei Wellen umfasst. In der ersten Welle wurden 524 Teilnehmende befragt. Die Befragung sowie die Publikation der Ergebnisse der ersten Welle wurden von TNS Infratest Sozialforschung München durchgeführt. Die Stichprobenziehung erwies sich als schwierig, weil Teilnehmende oder deren Lehrende sich der Kooperation mit der Forschungsgruppe verweigerten. Dennoch lässt sich die Stichprobe vorsichtig als unverzerrt betrachten, da die Verweigerungen zufällig verteilt zu sein scheinen.

Die zweite Studie ist der leo. – Level-One Survey. Um diese repräsentative Haushaltsbefragung (n=8.436) zu realisieren, wurde eine umfassende Beratung der AlphaPanel Forschungsgruppe sowie die statistische Expertise von Prof. Dr. Johannes Hartig in Anspruch genommen. TNS Infratest führte die Erhebung als Add-on Modul des Adult Education Survey (AES) durch. Die Daten wurden so gewichtet (Frauke Bilger, Prof. Dr. Robert Jäckle), dass sie als repräsentativ für die 18-64jährige, deutsch sprechende Bevölkerung gelten können. Im Rahmen der leo. – Level-One Studie wurden zusätzlich 1.300 Personen mit niedrigen Bildungsabschlüssen interviewt. Diese Stichprobe bearbeitete auch den kompletten Fragebogen des AlphaPanel. Im Gegenzug wurde eine Kurzversion des leo.-Kompetenztests in die zweite Erhebungswelle des AlphaPanel integriert. Dabei handelt es sich um die erste Vollerhebung, in der die Lese- und Schreibfähigkeit der Teilnehmenden getestet wurde. Weil die Widerstände von Teilnehmenden und Lehrenden gegenüber den Kompetenztests hoch war und das AlphaPanel keinen reinen Längsschnitt erhob, wurden die Tests nicht zu einem späteren Erhebungszeitpunkt wiederholt. Somit wissen wir zwar noch immer nicht, in welchem Ausmaß die Lernenden von ihrer Kursteilnahme profitieren, aber wir können Teilnehmende und Adressaten mit Hilfe der Testergebnisse anhand von verschiedenen Aspekten miteinander vergleichen, z.B. die Leistungsfähigkeit, den soziodemographischen Hintergrund, verschiedene Einstellungen bezüglich der Schulerfahrungen. Weiterhin wollen wir ausgewählte Ergebnisse aus unserer Teilnehmendenforschung mit funktionalen Analphabeten berichten und daran exemplarisch die eingeschränkte Verallgemeinerbarkeit aufzeigen.

Die Literalität der funktionalen Analphabet/inn/en, die einen Kurs besuchen, ist erheblich geringer als die Fähigkeiten derjenigen, die nicht an Weiterbildung teilnehmen.

Der Vergleich von funktionalen Analphabet/inn/en, hier definiert als Personen die einen einfachen Text nicht sinnverstehend lesen und schreiben können, innerhalb und außerhalb des Alphabetisierungskurses zeigt ein sehr interessantes Muster. Wir unterteilten den international bekannten „Level One" in kleinere Alpha-Levels. Kurz zusammengefasst unterscheiden sich die Levels nach „Buchstaben-, Wort-, Satz- und Textebene" – das bedeutet, dass Personen auf Alpha-Level 1 noch mit den Buchstaben kämpfen, auf Alpha-Level 2 können sie einzelne Wörter schreiben, auf Alpha-Level 3 können sie ganze Sätze schreiben und auf Alpha-Level 4 können sie kurze Texte lesen und schreiben, machen aber noch einige Fehler dabei. Die ersten drei – Alpha-Level 1-3 – werden als funktionaler Analphabetismus definiert.

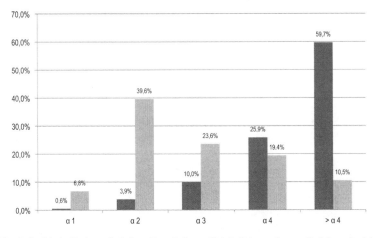

Abb. 1: Funktionale Analphabet/inn/en außerhalb und innerhalb von Alphabetisierungskursen; Verteilung der Adressaten: Daten der leo. – Level-One Studie (linke Säulen); Verteilung der Teilnehmenden: Daten des AlphaPanel (rechte Säulen)

Funktionaler Analphabetismus ist unter Teilnehmenden wie folgt verteilt: Mehr als 45 Prozent der Teilnehmenden lesen und schreiben auf Alpha-Level 1 und 2 (α1=6,8 Prozent plus α2=39,6 Prozent). Etwa 23 Prozent erreichen Alpha-Level 3 und etwa 30 Prozent sollten nicht als funktionale Analphabeten betrachtet werden (α4=19,4 Prozent plus α5=10,5 Prozent). Fast die Hälfte der Teilnehmenden erreicht lediglich ein sehr niedriges Kompetenzniveau und wir vermuten, diese Gruppe inspiriert die Vorstellungen von Lernenden, Lehrenden, Forschenden, Journalist/innen und politischen Entscheidungsträger/inne/n, wenn sie über funktionalen Analphabetismus sprechen. Allerdings erreichen einige Teilnehmende auch recht gute Ergebnisse, was entweder bedeuten kann, sie haben während des Kursbesuchs bereits viel dazugelernt oder es bedeutet, sie lesen und schreiben im geschützten Kurskontext besser als in ihrem alltäglichen Leben. Dieses Phänomen ist aus der Teilnehmendenforschung bekannt (vgl. Döbert-Nauert 1985). Dennoch haben mehr als 45 Prozent der Teilnehmenden in Alphabetisierungskursen noch einen weiten Weg vor sich.

Demgegenüber wird der Anteil von Personen, die die untersten zwei Alpha-Levels erreichen, in der Bevölkerung auf etwa 2,3 Millionen geschätzt (α1=0,6 Prozent/0,3 Millionen plus α2=3,9 Prozent/2,0 Millionen). Weitere 5,2 Millionen (10 Prozent) erreichen den dritten Alpha-Level. Der Anteil von funktionalen Analphabet/inn/en in der Bevölkerung, die Alpha-Level 3 erreichen, ist also viel größer als der Anteil von funktionalen Analphabet/inn/en auf Alpha-Level 1 und 2.

Aus diesem Ergebnis lässt sich schlussfolgern, dass die Einrichtungen, die Alphabetisierung und Grundbildungsangebote machen, zwar die Personen auf den unteren Alpha-Levels sehr gut erreichen. Aber die Subgruppe der funktionalen Analphabet/inn/en in der Bevölkerung ist im Schnitt etwas leistungsstärker und passt nicht zu dem Bild, das die Alphabetisierungskurse (ebenso wie politische Entscheidungsträger, Forschende, Medien und Selbsthilfegruppen der Lernenden) vom funktionalen Analphabetismus reproduzieren.

Die soziodemographischen Daten von der Gruppe der Kursteilnehmenden und der Subgruppe der funktionalen Analphabet/inn/en in der Bevölkerung unterscheiden sich.

Die Ergebnisse der leo. – Level-One Studie zeigen, dass die Kernparameter wie Arbeit und Familienleben sich zwischen funktionalen Analphabet/inn/en, die nicht an einem Lese- und Schreibkurs teilnehmen und der gesamten erwachsenen Bevölkerung nicht in großem Ausmaß unterscheiden. Unterschiede lassen sich finden im Hinblick auf die Höhe des Einkommens und die Art der beruflichen Tätigkeit. Aber funktionale Analphabet/inn/en sind nicht notwendigerweise ausgeschlossen im Hinblick auf den Arbeitsmarkt oder das Familienleben. Bei den funktionalen Analphabet/inn/en, die einen Kurs besuchen, stellt sich die Situation anders dar: Zum Beispiel leben über 71 Prozent nicht in einer Partnerschaft und etwa 30 Prozent berichten, dass sie Sozialleistungen empfangen. Was bedeuten diese strukturellen Unterschiede? Unter welchen Umständen es dazu kommt, dass Erwachsene mit Schwierigkeiten im Lesen und/oder Schreiben ihre herkömmlichen Bewältigungsstrategien als nicht mehr funktionsad-äquat beurteilen und einen Kurs zum nachholenden Lernen beginnen, wurde im Forschungsprojekt „SYLBE" untersucht (vgl. Ludwig 2012). Als Ergebnis dieses Forschungsprojekts wurde eine Typologie entwickelt, die fünf Lernbegründungstypen von Kursteilnehmenden unterscheidet, die sich zwischen teilhabesicherndem und teilhabeerweiterndem Lernen bewegen (vgl. Müller 2012). Der Zusammenbruch eines Lebensbereichs, wie die Partnerschaft oder das Einkommen kann die Entscheidung zum Kursbesuch beeinflussen, weil die individuellen Teilhabeerfahrungen die Entstehung und Entwicklung von Handlungs- und Lernproblematiken beeinflussen (vgl. Ludwig/Müller 2012b: 36). Außerdem berichten Teilnehmende der Selbsthilfegruppen, dass manche von ihrem Jobcenter in den Kurs geschickt wurden. Die höhere Anzahl von Arbeitslosen in den Kursen kann also als Ergebnis der Rekrutierungsstrategie der Weiterbildungsinstitutionen interpretiert werden. In der Diskussion mit Lernenden (in einem Workshop auf der Tagung des Bundesverbands Alphabetisierung und Grundbildung) ergab sich ein weiterer interessanter Gedanke. Wenn die Infrastruktur der Schuldnerberatungsstellen als weiterer Rekrutierungsweg erschlossen werden kann, könnten möglicherweise mehr Teilnehmende für die Kurse gewonnen werden. Die Beratenden erkennen möglicherweise einen Grundbildungsbedarf und könnten die betreffenden Klient/inn/en über Alphabetisierungs- und Grundbildungsangebote informieren. Falls dieser Rekrutierungsweg sich zu einer neuen stabilen Struktur entwickeln würde, könnte allerdings das nächste Forschungsergebnis über die Teilnehmenden zu der falschen Schlussfolgerung führen, dass funktionale Analphabet/inn/en oftmals verschuldet sind – was dann zwar für die Gruppe der Teilnehmenden stimmen, aber keinesfalls für die gesamte Adressatengruppe der funktionalen Analphabet/inn/en in Deutschland zutreffen würde. Soweit wir bisher aus dem Vergleich der Daten von leo. – Level-One Studie und AlphaPanel wissen, bestätigt sich die These, dass funktionale Analphabet/inn/en überwiegend prekär beschäftigt sind für Teilnehmende, aber nicht für die Mehrheit der Adressaten.

Die Einstellungen zum Lernen insgesamt und zum Thema des Kurses unterscheiden sich in Abhängigkeit davon, ob die/der Interviewer/in weiß, dass die Person an einem Kurs teilnimmt oder nicht.

Die These, dass funktionale Analphabet/inn/en ihre Schulerfahrungen negativ erinnern (vgl. Linde 2008: 176), trifft für die Teilnehmenden zu, aber nicht für die Adressaten. In diesem speziellen Fall – dem Unterricht im Lesen und Schreiben – führt die Frage der Teilnahme dazu, dass ein Mangel an Fähigkeiten zugegeben wird, der normalerweise verheimlicht wird.

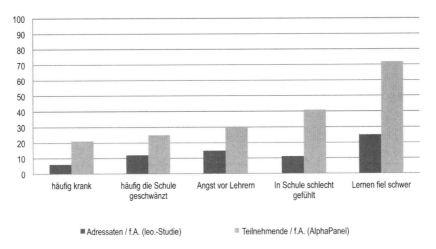

■ Adressaten / f.A. (leo.-Studie)   ▨ Teilnehmende / f.A. (AlphaPanel)

Abb. 2: Schulerfahrungen funktionaler Analphabet/inn/en im Teilnehmenden-Adressat/inn/en-Vergleich

Eines der bekanntesten Forschungsergebnisse bezieht sich auf die Schulerfahrungen von funktionalen Analphabet/inn/en. Dazu gibt es einige qualitative Forschungsarbeiten, die von schlechten Erfahrungen und Missachtung in der Schule, kombiniert mit der Hilflosigkeit der Lehrenden, berichten. Die Interviewten in Andrea Lindes Studie berichten, Vernachlässigung und Angst erlebt zu haben und folglich nicht in der Lage gewesen zu sein, zu lernen (vgl. Linde 2008: 169). Das AlphaPanel bestätigt diese Ergebnisse für die Teilnehmenden in Alphabetisierungskursen.

Aber überraschenderweise werden diese Ergebnisse durch die leo. – Level-One Studie nicht bestätigt. Wir fanden widersprechende Angaben zu den Schulerfahrungen. Die Abbildung 2 zeigt einen Vergleich der Angaben zur Schule und zum Lernen, die in beiden Studien erfragt wurden. Dieser Teil des Fragebogens besteht aus zehn Statements zur formalen Schulbildung, fünf mit einer negativen und fünf mit einer positiven Ausrichtung. Während die fünf positiven Statements in annähernd vergleichbarer Weise beantwortet wurden, zeigen die fünf negativen Items überraschend große Unterschiede (vgl. Abb. 2):

- Im Vergleich mit der gesamten Subpopulation der Adressaten berichten mehr Teilnehmende, dass sie häufig krank waren (21 Prozent gegenüber 6 Prozent).
- Die Teilnehmenden geben häufiger an, der Schule ferngeblieben zu sein (25 Prozent gegenüber 12 Prozent).
- Die Teilnehmenden berichten häufiger, dass sie Angst vor ihren Lehrern hatten (30 Prozent gegenüber 15 Prozent).
- Die Teilnehmenden sagen häufiger, dass sie sich in der Schule schlecht gefühlt haben (41 Prozent gegenüber 11 Prozent).
- Und schlussendlich stimmen die Teilnehmenden häufiger der Aussage zu, dass ihnen das Lernen schwer gefallen ist, während die Mehrheit der Adressaten diesem Statement nicht zustimmt (72 Prozent gegenüber 25 Prozent).

Wie lassen sich die Ergebnisse interpretieren? Selbstverständlich ist die Interviewsituation zu berücksichtigen. Wenn beide Beteiligten wissen, dass die interviewte Person funktionale/r Analphabet/in ist und aus diesem Grund einen Lese- und Schreibkurs besucht, wird das eine Auswirkung auf das Antwortverhalten der Befragten haben. In einer solchen Situation wird der funktionale Analphabetismus erklärungsbedürftig – und schlechte Schulerfahrungen eignen sich sehr gut, um das Verschulden nicht sich selbst zuschreiben zu müssen. Ein Lerner erläuterte in einem Tagungsworkshop, dass die Kurse oftmals mit einem gemeinsamen Gespräch über die Schulerfahrungen der Teilnehmenden begonnen werden. Dieser Ansatz ist pädagogisch sinnvoll, weil er die Schlussfolgerung impliziert, dass ein erfolgreicher Neustart möglich ist. Denn er deutet darauf hin, dass das Individuum bisher nicht aus Dummheit am Lesen und Schreiben lernen gescheitert ist, sondern dass das bisherige Versagen im negativen schulischen Umfeld begründet ist. Der zweite Effekt dieses didaktischen Ansatzes besteht darin, dass die Teilnehmenden anfangen, sich an ihre Biographie zu erinnern und auf diese Weise in die Lage versetzt werden, ihre Schulerfahrungen detaillierter zu berichten. Diese beiden Aspekte können dazu führen, dass im Forschungsinterview eher negative Schulerfahrungen geäußert werden.

Das Interviewsetting in der leo. – Level-One Studie ist demgegenüber ganz anders. Die Forscherin oder der Forscher erfragt die Schulerfahrungen bevor der Test stattfindet. Zu diesem Zeitpunkt weiß also noch keiner etwas über die Lese- und Schreibfähigkeit der interviewten Person. Das bedeutet auch, die oder der Interviewte hat keinen Grund die Ursachen für ein niedriges Kompetenzniveau zu externalisieren. Diese Annahmen treffen möglicherweise auch in anderen Forschungssettings zu. Forschung mit Teilnehmenden beinhaltet immer eine geteilte Gemeinsamkeit im Hinblick auf die Wertschätzung von Erwachsenen- und Weiterbildung, des Kursinhaltes und die Zustimmung zum Vorhandensein eines Grundbildungsbedarfs, der die Teilnahme an Erwachsenenbildung begründet.

Die Teilnehmenden in Lese- und Schreibkursen stehen Tests nicht so ablehnend gegenüber wie zunächst vermutet werden könnte.

Eine weitere problematische Verallgemeinerung beruht auf der Annahme, dass funktionale Analphabet/inn/en aufgrund von häufigen Defiziterfahrungen in ihrer Lernbiographie, angefangen bei den negativen Schulerfahrungen, starke Testängste und -widerstände entwickelt haben. Diese Erkenntnis beruht vor allem auf wiederholt dokumentierten persönlichen Erlebnissen von Kursteilnehmenden selbst (vgl. Alfa-Forum 2004: 20; Brigitte 2004; Fellmer 2009). Das Klischee des „besonders ängstlichen funktionalen Analphabeten" wird fortgesetzt durch die Ergebnisse aus qualitativen Forschungsarbeiten (bei denen ausschließlich Teilnehmende interviewt werden) und durch Medienberichte, in denen wiederholt das Phänomen der „Angst vor Entdeckung" hervorgehoben wird (vgl. Oswald/Müller 1982; Döbert-Nauert 1985; Egloff 1997). Ob der Zusammenhang zwischen negativen Erlebnissen und Testängsten auch von funktionalen Analphabet/inn/en bestätigt würde, die niemals einen Lese- und Schreibkurs besucht haben, ist bislang nicht empirisch untersucht worden. Das obenstehende Ergebnis zu den Schulerfahrungen sowie ihre Beteiligung an Lese- und Schreibtests im Rahmen der bevölkerungsdiagnostischen leo. – Level-One Studie lässt uns an dieser naheliegenden, aber recht pauschal formulierten Erwartung zumindest zweifeln.

In der „Akzeptanzstudie für eine erwachsenengerechte Diagnostik" haben wir unter anderem die Testakzeptanz der Teilnehmenden in der Alphabetisierung quantitativ untersucht. Wir formulierten 11 Statements zur Testakzeptanz, die in die dritte Erhebungswelle des AlphaPanels integriert wurden. 332 Teilnehmende in Alphabetisierungskursen konnten diesen Statements im mündlich-persönlichen Interview entweder zustimmen oder nicht zustimmen. Kurz zusammengefasst zeigen die Ergebnisse, dass Teilnehmende einen Lese- und Schreibtest dann akzeptieren, wenn er ihnen dazu nützt, die eigenen Ziele zu erreichen (91,7 Prozent), und wenn sie Vertrauen (72,3 Prozent) zu der Person haben, die den Test durchführt. Auch die Erfolgswahrscheinlichkeit ist für manche Teilnehmende (41,6 Prozent) eine wichtige Voraussetzung für ihre Bereitschaft zur Testteilnahme, wobei die Mehrheit einen Test auch dann noch akzeptiert, wenn er/sie viele Fehler macht (vgl. Abb. 3; ausführlich Nienkemper/Bonna 2011).

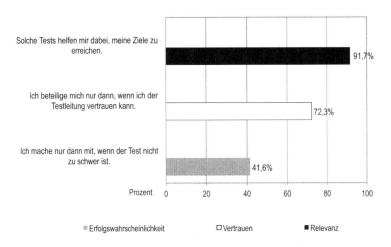

Abb. 3: Testakzeptanz Teilnehmender in Alphabetisierungskursen (vgl. Nienkemper/Bonna 2011)

In Bezug auf das Stereotyp über Testängste funktionaler Analphabet/inn/en ist festzuhalten, dass bei Teilnehmenden in Alphabetisierungskursen durchaus Testängste bestehen. Das Auftreten von Testängsten ist jedoch davon abhängig, was mit dem Test bezweckt wird, welche subjektive Relevanz dieser für die einzelne Person hat und von wem und in welchem Setting der Test durchgeführt wird. Testängste bzw. Abneigungen gegenüber Tests tauchen da auf, wo Teilnehmende eine Selektion oder ein ungewolltes Aufdecken der Lese- und Schreibprobleme fürchten. Das Klischee der Testangst kann demnach, zumindest für die Gruppe der Teilnehmenden, relativiert werden. Wie es um die Testangst der funktionalen Analphabet/inn/en steht, die keinen Kurs besuchen, dazu liegen keine empirischen Daten vor.

Die Teilnehmenden in Lese- und Schreibkursen unterscheiden sich nicht dadurch von den Adressaten, dass sie in jeder Hinsicht geoutet sind. Das Outing des funktionalen Analphabetismus erfolgt viel mehr als „partielles Outing".

Auch das zuvor bereits benannte und wiederkehrend in Publikationen und Nachrichtenmeldung zum funktionalen Analphabetismus beschriebene Phänomen der „Angst vor dem Entdecktwerden" reproduziert ein Stereotyp. Indem die wiederholt auftretenden Erzählungen von Teilnehmenden verallgemeinernd zusammengefasst und mit Temporaladverbien (z.B. häufig, oft) ergänzt werden, ergibt sich (überspitzt formuliert) das Bild von dem/der versteckt lebenden funktionalen Analphabeten/in, der/die nur mittels Gebrauch von besonderen Bewältigungsstrategien (Vermeiden, Täuschen, Delegieren, Kompensation von Defiziten und erhöhte Merkfähigkeit) den schriftsprachgeprägten Alltag bewältigen kann. So fasst zum Beispiel Birte Egloff ein Ergebnis ihrer Biographieanalyse wie folgt zusammen:

„Funktionale Analphabet/inn/en bleiben auch deshalb meist unentdeckt, weil sie im Verbergen ihres Defizits eine gewisse Professionalität erlangt haben, so dass ihre Mitmenschen kaum Verdacht schöpfen. Der dabei zutage tretende Einfallsreichtum kann durchaus als Leistung anerkannt werden. Allerdings scheint die Angst vor dem Entdecktwerden für viele Betroffene so groß zu sein, daß sie sich stärker auf das Management des Versteckens konzentrieren als auf den Versuch, vorhandene schriftsprachliche Kompetenzen einzusetzen" (Egloff 1997: 164).

Döbert-Nauert (1985) hat darauf hingewiesen, dass der Gebrauch von Bewältigungsstrategien trotz Lernfortschritten im Lesen und Schreiben nicht vollständig eingeschränkt wird. Die Entscheidung, einen Alphabetisierungskurs zu beginnen, geht demnach im Gegenzug nicht gleichzeitig mit einem vollständigen Outing bzw. dem vollständigen Austritt „aus der Anonymität" einher. Das „Management des Versteckens" (Egloff 1997: 164) lässt sich vielmehr als übergreifende Strategie des situativ wechselnden Umgangs mit der jeweiligen Lese- und/oder Schreibanforderung im sozialen Umfeld beschreiben. Diese Strategie wurde als „partielles Outing" (Nienkemper/Bonna 2010) bezeichnet. Das Outing als funktionale/r Analphabet/in passiert nicht zu einem Zeitpunkt gegenüber allen Personen des sozialen Umfeldes, sondern es wird jeweils eine begründete Auswahl getroffen, gegenüber wem und wie detailliert die Schwäche eingestanden wird. Die Auswahl der Personen, die eingeweiht werden, kann sowohl bewusst als auch unbewusst getroffen werden. In jedem Fall gibt es eine subjektiv vernünftige Begründung dafür, weshalb die Schwierigkeiten in einem bestimmten Lebensbereich gegenüber einer bestimmten Person thematisiert werden. Das partielle Outing kann als adäquate und subjektiv logische Handlungsstrategie im Umgang mit der Angst vor Entdeckung verstanden werden. Insofern erweitert die Strategie die Annahme eines einfachen Begründungszusammenhangs zwischen Angst vor Entdeckung und Vermeidung um die Beobachtung, dass trotz Angst vor Entdeckung nicht jede schriftsprachliche Anforderung vermieden wird. Das Auftreten des partiellen Outings lässt sich am Beispiel einer 52jährigen Lese- und Schreibkursteilnehmerin grafisch veranschaulichen:

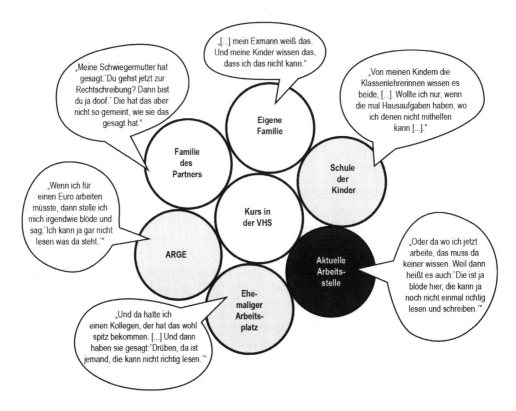

Abb. 4: Partielles Outing am Beispiel einer 52jährigen Lese- und Schreibkursteilnehmerin (vgl. Nienkemper/Bonna 2010)

Quantitativ verallgemeinerbare Daten zum Outing funktionaler Analphabet/inn/en liegen lediglich aus der Teilnehmendenforschung vor. In der dritten Panelwelle des AlphaPanels wurden 332 Kursteilnehmende in mündlich-persönlichen Interviews zur Bekanntheit ihrer Lese- und Schreibschwäche im sozialen Umfeld befragt. Die Ergebnisse zeigen, dass die Schwierigkeiten im Lesen und/oder Schreiben am häufigsten den Eltern (61 Prozent), anderen Familienmitgliedern (56 Prozent) oder Freund/inn/en und Bekannten (56 Prozent) bekannt sind. Bei denjenigen Befragten, die mit einer/m Partner/in zusammenleben (was nur 34 Prozent aller Befragten betrifft), sind diese zu 88 Prozent in die Problematik eingeweiht (vgl. Bilger/Rosenblatt 2011: 16, 23). Von den befragten Erwerbstätigen (wozu 54 Prozent der Befragten zählen) geben 57 Prozent an, dass ihre Arbeitskolleg/inn/en von den Schwierigkeiten im Lesen oder Schreiben wissen und bei 58 Prozent ist die/der Vorgesetzte eingeweiht (vgl. ebd.). Für die Gruppe der funktionalen Analphabet/inn/en, die aktuell keinen Kurs besuchen, sind keine quantitativen Daten verfügbar, die zeigen würden, welche Personen zu ihrem mitwissenden Umfeld gehören. Daher kann derzeit nicht empirisch belegt werden, dass Kursteilnehmende bezüglich ihres „partiellen Outings" (Nienkemper/Bonna 2010) tatsächlich signifikant anders agieren als alle funktionalen Analphabet/inn/en in der Bevölkerung.

4 Zusammenfassung

Es wurde die These aufgestellt, dass diese Art der falschen Schlussfolgerung, von den Teilnehmenden auf die Adressaten zu schließen, in der Erwachsenenbildungsforschung wiederkehrend auftritt. Auch wenn die dargelegten Hinweise draufhindeuten, dass dies unangebracht ist, treten solche falschen Schlussfolgerungen mit neuen Subgruppen einer Grundgesamtheit immer wieder auf und führen zu Klischees über die Grundgesamtheit (z.B. funktionale Analphabet/inn/en oder Arbeiter/innen der 1920er Jahre). Es wurde gezeigt, dass es mehrere strukturelle Unterschiede zwischen der Gruppe der Teilnehmenden und der Gesamtgruppe der Adressaten gibt. Unterschiede bestehen in den soziodemographischen Begründungen, die Menschen für den Kursbesuch haben, in ihren Kompetenzlevels und in denvon Forschenden, Lehrenden und Lernenden geteilten Werten im Hinblick auf das lebenslange Lernen und den ausgewählten Lerngegenstand. Bezüglich der Testängste und des Umgangs mit der Angst vor Entdeckung können bisher keine Zusammenhänge zwischen Teilnehmenden und Adressaten belegt werden. Deshalb dürfen auch hier keine vorzeitigen Schlussfolgerungen gezogen werden, weil es sich bei der Ausprägung von Testängsten und der Angst vor Entdeckung bei Adressaten um Forschungsdesiderate handelt.

Bei der Erhebung der leo. – Level-One Studie wurde nicht gezielt nach Unterschieden zwischen Teilnehmenden und Adressaten geforscht. Daher können wir nicht darauf schließen, dass dies die einzigen systematischen Unterschiede sind, die auftreten, wenn man Teilnehmende und Adressaten miteinander vergleicht. Aber bis jemand diesen Vergleich vorgenommen hat, sollten Ergebnisdarstellungen aus der Teilnehmendenforschung möglicherweise daraufhin reflektiert werden, ob die gezeigten Unterschiede zu Verzerrungen führen. Zumindest die Art der erwarteten Verzerrungen sollte spezifiziert werden, bevor die Ergebnisse für den Rest der Bevölkerung verallgemeinert werden.

Literatur

Alfa-Forum (2004): Diagnostik. H. 56, Fachzeitschrift des Bundesverband Alphabetisierung und Grundbildung e.V., Münster

Bilger, F./Rosenbladt, B. v. (Hg.) (2011): AlphaPanel: Studie zur Lebenssituation bei Teilnehmenden an Grundbildungskursen. Überblick über die Ergebnisse aus Panelwelle 3 (AP9). Durchgeführt im Auftrag der: Humboldt-Universität zu Berlin unter Leitung von: Prof. Dr. Dr. Dr. Rainer Lehmann. TNS Infratest Sozialforschung

Bittlingmayer, U. H./Drucks, S./Gerdes, J./Bauer, U. (2010): Die Wiederkehr des funktionalen Analphabetismus in Zeiten wissensgesellschaftlichen Wandels. In: Hurrelmann, K./Quenzel, G. (Hg.): Bildungsverlierer. Neue Ungleichheiten. Wiesbaden, 341-374

Brigitte (2004): Mein erstes Beratungsgespräch bei der Volkshochschule. In: Alfa-Forum, H. 56, 19-22

Buchwald, R. (1934): Die Bildungsinteressen der deutschen Arbeiter. Tübingen

Döbert, M./Hubertus, P. (2000): Ihr Kreuz ist die Schrift: Analphabetismus und Alphabetisierung in Deutschland. Münster/Stuttgart

Döbert-Nauert, M. (1985): Verursachungsfaktoren des Analphabetismus. Frankfurt a.M.

Egloff, B. (1997): Biographische Muster "funktionaler Analphabeten". Eine biographieanalytische Studie zu Entstehungsbedingungen und Bewältigungsstrategien von "funktionalem Analphabetismus". Frankfurt a.M., http://www.die-bonn.de/esprid/dokumente/doc-1997/egloff97_01.pdf, 02.03.2014

Engelhardt, V. (1926): Die Bildungsinteressen in den einzelnen Berufen. Eine auf Grund des Materials der Volkshochschule Groß-Berlin durchgeführte statistische Untersuchung von Dr. Viktor Engelhardt. Frankfurt a.M.

Fellmer, T.-T. (2009): Angst!!! Wie lange noch? In: Bundesverband Alphabetisierung und Grundbildung e.V./Bothe, J. (Hg.): Wie kommen Analphabeten zu Wort? Analysen und Perspektiven. Dokumentation der Fachtagung Alphabetisierung und Grundbildung in Deutschland: Analphabeten kommen zu Wort. Münster, 110-113

Große, F. (1932): Die Bildungsinteressen des großstädtischen Proletariats. Schriften der Statistischen Zentralstelle für die deutschen Volkshochschulen II. Breslau

Grotlüschen, A./Riekmann, W. (Hg.) (2012): Funktionaler Analphabetismus in Deutschland. Ergebnisse der ersten leo. – Level-One Studie. Münster, http://www.waxmann.com/fileadmin/media/zusatztexte/2775Volltext.pdf, 13.07.14

Hermes, G. (1926): Die geistige Gestalt des marxistischen Arbeiters und die Arbeiterbildungsfrage. Tübingen

Kleint, S. (2009): Funktionaler Analphabetismus – Forschungsperspektiven und Diskurslinien. Studientexte für Erwachsenenbildung. Bielefeld

Linde, A. (2008): Literalität und Lernen: Eine Studie über das Lesen- und Schreibenlernen im Erwachsenenalter. Münster

Ludwig, J. (Hg.) (2012): Lernen und Lernberatung. Alphabetisierung als Herausforderung für die Erwachsenendidaktik. Bielefeld

Ludwig, J./Müller, K. (2012a): Forschungsstand zu Alphabetisierung und Grundbildung. In: Ludwig, J. (Hg.): Lernen und Lernberatung. Alphabetisierung als Herausforderung für die Erwachsenendidaktik. Bielefeld, 43-66

Ludwig, J./Müller, K. (2012b): Lernforschung in der Erwachsenenbildung. In: REPORT Literatur- und Forschungsreport Weiterbildung, Jg. 35, H. 1, 33-44

Müller, K. (2012): Lernforschung - Lernbegründungstypen bei Alphakurs-Teilnehmenden. In: Ludwig, J. (Hg.): Lernen und Lernberatung. Alphabetisierung als Herausforderung für die Erwachsenendidaktik. Bielefeld, 67-140

Nienkemper, B./Bonna, F. (2010): Pädagogische Förderdiagnostik in der Grundbildung. Ergebnisse einer qualitativen Erhebung mit funktionalen Analphabet/-innen. In: Der pädagogische Blick, H. 4, 212-220

Nienkemper, B./Bonna, F. (2011): Zur Akzeptanz von Diagnostik in Alphabetisierungskursen - aus der Perspektive von Kursleitenden und Teilnehmenden. In: Bildungsforschung, Jg. 8, H. 2, http://bildungsforschung.org/index.php/bildungsforschungarticle/view/129, 02.03.2014

Oswald, M.-L./Müller, H.-M. (1982): Deutschsprachige Analphabeten. Lebensgeschichte und Lerninteresse von erwachsenen Analphabeten. Stuttgart

Rosenbladt, B. v./Bilger, F. (2011): Erwachsene in Alphabetisierungskursen der Volkshochschulen. Ergebnisse einer repräsentativen (AlphaPanel). Bonn, http://www.grundbildung.de/fileadmin/redaktion/pdf/DVV-Projekte/Verbleibsstudie/2011-Bericht-AlphaPanel.pdf, 02.03.2014

II Räumliche und zeitliche Aspekte

Lernen nach dem „spatial turn"

Peter Faulstich

Joachim Ludwig und ich teilen einige Grundeinschätzungen und theoretische Positionen. Diese beruhen hauptsächlich auf dem Einfluss, den *Klaus Holzkamps* Nachdenken über Lernen (vgl. Holzkamp 1993) für uns beide hat (vgl. Faulstich/Ludwig 2004). Anfänge liegen bereits in den neunziger Jahren des letzten Jahrtausends (vgl. Faulstich 1999; Ludwig 1999). In der wissenschaftlichen Diskussion wird diese Lerntheorie vor allem in Verbindung gebracht

- mit dem *Begründungsdiskurs* als Gegensatz zu einem Bedingtheitskonzept, das mit externen Kausalitäten argumentiert;
- mit dem Begriff der *Verfügungserweiterung* über die eigenen Handlungsbedingungen;
- mit dem Auftreten von *Lerndiskrepanzen* und
- mit einem oft als Alternative interpretierten Spannungsfeld von *„defensivem" und „expansivem" Lernen*.

Dabei gerät der Stellenwert der *„Situiertheiten"* des Lernens (vgl. Holzkamp 1993: 252-270) – der körperlichen, der mental-sprachlichen und der personal-biographischen Situiertheit – für die subjektwissenschaftliche Lerntheorie oft aus dem Blick. Dies ist insofern fatal, als gerade das Nachdenken über die Kontexte des Lernens den Vorwurf, *Holzkamp* vertrete einen überholten, am bürgerlichen Individualismus hängenden Begriff des Subjekts als unbegründet widerlegt. Das Gegenteil ist der Fall: Wer die „Grundlegung" (Holzkamp 1983) und die entsprechenden Passagen zur Frage der Handlungsfähigkeit (vgl. ebd., besonders Kap. 7.4 und 7.5: 304-415) liest, kann leicht feststellen, dass von einem im Kapitalismus verankerten, gesellschaftlichen Subjekt die Rede ist, und dass sich dieses Subjekt den Bedingungen, in denen es lebt, stellen muss. Bei aller Kritik, die man gegen die hermetisch gewordene Schule der „Kritischen Psychologie" haben kann: der Angriff, sie argumentiere individualistisch, geht ins Leere. Vielmehr verfolgt *Holzkamp* eine kontextuale Lerntheorie, welche die Lernenden formationsspezifisch begreift.

Zugegebenermaßen ist die Explikation der Kontexte des Lernens von *Klaus Holzkamp* selbst in seinem Text über „Lernen"(1993) recht knapp gehalten. Besonders die Frage der „körperlichen Situiertheit" wäre weiter auszuführen. Vor allem die Differenz von Körper und Leib, die er kennt, wie er mit Verweis auf *Merleau-Ponty* kurz andeutet, aber nicht weiter aufnimmt (vgl. Holzkamp 1993: 254), hätte eine Öffnung zu phänomenologischen Positionen gebracht, die er aber offensichtlich nicht weiter verfolgte, da er sich gleichzeitig gegen den Vorwurf absetzen wollte, er vertrete nur eine Variante der Hermeneutik.

Wenn wir nun fortschreiten, müssen wir dahinter zurückgehen und nachfragen, was wir in einer solchen Auseinandersetzung über Lernen lernen können. Damit erst öffnen wir uns einen Weg, um an die neuere Debatte über Lernräume und Lernorte anzuschließen und dies empirisch weiterzutreiben. Jenseits aller kurzfristigen Konjunkturen des Diskurses können wir langfristige Tendenzen konstatieren, die einen kontextualen Begriff des Lernens, verortet im relationalen Raum, stützen (vgl. Faulstich 2013, 2014). Bei der Rückbesinnung auf die Bedeutung von Leiblichkeit kann deutlich werden, was im Horizont empirischer Forschung zu Lernräumen und Lernorten zu leisten ist. Nach einem knappen Verweis auf den Raum als Kontext des Lernens, geht es mir zweitens darum, Ansätze phänomenologischer Raumtheorie – hier im Anschluss an Bollnow – und drittens soziale sowie – viertens – politisch-ökonomische Raumtheorien zu skizzieren. Fünftens ergeben sich daraus Anforderungen für empirische Forschung zu Lernräumen und Lernorten.

1 Kontextuale Lerntheorie und relationale Raumtheorie

Aufgebrochen ist die traditionelle Lerndebatte durch die Relevanz, die – teils politisch und ökonomisch motiviert – unter der Devise „Vom Lehren zum Lernen" oder in der Programmatik der Unesco als „shift from teaching to learning" seit etwa Mitte der 1990er Jahre dem selbstgesteuerten, selbstorganisierten, selbstbestimmen Lernen zugemessen wurde. In der durch vielfältige Wenden erprobten Diskussion in der Erwachsenenbildung wurde auch der Gegenschlag versucht: „Vom Lernen zum Lehren" (Nuissl 2006). Beide Leitsprüche gingen jedoch über die Kernfrage hinweg: die Hauptrolle, welche die Kontexte – auch die Institutionen – des Lernens für eine relationale und kontextuale Lerntheorie spielen. Einer der zentralen, unhintergehbaren Kontexte ist der Raum. Durch die Kopplung an Lernräume und Lernorte hat der „spatial turn" (Soja 1989) die Erziehungs- und Bildungswissenschaft erreicht.

Raumtheorien (Überblick bei Dünne/Günzel 2006) haben fortschreitend eine *naiv realistische, topologisch-analytische Behältervorstellung* aufgegeben, die auf einer Bezugnahme von Körpern an Stellen im Raum beruht (*Positionsraum*) und die unterstellt, dass Raum (auch Zeit) unabhängig vom Handeln existiere. Diesem Konzept gegenüber steht eine *relativistische* Tradition, in der Raum aus den Beziehungen von Leibern abgeleitet wird. Raum ist relativistisch gesehen allein das Ergebnis von Anordnungs- und Bewegungsverhältnissen (*Interaktionsraum*). Konstruktivistisch gesprochen heißt das, dass Raum prozessual im Handeln hergestellt wird (*Konstruktionsraum*). Relativistische Modelle räumen dem Beziehungs- bzw. Herstellungsaspekt eine primäre Rolle ein, vernachlässigen aber die strukturierenden Momente bestehender räumlicher Ordnungen.

Um die Spaltung in realistische und relativistische Standpunkte zu überwinden, richtet ein *relational-pragmatischer* Ansatz seinen Fokus auf entstehende Ordnungen von Personen, Lebewesen und sozialen Gütern und untersucht, wie Raum in Wahrnehmungs-, Erinnerungs- oder Vorstellungsprozessen hergestellt wird (*Produktraum*) und sich zugleich als gesellschaftliche Struktur verfestigt und dann erlebt wird. Der Grundgedanke ist, dass Individuen als soziale Akteure handeln (und dabei Räume herstellen), ihr Handeln aber an ökonomische, rechtliche, soziale, kulturelle und letztlich materielle räumliche

Strukturen gebunden ist. Räume sind somit Resultat von Handlungen und zugleich strukturieren Räume Handlungen, das heißt, Räume können Handlungen sowohl begrenzen als auch ermöglichen. Leben in Räumen ist also zugleich Resultat als auch Prämisse des Handelns und somit des Lernens.

Einflussreich in dieser Debatte einer Dialektik vom Positionsraum zum Konstruktionsraum zum Produktraum ist vor allem die phänomenologische Philosophie geworden, in der bereits seit *Husserls* Vorlesung über „Ding und Raum" 1907 über Ansätze eines lebensweltlich bezogenen Begriff erlebten Raums nachgedacht worden ist. Allerdings löst sie m.E. die Realität des Raums in die Phänomene des Wahrnehmens auf. Erst eine politisch-ökonomische Theorie produzierten Raums, welche den Begriff der Praxis in den Mittelpunkt des Begreifens stellt, vermeidet solche Einseitigkeiten und kann so Ausgangspunkt angemessener empirischer Studien über Lernen im Raum oder an Orten werden.

2 Phänomenologische Konzeptionen von Leib und Raum

Wir können nur lernen, weil wir leiblich leben, sowohl denken als auch körperlich, raum-zeitlich anwesend sind. Unhintergehbare Voraussetzung menschlichen Lernens ist seine Leiblichkeit. Somit ergibt sich immer eine Bestimmtheit der Körper im Raum (und in der Zeit), in die das Denken verflochten ist, aber auch, dass soziale Akteure nicht nur „Geistwesen" sind, die aus Normen und gegenseitigen Erwartungen soziale Strukturen produzieren, sondern einen Körper haben, was zwingend zu Raum und der Räumlichkeit sozialer Existenz führt.

Die Phänomenologie hat seit *Husserl* (1907/1991), über *Merleau-Ponty* (1945/1974) bis *Waldenfels* (2000) intensiv über das Verhältnis und den Unterschied von Leiblichkeit und Körperlichkeit nachgedacht. Sie stellt sich der Aufgabe, leibliche Existenz in ihrer besonderen Struktur zu verstehen und grenzt sich ab gegen mathematische Raumkonzeptionen. Es wird in dieser Denktradition eine Differenz aufgemacht zwischen dem fungierenden, intentionalen *Leib*, der zu etwas hingewendet ist, den wir spüren und mit dem wir uns bewegen, und den dinglichen, dimensional vorverorteten „bloßen" *Körpern*. Schon *Husserl* geht davon aus, dass der objektiven Räumlichkeit von Menschen, Lebewesen und Gegenständen eine subjektive Konstitution zugrunde liegt. Ausgehend von der Selbstverständlichkeit der Lebenswelt unterscheidet *Husserl* den gegenstandsgerichteten, erfahrungsbezogenen Leib und den bloß vorhandenen, äußerlich zu betrachtenden Körper. *Merleau-Ponty* betont, dass überhaupt kein Raum für mich wäre, hätte ich keinen Leib.

Weiterführend klärt *Bernhard Waldenfels*: „Letzten Endes ist der Leib Ausdruck eines Zur-Welt-seins meines eigenen Körpers" (Waldenfels 2000: 115) und macht eine Differenz auf zwischen *Positionsraum* und *Situationsraum*. „Die Positionsräumlichkeit verweist auf Positionen, also auf Stellen im Raum, während die Situationsräumlichkeit mit einer Situation zusammenzudenken ist" (ebd.) – also auf die Intentionalität von Handlungszusammenhängen verweist.

Der Phänomenologie kommt es vor allem darauf an, eine Differenz zwischen Körper und Leib, zwischen Verortung und Erfahrung aufzumachen. Eines der elaboriertesten und philosophisch fundiertesten Konzepte eines „pädagogischen" Raums findet sich zweifellos bei *Otto Friedrich Bollnow* (1908-1991). In seinem zusammenfassenden Aufsatz „Der Raum" (Bollnow 1979) setzt er sich zunächst ab gegen mathematische Konzepte des Raums.

„Unsere Vorstellungen vom Raum sind in der Regel durch den euklidischen Raum bestimmt, wie
wir ihn im Mathematik- und Physik-Unterricht unserer Schulzeit kennengelernt haben. Kein Punkt
in ihm ist vor einem andern Punkt, keine Richtung vor einer andern Richtung ausgezeichnet [...].
Dieser Raum ist völlig ungegliedert und kann insofern als eine Art von Gefäß betrachtet werden,

in dem sich die Dinge befinden. Diese Raumvorstellung ist uns so selbstverständlich geworden, daß wir darüber meist vergessen, daß der konkrete Raum, in dem wir leben und den wir erleben, kurz gesagt: der erlebte Raum ganz anders ist. Dieser hat vielmehr eine reiche Gliederung, die wir uns in einigen Grundzügen vergegenwärtigen wollen" (Bollnow 1979: 15).

Bollnow befasst sich dann mit dem „erlebten Raum", der durch den menschlichen Leib zentriert ist:

„Der erlebte Raum hat zunächst einen natürlichen Nullpunkt. Das ist der Ort, an dem wir uns befinden, oder genauer: der Ort, an dem wir uns gewöhnlich befinden, wo wir zuhause sind. [...] Dieser Raum hat, um beim einfachsten zu beginnen, eine bevorzugte Richtung, das ist die Senkrechte, und dieser entspricht eine bevorzugte Ebene, die Horizontalebene, die im groben gesehen, mit der Erdoberfläche übereinstimmt. Auf dieser Ebene spielt sich im wesentlichen das menschliche Leben ab [...]" (ebd.).

Dieser Raum ist strukturiert durch erreichbare Nachbarschaft, über die Wege (gr. hodos), um Entferntheit zu überwinden. *Bollnow* führt den Begriff des „*hodologischen Raumes*" ein:

„In diesem erlebten Raum bestimmt sich die Entfernung zu einem andern Ort nicht nach dem in der Luftlinie zu messenden Abstand in Metern und Kilometern, sondern nach der Möglichkeit, diesen zu erreichen. So können geometrisch nahe benachbarte Orte praktisch weit von einander entfernt sein, weil sie durch schwer zu überwindende Hindernisse, etwa durch Flüsse und Gebirge, voneinander getrennt sind, und andre wieder nahe benachbart, weil sie, etwa durch Straßen, Brücken oder gar Tunnels leicht zu erreichen sind. Man hat darum den erlebten Raum sehr treffend als einen hodologischen, einen durch Wege gegliederten Raum (Kurt Lewin), bezeichnet" (ebd.).

Dieser Raum ist in Sphären gegliedert. Im Unterschied zu existenzialistischen Positionen, die auf Geworfenheit und Verlorenheit menschlichen Seins in Raum und Zeit abheben, betont Bollnow die Geborgenheit im Innenraum des Hauses, das sich aber über Türen und Fenster auch nach außen öffnet. Die phänomenologische Raumauffassung verkürzt sich so allerdings auf Empfinden und Wahrnehmen – das Fühlen im Raum. Zwar betont *Bollnow*, dass der erlebte Raum nicht nur sinnlich erfahren werde, sondern, dass ihm genau dadurch „Wirklichkeit" zukomme, aber die phänomenologische Perspektive bricht sich an der Oberfläche der Erscheinungen. Handeln spielt keine Rolle.

3 Soziale Raumtheorien

Die Überlegungen zu Raum des französischen Philosophen *Henri Lefebvre* sowie des britischen Geographen *David Harvey* und auch der Raumbegriff der deutschen Soziologin *Martina Löw* öffnen Wege für eine weitergehende Auseinandersetzung.

Ausgangspunkt für beide Ansätze bildet ein „*relationales*" Raumverständnis, auf das *Löw* besonders eingeht, im Unterschied zu „absolutistischen" und „relativistischen" Konzepten. In der „*absolutistischen*" Vorstellung existiert der Raum unabhängig von Materie. Körper und Dinge befinden sich in einem Raum, der selber unbewegt bleibt. Der Raum existiert kontinuierlich, für sich und bildet für alle eine gleiche, homogene Grundlage des Handelns. Dieses Bild eines Positionsraums prägt nach wie vor das Alltagsverständnis von Raum.

In einer „relativistischen" Raumvorstellung existiert Raum nicht unabhängig von den Körpern. Raum wird vielmehr verstanden als Beziehung zwischen Körpern, deren Anordnungen zueinander den Raum erst hervorbringen und die sich in ständiger Bewegung befinden. Damit ist auch der Raum selber nicht mehr statisch, sondern wird prozesshaft und verändert sich fortwährend im Verlauf der Zeit. Da die Anordnung von Körpern nicht unabhängig vom Bezugssystem des Beobachters gedacht werden kann, ist Raum (wie die Zeit) nicht absolut, sondern existiert stets nur – wie auch in der Phänomenologie nahegelegt – im Bewusstsein des Beobachtenden.

Die Soziologin *Martina Löw* entwickelte diesen Ansatz in ihrer Dissertation „Raumsoziologie" von 2001. Ihre Position steht beispielhaft für den „spatial turn" in den Geistes- und Gesellschaftswissenschaften. Sie versteht Raum als „relationale" Anordnung von menschlichen Interaktionen. Raum ist nicht gegeben, sondern wird durch Handlungen hervorgebracht. Löw unterschiedet dabei zwei verschiedene Prozesse der Raumkonstitution: Spacing und Synthese.

Spacing bezeichnet das Platzieren, das Errichten, Bauen oder Positionieren von Gebäuden, aber auch von beweglichen Gütern. Über Prozesse der Wahrnehmung, Vorstellung und Erinnerung werden die einzelnen Elemente miteinander verknüpft und zu Räumen zusammengefasst (*Synthese*). Der Raumtyp Straße z.B. entsteht, wenn Gebäude, Fahrbahn, Fuß- und Radwege, Passanten, Fahrzeuge, Läden sowie Sitzbänke, Straßenlaternen, Abfallkübel, Bäume etc. in einem beziehungsreichen Verhältnis zueinander gestellt werden und von den Menschen, die sich darin bewegen, in der Wahrnehmung und Vorstellung verknüpft werden. Diesen Verknüpfungsprozess bezeichnet Löw als Synthese: Im alltäglichen Handeln sind die beiden Prozesse nicht voneinander getrennt: Bauen, Errichten und sich Bewegen sind ohne gleichzeitige Verknüpfung der umgebenden Elemente undenkbar.

Die Synthese von Elementen zu einem bestimmten Raumtyp folgt gegebenen Ordnungsprinzipien. Die Elemente, welche z.B. den Straßenraum bilden, werden nach vergleichbaren Mustern angeordnet. Prozesse der Raumkonstitution, welche nach vorgegebenen, gesellschaftlich und institutionell abgesicherten Regeln erfolgen, bilden räumliche Strukturen. Raum, verstanden als relationale Anordnung, als Beziehung zwischen Elementen, hat selber keine materielle Qualität. Er wird aber als gegenständlich erlebt. Spacing ist an konkrete Orte im Raum gebunden. Die sowohl gegebenen als auch entstehenden Stellen machen Räume erst möglich. Umgekehrt bringt die Konstitution des Raums den Ort erst hervor.

Dabei können sich an einem Ort unterschiedliche Räume überlagern: Je nachdem, wie, von wem und aus welcher Bedeutungszuweisung und Interessenperspektive die platzierten Elemente miteinander verknüpft werden, entstehen andere Räume am gleichen Ort und andere Orte im gleichen Raum.

Löw betont die Bedeutung der sinnlichen, aktiven Wahrnehmung für die Konstitution des Raums. Sie ist selektiv durch Wahrnehmungsschemata, welche über Sozialisation und Biographie angeeignet worden sind. Die Qualität von Räumen ist deshalb nicht rein subjektiv und individuell, sondern sozial produziert; sie erfolgt immer aus einer spezifischen Interessenperspektive.

Allerdings bedeutet Relationalität bei *Löw* hauptsächlich den Verweis auf Interaktionsprozesse. Diese sind vorrangig orientiert an Kommunikation und nicht an gesellschaftliche Arbeit rückgebunden. Nichtsdestoweniger ist dieser Ansatz hilfreich, um einen erfahrungsbezogenen Raumbegriff zu entfalten, der sich öffnet für gesellschafts- und bildungswissenschaftliche Empirie. Aber erst mit dem Verweis auf konkrete Praxen in Prozessen der Herstellung und Aneignung von Raum wird der Diskurs geöffnet für empirische Herangehensweisen. Die Raumdiskussion wird zur Lerndebatte anschließbar.

4 Politisch-ökonomische Ansätze der Raumforschung

Als weiter reichender Entwurf kann der politisch-ökonomische Ansatz einer Theorie des Raums aufgefasst werden wie er von *Henri Lefebvre* (1901-1991) und *David Harvey* (*1935) sowie Bernd Belina (*1972) vertreten wird. Eine einschlägige kritisch-materialistische Raumforschung ist in Deutschland im internationalen Vergleich relativ gering ausgebildet. Kaum bekannt ist hierzulande insbesondere die Diskussion innerhalb der kritisch-materialistischen anglophonen Geographie, der „Radical Geography".

Deren Begründer – *Henri Lefebvre* – entwickelte seine Theorie des Raums in den 1970er Jahren. Er versteht „Raum" in den Dimensionen von Materialität, Bedeutung und „gelebtem Raum" insgesamt als Produkt sozialer Praxis. „Raum" gilt weder als „an sich" und außerhalb der Gesellschaft existente „Sache", noch als reine „Idee" ohne Verbindung zur Materialität der Welt. Demnach ist Raum kein „da draußen" vorliegendes Objekt, aber eben auch kein reines Gedankenkonstrukt, sondern das *Produkt konkreter sozialer Praxen.*

Lefebvres zentrale These zur Produktion des Raumes lautet: „der (soziale) Raum ist ein (soziales) Produkt". Mit der „Produktion des Raums" werden die menschliche Praxis und der Raum auf den Ebenen des Raumkonzepts selbst miteinander verbunden; demnach wäre ein Raum, der von den gesellschaftlichen Verhältnissen abstrahiert wird, eine theoretische Amputation.

Zugleich wird im Konzept der „Produktion des Raums" die Relativität des Raums nicht zu einem reinen Betrachtungsgegenstand, sondern zur Prämisse und Resultat sozialer und historischer Praxis. In diesem doppelten Verständnis umfasst der Raum als Projektion der sozialen Praxis neben Werken und Produkten auch die sozialen Beziehungen, aus denen er hervorgeht. *Lefebvres* Raumtheorie besteht aus drei Aspekten: räumlichen Praktiken, Repräsentationen des Raums und Räumen der Repräsentation, als drei Ebenen, die miteinander verbunden sind:

Die erste Ebene der Raumproduktion bezeichnet *Lefebvre* als *„räumliche Praxis".* Ausgangspunkt ist die materielle Dimension des Raums. Die Elemente und Objekte, welche Raum bilden, werden sinnlich wahrgenommen und in einer räumlichen Ordnung verknüpft. „Räumliche Praxis" bezeichnet, was Menschen im und mit dem Raum tun: Welche Gegenstände und Objekte sie errichten, wie sie diese und sich selber im Raum bewegen, wie sie mit der Landschaft umgehen, wie und wozu sie den Raum nutzen.

Die zweite Ebene der Raumproduktion ist der „konzipierte Raum". Die Verknüpfung wahrgenommener, materieller Elemente setzt eine gedankliche Leistung, eine Vorstellung von Raum voraus. Diese *„Repräsentationen des Raums"* umfassen sprachliche Beschreibungen, bildliche Darstellungen, Karten und Pläne, Definitionen etc. Solche Repräsentationen und Definitionen basieren auf gesellschaftlichen Konventionen und werden diskursiv verhandelt.

Die dritte Ebene der Produktion von Raum ist die Ebene der *„Repräsentationen in Räumen"* und entsprechende Bedeutungszuweisungen symbolischer Gehalte. Sie ist entscheidend für das Erleben von Räumen. Räume werden mit einem symbolischen Gehalt belegt, beispielsweise in der Architektur von Sakralräumen, Musentempeln oder von Räumen der Repräsentation politischer Macht – Schlösser und Justizpaläste.

Gelebter Raum entsteht im Zusammenspiel dieser drei Ebenen. Er ist nicht als Anschauung einer feststehenden Anordnung von materiellen Objekten und Artefakten zu verstehen, sondern als das praktische, *sowohl physische als auch mentale und symbolische Herstellen* von Beziehungen.

In ähnliche Richtung wie *Lefebvre* geht der amerikanische Humangeograph und Sozialtheoretiker *David Harvey.* Schon im Jahr 1982 schrieb er: „Die Herstellung räumlicher Konfigurationen und die Zirkulation von Kapital in der gebauten Umwelt ist [...] ein höchst aktives Moment im allgemeinen Prozess der Krisenentstehung und -lösung" (Harvey 1982: 398). Harvey begann bereits in den 1970er Jahren damit, sich *Lefebvres* Entwicklungen der Raumproduktion (urbanisme, mondalisation, décentralisation) aufgreifendem Konzept anzunehmen.

In „The Limits to Capital" bezeichnet *Harvey* als „sekundären Kapitalkreislauf",die „Totalität der Prozesse, mittels derer Kapital durch fixes Kapital sowie durch die Schaffung und Nutzung des Konsumtionsfonds zirkuliert" (ebd.: 236). Besonderes Augenmerk liegt dabei auf dem Teil, der als gebaute Umwelt vorliegt. Diese bestimmt *Harvey* als „riesiges, von Menschen gemachtes Ressourcensystem, das aus Gebrauchswerten besteht, die in der physischen Landschaft eingelassen sind und die für Produktion, Zirkulation und Konsumtion verwendet werden können" (ebd.: 233) – also als Tauschwert dient.

Das Adjektiv „fix" bezieht sich demgemäß nicht auf räumliche Festlegung, was eine unmittelbar anhand der Stofflichkeit und nicht über den Wert vermittelte Bestimmung bedeuten würde. Tatsächlich ist zwar ein großer Teil des fixen Kapitals auch räumlich in Gebautem festgelegt, doch sind auch mobile Arbeitsmittel, wie z.B. LKW oder Schiffe, fixiert (Marx 1970: 163; Harvey 1982: 232). Die Vorstellung, dass die Unterscheidung von fixem und zirkulierendem Kapital der räumlichen Fixierung und damit der Natur der Dinge unmittelbar entspringt, ist „grober Idealismus, ja Fetischismus, der den Dingen gesellschaftliche Beziehungen als ihnen immanente Bestimmungen zuschreibt und sie so mystifiziert" (Marx 1983: 588). Entscheidend ist stattdessen, dass die Stofflichkeit der Arbeitsmittel auf Grund ihrer (Ver-)Nutzung im Produktionsprozess relevant wird. Es ist also nur ein Teil des fixen Kapitals räumlich fixiert, davon wiederum nur ein (wenn auch der allergrößte) Teil in gebauter Umwelt, und zwar sowohl räumlich-materiell wie auch als Wert. Es geht also nicht um eine dingliche, sondern um eine gesellschaftliche Bestimmung.

So „erzeugt der Kapitalismus eine […] Landschaft […], die für seine eigene Akkumulationsdynamik zu einem bestimmten Moment seiner Geschichte geeignet ist, nur um sie wieder zerstören und zu einem späteren Zeitpunkt erneut aufbauen zu müssen, um sie der Akkumulation anzupassen" (Harvey 1997: 35). Dieser historisch-geographische Widerspruch beinhaltet einerseits wegen der immer wieder notwendig werdenden Zerstörung Risiken für das räumlich fixierte fixe Kapital, das einer erhöhten Entwertungsgefahr ausgesetzt ist – wie es sich in der Immobilienkrise gezeigt hat; andererseits bietet er die Möglichkeit, Wert zu „parken", weil der Rückfluss auf lange Zeiträume ausgedehnt werden kann.

Hier setzt ein *„sekundärer Kapitalkreislauf"* an. Wenn die Akkumulation im Bereich der Produktion von „normalen" Waren, die ihren Wert schnell realisieren müssen („primärer Kapitalkreislauf"), auf Grund von Überakkumulation keine rentable Anlage verspricht, kann Geldkapital auf der Suche nach Verwertungsmöglichkeiten in die Produktion spezifischer Waren, in den „sekundären Kapitalkreislauf" fließen – in der Hoffnung auf bessere (Verwertungs-) Zeiten (vgl. Harvey 1978: 112f.). So absorbiert der „sekundäre Kapitalkreislauf" „überschüssiges Kapital und bindet es in langfristige Investitionen" (Harvey 2003: 109). Die spezifische Art des Umschlags des fixen Kapitals verschiebt Krisentendenzen und den drohenden Kollaps des Akkumulationsprozesses. Investitionen in Immobilien können Überakkumulationskrisen nicht verhindern, sie kann sie aber u.U. verzögern, aber dann auch ihre Zerstörungskraft steigern.

Überzeugend fragt der Frankfurter Geograph *Bernd Belina*, welche spezifische Relevanz *Raum in sozialen Praxen* einnimmt. Im Anschluss an die 1. Feuerbachthese von Marx, betrachtet er Raum nicht als Gegenstand der Anschauung, als physische Materialität, sondern als Ergebnis sinnlich menschlicher Tätigkeit. *Belina* warnt aber auch vor der Gefahr eines vulgärmarxistischen *„Raumfetischismus"* (Belina 2013: 29-37), bei dem der Raum als etwas außer der Gesellschaft stehendes konzeptionalisiert wird, das als vorgegebenes Ding auf diese einwirke. Gleichzeitig wendet er sich gegen eine Denkweise, in der der physisch-materielle Raum geleugnet wird, er nennt das *„Raumexorzismus"* (ebd.: 37-44). „Gemeinsam ist den Kritiken von vulgärmaterialistischem Raumfetischismus und idealistischem Raumexorzismus, dass beide auf unterschiedliche Weise von der sozialen Praxis absehen, was sich jeweils an erkenntnistheoretischen Problemen dieser Sichtweisen zeigt" (ebd.: 28).

Belina geht es um die Herstellung und Aneignung von Raum durch „räumliche Praxen". Dabei unterscheidet er zwischen Materialität und Bedeutung: „Raum" ist sowohl in seiner Materialität als auch in seiner Bedeutung durch gesellschaftliche Praxen konstituiert; er kann produziert, kontrolliert und angeeignet werden. In der eingenommenen politisch-ökonomischen Perspektive erhalten drei Prozesse strategische Relevanz: die Verwertung des Kapitals, die Raum produziert zur Profitmaximierung; die Nutzung durch Private, die an seinem Gebrauchswert interessiert sind (zum Wohnen, Erholen usw.) und die Sicherung durch den Staat zur Reproduktion der Produktionsverhältnisse und seiner Machtstellung. Von „Raumstrategien" spricht *Belina*, wenn räumliche Praxen gegen konkurrierende andere eingesetzt werden. Die Produktion des Raumes beruht auf den Konflikten der Subjekte, Organisationen und Institutionen, welche über ungleiche Potentiale von Macht verfügen. Diese Einsicht öffnet den wissenschaftlichen Horizont für die Untersuchung konkreter Verwendungsweisen des Raums und unterschiedliche mögliche oder verhinderte Tätigkeitsformen von Arbeiten, Spielen, Lernen usw. Lernen bezieht sich in der Folge auf konkurrierende Formen der Raumaneignung in konkreten Lernorten.

5 Ansätze kontextualer und relationaler empirischer Forschung zu und Lernorten

In den letzten Jahren ist eine Zunahme der Forschung zu Lernräumen resp. Lernorten zu verzeichnen (z.B. Ecarius/Löw 1997; Kraus 2010; Seitter 2001; Westphal 2007). Die Rückbindung an Leiblichkeit kann hier Anschlussmöglichkeiten bieten und damit die Relevanz der Lernsituationen weiter konkretisieren. Die von *Klaus Holzkamp* vorgenommene Explikation der Situiertheit von Lernverhältnissen beinhaltet eine Analyse der Bedeutungsstrukturen einer „gegenständlich-praktischen Anordnung von Sachen und menschlichen Körpern, [...] durch räumliche und interpersonale Arrangements" (Holzkamp 1993: 347). Die von *Husserl*, *Merleau-Ponty* und *Waldenfels* unterstrichene Differenz von Körperlichkeit und Leiblichkeit umfasst eine Rückbindung des Lernens an Raum. Dies führt zur Klärung der unterschiedlichen Theorieperspektiven hinsichtlich absolutem, relativistischem und relationalem Raum, wie sie von *Martina Löw* prominent vorgenommen wird. Die Einbindung der Raumdiskussion in handlungstheoretische Perspektiven schließlich mündet in der Einsicht der Produktion von Raum durch soziale Praxen des Herstellens und Aneignens bei *Henri Lefebvre*, *David Harvey* und *Bernd Belina*. Hier bieten sich Verbindungsmöglichkeiten mit aktuellen sozial- und erziehungswissenschaftlichen Ansätzen und einer relationalen Raumforschung.

Leben – also auch Lernen – findet nicht in leeren, sondern sowohl in erlebten, angeeigneten als auch gelebten, erzeugten Räumen statt. Dies hat bereits *Martha Muchow* in ihrer Studie *„Der Lebensraum des Großstadtkindes"* (Muchow/Muchow 1935; Nachdrucke 1978, 1998, 2012; Überblick bei Faulstich-Wieland/Faulstich 2012) wegweisend untersucht. Räume werden körperlich (auch virtuell) wahrgenommen, sie werden gleichzeitig denkend entworfen und sie werden zugleich – Körper und Denken verflechtend – leiblich, intentional und situativ hergestellt. Sie stoßen Erfahrungen an und begrenzen oder erweitern zugleich unsere Möglichkeiten, Welt zu begreifen. Sie öffnen – oder schließen – Wahrnehmungsräume, Vorstellungsräume, Handlungsräume und Lernräume.

Raum kann im Hinblick auf Lernen auf zwei Ebenen gefasst werden: Zum einen als *Lernraum*, der die konkrete Art und Weise der Herstellung und Aneignung der Welt durch leiblich lebende Menschen thematisiert. Zum andern als *Lernort* als didaktisches Ensemble unterschiedlichster Lerngegenstände. Lernorte sind in Lernräume eingebettet. Dazu wurde eine Reihe von Pilotstudien in Hamburger Stadtteilen (Schanzenviertel, Barmbeck, Wilhelmsburg, St. Pauli) mit jungen Erwachsenen durchgeführt (Faulstich 2013; Faulstich/Faulstich-Wieland 2012).

Wenn wir die Grundpositionen des hier verfolgten kontextualen Lernkonzepts noch einmal zusammenfassen, ergeben sich einige zentrale Sichtweisen bezogen auf Kontextualität, Leiblichkeit, Räumlichkeit und Biographizität:

- Es geht um eine Auffassung von „Lernen", die die *Kontextualität* menschlichen Lernens aufnimmt. Menschen lernen nicht im luftleeren Raum (dann sterben sie). Sie leben und lernen immer schon in einem gesellschaftlichen Zusammenhang. Unhintergehbare Voraussetzung menschlichen Lernens ist seine *Leiblichkeit*. Wir haben nicht nur Körper, schweben nicht als Geist über der Welt; wir sind Leiber. Damit ergibt sich immer eine Verortung der *Körper im Raum* und folglich eine *Sinnlichkeit* des Lernens in den Stufen Wahrnehmen, Erfahren und Begreifen.
- Herausragender Aspekt der Kontextualität ist die *Räumlichkeit*. *Lernräume* werden sinnlich (auch als virtuell) gelebt. Sie stoßen Erfahrungen an und begrenzen oder erweitern unsere Möglichkeiten Welt zu begreifen. *„Lernort"* meint demgemäß einen konkreten raum-zeitlichen Kontext, in dem Lernen aufgrund körperlicher Anwesenheit angestoßen wird.
- Menschliches Lernen ist in einer *kontextualen Lerntheorie* gekennzeichnet durch seine *Situativität* eingebettet in *Kontextualität* und *Biographizität*. Der Kontext des Lernens ist jeweils konkret. *Kontextualität* meint die Eingebundenheit in gesellschaftliche Verhältnisse. Raum und Zeit sind die allgemeinsten Prämissen menschlichen Handelns also auch des Lernens. Menschliche Aktivitäten sind im Raum (und gleichzeitig in der *Zeit*) situiert. Sie öffnen – oder schließen – Wahrnehmungsräume, Handlungsräume und Lernräume.
- Temporale situative Bestimmung ist die *Biographizität*. Lernanforderungen treffen jeweils auf eine spezifische Konstellation im Lebenslauf. Biographisches Lernen ist zum einen das Lernen aus gesammelten eigenen Erfahrungen und Erfahrungen anderer und zum anderen die Reflexion des eigenen Lebenslaufs.

Forschen, ebenso wie Lernen, muss sich in einem solchen Ansatz der Erfahrung öffnen. Aus den Grundpositionen ergibt sich ein weites Feld nur empirisch bearbeitbarer Probleme:

- Durch welche sozialen Praxen wird der zu untersuchende Raum konstituiert?
- Welche Interessen setzten sich in erfolgreiche Strategien um und worauf beruht ihre Macht?
- Welche Lernmöglichkeiten werden räumlich und örtlich gestaltet?

Die Bezugnahme auf *Lernraum* öffnet die Sicht auf die Kontextualität des Lernens als eine Art und Weise gesellschaftlicher Praxis. Sie verweist auf die thematische Relevanz kapitalistischer Strukturen als Rahmen der Handlungs- und Lernmöglichkeiten.

Letztlich ist jedoch für die Bildungswissenschaft die Frage nach *lernförderlichen Orten* zentral, also die Untersuchung von Orten, wo Themen angeeignet, Vorhandenes entdeckt, Wissen und Können unterstützt werden (Faulstich/Haberzeth 2010a). Aus dieser Perspektive können dann konkrete Orte auf ihre inhaltliche Qualität sowie ihre spezifischen Vermittlungsleistungen hin befragt werden. Vor diesem Hintergrund lässt sich ein Kontinuum mit unterschiedlichen Graden der Inszenierung von Lernmöglichkeiten hinsichtlich der beiden Dimensionen *Intentionalität* und *Institutionalität* aufmachen. In dem dadurch aufgespannten Koordinatenfeld lassen sich die verschiedensten Lernorte z.B. Schulen, Museen, Geschichtswerkstätten, historische Bauten, Zoos, Botanische Gärten, Sternwarten, Gedenkstätten, Friedhöfe, Gemeindezentren, Sportvereine u.Ä. systematisieren.

Mit alternativen Lernorten werden verschiedene Eigenschaften und auch Wirkungsvorstellungen der *Institutionalitätsgrade* assoziiert: Lebensnähe durch das Aufgreifen gesellschaftlicher Kontexte, Anschaulichkeit durch sinnliche Erfahrbarkeit oder verstärkte Möglichkeiten der Selbstbestimmung angesichts geringerer didaktischer Steuerung. Allerdings sind damit viele theoretisch noch ungelöste und empirisch noch zu bearbeitende Fragen verbunden: Welche thematischen Lernanlässe bieten solche unterschiedlichen Orte der Lebens- und Arbeitswelt? Welche Rolle spielt die sinnliche Erfahrbarkeit für den Zugang zu Lernthemen? Welchen Stellenwert hat dabei die didaktische Inszenierung von Lernmöglichkeiten?

Unterschieden werden kann als zweite Dimension der *Intentionalitätsgrad*, das Maß, in dem sich die Lernenden selbst auf Lernthematiken einlassen. Besucht man eine Geschichtswerkstatt, weil man am Einblick in das Archiv interessiert ist, oder weil es draußen regnet? Will man bei einem Besuch einer KZ-Gedenkstätte an die Opfer erinnern oder über die Geschichte des „Dritten Reiches" lernen? Lerntheoretisch gesehen wird die Bedeutsamkeit von Lernorten durch die Gründe der Lernenden vermittelt. Solche Fragen lassen sich nur in einem hinreichend komplexen Methodenspektrum angehen. Unsere eigenen vorläufigen Ansätze empirischer Erfassung orientieren sich einerseits an der von Martha Muchow eingesetzten Erhebungsvielfalt zur Untersuchung des „Lebensraums". Sie gehen aber andererseits darüber hinaus und greifen besonders auf die systematische Typisierung der beiden Dimensionen des Lernens zurück: intentional vs. inzident und institutionell vs. informell (vgl. ausführlich in Faulstich 1999; Faulstich/Haberzeth 2010a, 2010b). Diesen Relationen wurde in einer komplexen Methodenkombination nachgegangen.

Die von uns vorliegenden Untersuchungen folgen einem relationalen Raumverständnis und verbinden damit geographische, phänomenale, kritisch-psychologische und politisch-ökonomische Ansätze. Das Forschungsprogramm umfasst ein Methodenspektrum zur Erhebung und Auswertung:

- Aufarbeitung sozialstatistischer Materialien – z.B. bezogen auf die Hamburger Stadtteile Sternschanze und Barmbek-Süd,
- Stadtteilerkundungen durch Rundgänge zu historischen Orten und Besuche – z.B. mit der Geschichtswerkstatt Altona und Barmbek-Süd,
- Graffiti-Betrachtungen (besonders in der „Schanze" als einer Hochburg der Szene in Deutschland),
- Besuche in Einrichtungen und Gespräche mit Vertretern von Institutionen, Initiativen und Brennpunkten in den Stadtteilen,
- Erstellen von mental maps (Lynch 1960; Lutz u.a. 1997).

Die Einsicht in die Kontextualität des Lernens in Prozessen des Aneignens und Erstellens von Räumlichkeit erfordert auch ein Methodenspektrum, das der Vielschichtigkeit und Vielfalt des Gegenstandes angemessen ist. Dann kann ein Forschungsweg beschritten werden, der über die wissenschaftliche Erfassung von Erfahrungen zum vertieften Begreifen des Gegenstandes Lernen führt. Daraus ergeben sich vielfältige Chancen der Kooperation.

Literatur

Belina, B. (2013): Raum. Münster
Bollnow, O. F. (1979): Die Ehrfurcht vor dem Leben. Tokyo
Dünne, J./Günzel, S. (Hg.) (2006): Raumtheorien. Frankfurt a.M.
Ecarius, J./Löw, M. (Hg.) (1997): Raumbildung - Bildungsräume. Über die Verräumlichung sozialer Prozesse. Opladen
Faulstich, P. (1999): Schwierigkeiten mit der Lerntheorie in der Erwachsenenbildung. In: Hessische Blätter für Volksbildung, Jg. 49, H. 3, 254-262
Faulstich, P. (2012): Kontextualität und Biographizität des Lernens Erwachsener Bewilligter Antrag an die DFG. In: Erziehungswissenschaft, Jg. 23, H. 44, 155-156
Faulstich, P. (2013): Menschliches Lernen. Bielefeld
Faulstich, P. (2014): Lerndebatten. Bielefeld
Faulstich, P./Bayer, M. (Hg.) (2009): Lernorte. Vielfalt von Weiterbildungs- und Lernmöglichkeiten. Hamburg

Faulstich, P./Faulstich-Wieland, H. (2012): Lebensräume und Lernorte. In: Der Pädagogische Blick, Jg. 34, H. 4, 104-115

Faulstich, P./Haberzeth, E. (2010a): Integrative Lernorte. In: Erwachsenenbildung 55, H. 3, 130-135

Faulstich, P./Haberzeth, E. (2010b): Aneignung und Vermittlung an lernförderlichen Orten. In: Zeuner, C. (Hg.): Demokratie und Partizipation. Hamburger Hefte der Erwachsenenbildung, H. 1, 58-79

Faulstich-Wieland, H./Faulstich, P. (2012): Lebenswege und Lernräume. Martha Muchow: Leben, Werk und Weiterwirken. Weinheim

Faulstich, P./Ludwig, J. (2004): Expansives Lernen. Baltmannsweiler

Harvey, D. (1978): The urban process under capitalism. International Journal of Urban and Regional Research, vol. 2(1), 101-131

Harvey, D. (1982): The Limits to Capital. Oxford

Harvey, D. (1997): Betreff Globalisierung. In: Becker, S./ Sablowski, T./ Schumm, W. (Hg.): Jenseits der Nationalökonomie? Berlin/ Hamburg, 28-49

Harvey, D. (2003): Der neue Imperialismus. Hamburg

Holzkamp, K. (1983): Grundlegung der Psychologie. Frankfurt a.M.

Holzkamp, K. (1993): Lernen. Frankfurt a.M.

Kraus, K. (2010). Aneignung von Lernorten in der Erwachsenenbildung. In: REPORT. Zeitschrift für Weiterbildungsforschung. H. 2, 46-55

Lefebvre, H. (2005): The production of space. Oxford

Lefebvre, H. (2006): Die Produktion des Raums. (Kurzfassung in: Dünne/Günzel 2006, 330-340)

Löw, M. (2001): Raumsoziologie. Frankfurt a.M.

Ludwig, J. (1999): Subjektperspektiven in neueren Lernbegriffen. In: Zeitschrift für Pädagogik, H. 5, 667-682

Lutz, M./Behnken, I./Zinnecker, J. (1997): Narrative Landkarten. Ein Verfahren zur Rekonstruktion aktueller und biographisch erinnerter Lebensräume. In: Friebertshäuser, B./Prengel, A. (Hg.): Handbuch Qualitative Forschungsmethoden in der Erziehungswissenschaft. Weinheim/München, 414-435

Lynch, K. (1960): Das Bild der Stadt. Braunschweig

Marx, K. (1970): Das Kapital. Bd. 2. In: Marx-Engels-Werke 24. Berlin

Marx, K. (1983): Grundrisse zur Kritik der politischen Ökonomie. In: Marx-Engels-Werke 42. Berlin

Merleau-Ponty, M. (1945/1974): Phänomenologie der Wahrnehmung. Berlin

Muchow, M./Muchow, H. (2013/1935): Der Lebensraum des Großstadtkindes. Weinheim/Hamburg

Nuissl, E. (Hg.) (2006): Vom Lernen zum Lehren. Bielefeld

Seitter, W. (2001): Zwischen Proliferation und Klassifikation. Lernorte und Lernortkontexte in pädagogischen Feldern. In: Zeitschrift für Erziehungswissenschaft, Jg. 4, H. 2, 225–238

Soja, E. (1989): Postmodern Geographics. Oxford

Waldenfels, B. (2000): Das leibliche Selbst. Frankfurt a.M.

Westphal, K. (Hg.) (2007): Orte des Lernens. Beiträge zu einer Pädagogik des Raumes. Weinheim

Subjekt_Raum_Bildung: Einsätze einer diskurs-ethnografischen Analyse von Lern- und Bildungsverhältnissen im sozialen Raum

Ulla Klingovsky

1 Lern- und Bildungsverhältnisse im sozialen Raum

Mit diesem Beitrag wird ein Forschungsprogramm vorgestellt, dessen Gegenstand der empirische Aufschluss von Lern- und Bildungsverhältnissen im sozialen Raum darstellt. Das ‚Lernen im sozialen Raum' ist für die Erwachsenenbildung ein bedeutsamer Untersuchungsgegenstand, da im Zusammenhang mit dem nationalen und europäischen Diskurs zum Lebenslangen Lernen die seit den 1960er Jahren etablierten Strukturen und Funktionskontexte der Erwachsenenbildungspraxis unter Modernisierungsdruck geraten. Der Begriff Lebenslanges Lernen ist dabei ein „Containerbegriff" (Ludwig 2009: 1). Er bezeichnet europäische und nationalstaatliche bildungspolitische Programme ebenso wie auch die Lernprozesse über die Lebensspanne, die sich empirisch beobachten lassen. Die Indifferenz des Begriffsgebrauchs sollte nun allerdings nicht darüber hinwegtäuschen, dass die Individualisierung von Lebenslagen und die damit einhergehende Pluralisierung von Lebenswelten, ein zunehmend rascher sozialer Wandel und vor allem ein sich dynamisierender Arbeitsmarkt in den letzten Dekaden tatsächlich dazu geführt haben, dass sich zum einen – wie Kade schon 1996 thematisierte – klassische pädagogische Handlungsfelder entgrenzt und universalisiert haben (vgl. Kade 1996). Zum anderen ist zu konstatieren, dass – entgegen anderslautender vollmundiger Bekundungen – eine Reduktion staatlicher Verantwortung für die Lern- und Bildungsprozesse der Gesellschaftsmitglieder auch zu neuen sozialen Spaltungen in der Gesellschaft führen, die mit konventionellen Schicht- und Klassenmodellen nur noch unzureichend abzubilden sind.

Vor dem Hintergrund dieser Umbrüche und Veränderungen in der Erwachsenenbildungspraxis ändert sich auch der Gegenstand der Erwachsenenbildungswissenschaft. Die zunehmende Bedeutung des Lernens im sozialen Raum belegen Studien wie die von Livingstone 1999, Overwien 2005 und Baethge/Baethge-Kinsky 2004. Danach gleicht die Erwachsenenbildungspraxis einem Eisberg. Lediglich

14% der in der repräsentativen Studie zum Weiterbildungsbewusstsein und -verhalten der deutschen Bevölkerung von Baethge/Baethge-Kinsky Befragten geben formalisiertes Lernen als ihren wichtigsten Lernkontext an, während 86% der Befragten angeben, maßgeblich in anderen Lernkontexten zu lernen.[1]

Was nun bedeuten diese Befunde für die Wissenschaft von der Erwachsenen- und Weiterbildung? Im Wesentlichen bedeuten sie, dass die Weiterbildungsaktivitäten der Menschen – die jetzt im sozialen Raum und nicht mehr nur in ihren Institutionen stattfinden – dem theoretischen, empirischen und professionellen Blick bislang weitestgehend entzogen blieben. Wie häufig in der Geschichte der Erwachsenenbildung reagiert die Disziplin mit einem Paradigmenwechsel. Statt das klassische ‚Lehren in Institutionen' zu fokussieren, richtet sich der forschende Blick nun auf das Lernen und das lernende Individuum in all seinen Lebenszusammenhängen (vgl. Nuissl 2006). Die empirisch und praktisch vorgenommene Subjektzentrierung ist nicht ohne Widerspruch, zeigen doch einschlägige Studien, dass damit nicht nur eine emphatische Freisetzung, sondern eben auch eine machtvolle neue Besetzung der Subjekte einhergehen kann (z.B. Casale 2008; Dzerbiecka 2006; Klingovsky 2009). Mit der These von einer Gouvernementalisierung der Bildung unterstreichen Masschelein u.a. die doppelte Geste dieser Subjektzentrierung (vgl. Masschelein u.a. 2004: 12). Sie kann als Ergebnis einer zunehmenden Individualisierungstendenz gelesen werden, die auch die wissenschaftlich Forschenden dazu verleitet, die Lösung sozial-struktureller und gesellschaftlich hergestellter Problemlagen in individuelle Lern- und Bildungsprobleme (modern gesprochen: – herausforderungen) umzudeuten. Das Motiv des ‚beidseitigen Gewinns' (Schäfer/Thompson 2013: 8) mag die Triebfeder der gegenwärtigen Diskussion um die Steigerung der individuellen Ressourcen sein, in der eine Versöhnung des individuellen Glücks mit den sich stetig ändernden Erfordernissen einer weltweit agierenden kapitalistischen Ökonomie qua Bildung versprochen wird. Gleichzeitig zeichnen sich hierin die Umrisse einer Lern- und Bildungsforschung ab, die immer schon zu wissen voraussetzt, was als Problem doch eigentlich erst untersucht werden müsste.

Demgegenüber vermeidet es das hier vorgestellte Forschungsvorhaben, das zu Erforschende, zu Befragende in einem identifizierenden Vorgriff vorab zu bestimmen. „Vielmehr wird gerade die Unbestimmbarkeit des Gegenstands zum Ausgangspunkt der Frage gemacht, wie man sich ihm denn methodisch zu nähern vermag." (Schäfer 2006: 89f.) Es wird ein Zugang zu den „empirischen Möglichkeiten" von Lern- und Bildungsverhältnissen gesucht und eine Annäherung an die Möglichkeiten einer pädagogischen Erforschung von Lern- und Bildungsverhältnissen im sozialen Raum vorgenommen. Das mit den vielfältigen Forschungsaktivitäten von Joachim Ludwig geteilte Interesse ist darauf gerichtet, „die Prozesse der Selbst-Entwicklung und Welt-Erschließung von empirischen Subjekten und die sozialen Voraussetzungen dieser Prozesse" (Stojanov 2012: 399) zu analysieren, um gesellschaftlich erzeugte Bedingungen und Barrieren sowie ihre soziale Genese erkennbar zu machen. Lernen wird dabei allerdings nicht subjektwissenschaftlich als „begründete Realisierung personaler Selbstständigkeit im Rahmen gesellschaftlicher Handlungsmöglichkeiten [...] und -zwänge betrachtet" (Ludwig 2001: 32), sondern viel vorläufiger als Voraussetzung für Bildungsprozesse, denn „Selbstverständnisse und Weltkonzepte kann man erlernen [...]. Sie sind als Gegebenheiten zu verstehen, zu denen man sich noch einmal verhalten muss, wenn von Bildung die Rede sein soll" (Schäfer 2009: 47).

Dabei geht dieses Vorhaben mit Käte Meyer-Drawe und für die Erwachsenenbildung ganz prominent Ortfried Schäffter (2001) und Peter Faulstich (2013) davon aus, dass wir es gegenwärtig mit einer wahren Inflation lerntheoretischer Ansätze zu tun haben, die – vor allem wenn sie aus der Psychologie, Neurobiologie und den Kognitionswissenschaften vorgetragen werden – längst nicht mehr das pädagogische spannungsreiche Vermittlungsverhältnis von Allgemeinem und Besonderem bearbeiten und

---

[1] Diese Erkenntnisse treffen sich auch mit den Befunden der Statistiken zur Weiterbildungsbeteiligung in der Bunderepublik, z.B. dem Berichtsystem Weiterbildung des BMBF oder dem integrierten Gesamtbericht zur Weiterbildungssituation in Deutschland, die seit 2003 einen deutlichen Rückgang der Weiterbildungsteilnahme verzeichnen (vgl. Kuwan u.a. 2006).

immer dort an ihre Grenze geraten, „wo es in dieser von Ungleichheit geprägten Gesellschaft für die Erwachsenenpädagogik und –bildung interessant wird: wo Lernanforderungen von Mächtigen – als spezifische Deutungen von Wirklichkeit – mit individuellen Lernbedürfnissen konkurrieren oder individuelle Lernbegründungen und Lernhaltungen gesellschaftlich unterbunden oder erzwungen werden" (Ludwig 1999: 671).

Für eine genuin pädagogisch orientierte Lern- und Bildungsforschung scheinen der kategoriale Aufschluss von Lern- und Bildungsverhältnissen und auch der Übergang vom Lernen zur Bildung bedeutsam. Die Leitidee der hier vorgestellten Forschungsperspektive besteht darin, ‚hinter' Lern- und Bildungsverhältnissen eine kulturelle Grammatik, eine Ordnung des Denk- und Sagbaren zu dechiffrieren und die ‚subjektivierende' Bedeutung kultureller Ordnungen auf Lern- und Bildungsverhältnisse zu untersuchen. Es geht ihr letztlich um die Frage: Wie können Lern- und Bildungsverhältnisse aus einem genuin pädagogischen Erkenntnisinteresse analysiert werden? Bevor sich bereits abzeichnende Forschungsdimensionen vorgestellt werden, werden zunächst einige kulturwissenschaftliche Impulse für die entwickelte Forschungsperspektive erörtert.

2 Methodologische Grundannahmen

Um sich dieser Forschungsperspektive anzunähern, werden zunächst einige methodologische Überlegungen zur Beschaffenheit von Diskursivität und Sozialität, Praktiken und Subjektivität, Raum und Körper ausgeführt. Grundlegend werden diese aus einer diskursanalytischen Perspektive als relationaler und sich beständig verschiebender Figurationsprozess gefasst und in ihrer Kontingenz als konstitutiv für Lern- und Bildungsverhältnisse im sozialen Raum erachtet. Auch wenn keine der vier Grundannahmen an dieser Stelle detailliert erörtert werden kann, ist es doch Ziel dieser Ausführungen, eine grundlegende theoretische Perspektive für die pädagogische Erforschung des Lernens im sozialen Raum erkennbar werden zu lassen.

2.1 Diskursive Ordnungsstrukturen

Betrachtet man Lern- und Bildungsverhältnisse wie hier theoretisch gerahmt, dann bedeutet dies zunächst, nicht abschließend klären zu wollen, was ‚Lernen' bzw. ‚Bildung' letztlich ist. Gegenüber einer ontologischen Bestimmung des ‚Lernens' wird mit einer poststrukturalistischen Forschungsperspektive davon ausgegangen, dass Lern- und Bildungsverhältnisse in differenten historischen und kulturellen Zusammenhängen und in je unterschiedlichen gesellschaftlichen Feldern, in jeweils besonderen Formen – oder Bedeutungen – hervorgebracht werden. Als Verhältnisse beziehen sie sich zum einen auf Relationen zwischen dem Ich und sich selbst, zwischen dem Ich und der Welt und schließlich auch zwischen dem Ich und dem Anderen. Als Verhältnisse sind sie zum anderen unabschließbar, eine imaginäre Bezugsgröße, nicht identifizierbar, polysem und plural. Empirische Lern- und Bildungsverhältnisse sind nicht zuletzt das Ergebnis einer diskursiven Ordnung, die Wahrheit produziert und Wissen hervorbringt. Im Umkehrschluss bedeutet dies, dass es wenig hilfreich scheint, eine ontologische Qualität des Lernens auszumachen und auf ein unbestimmtes ‚Wesen' von Bildung zu referieren (vgl. Kossack 2012: 34). Sinnvoller scheint es zu analysieren ‚wie' und ‚was' über das ‚Lernen' und über ‚Bildung' ausgesagt wird. Dabei kann man sich des Eindrucks nicht erwehren, dass kaum je derart viel über Bildungsrepubliken, Bildungslandschaften und Bildungsinvestitionen gesprochen wurde wie in aktuellen Debatten. Zugleich trägt diese trivialisierte Rede von Bildung auch entwertende Züge: Eine Entwertung der kritischen Funktion von Bildung. Was einst als latenter Effekt z.B. von Bildungsinstitutionen ausgewiesen wurde, z.B. die Hervorbringung sozial geforderter Kompetenzen, gesellschaftlich relevanter Selbstkonzepte und die Übernahme einer Leistungsideologie scheint nun selbst zum Inhalt dessen zu werden, was als Bildung bezeichnet wird. Der performative Charakter der Sprache ist dabei notwendig produktiv. Das Sprechen über ‚Lernen' und ‚Bildung' produziert eine diskursive Ordnungsstruktur, die von Interessen gespeist über Differenzen gebildet wird. Sie bleibt stets wandelbar, darin besteht ihr Kalkül. Die Möglichkeit des Wandels von Zeichen und Bedeutungen entsteht über die Iterativität der Zeichen, also deren Differenz in der Wiederholung, wie Derrida überzeugend dargelegt hat (vgl. Derrida 1990). Das, was über Lern- und Bildungsverhältnisse ausgesagt werden kann, folgt eben dieser diskursiven Ordnungsstruktur, die über je spezifische Relationierungen entsteht und zu gegebener Zeit bestimmte Aussagen privilegiert, also ‚wahrer' macht als andere. Die ‚leeren Signifikanten' (Laclau 2002: 65) Lernen bzw. Bildung sind Gegenstand hegemonialer Auseinandersetzungen, denn nicht nur bestimmte Aussageninhalte sind allgemein gesetzte Partikularinteressen, auch sind die Subjektpositionen, von denen aus gesprochen werden kann, nicht neutral, sondern werden im Rahmen diskursiver Ordnung positiv oder negativ markiert. Es lohnt folglich eine gründliche Analyse der Begrifflichkeit und ihrer Bedeutungszusammenhänge, da zu vermuten ist, dass Lernen und Bildung gegenwärtig mit zahlreichen Erwartungen und Versprechen aufgeladen sind – von Lebensqualität und individueller Weiterentwicklung bis zu wettbewerbs- und zukunftsfähigen Gesellschaften. Zugleich offenbaren diese Erwartungen aber auch Konfliktlinien entlang der Dispositionen ‚was' und ‚wie' gelernt werden kann sowie der Fragen, wer überhaupt als Akteur_in in diesen Verhandlungsprozessen anerkannt wird bzw. wer, wie und unter welchen Bedingungen an Lern- und Bildungsprozessen teilhaben kann und wessen Lern- und Bildungsverhältnisse in den (forschenden) Blick geraten. Ressourcen und Möglichkeiten scheinen unter den Beteiligten dieser Aushandlungsprozesse sehr ungleich verteilt und werden von dem Versuch, Lernen und Bildung als „anthropologisches Datum" (Meyer-Drawe 1996: 57) zu betrachten, lediglich verschleiert.

Diese diskursive Praxis als Bedingung der Möglichkeit von Subjektbildungsprozessen im Raum gilt es bei der Analyse von Lern- und Bildungsverhältnissen zu berücksichtigen. Als Praxis, die ‚Wirklichkeiten' bezeichnet und diese damit erst sozial wahrnehmbar macht, spielt sie im Hinblick auf je spezifische Subjektivierungsweisen eine entscheidende Rolle, da sie Aussageformen bereithält, Wahrnehmungsoberflächen zur Verfügung stellt sowie Denk- und Handlungsperspektiven orientiert. Verändert sich eine Kultur mitsamt ihrer hegemonialen Differenzierungsweisen, ändern sich Lern- und Bildungsverhältnisse sowie die sie konstituierenden Selbstverhältnisse.

2.2 Lern- und Bildungsverhältnisse als kulturelle Praktiken

Um diese ‚kulturell hervorgebrachte Praxis' des Lernens und der Bildung sowie die ihnen korrespondierenden Selbstverhältnisse nun untersuchen zu können, bediene ich mich – zweiter methodologischer Hinweis – einem Konzept von Praktiken, wie es gegenwärtig in kultursoziologischen Zusammenhängen diskutiert wird. Eine Praktik – so definiert Andreas Reckwitz – und diese Definition dient zunächst der Abgrenzung einer Praktik von einer Handlung –

> „eine Praktik ist [...] weder identisch mit einer Handlung noch mit bloßem Verhalten. Praktiken enthalten in sich Handlungsakte, die wiederholt hervorgebracht werden, aber während das Konzept der ‚Handlung' sich punktuell auf einen einzelnen Akt bezieht, der als intentionales Produkt eines Handelnden gedacht wird, ist eine Praktik von vornherein sozial und kulturell, eine geregelte, typisierte, von Kriterien angeleitete Aktivität, die von verschiedenen Subjekten getragen wird. Wenn die Handlung per definitionem eine Intention impliziert, enthält die Praktik von vornherein einen Komplex von Wissen und Dispositionen, in denen sich kulturelle Codes ausdrücken" (Reckwitz 2006: 38).

Die Faszination einer praxeologischen Perspektive für die Erforschung des „Lernens im sozialen Raum" besteht zweifelsohne in ihrem doppelt reflexiven Zug: Lern- und Bildungsverhältnisse werden in diesem Verständnis nicht vom isolierten Individuum aus betrachtet, sondern als relational. Sie befähigen die Akteure einerseits dazu, im sozialen Raum angemessen zu handeln und diesen in einem geordneten Rahmen auch zu verändern. Andererseits setzen Praktiken auch die Anerkennung von ‚Spielregeln' jener sozialen Räume voraus, in denen Akteure Handlungs- und Gesellschaftsfähigkeit erlangen. Das ‚Lernen im sozialen Raum' ist dann nicht einfach gegeben oder vorhanden, es lässt sich auch nicht über den Verweis auf kausale Zusammenhänge, individuelle Intentionen, Bedarfe und Interessen, etc. erklären. Die Entstehung und (Re)Produktion von Lern- und Bildungsverhältnissen werden vielmehr nur nachvollziehbar, wenn sie in einen komplexeren Zusammenhang eingebettet werden, der weit weniger stabil und homogen ist, als es auf den ersten Blick erscheinen mag. Die Akteure werden von ihren sozialen Existenzbedingungen geformt und sind zugleich an deren Hervorbringung beteiligt (vgl. Gebauer 1997: 512).

Lern- und Bildungsverhältnisse werden aus dieser Perspektive nicht als individuelle Tätigkeit analysiert, sondern als kontextuell und historisch situierte Kategorie. Sie werden als Praktik(en) im Vollzug verstanden, die sozial gerahmt und diskursiv geordnet sind. Auf dieser Folie wird ein bildungstheoretisch-fundierter Zugang zum Lernen im sozialen Raum entwickelt, mit dem Lernen als kulturell hervorgebrachte soziale bzw. diskursive Praktik analysierbar wird. Wenn das ‚Lernen' als kulturell hervorgebrachte Praxis analysiert werden soll – und eben nicht als individuelle oder kognitive Tätigkeit – werden zwei Dinge interessant: Der Raum, in dem diese Lernpraktiken situiert sind und der Körper – denn der Körper kann als grundlegende Bedingung für den Vollzug von Praktiken betrachtet werden.

2.3 Lern- und Bildungsräume

Die konstitutive Ver'ortung' von Lern- und Bildungsverhältnissen ist ein grundlegender Gegenstand pädagogischer und erziehungswissenschaftlicher Reflexionen. Die räumliche Gestaltung institutionalisierter Bildungsorte (Schulgebäude, Klassenzimmer, Hörsäle und Weiterbildungseinrichtungen) ist eng mit der Institutionalisierung professioneller pädagogischer Interaktionen verbunden. Seit den 1990er Jahren wird nun in wachsendem Maße eine (Neu)Vermessung von Lern- und Bildungsverhältnissen gefordert. Gleichzeitig steht eine systematische Rezeption vorhandener Raumkonzepte für die Pädagogik erst am Anfang (vgl. Reutlinger 2009), wenn auch schon erste Arbeiten hierzu entstanden sind (z.B. Löw/Ecarius 1997; Hoffmann/Westphal 2007). Auch innerhalb der Erwachsenenbildung bildete sich erst in den vergangenen Jahren eine verstärkte raumtheoretische Sensibilität (z.B. Fürst 2002; Kraus 2010; Nolda 2006). Es wird auf die notwendige bildungswissenschaftliche Reflexion der Raumtheorien hingewiesen, um systematische Verfehlungen zu vermeiden.[2] Hierzu zählten Ansinnen, mit denen die Lösung sozial-struktureller und gesellschaftlich hergestellter Problemlagen zu Problemen eines bestimmten Quartiers, einer lokalisierten ‚Randgruppe' umdefiniert und die Orte zu kleinräumigen „Stätten der Heilung" (Duyvendak 2004: 159) erklärt werden. Hierbei würde eine „Pädagogisierung sozialer Struktureffekte" (Groh-Samberg/Grundmann 2006: 12) vorgenommen und dem sozialen Bindungskapital, wie es in Verwandtschaften, Nachbarschaften etc. vorliegt, das Potenzial zur Lösung häufig strukturell verursachter Problemzusammenhänge (z.B. Armut, Erwerbslosigkeit, Migrationsfolgen, etc.) zugeschrieben. Der Raum werde in diesen Ansätzen entweder als gegebenes Moment vorausgesetzt und damit als ab-

---

[2] Mit Verweis auf die sozialpädagogische Raumdiskussion wird die kommunal-administrative Strategie der ‚Sozialraumorientierung' als neues Steuerungsregime bzw. das Programm der ‚Bildungslandschaften' und die Ausdehnung von Bildungsorten auf lebensweltliche Zusammenhänge im Hinblick auf unbelichtete Konsequenzen derartig integrierter und flexibler Unterstützungsansätze problematisiert (vgl. Deutschendorf u.a. 2006). Sie würden häufig lediglich auf die Aktivierung und Nutzung nahräumlicher Ressourcen (vgl. Hamberger 2006: 110) bzw. die Optimierung durch Vernetzung bestehender pädagogischer Institutionen mit non- und informeller Bildungsorten zielen.

soluter Raum konstruiert, oder sozialstrukturierte räumliche Gegebenheiten bleiben gänzlich unberücksichtigt und die identifizierte Bevölkerungsgruppe werde als selbstverständliche und raumunabhängige Handlungseinheit vorausgesetzt – der Raum wird also relativiert (vgl. Dirks/Kessel 2012: 517).

Beiden Verkürzungen soll in diesem Forschungsprogramm begegnet werden, indem die in den Sozial- und Kulturwissenschaften ausgearbeiteten Raumtheorien gesichtet werden, die im Anschluss an Foucault (Heterotopien), de Certeau (Praktiken im Raum), Lefebvre (Produktion von Raum) und Lotman (Theorie der Raumsemantik) entwickelt wurden und deren Relevanz für eine erwachsenenpädagogische Kategorie des Raums geprüft. Den Ausgangspunkt bildet ein relationales Raumverständnis – und dies ist zugleich die dritte methodologische Prämisse – das ‚Raum' nicht als reine Umweltbedingung versteht. Im Anschluss an Fabian Kessl (2007) und Martina Löw (2001) wird der Raum nicht als eine Art Container verstanden, der – wie in vielen soziologischen Untersuchungen, denen ein ‚absolutistisches' Raumverständnis zu Grunde liegt – unabhängig von den handelnden Akteuren als eine unbewegte und gleichermaßen homogene Grundlage des Handelns betrachtet und analysiert wird. Stattdessen wird von einer relationalen Raumvorstellung ausgegangen, die der Prämisse folgt, die Aktivität der Akteure gehe unmittelbar mit der Produktion von Räumen einher. Vor diesem Hintergrund kann der ‚Raum' als Ergebnis sozialer Aushandlungs- und Interaktionsprozesse gelesen werden, als Produkt von Praktiken und zugleich als Ort permanenter Aushandlungen und Produktionsverhältnisse.[3] Die Untersuchung von Lern- und Bildungsverhältnissen im sozialen Raum fragt folglich nach den Entstehungs- und Produktionsbedingungen räumlicher Strukturen, in denen divergierende Interessen aufeinandertreffen. Der soziale Raum ist Austragungsort und Gegenstand gesellschaftlicher Konflikte und politischer Kämpfe, er ist heterogen, ein Raum der Erfahrung von Fremdheit, Irritationen und Verunsicherung – und folglich ein Raum, in dem Lern- und Bildungsverhältnisse hervorgebracht und sozial qualifiziert werden.

2.4 Körperpraktiken

Martina Löw spricht auch die vierte methodologische Prämisse an, wenn sie behauptet: „Raum- und Körperwelt" seien verwoben. Auch der Körper als zweite grundlegende Bedingung für den Vollzug von Praktiken kann wie der Raum in der eben schon beschriebenen Weise verstanden werden. Der Körper und seine Bewegungen verweisen weniger darauf, dass die Subjekte keine ‚körperlosen Geisteswesen' darstellen, als vielmehr darauf, dass sich die Vergesellschaftung der Menschen grundlegend über ein praktisches, körperlich-sinnliches Tun in der Interaktion mit anderen und dem sozialen Raum vollzieht. Der Ansatzpunkt der Untersuchung von Lern- und Bildungsverhältnissen im sozialen Raum ist nicht nur der Raum, sondern – unmittelbar damit verbunden – die Körperlichkeit der Menschen. Doch auch die Bewegungen des Körpers sollten nicht von einem intentionalen Individuum aus betrachtet werden. Vielmehr sind auch sie relational: Als Bewegungen stellen sie eine Beziehung zwischen dem sich bewegenden Menschen und seiner Umgebung her.

In dem sich Menschen auf ihre Umgebung beziehen, formen und erzeugen sie sich als soziale Subjekte selbst. Angeschlossen wird an Thomas Alkemeyer (2006), der behauptet: „Im Vollzug des Lernens bilden sich Subjekte mit einer bestimmten Körperlichkeit, einem bestimmten ‚Vorrat' an Haltungen, Gesten und Bewegungsmustern sowie – in Verbindung damit – einem begrenzten Horizont der Möglichkeit des Denkens, Fühlens und Handelns" (Alkemeyer 2006: 123). Die soziale Modellierung des Körpers verweist dabei nicht lediglich auf eine technisierende (Leontjew), sondern mit Foucault auch auf eine disziplinierende Funktion. In diesen theoretischen Konzeptualisierungen des Körpers wird deutlich, dass die

---

[3] Martina Löw definiert die relationale Raumvorstellung, indem sie Raum „als eine relationale (An)Ordnung von Körpern [versteht; U.K.], welche unaufhörlich in Bewegung sind, wodurch sich die (An)Ordnung selbst ständig verändert. Raum kann demnach nicht der starre Behälter sein, der unabhängig von den sozialen und materiellen Verhältnissen existiert, sondern Raum und Körperwelt sind verwoben" (Löw 2001: 131).

Prozesse der Vergesellschaftung des Körpers keineswegs mit einer bloßen Unterdrückung der vermeintlich ursprünglichen ‚Natur‘ des Menschen gleichzusetzen sind, sondern dass es sich dabei um Vorgänge der (Re)Produktion, (Re)Konstruktion und (Re)Organisation von Körpertechniken, Bewegungsmustern, Haltungen und Gewohnheiten handelt, ohne die Handlungsfähigkeit unter je spezifischen kulturellen und sozialen Lebensbedingungen nicht zu erlangen ist. In diesem Sinne stellen der Körper und seine Bewegungen eine zentrale, von außen beobachtbare Dimension von Praktiken dar. Mit ihnen lässt sich beobachten „wie Strukturen der sozialen Ordnung, die zu einem Großteil vermittelst der Verlagerungen und Bewegungen des Körpers inkorporiert werden, zugleich durch die in Raumstrukturen umgewandelten sozialen Strukturen organisiert und sozial qualifiziert werden" (Bourdieu 1991: 27).

Bei der Erforschung des Lernens im sozialen Raum wird die Körperlichkeit betont, die aus bestimmten routinisierten Bewegungen und Aktivitäten des Körpers besteht. Wenn ein Mensch lernt, dann lernt er auch, seinen Körper auf bestimmte, regelmäßige und ‚gekonnte‘ Weise zu bewegen und zu aktivieren. Dies gilt für körperliche Aktivitäten selbst wie für intellektuell ‚anspruchsvolle‘ Tätigkeiten, wie die des Lesens, Schreibens oder Sprechens.

3 Perspektiven im Forschungsfeld

Mit den nachfolgenden Ausführungen werden erste vorläufige Zugänge zum Forschungsfeld diskutiert. Zunächst rückt die soziale Rahmung der Untersuchung in den Fokus der Aufmerksamkeit, der Kontext, das Feld, der Raum, in dem Lern- und Bildungsverhältnisse untersucht werden sollen. Anschließend wird das Forschungsinteresse konkretisiert und an zwei Forschungsdimensionen veranschaulicht.

3.1 Das Tempelhofer Feld

In den Fokus der Untersuchung rückt ein bislang gänzlich unstrukturierter Raum, ein unbestelltes Feld, ein Feld, dem es in gewisser Weise an ‚Lernen‘ und ‚Bildung‘ mangelt. Ein Raum, den Menschen sich zu eigen machen, den sie also selbst – auf gewisse Weise erst – als ihren ‚Lern‘Raum hervorbringen. Diesen Raum stellt das sog. „Tempelhofer Feld" dar. Der ehemalige Flughafen Berlin-Tempelhof bildet seit seiner Schließung im Oktober 2008 mit einer Größe von 302 Hektar die größte innerstädtische Freifläche der Welt. Im Mai 2010 wurde das Tempelhofer Feld erstmals für die Öffentlichkeit zugänglich gemacht. Seitdem ist es nicht nur ein hoch geschätzter Ort für alle Freund_innen öffentlicher Freiräume, sondern auch ein Objekt der Begierde für alle, die sich auf der Suche nach innerstädtischen Baugrundstücken befinden, allen voran die Berliner Senatsverwaltung – und somit ein kulturell umkämpftes, hoch politisches Feld. Die vom Land Berlin eingesetzte private Servicegesellschaft Grün Berlin GmbH ist mit der Planung der langfristigen Nutzung dieser städtischen Freifläche beauftragt, die unter dem Namen „Tempelhofer Freiheit" vermarktet werden soll. Gleichzeitig sind zahlreiche Bürgerinitiativen aktiv, die sich gegen eine zunehmende Privatisierung und Kommerzialisierung des Geländes stark machen. Nachdem der Senatsverwaltung bereits Pläne zur Bebauung für Wohn- und Gewerbeimmobilen vorliegen, hat die ‚Demokratische Initiative 100% Tempelhofer Feld‘ in den letzten Monaten mobil gemacht. Ende Januar wurden der Senatsverwaltung 185.000 gültige Unterschriften im Rahmen eines Volksbegehrens übergeben und damit der Weg frei gemacht für einen Volksentscheid, in dem die Berliner und Berlinerinnen am 25.05.2014, dem Tag der Europawahl über die Zukunft des Tempelhofer Feldes entscheiden werden.

Dem Besuchermonitoring aus dem Jahre 2012 ist zu entnehmen, dass 2011 insgesamt 1,6 Millionen Menschen auf diesem Feld waren, im Sommer kommen an Sams- und Sonntagen bis zu 16.000 (für 2013 geschätzte 30.000) Menschen am Tag auf das Gelände (wochentags etwa die Hälfte). Mehr als 70% der Besucher kommen aus den direkt anschließenden sog. Berliner ‚Problembezirken‘ Kreuzberg, Tempelhof und Neukölln, die restlichen knapp 30% aus anderen Teilen Berlins, aus dem Umland, anderen Teilen Deutschlands und der Welt. Aus den einst nur für den Flughafenbetrieb genutzten Frei-flächen ist eine öffentlich erschlossene, vielseitig nutzbare und gering strukturierte urbane Parkland-schaft entstanden. Die heutige Form der Freifläche ist ein Übergangsstadium und damit ein historisch einmaliges Untersuchungsfeld. Die besondere Eigenart des Forschungsfeldes kann, einer Eintragung im Forschungstagebuch folgend, auf diese Weise umschrieben werden:

> „Wenn sich der frühmorgendliche Nebel verzogen hat, tauchen die ersten Radfahrer auf. Sie nutzen die beiden über zwei Kilometer langen Start- und Landebahnen als autofreie Verkehrs-verbindung zwischen Tempelhof und Neukölln. Jogger drehen auf dem Flugfeld ihre Runden. Hundebesitzer führen ihre Hunde aus. Wenn die Sonne höher steht, zeigt sich der erste bunte Punkt in den Weiten des Himmels: das Modellflugzeug eines Besuchers. „Ich komme aus Trep-tow hierher – am liebsten früh. Später sind zu viele Leute hier." Er lässt sein selbstgebasteltes Modellflugzeug senkrecht aufsteigen, dreht Loopings und sanfte Schrauben, um es am Ende mit entleerter Batterie vor seinen Füßen wieder landen zu lassen. Pause – zum Aufladen der Akkus im mitgebrachen Aufladegerät. Es dauert nicht lange, da erhält der Modellflieger Gesellschaft von zwei Jugendlichen, die in voller Montur mit Sturzhelmen, Skateboards und Kiteschirmen an-gekommen sind, sich einrichten und erst langsam, dann immer wilder auf der Landebahn herum-kurven. Immer noch ist reichlich Platz im Luftraum über dem Park, und auch am Boden wird es nicht eng. Nur auf einer der ausgewiesenen Grillwiesen stehen zwei Campingstühle. Darin sitzen zwei Menschen und lesen. Eine Gruppe Schulkinder jagt einem Ball hinterher. Aber auch später am Tag, wenn immer mehr Besucher das alte Flughafengelände bevölkern, bleibt die Magie der Leere erhalten. Die Menschen gehen ein in diese Landschaft, verlieren sich in der Weite. Es wird Mittag. Am Himmel herrscht reger Flugbetrieb, Drachen und Kiteschirme in allen möglichen Far-ben und Formen bevölkern den Himmel. Streetsurfer_innen kreuzen auf den Asphaltstreifen, In-lineskater_innen ziehen ihre Bahnen, Kinderwägen werden geschoben. Hunderte Menschen sind jetzt schon unterwegs. Gegen Mittag krabbeln kleine Kinder zwischen den Blumen der mobilen Beete, sitzen ältere Herrschaften auf ausgedienten Sofas und auf zusammengenagelten Liege-stühlen sitzen junge Frauen in der Sonne. Ein Mann spielt Geige, von Ferne klingt ein Saxofon, auf der Wiese steht ein Yogi seit mehreren Minuten auf dem Kopf. Die Sonne hat ihren höchsten Stand längst überschritten, da ziehen Menschen über den Columbiadamm am Nordrand in den Park. Sie kommen mit Taschen, Decken, Sonnenschirmen, Boulekugeln, Frisbeescheiben und Federballschlägern. Sie tragen Turbane, Basecaps, Kopftücher, Rastalocken, Strohhüte oder Kippa. Sie alle finden ihren Platz auf diesem Feld. Am frühen Abend sind die meisten Liegestühle im Biergarten, der hier ‚Luftgarten' heißt, besetzt. Es ist der einzige Ort, an dem hier käuflich et-was erworben werden kann. Über einer der Grillwiesen steigen Rauchfahnen in den Himmel. Die Stadt erholt sich und kommt hier zur Ruhe. Wenn die Sonne sich gen Westen neigt, wird es stiller auf dem Tempelhofer Feld. Eine Radfahrerin fährt ohne Licht, mit einem Radio am Lenker, aus dem leise Musik ertönt. Es wird dunkler, aber noch immer sind vereinzelt Menschen unterwegs. Langsam lässt sich der pulsierende Verkehr der nahgelegenen Stadtautobahn wieder erahnen." (Feldtagebucheintrag am 07.06.2013)

Letztlich ‚besteht' das Tempelhofer Feld gegenwärtig aus einem umzäunten Gelände, das von Son-nenuntergang bis Sonnenaufgang abgeschlossen wird. Hinein führen zehn Eingänge. Es gibt drei Hun-deauslaufzwinger, drei ausgewiesene Grillwiesen, ein paar Toilettenhäuschen und den beschriebenen kleinen Biergarten („Berliner Luftgarten"). Darüber hinaus existiert eine ca. 3 km lange Start- und eine ebenso lange asphaltierte Landebahn, eine ausgewiesene Vogelschutzfläche, wenige Bäume und ansonsten ein großes, weites Feld inmitten der Stadt. Dieser Sozialraum soll zur Untersuchung genutzt werden, um Lern- und Bildungsverhältnisse zu analysieren, mit denen Bedeutung generiert wird, die sozial, kulturell und gesellschaftlich vermittelt ist.

3.2 Forschungsdimensionen

Das vorrangige Forschungsinteresse dieses Vorhabens richtet sich auf die Lern- und Bildungsverhältnisse, die sich an und mit den Akteuren in diesem sozialen Raum beobachten lassen. Dabei sollen diese, wie in der ethnografischen Forschung üblich, zum einen ‚verfremdet' werden, sie sollen ungewöhnlich und kontingent erscheinen. Dieses Unvertraute soll anschließend durch eine (Re)Kontextualisierung in einem komplexeren Bedeutungszusammenhang neu begriffen werden. Das ‚Lernen im sozialen Raum' ist dann nicht einfach gegeben und vorhanden. Das Ziel der ‚Befremdung' der eigenen Kultur bedeutet einen Akt der Dekontextualisierung, ein Herausreißen aus dem vertrauten Umfeld des scheinbar immer schon Verstandenen. Aus dieser Perspektive bleibt zu fragen, wo ein kritischer Bildungsbegriff seinen Anknüpfungspunkt in einer mit seiner Hilfe auch ‚definierten' Wirklichkeit findet: Es ist dies die Frage danach, wo es in der notwendig kategorialen Reflexion Anknüpfungspunkte gibt für die Eruierung ‚empirischer' Möglichkeiten von so etwas wie Bildung. Der Zugang zu den Lern- und Bildungsverhältnissen wird zunächst mit ethnografischen Methoden erfolgen. Dabei handelt es sich um eine Kombination verschiedener Zugangsweisen. Neben der „Verfremdung" erfolgt diese Wahl insbesondere vor dem Hintergrund der methodologischen Grundannahme, die sich aus dem Interesse an Strukturen und Praktiken speist. Will man individuelle Intentionen, Gründe, subjektive Theorien und mentale Konzepte rekonstruieren, fragt man am Besten die beteiligten Akteure. Praktiken hingegen haben eine andere Empirizität: Sie sind in ihrer räumlichen und körperlichen Situiertheit mit Hilfe von teilnehmender Beobachtung, Feldnotizen und Protokollen, Sammlung und Analyse von verschiedenen Dokumenten, Fotografie und Videografie vollständig öffentlich beobachtbar (vgl. Hirschauer 2004: 73). Diese ethnografische Analyse macht es sich folglich zur paradoxen Aufgabe, etwas zur Sprache zu bringen, was nicht Sprache ist und zugleich ohne sie nicht artikulierbar. Das tastende Vorgehen beginnt mit der Beobachtung von Lern- und Bildungsverhältnissen als diskursives Tun, im Sinne eines ‚doinglearning' also der Frage, wie sich Lern- und Bildungsverhältnisse als räumlich und körperlich situiertes Tun etablieren bzw. performativ hervorgebracht werden. Zwei weitere Dimensionen, die im Zentrum der Aufmerksamkeit stehen, sollen nun abschließend in einigen hypothetischen Überlegungen skizziert werden.

3.3 Lern- und Bildungsverhältnisse als diskursiv hervorgebrachte Praxis

Im Diskurs um das lebenslange, informelle Lernen wird eine Aneignungsperspektive intensiviert, die den verwertbaren Outcome von Lern- und Bildungsprozessen fokussiert. Die Bedeutungszunahme dieser Perspektive mag den Entwicklungen im Rahmen postfordistischer Arbeitsverhältnisse geschuldet sein, in denen Kompetenzbiographien, die flexibel an die Erfordernisse der Erwerbsarbeit angepasst werden sollen, die ‚Employability' sichern. Mit der Kompetenz gewinnt ein Konzept an Bedeutung, dass auf Handlungs- und Anpassungsfähigkeit zielt und auf die Bedeutung von Machbarkeit und der Dominanz des Möglichen verweist. Schon bei der einfachen Frage, wie es zu diesen positiven Bewertungen kommt und welche Performanzen als kompetentes Handeln bewertet werden, wird mit Blick auf das Tempelhofer Feld die hegemoniale Rahmung des Sag- und Sichtbaren innerhalb des Lerndiskurses offensichtlich: Die Frauen, die auf dem Tempelhofer Feld täglich Leergut einsammeln, kommen darin nicht vor. ‚Bettlerinnen' werden üblicherweise in der Lernforschung nicht zum Gegenstand, es werden ihnen keine Kompetenzen zugeschrieben, ihren Fähigkeiten kein Wert beigemessen. Dies zu ändern ist ein Interesse dieser Studie, denn meist sind es Frauen aller Altersgruppen, die auf dem Tempelhofer Feld alltäglich zu beobachten sind, wenn sie verstohlen über das Gelände streifen, meist dort, wo zuvor anderen Menschen mitgebrachte Flaschen und Dosen konsumierten. Für die Erwachsenenbildung sind diese Frauen, die auf dem Feld Pfandflaschen einsammeln und die Besucher_innen um „eine kleine Spende" bitten, eine Nicht-Zielgruppe. Sie haben weder Zeit noch Geld, um an Angeboten der Erwachsenenbildung teilzunehmen, für ihre Tätigkeit gibt es keine Weiterbildungskurse. Die Frauen, die sich mit dem Einlösen von Pfandgut ein notwendiges Zusatzeinkommen verschaffen, haben folglich kaum Kontakt und Zugangschancen zu institutionalisierter Bildung. Dennoch lernen sie, eignen sich Wissen an, erwerben Kompetenzen, reflektieren ihre Lebenssituation und gewinnen Einsichten in gesellschaftliche Zusammenhänge. Stephan Sting weist in seinem Beitrag ‚Überleben lernen' darauf hin, dass Menschen unter den Bedingungen von Ausgrenzungserfahrungen ein Bewältigungshandeln entwickeln, das einer eigenen Logik folgt (vgl. Sting 2007: 182). Es stellt eine kontextgebundene ‚Lösung' dar und verweist auf Lern- und Bildungsverhältnisse, die aus hegemonialer Perspektive als abweichend und dysfunktional erscheinen. Dabei handelt es sich um das Erlernen einer Tätigkeit, die der alltäglichen Existenzsicherung dient und in einem Terrain stattfindet, das vorgegeben und reglementiert ist. Die Frauen müssen wachsam jede Lücke nutzen, die sich in bestimmten Situationen der dauerhaften (Ab)Wertung („die Armen"), der Verweigerung einer eigenständigen Handlungsfähigkeit („ausgebeutete Opfer") und exkludierender Zuschreibungen auftut. Auf eben diese ‚vorgegebenen' Räume sind Marginalisierte als Überlebensressource angewiesen. Unter den unsicheren Lebens-, Arbeits- und Lernbedingungen entwickeln sie eine Fähigkeit, die Marion Thuswald als „Überlebenskompetenz" (Thuswald 2010: 74) bezeichnet und die durch bestimmte Aktionsmodi geprägt ist:

> „Normalität herzustellen – also einen Alltag zu etablieren – trotz prekärer Bedingungen ist dabei ebenso zentral, wie die eigene Handlungsfähigkeit trotz Ungewissheit zu erhalten, der eigenen Menschenkenntnis zu vertrauen, die eigene Integrität trotz Bedrohung zu wahren, den Glauben an die Menschlichkeit und die Hoffnung auf ein besseres Leben behalten, Kraft aus der eigenen Moral und der Legitimität des eigenen Anliegens zu ziehen und ein ‚Wir' zu schaffen" (ebd.).

Die Präsenz von Armut im öffentlichen Raum wird häufig als Provokation wahrgenommen. Im Tempelhofer Feld sind die Frauen geduldet, kaum wahrgenommen, beschämt ignoriert. Gleichzeitig nehmen sie sich Raum und verkörpern eine gesellschaftliche Armut, deren Bewältigung gelernt sein will. Der Aufschluss ihrer Lern- und Bildungsverhältnisse könnte in mehrfacher Hinsicht einen Anlass zur Revision des Lernens im sozialen Raum bedeuten.

3.4 Lern- und Bildungsverhältnisse als Subjektivierungspraxis

Das Tempelhofer Feld ist in besonderer Weise aber auch ein sozialer Raum, in dem die vielfältigen Bewegungspraxen des Sports und der populären Kultur – vom Streetball-Spielen über Skateboard-Fahren bis hin zu Techno-Skaten und Kite-Surfen zu beobachten sind. Seine Freizügigkeit, seine Weite, seine Platzierung inmitten einer pulsierenden Großstadt bilden die Grundlage zur Formierung, Bildung und Stilisierung von Selbst-Verhältnissen, die Hoffnung auf eine individuelle Existenz im öffentlichen Raum immer wieder aufs Neue erzeugen, nähren und bewahren. Sichtbar wird hier, wie die Akteure im Rückgriff auf ein breit gefächertes Angebot an Körperbildern und Bewegungsformen an der ästhetischen Stilisierung ihres Körpers arbeiten und sich eine angesehene körperliche Gestalt zulegen.

Robert Schmidt analysiert die vielen neuen Bewegungskulturen am Schnittpunkt von Sport und Popkultur (vgl. Schmidt 2003) als Praxisformen körperlicher Aufführungen. Dabei macht er v.a. riskante Bewegungen des Gleitens und Rollens, des Schwebens, Springens und Fliegens aus, deren Umsetzung auf hochtechnologische Sport- und Spielgeräte angewiesen ist. Auch im Tempelhofer Feld steht im Zentrum beobachtbarer Aktivitäten die Schwerkraft: Die Füße verlassen den Boden, der Körper hebt ab, der Raum wird turbulent gemacht. Waghalsige, oft virtuose Bewegungen des Drehens mit hoher Geschwindigkeit, des Kurvens und Kreisens, veranschaulichen einen Gestus der Wandelbarkeit und scheinbaren Schwerelosigkeit. Diese Aufführungen verweisen zugleich auf den Körper als Erlebnisfeld sowie als visuelle Schaufläche für sich selbst und andere. Diese historisch bedeutsamen ‚Inszenierungen' des Selbst sind auf den spezifischen Raum ebenso angewiesen, wie sie ihn auf bestimmte Weise hervorbringen, ‚neu' erscheinen lassen. Sie nutzen vorhandene Artefakte und zugleich scheint der Reiz darin zu bestehen, diese zu verändern und zu transformieren. In diesen ‚Inszenierungen' ist eine „individual-expressive Körpermodellierung" (Reckwitz 2006: 570) zu beobachten, die scheinbar darauf zielt, den Körper in riskante Bewegungen zu versetzen und von einem Gefühl aktiver Erfahrung gesteuert wird. Es wird ein individualisierter Mythos der Offenheit und vor allem eine „männliche" Risikobereitschaft lesbar, die einer routinisierten Gradlinigkeit und traditionellen Bodenverhaftetheit entgegensteht, die z.B. in Alltagsbewegungen, aber auch in vielen herkömmlichen Sportarten zu beobachten ist.

Vieles deutet darauf hin, dass die in den neuen informellen Bewegungskulturen sich abzeichnenden Selbstverhältnisse einer permanenten ‚spielerischen' Um- und Neugestaltung des Selbst auf durchaus widersprüchliche Subjektivierungspraktiken der Gegenwart verweisen. Sie implizieren eine flexible Wandlungsfähigkeit ebenso wie den Wunsch und das Begehren, Grenzzonen von Normalität „auszuloten" bzw. kreativ mit dem Erlernten zu experimentieren. Riskante Bewegungen und das Aufs-Spiel-Setzen des Körpers korrespondieren mit einer hybriden Subjektkultur, in der das Subjekt sein inneres Erleben trainiert, um körperliche Strukturen und Prozesse zum Gegenstand einer gestaltenden Arbeit an sich selbst zu machen und damit auch der Wahl zwischen Optionen. Der souveräne Körper avanciert zum selbstregierten Projekt. Seine Ernährung, seine sportliche Bewegung, seine sichtbaren Formen werden zum Gegenstand kontingenter Entscheidungen und dienen vor allem der Hervorbringung einer eigenen „Fitness", in der Körper und Geist in Bewegung und vor Passivität bewahrt bleiben. Im Kontext dieser Bewegungskultur verliert der Sport (zunächst) seine Leistungsorientierung und Wettkampfausrichtung und bezeichnet eine „primär selbstreferentielle Praktik, in welcher das Subjekt – auch gegen die Zumutungen des Sozialen und der Routinisiertheit – in ‚Einsamkeit' ein privilegiertes Verhältnis zu seinen ‚inneren Erfahrungen' herstellt" (ebd.).

Das kulturelle ‚Andere' dieser hybriden Subjektkultur ist dann nicht nur der hässliche oder korpulente Körper, sondern vor allem der Körper, der seine riskanten Selbsterfahrungsmöglichkeiten unterdrückt und sich einer souveränen Steuerung untauglich erweist. Dieses ‚Andere' verweist auf eine mangelnde Souveränität im Umgang mit sich selbst, auf einen Mangel an Fähigkeit und Bereitschaft, die körperliche Grundlage für subjektive Selbstregierung zu schaffen. Ein Kennzeichen von Lern- und Bildungsverhältnissen innerhalb dieser Bewegungskulturen ist es, „sich selbst als ‚jemanden' hervorzubringen", jemanden, der auf die Konstitution dieses ‚Anderen' verwiesen bleibt. Der Akzent der hier skizzierten Untersuchung liegt dann in jenen Diskursen, Macht- und Selbsttechniken, die für die Konstitution und den Zerfall von Lern- und Bildungsverhältnissen bedeutsam sind.

Mit diesen beiden Beispielen konnten zunächst lediglich die Umrisse einer pädagogischen Erforschung von Lern- und Bildungsverhältnissen im sozialen Raum angedeutet werden. Die Ausführungen dienen damit einer ersten Orientierung auf der Ebene der Beschreibung möglicher Problemzusammenhänge im Rahmen der Untersuchung. Viele weitere Fragen schließen sich an, z.B. welche Bedeutung die beteiligten Akteure ihren Praktiken beimessen und in welcher diskursiven Ordnungsstruktur diese Bedeutungsproduktion stattfindet. Wie verläuft das ‚doing' dieser Lern- und Bildungsverhältnisse? Welche Selbst- und Fremdpositionierungen werden in Inszenierungen vorgenommen, mit denen Menschen Lern- und Bildungsverhältnisse herstellen? Mit welchen Praktiken werden Lern- und Bildungsorte (wieder) hergestellt und welche Lern- und Bildungsverhältnisse werden darin ermöglicht, erschwert oder verunmöglicht? Wenn Menschen sich selbst erlernen, in dem sie mit anderen, von anderen und durch andere (mitunter sogar für andere) lernen, dann ist dieses Sich-von-anderen-lernen ein komplexer und bislang empirisch noch völlig undurchsichtiger Sachverhalt. Wenn sich ‚Subjektivation' folglich nicht als ein lineares Produktions- oder Entfaltungsgeschehen begreifen lässt, stellt sich schließlich die bildungstheoretisch bedeutsame Frage, wie diese Relationen in einer pädagogischen Lernforschung als ethnografische Analyse des Lernens im sozialen Raum den Blick geraten können.

Literatur

Alkemeyer, T. (2006): Lernen und seine Körper. Habitusformungen und -umformungen in Bildungspraktiken. In: Friebertshäuser, B./Rieger-Ladich, M./Wigger, L. (Hg.): Reflexive Erziehungswissenschaft. Forschungsperspektiven im Anschluss an Pierre Bourdieu. Wiesbaden, 119-142

Baethge, M./Baethge-Kinsky, V. (2004): Der ungleiche Kampf um das lebenslange Lernen. Eine Repräsentativ-Studie zum Lernbewusstsein und –verhalten der deutschen Bevölkerung. In: Baethge, M./Baethge-Kinsky, V. (Hg.): Der ungleiche Kampf um das lebenslange Lernen. Münster, 11-200

Bourdieu, P. (1991): Physischer Raum, sozialer und angeeigneter physischer Raum. In: Wentz, M. (Hg.): Stadt-Räume. Frankfurt a.M., 25-34

Casale, R. (2008): Die Erziehung der Leidenschaften und die Geschichte der Gouvernementalität. In: Liesner, A./Ricken, N. (Hg.): Die Macht der Bildung. Gouvernementalitätstheoretische Perspektiven in der Erziehungswissenschaft. Bremen, 36-44

Derrida, J. (1990): Limited Inc. Paris

Deutschendorf, R./Hamberger, M./Koch J./Lenz, S./Peters, F. (Hg.) (2006): Werkstattbuch INTEGRA: Grundlagen, Anregungen und Arbeitsmaterialien für integrierte, flexible und sozialräumlich ausgerichtete Erziehungshilfen. Weinheim/München

Dirks, S./Kessl, F. (2012): Räumlichkeit in Erziehungs- und Bildungsverhältnissen. In: Bauer, U./Bittlingmayer, U./Scherr, A. (Hg.): Handbuch Bildungs- und Erziehungsphilosophie. Wiesbaden, 507-525

Duyvendak, J. W. (2004): Spacing Social Work? Möglichkeiten und Grenzen des Quartiersansatzes. In: Kessl, F./Otto, H.-U. (Hg.): Soziale Arbeit und Soziales Kapital. Wiesbaden, 157-168

Dzierzbicka, A.(2006): Vereinbaren statt anordnen. Neoliberale Gouvernementalität macht Schule. Wien

Ecarius, J./Löw, M. (1997): Raumbildung – Bildungsräume. Über die Verräumlichung sozialer Prozesse. Opladen

Faulstich, P. (2013): Menschliches Lernen. Eine kritisch-pragmatische Lerntheorie. Bielefeld

Fürst, D. (2002): Region und Netzwerke. Aktuelle Aspekte zu einem Spannungsverhältnis. In: DIE –Zeitschrift für Erwachsenenbildung, H.1, 22-23

Gebauer, G. (1997): Bewegung. In: Wulf, C. (Hg.): Vom Menschen. Handbuch Historische Anthropologie. Weinheim/Basel, 501-515

Groh-Samberg, O./Grundmann, M. (2006): Soziale Ungleichheit im Kindes- und Jugendalter. In: Aus Politik und Zeitgeschichte, H. 26, 11-24

Hamberger, M. (2006): Der Fall im Feld: Sozial- und ressourcenorientierte Arbeit in den Erziehungshilfen. In: Deutschendorf, R./ Hamberger, M./Koch, J./Lenz, S./Peters, F. (Hg.): Werkstattbuch INTEGRA: Grundlagen, Anregungen und Arbeitsmaterialien für integrierte, flexible und sozialräumlich ausgerichtete Erziehungshilfen. Weinheim/München, 111-124

Hirschauer, S. (2004): Praktiken und ihre Körper. Über materielle Partizipanden des Tuns. In: Hörning, K./Reuter, J. (Hg.): Doing Culture. Neue Positionen zum Verhältnis von Kultur und sozialer Praxis. Bielefeld, 73-91

Kade, J. (1996): Lebenslanges Lernen – mögliche Bildungswelten. Erwachsenenbildung, Biographie und Alltag. Opladen

Kessl, F./Reutlinger, C. (2007): Sozialraum. Eine Einführung. Wiesbaden

Klingovsky, U. (2009): Schöne Neue Lernkultur. Transformationen der Macht in der Weiterbildung. Eine gouvernementalitätstheoretische Analyse. Bielefeld

Kossack, P. (2012): Das Lernen Erwachsener aus gouvernementalitätsanalytischer Perspektive. Ein Desiderat. In: Felden, H. v./ Hof, C./Schmidt-Lauff, S. (Hg.): Erwachsenenbildung und Lernen. Dokumentation der Jahrestagung der Sektion Erwachsenenbildung der DGfE. Baltmannsweiler, 34-45

Kraus, K. (2010): Aneignung von Lernorten in der Erwachsenenbildung. In: Report. Zeitschrift für Weiterbildungsforschung, H. 2, 46-55

Kuwan, H./Bilger, F./Gnahs, D./Seidel, S. (2006): Berichtsystem Weiterbildung IX. Integrierter Gesamtbericht zur Weiterbildungssituation in Deutschland. Berlin

Laclau, E. (2002): Emanzipation und Differenz. Wien

Livingstone, D. W. (1999): Informelles Lernen in der Wissensgesellschaft. Erste kanadische Erhebung über informelles Lernverhalten. In: Arbeitsgemeinschaft QUEM: Kompetenz für Europa – Wandel durch Lernen – Lernen im Wandel. Referate auf dem internationalen Fachkongress, Berlin, 65-91

Löw, M. (2001): Raumsoziologie. Frankfurt a.M.

Ludwig, J. (1999): Subjektperspektiven in neueren Lernbegriffen. In: Zeitschrift für Pädagogik, H. 5, 667-683

Ludwig, J. (2001): Die Kategorie „subjektive Lernbegründung" als Beitrag zur empirischen Differenzierung der Vermittlungs- und Lernerperspektive mit Blick auf das Forschungsmemorandum für die Erwachsenen- und Weiterbildung. In: Faulstich, P. (Hg.): Wissen und Lernen, didaktisches Handeln und Institutionalisierung – Beiheft zum Report. Bielefeld, 29-38

Ludwig, J. (2009): Strukturen Lebenslangen Lernens. Eine Einführung. In: Hof, C./Ludwig, J./Zeuner, C. (Hg.): Strukturen Lebenslangen Lernens. Dokumentation der Jahrestagung der Sektion Erwachsenenbildung der DGFE. Baltmannsweiler, 1-3

Masschelein, J./Quaghebeur, K./Simons, M. (2004): Das Ethos kritischer Forschung. In: Pongratz, L./Wimmer, M./Nieke, W./Masschelein, J. (Hg.): Nach Foucault. Diskurs- und machtanalytische Perspektiven in der Pädagogik. Opladen

Meyer-Drawe, K. (1996): Tod des Subjekts – Ende der Erziehung. Zur Bedeutung postmoderner Kritik für Theorien der Erziehung. Zeitschrift für Pädagogik, 7-8, 48-57

Meyer-Drawe, K. (2008): Diskurse des Lernens. Paderborn

Nolda, S. (2006): Pädagogische Raumaneignung. Zur Pädagogik von Räumen und ihrer Aneignung. Beispiele aus der Erwachsenenbildung. In: Zeitschrift für qualitative Bildungs-, Beratungs- und Sozialforschung, H. 2, 313-343

Nuissl, E. (Hg.) (2006): Vom Lehren zum Lernen. Lern- und Lehrforschung für die Weiterbildung. Bielefeld

Overwien, B. (2005): Stichwort: Informelles Lernen. In: Zeittschrift für Erziehungswissenschaft, H. 8, 339-355

Reckwitz, A. (2006): Das hybride Subjekt. Eine Theorie der Subjektkulturen von der bürgerlichen Moderne zur Postmoderne. Weilerswist

Reutlinger, C. (2009): Bildungslandschaften – raumtheoretisch betrachtet. In: Böhme, J. (Hg.): Schularchitektur im interdisziplinären Diskurs. Territorialisierungskrise und Gestaltungsperspektiven des schulischen Bildungsraums. Wiesbaden, 119-139

Schäfer, A. (2006): Bildungsforschung: Annäherungen an eine Empirie des Unzugänglichen. In: Pongratz, L. (Hg.): Bildungsphilosophie und Bildungsforschung. Bielefeld, 86-107

Schäfer, A. (2009): Bildung. In: Opp, G./Theunissen, G. (Hg.): Handbuch schulische Sonderpädagogik. Bad Heilbrunn, 44-53

Schäfer, A./Thompson, C. (2013): Pädagogisierung – eine Einleitung. In: Schäfer, A./Thompson, C. (Hg.): Pädagogisierung. Halle, 7-25

Schäffter, O. (2001): Weiterbildung in der Transformationsgesellschaft. Baltmannsweiler

Schmidt, R. (2003): Pop – Sport – Kultur. Praxisformen körperlicher Aufführungen. Konstanz

Sting, S. (2007): Überleben lernen. In: Göhlich, M./Wulf, C./Zirfas, J. (Hg.): Pädagogische Theorien des Lernens. Weinheim/Basel, 176-189

Stojanov, K. (2012): Bildung als analytische Schlüsselkategorie pädagogischer Forschung. In: Zeitschrift für Erziehungswissenschaft, H. 2, 393-401

Thuswald, M. (2010): Betteln, Kompetenz und Stadtkultur – Zuerst kommt die Moral, dann kommt das Fressen. In: Thuswald, M. (Hg.): Urbanes Lernen. Bildung und Intervention im öffentlichen Raum. Wien, 67-82

Intermediärer Raum. Widerständigkeit als grenzbetonender Kontaktprozess

Malte Ebner von Eschenbach

1 Vorüberlegungen

Die Einsicht, dass zivilgesellschaftliche Assoziationen für Demokratisierungsprozesse und gesamtgesellschaftliche Entwicklung große Bedeutung haben, zählt zum gesellschaftlich gesicherten Wissensbestand. Aufgrund ihrer Rückbindung in lebensweltliche Zusammenhänge verfügen zivilgesellschaftliche
Assoziationen über Resonanzvermögen, spezifisch auf gesellschaftliche Herausforderungen eingehen
zu können. Diese für zivilgesellschaftliche Entwicklung und den Aufbau von Demokratiekompetenz konstitutive Umweltreagibilität gründet zentral auf eine sich in-Differenz-setzende Widerständigkeit (vgl.
Ebner von Eschenbach 2014a). In erwachsenenpädagogischen Fachdiskursen erscheint diese sozial-
philosophisch und demokratietheoretisch relevante Position bisher nicht entschieden genug gegenüber
affirmativen Auffassungen von Lern- und Bildungsprozessen in der Zivilgesellschaft anerkannt und aus-
differenziert zu werden.

Mit der Erkenntnis, dass die pädagogische Relevanz von Widerständigkeit sozialer Bewegungen
für gesamtgesellschaftliche Entwicklung gegenwärtig wenig Aufmerksamkeit erhält, kritisiert Ludwig bereits in seinem Frühwerk. In seiner Dissertation „Bildungsarbeit als Zurückeroberung der Praxis" (Ludwig
1990) führt Ludwig an, „daß Ansätze zu einer Rekonstruktion dieser sozialen Praxis unter dem Aspekt
ihrer phantasievollen Widerstandsarbeit, einschließlich der teilweise implizierten Widersprüchlichkeit,
selten sind" (ebd.: 7), und wenn sie aufgegriffen werden, lediglich „eine Beschreibung der Widerstands-
formen darstellen" (ebd.). In diesem Zusammenhang analysiert er, dass sich Erwachsenenbildung damit
einen Kategorienfehler (vgl. Ryle 1970) leistet, indem weiterhin versucht wird, Lern- und Bildungsprozesse im Kontext zivilgesellschaftlicher Aktivität als einseitige Angebotsplanung sog. institutionalisierter
Erwachsenenbildung zu begreifen. In Ludwigs Worten: „Es geschieht also momentan etwas außerhalb
der institutionalisierten Erwachsenenbildung, das sich mit den bisher universitär produzierten Kategorien
und Theorien nicht fassen lässt" (Ludwig 1990: 8). Vor diesem Hintergrund bleibt seine kritische Bilanz,
dass „die traditionellen Theorieansätze der Erwachsenenbildung [...] unsensibel bleiben" (ebd.: 16) bzw.

es ihnen an „Reflexion auf gesellschaftstheoretische Annahmen" (ebd.: 34) ermangelt. Deshalb versucht er, dieser fehlenden Sensibilität mit Hilfe einer „sich gesellschaftskritisch verstehenden Erwachsenenbildung" (ebd.: 16f.) auf die „Spur zu kommen" (ebd.: 17).

Auch wenn seit den 1990er Jahren die Politische Erwachsenenbildung einige Veränderungen erfahren und Wandlungen vollzogen hat, bleibt zu konstatieren, dass viele Ansätze es bis heute nicht für erforderlich genug halten, sich auf die von Ludwig vorgeschlagene „Spurensuche" zu begeben. Gegenwärtige Überlegungen vermögen noch zu stark der Prämisse zu folgen, dass „Lernen in der Zivilgesellschaft" sich vielmehr einem status quo anzupassen hat, als utopisch und gestaltend aufzutreten (vgl. Hufer 2003; Zeuner 2012). Vielmehr wird auf einen Strukturdeterminismus gesetzt, der vor dem Hintergrund gesellschaftsstruktureller Transformationsprozesse (vgl. Schäffter 2001) letztlich nur mehr scheinbare Plausibilität beanspruchen kann. Denn wenn davon ausgegangen werden kann, dass die jeweils gesellschaftlich ausdifferenzierten Sinnsphären (Funktionssysteme) sekundär auf einem zivilgesellschaftlichen Grund aufruhen (vgl. Habermas 1981b: 243ff.), aus dem heraus sie sich erst als Sinnhorizont ausdifferenzieren und zudem in einem, dialektischen Spannungsverhältnis wechselseitiger Abhängigkeit stehen, kommen wir zu dem Schluss, dass diese Strukturen nicht in der Lage sind, ernstzunehmende Auskünfte zu Lernen und Bildung in zivilgesellschaftlichen Assoziationen zu geben. Damit wird die scheinbare Dichotomie zwischen Staat und Gesellschaft angesprochen, die sich immer dann Bahn zu brechen scheint, wenn Zivilgesellschaft nicht hinreichend als Konstitutionsvoraussetzung von demokratisch verfasster Staatlichkeit begriffen wird. Mit anderen Worten: mit der Überformung zivilgesellschaftlicher Assoziationen durch die unterschiedlichen ausdifferenzierten gesellschaftlichen Funktionssysteme Politik und Ökonomie werden letztlich die Voraussetzungen für Ausdifferenzierungsprozesse genommen und gesamtgesellschaftliche Entwicklung sukzessive verunmöglicht. Böckenförde bringt dieses Problem präzise auf den Punkt, indem er festhält, dass der „freiheitliche säkularisierte Staat von den Voraussetzungen (lebt), die er selbst nicht garantieren kann" (Böckenförde 1967: 112). Einem solchen autoritativen Verständnis von zivilgesellschaftlichem Engagement und Demokratiekompetenzerwerb, welche die Relevanz von Widerständigkeit in zivilgesellschaftlichen Assoziationen verkennen, liegt folglich eben jener Kategorienfehler zugrunde.

Aufmerksamkeit erhält in diesem Zusammenhang das Konstrukt des intermediären Raums, der sich einerseits horizontal zwischen den differenten gesellschaftlichen Sinnsphären sowie vertikal zwischen lebensweltlich kontextierten Kommunikationsereignissen und funktional strukturierten Kommunikationssituationen andererseits aufspannt (vgl. Körber 2001; Ebner von Eschenbach 2014a). Intermediäre Institutionalformen besitzen aufgrund ihrer „Janusköpfigkeit" (Berger/Luckmann 1995: 75) die Möglichkeit, sich zu den Deutungen aus lebensweltlichen Zusammenhängen sowie zu den Auffassungen gesellschaftlich relevanter Sinnsphären in Beziehung zu setzen. Diese Distanzierung zu beiden Bereichen ermöglicht es, ein auf Kommunikation basierendes Übersetzungsarrangement für die Bearbeitung komplexer Thematiken aufzubauen. Erforderlich wird eine solche Translation, wenn die Differenzen zwischen den Beteiligten sie selbst überfordern und mithin Dysfunktionalitäten auslösen. Zivilgesellschaftliche Assoziationen übernehmen daher nicht nur eine „Signalfunktion" (Habermas 1998: 435), indem sie gesellschaftliche Missstände identifizieren, sondern gestalten im Sinne des Politischen (vgl. Marchart 2010) über zivilen Ungehorsam, Protest und Widerstand maßgeblich gesellschaftliche Entwicklung mit. Erst auf der Grundlage von widerständigem Handeln zivilgesellschaftlicher Assoziationen konstituiert sich ein reziprokes Wechselverhältnis zwischen den Beteiligten. Aus diesem derartigen korrelativen Zusammenspiel – und nicht aus der nostrifizierenden Überformung einer Seite durch die je andere – entsteht eine neuartige soziale Ordnungsstruktur auf einer logisch übergeordneten Ebene.

Im Horizont dieser Vorüberlegungen versucht der Beitrag, ausgehend von Ludwigs (1990) Überlegungen, „Spuren", die die motivierende Dynamik und gesellschaftliche Produktivität von Lern- und Bildungsprozessen von Erwachsenen in der Zivilgesellschaft aus dem Eigensinn und aus der selbstbewussten Widerständigkeitsbewegung gegenüber den jeweils relevanten Opponenten her schöpfend anerkennen, zu erkunden. Mit der Ausdifferenzierung des Konzepts des intermediären Raums an ausgewählten Referenztheorien werden Anschlussmöglichkeiten zu verdeutlichen versucht, die Diskurse der Politischen Erwachsenenbildung mit denen der Postkolonialen Studien ins Gespräch kommen zu lassen. Lernen und Bildung in der Zivilgesellschaft vor dem Hintergrund einer (2) Weltgesellschaftsperspektive sozialtheoretisch als Widerständigkeit zwischen differenten (3) Semiosphären (Lotman 1990, 2010) zu konzeptionalisieren, evoziert erste Annäherung. Damit gerät Widerständigkeit als grenzbetonender Kontaktprozess in den Blick, der zwischen differenten Semiosphären verlaufend, Lern- und Bildungsprozesse zu initiieren vermag. Zugleich wird die auf Widerständigkeit aufrufende (4) Produktivkraft sozialer Ordnung erkennbar, die sich dadurch auszeichnet, eine differenzlogische Variante emergenter Ordnungsbildung zu verfolgen. Mit einem In-Beziehung-Setzen der bis dahin erarbeiteten Erträge mit den Überlegungen zur (5) Figur des Dritten schließt der Beitrag.

2 Weltgesellschaft als struktureller Wandel

Mit der Einschätzung, dass eine zentrale Aufgabe intermediärer Strukturbildung nunmehr darin besteht, zur Förderung wechselseitiger Übersetzungsverhältnisse im Kontext zivilgesellschaftlicher Entwicklung ein Beitrag leisten zu können, wird damit die Bedeutung der Anerkennung von Differenz unhintergehbar. Dabei steht weniger der Aspekt des Verstehens oder der Verstehbarkeit der je anderen Seite im Vordergrund, sondern vielmehr der Kontaktprozess wechselseitiger Bezugnahme (vgl. Ludwig 1990: 88).

Die Auseinandersetzungen im Rahmen eines intermediären Spannungsgefüges ermöglichen, dass sich im Austausch ein besonderes Gebiet des Wissens herausbildet und dadurch wechselseitige Differenzidentifikationen ermöglicht werden (vgl. Helfrich 2009). Lern- und Bildungsprozesse im intermediären Raum sind hiernach durch ein komplementäres Spannungsverhältnis gekennzeichnet, das auf eine grundlegende Strukturdifferenz zwischen den einzelnen Wissensordnungen gesellschaftlicher ausdifferenzierter Sinnsphären und den eigenlogischen unspezifischen Beständen alltagsgebundenen Lernens basiert (vgl. ausführlich Schäffter 2001). Folglich können intermediäre Institutionalformen als „third space" (Bhabha 2000) oder als „Figur des Dritten" (vgl. Bedorf 2003) konzeptionalisiert werden, wodurch einerseits die sozialtheoretischen Voraussetzungen für Kontaktmöglichkeiten offengelegt sowie lernförderlich konzeptionalisiert werden können und andererseits die Vielfalt differenter Perspektiven intelligibel wird.

Das Erschließen bislang noch nicht verfügbarer Perspektiven auf ein Phänomen und die schrittweise Exploration alternativer Wissensbestände setzt die Einnahme einer Kontingenzperspektive (vgl. Schäffter 2011) voraus und verlangt zugleich nach „epistemischer Widerständigkeit" (vgl. Ebner von Eschenbach 2014b). Dies erscheint vor dem Hintergrund relevant zu werden, sobald eine zu erforschende Problematik nicht mehr hinreichend im Kontext disziplinär gesicherter Grenzen modelliert und einer praktischen Lösung zugeführt werden kann. Um die Intelligibilität eines Noch-Nicht (Bloch) in den Blick geraten zu lassen und lernförderlich mitgestalten zu können, wird ein verstärkter Fokus auf die sich inzwischen grundlegend verändernden gesellschaftsstrukturellen Bedeutungshorizonte erforderlich.

Im Rahmen gesellschaftlicher Transformationsprozesse, in denen es nicht mehr hinreichend ist, sich ausschließlich den Veränderungen (1. Ordnung) zuzuwenden, sondern darüber hinaus die Veränderungen der Veränderungen (2. Ordnung) (Schäffter 2001: 53ff.) mit in den Blick zu nehmen, wird ein Umgang mit oftmals unbekannten, unterbestimmten oder noch-nicht vorweggenommenen Suchbewegungsprozessen hervorgerufen. Diese Situation radikalisiert sich, wenn der Rekurs auf ein *container model of society* (vgl. u.a. Beck 2007: 287) durch eine weltgesellschaftliche Perspektive ersetzt wird. Rückgriffe auf territoriale Nationalstaatsgrenzen werden in diesem Zusammenhang hoch legitimationsbedürftig, weil sie einem „methodologischen Nationalismus" (vgl. Glick Schiller 2013) aufsitzen und massive epistemologische Hindernisse (vgl. Bachelard 1987) im Schlepptau mitführen.

Die Hinwendung zu einem kommunikationstheoretischen Weltgesellschaftsbegriff erhöht Komplexität und bleibt unausweichlich (vgl. Levy 1997: 12ff.; Stichweh 2000: 31; Heintz/Münch/Tyrell 2005). Die Realisierung der Weltgesellschaft als Bezugshorizont weltweiter Kommunikation kann folglich als emergente Ordnung gefasst werden, die mehr ist als die Summe ihrer Teilnehmenden (vgl. Schimank 2005: 394). In diesem Zusammenhang bedeutet gesellschaftsstruktureller Wandel weltgesellschaftsstruktureller Wandel. Das bedeutet, dass „(w)ir längst in einer Weltgesellschaft (leben) und zwar in dem Sinne, daß die Vorstellung geschlossener Räume fiktiv wird. Kein Land, keine Gruppe kann sich gegeneinander abgrenzen. Weltgesellschaft meint die Gesamtheit sozialer Beziehungen" (Drechsel u.a. 2000: 133). Zugleich wird damit auch betont, dass Weltgesellschaft „keine Mega-Nationalgesellschaft (ist), die alle Nationalgesellschaften in sich enthält und auflöst, sondern ein durch Vielheit und Nicht-Integriertheit gekennzeichneter Welthorizont, der sich dann eröffnet, wenn er durch Kommunikation und Handeln hergestellt und bewahrt wird" (ebd.: 134). Dass dadurch Nationalstaaten ihre Bedeutung für Ordnungsstrukturen verlieren, ist hiernach nicht gesagt, sondern dass sie vielmehr an Souveränität einbüßen. Sie beinhalten aus der Perspektive der Weltgesellschaft die Funktion, Einflüsse durch Globalisierung auf der Ebene kollektiv bindender Entscheidungen zu begrenzen und für regionale Strukturen zu übersetzen. Territorialstaaten erfüllen im Kontext von Weltgesellschaft somit ebenfalls eine intermediäre Funktion.

Der Aufbau intermediärer Strukturen wird hiernach als eine mögliche Antwort auf weltgesellschaftsstrukturellen Wandel erachtet, der in kontinuierlicher Weise neue Sinnkrisen sowie Bruch- und Konfliktlinien erkennen lässt. In diesem Sinne begreifen Berger und Luckmann „intermediäre Institutionen" (Berger/Luckmann 1995: 69), als „Strukturen [...], die einer ungehinderten Ausbreitung von Sinnkrisen entgegenwirken und so eine gesamtgesellschaftliche Krise" (ebd.) zu verhindern vermögen. Damit rekurrieren sie auf eine Lesart von Intermediarität wie sie genealogisch bei Montesquieu („corps intér-mediaires"), Hegel („Korporationen") und Tocqueville („Assoziationswesen") sich rekonstruieren lässt (vgl. Fehren 2008: 185ff.). Die erkennbar werdenden differierenden, interferierenden und konkurrierenden Deutungen im Kontext einer sich aufspannenden Weltgesellschaftsperspektive erfordern gerade komplexe Thematisierungs- und Bearbeitungsarrangements, um die jeweiligen Verhältnisse produktiv aufnehmen und vorantreiben zu können. In diesem Horizont verdeutlicht sich die demokratietheoretische Relevanz intermediärer Strukturbildung, weil widerstreitende Diskurse unterschiedlicher Bedeutungssphären aufeinander bezugsfähig gemacht werden können. Mithin deutet die Zunahme von Komplexität in einer Weltgesellschaftsperspektive darauf hin, dass differenzlogische Ordnungsbildungsprozesse prioritär zu behandeln und pädagogisch zu stützen sind (vgl. Scheunpflug 1996; Lang-Wojtasik/Schieferdecker 2011), gerade wenn hegemonial geführte Harmonisierungs- und Nostrifizierungsstrategien zu erwarten sind. Diese Ausrichtung erzielt seine Innovation vor allem durch die Betonung von Heterogenität, Pluralität und Inkommensurabilität. In Zeiten gleichzeitiger Ungleichzeitigkeit vermag Erwachsenenbildung sich auf ihre Reflexionsfunktion (vgl. Ludwig 1990: 92, 225; Schäffter 2003) zu besinnen und damit die Bedingungen der Möglichkeit zu schaffen, Heterogenität und Diversität sowie kommensurable und inkommensurable Verhältnisse weltgesellschaftlicher Transformationsprozesse produktiv aufeinander bezugsfähig mitgestalten zu können.

3 Grenzbildende Kontaktflächen

3.1 Intermediäre Struktur- und Ordnungsbildung

Die Verortung des intermediären Raums lässt sich als ein Spannungsverhältnis quer zu den gesellschaftlichen Sinnsphären und sozialen Milieus bestimmen, wobei weitreichende Schnittstellen für die
jeweils Beteiligten erkennbar sind. Die vielfältigen Anknüpfungsmöglichkeiten spiegeln das soziale Inte-
grationspotential intermediärer Institutionalformen wider. In diesem Zusammenhang ist „die Vorstellung
(entscheidend), dass Soziales als Kommunikation Gestalt gewinnt. [...] Weil Alter und Ego sich ihrem
Bewusstsein nicht unmittelbar zugänglich sind, ist die passgenaue oder wechselseitig anschlussfähige
Koordination dieser voneinander unabhängig entstehenden Sinngefüge durch doppelte Kontingenz be-
lastet und daher in hohem Maße unwahrscheinlich" (Schlögl 2004: 11). Nach Schlögl reicht es aber nicht
aus, sich ausschließlich auf die „Koordination kontingenter Sinnselektionen" (ebd.) zu konzentrieren. Um
soziale Ordnungsbildungsprozesse auf Dauer stellen zu können, vor allem vor dem Hintergrund weltgesellschaftlicher Transformationsprozesse, muss „Kommunikation entlastet werden" (ebd.). Deshalb, so
führt Schlögl weiter fort, ist

> „(v)olle Intersubjektivität' – wie Alfred Schütz und Thomas Luckmann eine der Voraussetzungen
> sozialer Ordnung bezeichnet haben – [...] verknüpft mit Wiederholbarkeit, mit Erwartbarkeit und
> der Stabilisierung von wechselseitigen ‚Erwartungs-Erwartungen'. Auf diese Weise überwindet
> die Kommunikation die Unwahrscheinlichkeit kontingenter Sinnkoordination und gelangt zum
> Aufbau zeitstabiler und raumüberwindender Handlungs- und Kommunikationszusammenhänge
> und ihrer strukturierten Vernetzung" (ebd.).

Die Realisierung überdauernder und ortsunabhängiger Handlungs- und Kommunikationsstrukturen
fundiert intermediäre Strukturbildung und trägt hiernach Schlögels Hinweisen Rechnung. Die Wahrscheinlichkeit erfolgreicher Verständigung zwischen Kommunizierenden wird gerade dadurch erhöht,
dass intermediäre Institutionalformen als dritte Größe sich in einem „Zwischen" auf Dauer lokalisieren
lassen (vgl. Tenorth 1992) und sich für das Erzeugen und Aufrechterhalten von Austauschmöglichkeiten
engagieren. Keinesfalls geht es damit um das Herstellen von inhaltlich substanziellen konsensuellen
Einigungsprozessen von konkret bestimmbaren Personen und Gruppen, sondern hier steht eine basale
Übereinstimmung hinsichtlich gemeinsamer diskursiv angelegter Aushandlungs- und Entscheidungsver-
fahren im Vordergrund, die im empirischen Fall jedoch scheitern können. Das faktische Scheitern widerlegt jedoch nicht die regulative Idee. Für Lern- und Bildungsprozesse in der Zivilgesellschaft folgt daraus,
dass sie sich daher auf der Ebene regulativer Ideen, die nicht vorgegeben vermittelbar sind, bewegen
und sich erst schrittweise evolutionär aufbauend entwickeln. Janich greift dies mit der Gegenüberstellung
von idealtypischem Diskurs und faktischer Diskussion auf:

> „Unbefriedigend wäre, wenn mit prädiskursiven Konsensen nur Begründungsanfänge für Wahr-
> nehmungsurteile in sprachlicher Form gemeint wären, in denen ein faktischer Konsens herrscht.
> Mir scheint, dass hierfür schon die Begründung ausreicht, dass in Diskursen faktische Konsen-
> se aus prinzipiellen Gründen keine Rolle spielen dürften, weil Diskurse im Unterschied zu tat-
> sächlich zwischen individuellen Personen stattfindenden Diskussionen, eben keine faktischen
> Diskussionen sind. Sie sind vielmehr idealtypisch rekonstruierte Argumentationsgänge – ohne
> Bezug auf die Personen, die diese vortragen. Andererseits könnten faktische Konsense immer
> nur durch Verweis auf Individuen definiert sein, die diesen Konsens durch Zustimmung haben
> bzw. tragen. Kurz, faktische Konsense können überhaupt keine (begründete) Rolle in diskurs-
> theoretischen Ansätzen spielen" (Janich 1999: 198).

Diese Argumentation erinnert nicht ganz zufällig an den normativen Anspruch einer „idealen Sprech-situation" bei Habermas (1995: 174), die sich auch der Kritik ausgesetzt sieht, konsensualistisch aus-gerichtet zu sein (vgl. u.a. Welsch 1996: 120). Die bloße Forderung und Vorwegnahme einer späteren normativen (ggfs. erwünschten) Ordnung erweist sich bereits als hegemoniale Übergriffigkeit und wird gerade durch die „Interdependenzunterbrechung" intermediärer Institutionalformen verhindert (vgl. Forst/ Günther 2011). Die Vorwegnahme der Bearbeitung von in Konflikt stehenden Rechtfertigungsdis-kursen in weltgesellschaftlicher Perspektive führt mithin zu Dysfunktionalität und hindert entschieden gesamtge-sellschaftliche Entwicklungsmöglichkeiten wie sich an den Diskursen eines *clash of civilizations* belegen lässt. Mit dem Aufbau eines intermediären Raums, der in der Lage ist, ein Spannungsverhältnis zwischen differenten normativen Ordnungen zu entwerfen und im Sinne einer Unterbrechung die einzelnen inein-andergreifenden und überlappenden kommunikativ ausgehandelten Bedeutungssphären bei zunehmen-den Konflikten in Beziehung zu setzen, lässt sich hingegen eine differenz-betonende Variante entdecken, die sich einerseits von einem Verständnis essentialisierter Kulturbereiche absetzt und andererseits das noch nicht ausgeschöpfte Potential weltgesellschaftlicher Spannungen fokussiert.

3.2 Zum Konzept der Semiosphäre von Jurij Lotman

Die Bearbeitung von an Grenzflächen entstehenden Konflikten setzt zunächst die Identifizierung von Grenzen voraus. Intermediäre Institutionalformen sind hoch resonant für die Herausforderungen welt-gesellschaftsstrukturellen Wandels und sensibel in Bezug auf die einhergehende Differenzenzunahme. Insbesondere vor dem Hintergrund, dass „Differenz eine – wenn nicht *die* – universelle Voraussetzung von Kommunikation (bildet)" (Krämer 2008: 16), eröffnen intermediäre Institutionalformen durch Inter-dependenzunterbrechung Übersetzungsräume, die die differenten Sphären variantenreich in Beziehung setzen können. Mit dem postkolonialen und kulturtheoretischen Konzept der Semiosphäre von Jurij Lotman (1990) liegen Überlegungen vor, auf deren Grundlage die differenten Bedeutungssphären der jeweils Beteiligten als wechselseitige Begegnungsmöglichkeiten aufgegriffen werden können (vgl. Frank u.a. 2010; Schäffter 2014). Lotman führt dazu aus:

> „Wie man jetzt voraussetzen kann, kommen in der Wirklichkeit keine Zeichensysteme vor, die völlig exakt und funktional eindeutig für sich alleine funktionieren [...]. Sie funktionieren nur, weil sie in ein bestimmtes semiotisches Kontinuum eingebunden sind, das mit semiotischen Gebilden unterschiedlichen Typs, die sich auf unterschiedlichem Organisationsniveau befinden, an gefüllt ist. Ein derartiges Kontinuum wollen wir [...] als Semiosphäre bezeichnen" (Lotman 1990: 288).

Die sich in dem von Lotman bezeichneten Kontinuum überlagernden Semiosphären ermöglichen es, Schnittstellen und Kontaktflächen als Grenzphänomene in den Blick geraten zu lassen. Denn eine Semiosphäre „steht mit weiteren Semiosphären in horizontaler ebenso wie vertikaler [...] Hinsicht in Beziehung" (Jantzen o.J.: 12). Damit bleibt festzuhalten, dass sich Semiosphären folglich nicht territorial verorten lassen, sondern sich durch ihre „relative geographische Vagheit" (Ruhe 2009: o. S.; s.a. Lüdeke 2006: 458f.) auszeichnen. Cornelia Ruhe führt dazu weiter aus, dass diese „Verweigerung einer genauen räumlichen Festlegung von etwas, das historisch ohnehin als außerordentlich variabel zu gelten hat, [...] gerade die große Offenheit des Konzeptes" (Ruhe 2009: o. S.) ausmacht. Diese anti-essentialistische Grundierung der Semiosphären setzt eine Weltgesellschaftsperspektive voraus. In den Worten Lotmans: „Die Semiosphäre ist jener semiotische Raum, außerhalb dessen die Existenz von Semiosen unmöglich ist" (Lotman 1990: 289 f.).

Mit diesen Skizzierungen wird deutlich, dass die sichtbar werdenden Differenzen weltgesellschaft-lichen Strukturwandels als differente Semiosphären aufgefasst werden können, die sich in vielfältiger Weise überlappen, ineinandergreifen oder auch abgrenzen. Sofern diese wechselseitigen Verstricktheiten ohne größere Reibungsverluste organisiert sind, erscheint Support nicht erforderlich. Kommt es aber bei der Bearbeitung der Spannungen zu unüberwindbaren Entgegenstellungen bzw. einseitigen Überformungen, vermag intermediäre Strukturbildung ein Austauscharrangement anzubieten, welches gesellschaftliche Entwicklungsprozesse (vgl. Janich 1999: 200) befördert.

Das Aufeinandertreffen von Semiosphären beschreibt Lotman mit dem Begriff der Grenze. In seinen Überlegungen umfasst die Grenze nicht ausschließlich eine Demarkationslinie, sondern einen Bereich sich überlappender Semiosphären. „Für ihn ist die Grenze der Raum, der die höchste semiotische Aktivität entfaltet" (Ruhe 2009: o.S.). Folglich ist die Grenze nicht nur als Mechanismus der Schließung nach außen zu verstehen, sondern vielmehr ein Raum, an dem Kontakte mit anderen Semiosphären stattfinden. In seinem Aufsatz *Über die Semiosphäre* (1990) schreibt Lotman dazu: „Ähnlich wie in der Mathematik eine Grenze eine Menge von Punkten genannt wird, die gleichzeitig zum Außen- als auch zum Innenraum gehören, ist die semiotische Grenze eine Summe von zweisprachigen Übersetzer- >Filtern<, bei deren Passieren der Text in eine andere Sprache (oder andere Sprachen) übersetzt wird, die sich *außerhalb* der gegebenen Semiosphäre befinden" (Lotman 1990: 290). In diesem sich damit aufspannenden Grenzbereich werden bei Kontakt die in den jeweiligen Semiosphären bis dahin „beherrschenden Strukturen fluide und wandelbar" (Koschorke 2012: 31). Mit der Stabilisierung und Absicherung der Wechselbeziehungen werden Verständigungsmöglichkeiten etabliert und auf Dauer gestellt, unabhängig davon ob sie auf Konsens (identitätslogische Ordnungsbildung) oder auf Dissens (differenzlogische Ordnungsbildung) ausgerichtet sind.

4 Widerständigkeit als Produktivkraft für differenzlogische Ordnung

Drechsel u.a. (2000: 50ff.) schlagen vor, dass zwei Varianten emergenter Ordnungsbildung für Institutionalisierungsprozesse zu berücksichtigen seien: einerseits diskutieren sie die Möglichkeit identitätslogischer Ordnungsbildung, andererseits weisen sie darauf hin, dass ebenso über Konflikte soziale Ordnungen emergieren. Die identitätslogische Variante betont eine harmonisierende und homogenisierende Richtung bei der Bearbeitung von Unterschieden, während differenzlogische Ordnungsbildung sich hingegen auf die Produktivität von Diversität für gesellschaftliche Entwicklung bezieht. Unter diesen skizzierten Bedingungen emergenter Ordnungsbildung im Widerstreit erhält Bildungsarbeit ihre intermediäre Verortung. Im Ausagieren der über die identifizierten Differenzen und performativen Vokabularen realisierten Positionen entfalten sich differente normative Ordnungen. Widerständigkeit erhält in diesem Zusammenhang die Bedeutung, „Interdependenzunterbrechungen" modaltheoretisch zu initiieren.

In dieser Lesart lässt sich Widerständigkeit als ein grenzbildender Kontaktprozess verstehen, der zwischen voneinander getrennten Bedeutungskontexten und ihren Sinnhorizonten, zwischen differenten Semiosphären, verläuft. Über Widerständigkeit wird das Verhältnis einer Relation und ihrer Relata sichtbar, d.h. dass das wechselseitige In-Beziehung-stehen die Dualität einer bisher einseitig gedachten Subjekt-Objekt-Beziehung überwindet und eine auf Dialogizität aufruhende Subjekt-Subjekt-Beziehung herstellt. Schäffter führt dazu aus, dass diese Struktur „auf einer strukturell konstitutiven Anerkennungsbeziehung [beruht], die nicht von inhaltlicher Zustimmung oder personenbezogener Akzeptanz abhängig ist. Der Begriff des ‚Subjekts' oder ‚Objekts' [...] ist daher nicht personalistisch, sondern ausschließlich als formaler Stellenwert" (Schäffter 2014: 24) aufzufassen (vgl. dazu auch Baldauf-Bergmann 2012). Die inhaltliche Besetzung der jeweils formalen Leerstelle führt somit nicht dazu, dass die triadische Struktur aufgelöst wird. Zudem steht nicht der Aspekt der Verstehbarkeit der je anderen Seite des relationalen Beziehungsverhältnisses im Vordergrund, sondern der Prozess wechselseitiger Verständigungsaktivitäten im Kontext einer „negativen Hermeneutik" (vgl. Schäfffter 1991; Straub/Shimada 1999).

„Strukturtheoretisch betrachtet, geht es dabei um einen permanenten Vollzug zwischen inneren und äußeren Beziehungsverhältnissen, also zwischen einem ‚trennenden Verbinden' und ‚verbindenden Trennen' der daran beteiligten Relata" (Schäffter 2014: 24). Dadurch wird erst „die oszillierende Gestalt einer korrelativen Beziehungsstruktur, die nicht auf Indifferenz, sondern auf der Sicherung der zugrundeliegenden Differenz der daran beteiligten Relata beruht" (ebd.) sichtbar. „Erst aus einem derartigen korrelativen Zusammenspiel und nicht aus der nostrifizierenden Überformung einer Seite durch die je andere entsteht eine neuartige Ordnungsstruktur auf einer logisch übergeordneten Ebene" (ebd.). In diesem Horizont wird die wertschöpfende Relevanz von Widerständigkeit unverkennbar.

Mit dem Konstrukt des intermediären Raums wurde zu zeigen versucht, dass intermediär angelegte Übersetzungsarrangements keinen eindeutigen Pol besitzen bzw. auf einen zweiwertigen Binärcode reduzierbar sind. Bei unüberwindbaren Schwierigkeiten kann intermediäre Strukturbildung aus pädagogischer Perspektive als eine Option betrachtet werden, multidimensionale Situationen zu organisieren. Aus einer beobachtenden Position heraus ermöglicht es den Intermediären, die relationale Beziehungslogik zwischen zwei Parteien wahrzunehmen und auf sie einen Reflexionswert zu werfen (vgl. Krämer 2008).

„In Konflikten wirkt der Dritte dabei als ‚retardierendes Moment' (Simmel), der die unmittelbare Konfrontation divergierender Interessen aufschiebt und einer ausgleichenden Lösung zuführt. Je nachdem, ob man in dieser Situation eher rechtsähnliche oder pädagogische Formen der Konfliktlösung vor Augen hat, wird man denjenigen Aspekt betonen, der die Entscheidung an einen Dritten delegiert (Richter), oder jenen, der die Balance zwischen Zweien so gestaltet, daß ein Ausgleich von Interessen und eine affektive Abkühlung eines Konflikts ermöglicht wird (Moderator)" (Bedorf 2003: 337).

Vor diesem Hintergrund bringt die Erweiterung auf eine Ego-Alter-Tertius-Konstellation innovative Beobachtungsmöglichkeiten von Entstehungsprozessen emergenter Ordnungsstrukturen mit gesellschaftlichen Ausdifferenzierungsprozessen in Zusammenhang und ermöglicht es, Phänomene auf einer höhere Reflexionsstufe durch Perspektivenzunahme zu analysieren.

5 Zur Figur des Dritten

In Zusammenhang mit seinen Überlegungen zur Grenze gewann die Figur des Vermittlers für Lotman mehr und mehr an Bedeutung (vgl. Gretchko 2012: 89). Gretchko führt dazu aus: „Somit verwandelt sich die Grenze von der einfachen Oberfläche, die mechanisch zwei Teilnehmer des Kommunikationsakts trennt, zu einer Komponente mit einer komplizierten Struktur, die eine entscheidende Bedeutung für die Durchführung der Kommunikation besitzt" (ebd). Diese Auffassung des Grenzbereichs bei Lotman wendet sich entschieden „gegen Dichotomien, gegen binäre Kategorisierungen" (Ruhe 2009: o.S.). Mit der Betonung einer dreiwertigen Übersetzungslogik, wie sie Grechtko bei Lotman erkennt, sind sozialtheoretische Diskurse zur Figur des Dritten (vgl. Lindemann 2006; Fischer 2008; Bedorf 2010; Koschorke 2010) anschlußfähig.

Koschorke (2010: 9) behauptet, dass die klassischen abendländischen Episteme binär organsiert wären, wohingegen ab dem 20. Jahrhundert dem Tertiären eine große Aufmerksamkeit zukommt (vgl. Lindemann 2006: 84). Programmatisch steht die „Figur des Dritten" für den Aufbruch von Dichotomien, um mit Hilfe postdualistischer Theorien, neue Sichtweisen fruchtbar und produktiv werden zu lassen. Differenztheoretisch hat diese epistemische Veränderung den Vorteil, dass die bisher wenig beachtete Unterscheidung zwischen zwei gegensätzlichen Polen in den Fokus gerät und jetzt die Betrachtung der Unterscheidung neue Erkenntnisse über Vermittlungsprozesse, Vergesellschaftungsprozesse, Anerkennungskämpfe oder Machtstrukturen ermöglicht (vgl. Koschorke 2010: 25). Diese bedeutsame Erweiterung erscheint dann besonders hilfreich, wenn es um die Beobachtung der Herstellung von Differenzen im weltgesellschaftlichen Strukturwandel geht.

Wenn vom Dritten gesprochen wird, ist der Andere bereits impliziert (vgl. Fischer 2008: 121). Somit ist er als ein weiterer Anderer gemeint. Zudem lassen sich die Funktionen des Dritten, der in vielfältigen Figurationen auftreten kann, nicht auf den ersten Anderen (ego) und den zweiten Anderen (alter) zurückführen (vgl. ebd.). Bedorf spricht von dem Dritten als „Scharnierfunktion" (Bedorf 2010: 126), die sich zwischen einer „ethisch-intersubjektiven und einer sozialen Dimension" (ebd.) bildet. Die Sozialtheorie, so behauptet Fischer, sei mit der triadischen Konfiguration bzw. mit der „dreifachen Kontingenz" (Fischer 2008: 121) komplett. „(A)b dem Vierten, Fünften wiederholen sich dyadische und triadische Figurationen" (ebd.). Gesa Lindemann konstatiert, dass es „(e)ntscheidend ist, dass diese Vielzahl von Akteuren in einer triadischen Konstellation zueinander steht" (Lindemann 2006: 97). Lindemann fasst zusammen, dass dyadische Beziehungen ihre Stabilität nur durch den Rekurs auf einen Dritten bzw. auf ein Drittes emergieren. „(D)er Dritte ist die Bedingung der Existenz stabiler Dyaden" (ebd.: 94). Und weiter erläutert sie, dass „(n)icht B allein, sondern B und C (darüber) entscheiden, ob A ein legitimer Akteur ist oder nicht. Es muss zwar eine Initialzündung geben, durch die eine Entität als ein potenzielles Alter Ego gewertet wird. Für ein Verständnis dieser Initialzündung reicht eine dyadische Konstellation aus. Aber die Initialzündung bedarf im Weiteren einer Kaskade von Bestätigungen durch Dritte, sonst kann eine Entität nicht dauerhaft als ein Alter Ego existieren" (ebd.; vgl. dazu auch Bedorf 2003: 358). Die systematische Berücksichtigung des Dritten in einem sozialtheoretischen Kontext erlaubt es nunmehr Wirklichkeit differenzierter zu explizieren. Tertiarität beschreibt somit auch die „denknotwendige Ergänzung von Identität und Alterität, einen Schritt über den Anderen hinaus und zugleich ein Schritt zwischen Alterität und Pluralität" (Fischer 2008: 125).

Diese hier skizzierten ausdifferenzierten „Spuren" des intermediären Spannungsgefüges und der Versuch der Öffnung der Politischen Erwachsenenbildung hin zu den Diskursen der *post colonial studies* möchten sich als Diskussionsangebot verstanden wissen. Der Anti-essentialismus der *post colonial studies*, der im Konzept der Semiosphären seinen Niederschlag findet und Konflikte und Brüche als Kontaktflächen intermediärer Relationierungen zwischen Eigenheit und Fremdheit zu begreifen versucht, bietet damit die Möglichkeit, zu einer strukturellen Kritik an populären Konzepten, die Homogenitätsunterstellungen sowie Reinheitsideologien mitführen. Mit der Beschwörung eines *clash of civilizations* zeigt sich die Wiederholung eines imperialen und nostrifizierenden Ordnungsmodells, der einer differenzierten, sich überlappenden Weltgesellschaft nicht gerecht wird. Analog verhält es sich zu möglichen Nostrifizierungen auf unterschiedlichen Ebenen (mikro, meso, makro) der Ordnungsbildung. Die Abgrenzung von vorwegnehmenden hegemonialen Ordnungen durch den Aufbau intermediärer Strukturen sowie die Möglichkeit wertschöpfende Austauscharrangements auf Dauer zu stellen, er-scheinen hiernach konstitutiv für gesellschaftliche Entwicklung zu sein. Vor diesem Hintergrund rücken verstärkt Diskurse zur Hybridität (vgl. Bhabha 2000) in den Blick, weil damit die Überschreitung von Homogenitätsvorstellungen einerseits sowie das Anknüpfen am Politischen andererseits präziser anvisiert werden kann.

Literatur

Bachelard, G. (1987): Die Bildung des wissenschaftlichen Geistes. Beitrag zu einer Psychoanalyse der objektiven Erkenntnis. Frankfurt a.M.

Baldauf-Bergmann, K. (2012) (Hg.): Veränderung von Lernen und Weiterbildung in der Transformationsgesellschaft. In: Tätigkeitstheorie. Journal für tätigkeitstheoretische Forschung in Deutschland. H. 7. Berlin

Beck, U. (2007): The Cosmopolitan Condition: Why Methodological Nationalism Fails. In: Theory, Culture & Society 24 (7/8), 286-290

Bedorf, T. (2003): Dimensionen des Dritten. Phänomenologische Untersuchungen. München

Bedorf, T. (2010): Der Dritte als Scharnierfigur. Die Funktion des Dritten in sozialphilosophischer und ethischer Perspektive. In: Eßlinger, E./Schlechtriemen, T./Schweitzer, D. (Hg.): Die Figur des Dritten. Ein kulturwissenschaftliches Paradigma. Frankfurt a.M., 125-137

Berger, P. L./Luckmann, T. (1995): Modernität, Pluralismus und Sinnkrise. Die Orientierung des modernen Menschen. Gütersloh

Bhabha, H. (2000): Die Verortung der Kultur. Tübingen

Böckenförde, E.-W. (1967): Die Entstehung des Staates als Vorgang der Säkularisierung. In: Säkularisierung und Utopie. Ebracher Studien. Stuttgart: Kohlhammer, 75-95

Drechsel, P./Schmidt, B./Gölz, B. (2000): Kultur im Zeitalter der Globalisierung. Von Identität zu Differenzen. Frankfurt a.M.

Ebner von Eschenbach, M. (2014a): Intermediarität. Lernen in der Zivilgesellschaft. Eine Lanze für den Widerstand. Berlin

Ebner von Eschenbach, M. (2014b): Epistemische Widerständigkeit als produktiver Kontrapunkt. Kategoriales Nachdenken über Sozialraum. In: Girmes, R./Geschke, S. M. (Hg.): Dialog der Wissenschaften. Sich Aufgaben stellen: gemeinsam, taktvoll, verantwortlich. Münster (i.E.)

Fehren, O. (2008): Wer organisiert das Gemeinwesen? Zivilgesellschaftliche Perspektiven Sozialer Arbeit als intermediärer Ansatz. Berlin

Fischer, J. (2008): Tertiarität. Die Sozialtheorie des „Dritten" als Grundlegung der Kultur- und Sozialwissenschaften. In: Raab, J./Pfadenhauer, M./Stegmaier, P./Dreher, J./Schnettler, B. (Hg.): Phänomenologie und Soziologie. Theoretische Positionen, aktuelle Problemfelder und empirische Umsetzungen. Wiesbaden, 121-130

Forst, R./Günther, K. (2011): Die Herausbildung normativer Ordnungen. Zur Idee eines interdisziplinären Forschungsprogramms. In: Forst, R./Günther, K. (Hg.): Die Herausbildung normativer Ordnungen. Interdisziplinäre Perspektiven. Frankfurt a.M./New York, 11-32

Frank, S. K./Ruhe, C./Schmitz, A. (2010): Explosion und Ereignis. Kontexte des Lotmanschen Geschichtskonzepts. In: Lotman, J. M. (2010): Kultur und Explosion. Berlin, 227-259

Glick Schiller, N. (2013): The Transnational migration paradigm. Global perspectives on migration research. In: Halm, D./Sezgin, Z. (Hg.): Migration and Organized Civil Society. Rethinking national policy. New York, 25-43

Gretchko, V. (2012): Jurij Lotmans Modell der kommunikativen Asymmetrie: Entstehung und Implikationen. In: Frank, S. K./Ruhe, C./Schmitz, A. (Hg.): Explosion und Peripherie. Jurij Lotmans Semiotik der kulturellen Dynamik revisited. Bielefeld, 79-98

Habermas, J. (1981): Theorie des kommunikativen Handelns. Frankfurt a.M., 2. Bde.

Habermas, J. (1995): Wahrheitstheorien (1972). In: Habermas, J.: Vorstudien und Ergänzungen zur Theorie des kommunikativen Handelns. Frankfurt a.M., 127-186

Habermas, J. (1998): Faktizität und Geltung. Beiträge zur Diskurstheorie des Rechts und des demokratischen Rechtsstaats. Frankfurt a.M.

Heintz, B./Münch, R./Tyrell, H. (Hg.) (2005): Weltgesellschaft. Theoretische Zugänge und empirische Problemlagen. Sonderheft ZfS. Stuttgart

Helfrich, S. (2009): Einleitung. In: Helfrich, S./Heinrich-Böll-Stiftung (Hg.): Wem gehört die Welt? Zur Wiederentdeckung der Gemeingüter. München, 11-23

Hufer, K.-P. (2003): Politische Erwachsenenbildung: Situation und Debatten. In: REPORT Literatur- und Forschungsreport Weiterbildung: Erwachsenenbildung und Demokratie; http://www.die-bonn.de/doks/hufer0301.pdf, 26.06.2014

Janich, P. (1999): Kulturhöhe und prädiskursiver Konsens: Zur lebensweltlichen Konstitution von Wahrnehmungsgegenständen. In: Janich, P. (Hg.): Wechselwirkungen. Zum Verhältnis von Kulturalismus, Phänomenologie und Methode. Würzburg, 187-205

Jantzen, W. (o. J.): Materialistische Behindertenpädagogik als basale und allgemeine Pädagogik, http://www.basaglia.de/Artikel/Materialistische%20BHP.htm, 26.06.2014

Körber, K. (2001): Non-Profit-Sektor. In: Arnold, R./Nolda, S./Nuissl, E. (Hg.): Wörterbuch Erwachsenenpädagogik. Bad Heilbrunn, 236-240

Koschorke, A. (2010): Ein neues Paradigma der Kulturwissenschaften. In: Eßlinger, E./Schlechtriemen, T./Schweitzer, D. (Hg.): Die Figur des Dritten. Ein kulturwissenschaftliches Paradigma. Frankfurt a.M., 9-35

Koschorke, A. (2012): Zur Funktionsweise kultureller Peripherien. In: Frank, S. K./Ruhe, C./Schmitz, A. (Hg.): Explosion und Peripherie. Jurij Lotmans Semiotik der kulturellen Dynamik revisited. Bielefeld, 27-39

Krämer, S. (2008): Medium, Bote, Übertragung. Kleine Metaphysik der Medialität. Frankfurt a.M.

Lang-Wojtasik, G./Schieferdecker, R. (Hg.) (2011): Weltgesellschaft – Demokratie – Schule: System- und evolutionstheoretische Perspektiven. Münster

Lévy, P. (1997): Die kollektive Intelligenz. Eine Anthropologie des Cyperspace. Mannheim

Lindemann, G. (2006): Die Emergenzfunktion und die konstitutive Funktion des Dritten. Perspektiven einer kritisch-systematischen Theorieentwicklung. In: Zeitschrift für Soziologie, Jg. 35, H. 2, 86-101

Lotman, J. M. (1990): Über die Semiosphäre. In: Zeitschrift für Semiotik, Jg. 12, H. 4, 287-305

Lotman, J. M. (2010): Kultur und Explosion. Berlin

Ludwig, J. (1990): Bildungsarbeit als Zurückeroberung der Praxis. Zum Verhältnis institutionalisierter Erwachsenenbildung und selbstinitiierten Lernens am Beispiel gewerkschaftlicher Arbeiterbildung und der Praxis von Bürgerinitiativen. München

Lüdeke, R. (2006): Einleitung. In: Dünne, J./Günzel, S. (Hg.): Raumtheorie. Grundlagentexte aus Philosophie und Kulturwissenschaften. Frankfurt a.M., 449-469

Marchart, O. (2010): Die politische Differenz. Berlin

Ruhe, C. (2009): Das Konzept der Übersetzung in Jurij Lotmans Kultursemiotik, http://www.translating-society.de/conference/papers/8/#id113, 26.06.2014

Ryle, G. (1970): Begriffskonflikte. Göttingen

Schäffter, O. (1991): Modi des Fremderlebens. Deutungsmuster im Umgang mit Fremdheit. In: Schäffter, O. (Hg.): Das Fremde: Erfahrungsmöglichkeiten zwischen Faszination und Bedrohung. Wiesbaden, 11-42

Schäffter, O. (2001): Weiterbildung in der Transformationsgesellschaft. Zur Grundlegung einer Theorie der Institutionalisierung. Baltmannsweiler

Schäffter, O. (2003): Erwachsenenbildung als reflexiver Mechanismus der Gesellschaft. Institutionstheoretische Überlegungen zur Funktion von Selbstorganisation und Selbststeuerung in Lernkontexten. In: Gary, C./Schlögl, P. (Hg.): Erwachsenenbildung im Wandel. Theoretische Aspekte und Praxiserfahrungen zu Individualisierung und Selbststeuerung. Wien, 33-56

Schäffter, O. (2011): Die Kontingenzperspektive auf den Forschungsgegenstand. In: Hof, C./Ludwig, J./Schäffer, B. (Hg.): Steuerung – Regulation – Gestaltung. Governance-Prozesse in der Erwachsenenbildung zwischen Struktur und Handlung. Baltmannsweiler, 232-239

Schäffter, O. (2014): Gesellschaftliche Differenzierung in tätigkeitstheoretischer Deutung? Intermediarität und widerständiges Lernen als Möglichkeit zum Paradigmenwechsel. In: Ebner von Eschenbach, M. (2014): Intermediarität. Lernen in der Zivilgesellschaft. Eine Lanze für den Widerstand. Berlin, 7-32

Scheunpflug, A. (1996): Die Entwicklung zur globalen Weltgesellschaft als Herausforderung für das menschliche Lernen. In: ZEP – Zeitschrift für internationale Bildungsforschung und Entwicklungspädagogik, Jg. 19, H. 1, 9-14

Schimank, U. (2005): Weltgesellschaft und Nationalgesellschaften: Funktionen von Staatsgrenzen. In: Heintz, B./Münch, R./Tyrell, H. (Hg.): Weltgesellschaft. Theoretische Zugänge und empirische Problemlagen. Sonderheft ZfS. Stuttgart, 394-414

Schlögl, R. (2004): Symbole in der Kommunikation. Zur Einführung. In: Schlögl, R./Giesen, B./Osterhammel, J. (Hg.): Die Wirklichkeit der Symbole. Grundlagen der Kommunikation in historischen und gegenwärtigen Gesellschaften. Konstanz, 9-38

Stichweh, R. (2000): Differenz und Integration in der Weltgesellschaft. In: Stichweh, R. (Hg.): Die Weltgesellschaft. Soziologische Analysen. Frankfurt a.M., 31-47

Straub, J./Shimada, S. (1999): Relationale Hermeneutik im Kontext interkulturellen Verstehens. Probleme universalistischer Begriffsbildung in den Sozial- und Kulturwissenschaften – erörtert am Beispiel „Religion". In: Deutsche Zeitschrift für Philosophie. Jg. 47, Heft 3, S. 449-477

Tenorth, H.-E. (1992): Intention – Funktion – Zwischenreich. in: Luhmann, N./Schorr, K. E. (Hg.): Zwischen Absicht und Person. Frankfurt a.M.,194-217

Welsch, W. (1996): Vernunft. Die zeitgenössische Vernunftkritik und das Konzept der transversalen Vernunft. Frankfurt a.M.

Zeuner, C. (2012): Intentionen in der politischen Bildung – Notwendigkeit einer Diskursverschiebung, http://www.boeckler.de/pdf/v_2012_03_01_zeuner.pdf, 26.06.2014

Kartierungen in der Weiterbildung. Methodische Impulse partizipativer und visualisierender Verfahren aus der qualitativen Netzwerkforschung

Wolfgang Jütte

1 Ausgangspunkt: Kooperative Forschungs- und Lernzusammenhänge

Gemeinsame Forschungsaktivitäten laden ein zum „Sich-In-Beziehung-Setzen". Dafür möchte ich hier das methodische Interesse in den Vordergrund stellen. So findet sich der Beitrag von Ludwig (2005) zu „Fallstudien" im Themenheft „Forschungsmethoden" des Literatur- und Forschungsreport Weiterbildung in unmittelbarer Nachbarschaft zu meinem Beitrag „Methodische Überlegungen zu Netzwerkanalysen." Einen weiteren Ort des direkten Zusammentreffens bilden EU-Projekte. Dies betrifft sowohl die von Jo-achim Ludwig geleitete Lernpartnerschaft (Sokrates-Programm) „Weiterbildungskonzepte für pädago-gische Professionals" (2006–2007) als auch das Projekt „Dialogue - Bridges between Research and Practice in University Lifelong-Learning" (2011-2013). In diesen Projekterfahrungen war die von Ludwig (2008a) vertretene Idee des lernenden Forschungszusammenhangs bzw. des kooperativen Lernzu-sammenhangs immer präsent. In diesen Arbeitskontexten forderte Joachim Ludwig zugleich meine reine „Beobachterperspektive" immer wieder kritisch heraus.

Die Schwerpunktsetzung in diesem Band nehme ich zum Anlass, um netzwerkanalytische Zu-gänge auf ihr dialogisch-partizipatives Potenzial zu befragen. Anstelle des „Netzwerke Beobachtens" wird der Frage nachgegangen, wie dialogisch-partizipative Verfahren in der Netzwerk- bzw. Weiterbil-dungsforschung entwickelt und Handlungsvollzüge und Wahrnehmungen der Subjekte stärker berück-sichtigt werden können.

Die Netzwerkanalyse ist ein vorwiegend formales Verfahren. Wenngleich es schon immer vereinzelte Ansätze gab, sie als qualitative Methode einzusetzen, rückt erst allmählich die qualitative Dimension von Netzwerkforschung in den Mainstream (vgl. Hollstein 2006; Straus 2013). Dies erklärt womöglich, warum dieser Forschungsansatz im Handbuch „Qualitative Erwachsenen- und Weiterbildungsforschung" (Schäffer/Dörner 2012) noch keinen Eingang gefunden hat; ebenso, dass Stichworte zu „Visualisierung" oder zu „kartographischen Darstellungsformen" (vgl. dazu weiter unten) bisher nicht vorhanden sind. Für die qualitative Weiterbildungsforschung bieten Formen der Kartierung aber fruchtbare Impulse wie im Folgenden anhand von Beispielen aus Projekten gezeigt werden soll.

2 Visualisierende Netzwerkanalyse

Die Netzwerkforschung hat in den letzten Jahrzehnten spürbar an Bedeutung gewonnen. Dies zeigt sich u.a. in der Einrichtung einer eigenen Sektion „Soziologische Netzwerkforschung" in der Deutschen Gesellschaft für Soziologie" im Jahr 2010. Damit einher geht auch eine Zunahme von neuen Publikationen, Studien und Handbüchern. Auch in der Erziehungswissenschaft wird die Netzwerkforschung verstärkt rezipiert (vgl. Gruber/Rehrl 2009; Schwarz/Weber 2010).

Zu den Vorläufern der Netzwerkanalyse darf Jacob Levy Moreno mit seinen „Grundlagen der Soziometrie" (1954) gezählt werden. Die Soziometrie verschrieb sich der Erforschung sozialer Beziehungen. Schon Moreno maß bildlichen Darstellungen einen besonderen Stellenwert zu und entwickelte farbige Soziogramme, um Gruppenstrukturen darzustellen (vgl. Abb. 1).

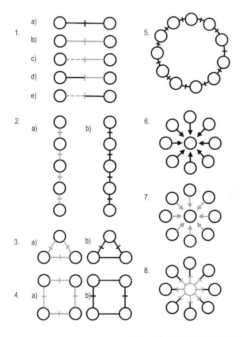

Abb. 1: Soziogramme (Moreno 1954: 70f., aus Mayer 2011: 56)

Katja Mayer (2011) hat in ihrer Dissertation herausgearbeitet, wie das ausgeprägte sozialreformerische Anliegen von Moreno mit seiner an der Exaktheit der Naturwissenschaft orientierten szientifischen Haltung einhergeht. So schreibt Moreno (1954: 351): Das Soziogramm „befriedigt unser Verlangen nach einer räumlichen Wissenschaft, die in Bezug auf Ideen, Dinge und Personen das leistet, was die Geometrie im Bereich geometrischer Zahlen vollbringt" (Mayer 2011: 56). Zugleich ist auch schon der „tätige Akt" angelegt, der uns noch später (vgl. Kap. 4) beschäftigen soll:

„Die Begeisterung für Soziogramme ist laut Moreno (1954) selbst seiner intensiven Auseinander-setzung mit Rollenspiel und Stegreiftheater in der Sozialpsychologie und deren Ziel, der von den Akteuren eigenständig gesetzten Veränderung von Positionen oder Strukturen zuzurechnen. Be-reits in seiner Zeit als Sozialpsychologe und Arzt in den 1920er Jahren fertigte Moreno per Hand Soziogramme an, mit Hilfe derer er die Beziehungslage in sozialen Gruppen analysieren, aber auch in diese intervenieren konnte. Und so umfasste denn auch die Forschungspraxis derSozio-metrie neben dem analytischen Vergleich aller Diagramme einer Studie auch die Konfrontation der Versuchspersonen mit den Visualisierungen" (Mayer 2011: 56).

Auch heute noch ist das Sichtbarmachen von Beziehungsgeflechten durch Visualisierungen ein Kenn-zeichen qualitativer Netzwerkforschung – es stellt zumeist einen wichtigen Übersetzungsschritt dar. In-sofern kann Straus (2013: 52) in seinem Fazit zugestimmt werden: „Qualitative Netzwerkforschung ist immer auch visualisierende Netzwerkanalyse".

Der hier verwendete Begriff der „Kartierung" will visualisierende Netzwerkforschung (Krempel 2010) in einen umfassenderen Kontext stellen: Dazu zählen grafische Darstellungen von Landkarten ebenso wie von Begriffswelten. Kognitive, narrative oder subjektive Landkarten oder „Mental Maps" (vgl. bspw. die Studie von Faulstich/Faulstich-Wieland 2012) analysieren die mentale Repräsentation von Raum. „Concept maps", die ein Netzwerk von Begriffen und deren Beziehungen zu einander bilden, rekonstruie-ren Strukturvorstellungen (Bender 2011). „Wissenslandkarten" bilden Handlungsressourcen ab. Ebenso werden Kartierungen vereinzelt als künstlerisch-bildungsorientierte Methode eingesetzt (Muhr 2012). Ar-gumentations-Visualisierungs-Programme kartieren Kontroversen online (bspw. www.debategraph.org). Darüber hinaus wäre das metaphorische Sprechen in den Blick zu nehmen: so will die „Forschungsland-karte Erwachsenen-/Weiterbildung" (Ludwig 2008b) Einblicke in die Forschungslandschaft eröffnen. Wie all diese Beispiele zeigen, schlägt sich hier u.a. die „Geo-Semantik der Netzwerkgesellschaft" (Werber 2008) nieder, in der auf Landschaftskarten-Metaphern zurückgegriffen wird.

Wenn man sich der Visualisierung in der Weiterbildung zuwendet, bilden Visualisierungsmethoden für Moderation und Dokumentation (bspw. Kühl 2009) einen weiteren Strang. Neben den klassischen Moderationsmethoden gibt es zunehmend Ansätze einer erweiterten visuellen Sprache, um Prozessver-läufe zu dokumentieren und Ergebnisse festzuhalten. Sie firmieren unter Bezeichnungen wie „Graphic Recording" oder „Visual Facilitation". Auf sie wird hier jedoch nicht weiter Bezug genommen.

3 Aus dem Werkzeugkasten: partizipativ-dialogische Ansätze

Netzwerkvisualisierungen helfen, Strukturzusammenhänge zu explorieren. Netzwerkanalytische Verfah-ren sind jedoch an Computerprogramme gebunden und außerhalb von Forschungsprojekten nur schwer anwendbar. Insofern besteht die Notwendigkeit, in Entwicklungsprojekten oder in EU-Projekten einfache „tools" zu verwenden. Vermutlich ist dies ein Grund, warum offensichtlich in keinem Drittmittel-Projekt eine SWOT-Analyse, die Analyse von Organisationen oder Projekten nach internen Faktoren (Stärken/ Schwächen) und externen Faktoren (Chancen/Risiken), fehlen darf.

Im Folgenden werden in forschungspragmatischer Hinsicht visualisierende Instrumente aus dem (Projekt-)Werkzeugkasten vorgestellt. Bei diesen Instrumenten handelt es sich vorwiegend um Netz-werkkarten (Hollstein/Pfeffer 2009). In diesen „social maps" werden Beziehungsdaten mittels einer Karte erhoben. In dem erwähnten EU-Projekt „Dialogue – Bridges Between Research and Practice in Universi-ty Lifelong Learning" (vgl. De Viron 2014), erfolgte diese in Form eines „Actors Mapping" und „Networks Mapping", was im Folgenden veranschaulicht wird.

Akteursmap als Anspruchsgruppenanalyse

Mit dieser Übung wird die Organisationsumwelt erfasst, indem zumeist die feldrelevanten Akteure identifiziert werden. Als alternative Bezeichnungen firmiert dieses Instrument unter Stakeholder-Analysen oder Anspruchsgruppenanalysen. Für den Aufbau von Kooperationen ist die Identifizierung von Schlüsselakteuren und deren Interessen zentral. Insofern besteht eine Übung darin, die zentralen Akteure festzustellen und sich das Beziehungsgeflecht im Feld wissenschaftlicher Weiterbildungzu vergegenwärtigen. Dazu wurde als Vorlage eine Netzwerkkarte erstellt (vgl. Abb. 2) und angeregt, diese freihändisch auszufüllen. Dabei wurden folgende Angaben erfragt:

- Identify the number and name of relevant sectors (in the example: educational policy, adult education, higher education, other)
- Identify relevant circles (e.g. importance or geographical orientation)
- Caution: Sometimes there are also important differences within one organisation
- Once you have identified your grid, please name and enter the key actors in relation to the EGO (either your department or regional/national/... network) and show the dimensions of the relationships using different colours and arrows as explained in the legend. We suggest the following steps:
  1) Identify the actors which could be LLL practitioners, LLL researchers, LLL Learners, LLL Policy makers and others
  2) Identify the networks: Find amongst these actors those who are by now aready organised as networks
  3) Identify the types of relationships
     - Innovation/knowledge transfer
     - Financial support
     - Counseling/coaching
     - Lobbying/Sponsoring/Interest representation
     - Determine the frequency and direction of relationships
     - Identify informal and formal relationships

Wie man in der nachfolgenden Grafik sehen kann, lässt diese Übung vielfältige Darstellungweisen zu und wurde von den Projektpartnern entsprechend unterschiedlich bewältigt. Die Netzwerkvisualisierung sollte zunächst den „Zeichnenden" helfen, einflussreiche Akteure zu identifizieren und für handlungsbedeutsame Konstellationen sensibilisieren. In einem weiteren Teilschritt wurden dann die erfassten Beziehungen verbalisiert, u.a. um die Ergebnisse in das Gesamtprojekt einfließen zu lassen.

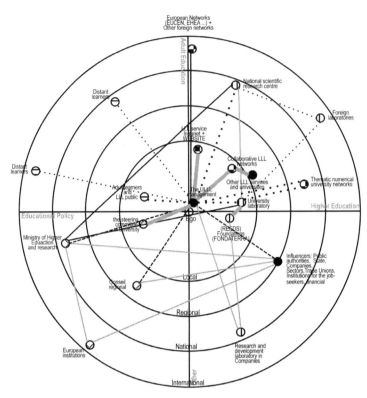

Actors

⬤ Practitioners

◑ Researchers

⊖ Learners

⊘ Policy-makers

◖ Networks

Types of relationships

······ Innovation / knowledge transfer

------ Financial support

—— Counselling / coaching

━━━ Lobbying / interest representation

Frequency and direction of relationships

The frequency of relationships can be indicated by the thickness of the arrows/lines, the thicker they are, the more frequent are relationships. The direction of communication can be indiicated by arrows.

Formal and informal relationships

Informal relationships can be indicated by dotted arrows/lines (----->)

Abb. 2: Netzwerkkarte „Actor Mapping" (Layout mit dem Programm Vennmaker)

In einer weiteren Aufgabe wurden anschließend die Beziehungsattribute bewertet (vgl. Abb. 3). Die Mitglieder sollten zehn Stakeholder identifizieren und auf einer Skala die Beziehung bewerten nach:

- Stärke der Beziehung
- Innovationspotenzial
- Einfluss auf die LLL-Agenda/Agenda-Setting
- „Dialogisches" bzw. Vernetzungspotenzial

So sollen Aufschlüsse über Handlungs- und Entwicklungsoptionen gewonnen werden. Die prospektive Stärke dieser Netzwerkdarstellung liegt hier im Aufdecken neuer Handlungsperspektiven.

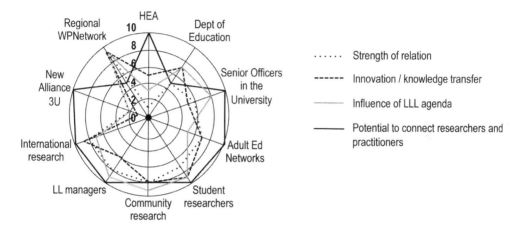

Abb. 3: Netzwerkkarte zur strategischen Analyse von Beziehungen

Partizipative Forschungsstrategien in der Entwicklungszusammenarbeit

Partizipative Erhebungsmethoden werden häufig in Entwicklungsprojekten eingesetzt (Schönhuth 2013). Dies geschieht besonders im Gesundheitsbereich (vgl. Bergold u.a. 2011) oder bei Evaluationen (Caspari 2006). „Partizipative Forschungsstrategien boten sich hier an, weil sie weniger ‚Wissen zum Verstehen' sondern mehr ‚Wissen zur Veränderung' anstreben" (Bergold u.a. 2011: 3). Ein solches partizipatives Verfahren ist das von der Sozialwissenschaftlerin Eva Schiffer entwickelte Tool „Net-Map". Zu seinen besonderen Kennzeichen zählt es, die Akteure nach ihrem Einfluss einzuschätzen (vgl. Abb. 4): „When planning and conceptualizing interventions, from the local to the national level and from private sector to policy-making leve, it is crucial to identify possible drivers of change, brokers, weak points in the network, main channels of information flow, formal and informal alliances in the governance field, etc." (Schiffer u.a. 2013: 292).

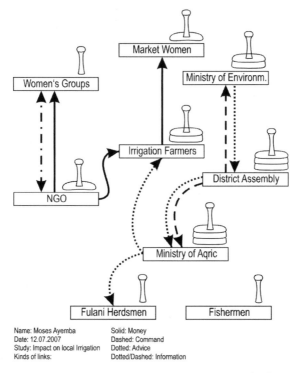

Name: Moses Ayemba
Date: 12.07.2007
Study: Impact on local Irrigation
Kinds of links:

Solid: Money
Dashed: Command
Dotted: Advice
Dotted/Dashed: Information

Abb. 4: Influence Towers (Schiffer 2007: 11)

Bei diesem Verfahren erfolgt in einem ersten Schritt die Identifizierung der Akteure („Who is involved?"). Nachdem diese auf Karten festgehalten sind, wird nach der Verbindung zwischen ihnen gesucht („How are they linked?") und schließlich werden die Akteure mittels Spielfiguren nach ihrem Einfluss gewichtet („How influential are they?"). Je stärker der Einfluss, desto höher ist die Spielfigur. So entstehen „Influence towers". Der Untertitel „Collecting Social Network Data and Facilitating Network Learning through Participatory Influence Network Mapping" (Schiffer/Hauck 2010) charakterisiert dieses Werkzeug treffend in seinen zentralen Zügen.

Digitale Netzwerkkarten und egozentrierte Netzwerkanalyse

Das vorherige Beispiel zeigt, dass neben Papier und Stiften auch mit Spielfiguren Erhebungen vorgenommen werden können. Eine digitale Variante kommt bei einer von uns durchgeführten wissenschaftlichen Begleitforschung zur Innovation in der Hochschule zum Einsatz. Sie wird im Folgenden insoweit kurz skizziert, als es zum Verständnis des visuellen Erhebungsverfahrens erforderlich ist; auf eine Darstellung der Ergebnisse wird hier verzichtet.

Um die personalen Netzwerke von „Innovatoren" in der Hochschullehre zu erfassen, führen wir egozentrierte Netzwerkanalysen (vgl. Herz 2014) durch. Das personenbezogene Netzwerk wird aus der Sicht einer fokalen Person (Ego) im Hinblick auf Beziehungen zu anderen Akteuren (Alteri) analysiert. Diese Fokalperson wird gleichsam als eine „Spinne" betrachtet, die das Netz herstellt und verändert. Ein Fokus liegt auf der Untersuchung der Beziehungen der beteiligten Akteure zueinander und deren Auswirkungen auf innovative Programmentwicklungen in den Hochschulen. Damit sind wir der Mikropolitik der Innovation auf der Spur.

Anders als im oben dargestellten EU-Projekt Dialogue werden hier die Karten in Verbindung mit qualitativen Interviews eingesetzt. Während des thematischen Interviews werden mit dem Softwaretool Vennmaker Netzwerkkarten gezeichnet, d.h. persönliche Netzwerke visuell erhoben. Die Zeichnung erfolgt gemeinsam mit dem Interviewten. Die folgende Abbildung (vgl. Abb. 5) verdeutlicht das Prinzip. Auffällig ist das zunächst vorgegebene Layout der konzentrischen Kreise („Social convoy") und der Sektoren auf der Digitalen Netzwerkkarte. Die Kreise repräsentierten die räumliche Nähe zur Fokalperson (hier: Arbeitsbereich/Institut; Fachbereich/Fakultät; Hochschule; Extern). Der Einteilung von vier Sektoren ist hier eine fachlich-inhaltliche und positionale Nähe zugrunde gelegt (Peers/Kollegen; Hochschulleitung; Verwaltung; Experten).

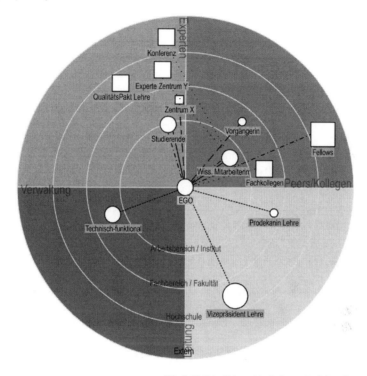

Abb. 5: Digitale Netzwerkkarte (Layout mit dem Programm Vennmaker)

Die Netzwerkerhebung erfolgt durch die Nennung, das Eintragen und Positionieren der Personen, mit denen Kontakte bestehen („Alteri"). Danach werden die Akteure und die Relationen mit Attributen versehen (beispielsweise ob es sich um Personen, Frauen oder Männer, Organisation etc. handelt oder nach unterstützenden, fachlich-inhaltsbezogenen, machtbezogenen etc. Beziehungen). Zumeist werden noch die Alteri-Alteri Kontakte erfasst. Weitere Details wie Häufigkeit, Dauer, Orte des Austausches werden dann im Interview erhoben. Im gemeinsamen Gespräch wird reflektiert, welche Opportunitäten und Barrieren sich aus der „sozialen Eingebundenheit" ihrer Promotoren ergeben, wo Veränderungs- bzw. Verbesserungspotenzial gesehen wird, welche (Ressourcen-/)Zugangsstrukturen oder Machtstrukturen sich widerspiegeln, etc. Die Visualisierung von Beziehungsgeflechten erleichtert es, die Deutungs- und Handlungsmuster der Akteure auf Strukturen zu beziehen. Der Blick auf die strukturelle Einbettung der Akteure schärft das Verständnis für deren subjektive Deutungen und Wahlentscheidungen (vgl. Jütte 2006).

4 Zur kommunikativen und partizipativen Seite von Visualisierungen

Die Visualisierung von Beziehungsnetzwerken hilft den Akteuren, sich in ihren relationalen und organisationalen Zusammenhängen zu sehen und damit Einsicht in ihre institutionelle Verankerung zu gewinnen. Die Positionierung auf der digitalen Netzwerkkarte ermöglicht ihnen, sich ihre Interaktionsräume zu vergegenwärtigen. So entsteht eine Verständigungsarbeit über strukturelle „Einsichten". Dieser Visualisierungsschritt kann zur „kommunikativen Validierung" der Ergebnisse beitragen. Sie können „als heuristisches Werkzeug genutzt werden, weil sie Strukturen darstellen, die nach Erklärungen verlangen. Dies führt wiederum zu weiteren Fragen, die in qualitativen Untersuchungen an die zur Verfügung stehenden Quellen gestellt werden können" (Fangerau 2009: 240). Damit hört die Arbeit nicht auf, sondern wie bei vielen interpretativen Verfahren, fängt sie eher an.

> „Der partizipative, tätige Akt der Netzwerkanalyse" ist nach Straus (2013: 53) das besondere Kennzeichen: „Eine besondere Qualität der visualisierenden Netzwerkanalyse ist, dass sie dem/ der Interviewten hilft, sich selbst sein/ihr Netzwerk überhaupt vorstellen zu können. Anders als durch einen Fragebogen oder die durch Namensgeneratoren erzeugten Listen entsteht mit der Netzwerkkarte ein gemeinsames visuelles Gegenüber. Im Akt des qualitativen Netzwerkinterviews kommt es damit zu einem besonderen partizipativen Akt zwischen Interviewten und Interviewer/in. [...] Im Unterschied zum schriftlichen Fragebogen und auch zum normalen qualitativen Interview entsteht etwas Neues aus gemeinsamer Tätigkeit, das im nächsten Schritt wieder zum Ausgangspunkt reflexiver Akte werden kann" (ebd.).

Abschließend muss darauf aufmerksam gemacht werden, dass Produktion und Kommunikation von Wissen durch Visualisierungen (Beck 2013) zwei unterschiedliche Schritte sind. Zunächst müssen die Projektbeteiligten im Prozess der Wissensproduktion selbst visuelle Kompetenz entwickeln. Diese „Schulung des Blickes" ist ein reflexiver Schritt und nicht irritationsfrei wie Forschungskooperationen zeigen. Erst in einem zweiten Schritt richtet sich die Visualisierung an die erweiterte Community, um Befunde angemessen zu kommunizieren (ebd.: 197). Bei der Darstellung von Ergebnissen lauern die nächsten Fallstricke, wie wissenssoziologische Arbeiten unterstreichen (vgl. Schnettler/Pötzsch 2007; Mayer 2011). Dies ist insbesondere dann der Fall, wenn von Visualisierungen „Evidenz" oder eine „normative Kraft" erwartet wird, wenn mit ihrer Verwendung legitimatorische oder persuasive Intentionen verbunden sind.

Insofern bleibt festzuhalten, dass visuelle Sprache auf Übersetzungsarbeit angewiesen ist. Für die Wissenschaft kann die Begrenzung ihrer Interpretationshoheit den Weg zu einem dialogischen Selbstverständnis den Weg öffnen. In der Weiterbildungswissenschaft hat die relationale Perspektive breiter Eingang gefunden (Schäffter 2013). Vermutlich werden zukünftig Arbeiten entstehen, die Verfahren qualitativer Netzwerkforschung systematisch einsetzen. Ihr partizpatives Potenzial stärker zu heben, bleibt eine Entwicklungsaufgabe.

Literatur

Beck, G. (2013): Sichtbare Soziologie: Visualisierung und soziologische Wissenschaftskommunikation in der zweiten Moderne. Bielefeld

Bender, N. (2011): Die Abbildung vernetzten Wissens zur privaten Ver- und Überschuldung mit Concept Maps. In: Faßhauer, U./Aff, J./Fürstenau, B./Wuttke, E. (Hg.): Lehr-Lernforschung und Professionalisierung. Perspektiven der Berufsbildungsforschung. Opladen/Farmington Hills, 99-110

Bergold, J./Dege, M./Thomas, S. (2011): Editorial: Partizipative Forschungsstrategien. In: Journal für Psychologie, Jg. 19, H. 2, 1-8

Caspari, A. (2006): Partizipative Evaluationsmethoden – zur Entmystifizierung eines Begriffs in der Entwicklungszusammenarbeit. In: Flick, U. (Hg.): Qualitative Evaluationsforschung: Konzepte – Methoden – Umsetzung. Reinbek, 365-384

De Viron, F. (Ed.) (2014): Bridges between Research and Practice in University Lifelong Learning: Policy Report and Recommendations. Barcelona

Fangerau, H. (2009): Der Austausch von Wissen und die rekonstruktive Visualisierung formeller und informeller Denkkollektive. In: Fangerau, H./Halling, T. (Hg.): Netzwerke: allgemeine Theorie oder Universalmetapher in den Wissenschaften? Ein transdisziplinärer Überblick. Bielefeld, 214-246

Faulstich P./Faulstich-Wieland, H. (2012): Lebensräume und Lernorte. In: Der pädagogische Blick, H. 2, 104-115

Gruber, H./Rehrl, M. (2009): Netzwerkforschung. In: Tippelt, R./Schmidt, B. (Hg.): Handbuch Bildungsforschung. Wiesbaden, 967-981

Herz, A. (2014): Ego-zentrierte Netzwerkanalysen zur Erforschung von Sozialräumen, http://www.sozialraum.de/ego-zentrierte-netzwerkanalysen-zur-erforschung-von-sozialraeumen.php, 27.03.2014

Hollstein, B. (2006): Qualitative Methoden und Netzwerkanalyse - ein Widerspruch? In: Hollstein, B./Straus, F. (Hg.): Qualitative Netzwerkanalyse. Wiesbaden, 11-35

Hollstein, B./Pfeffer, J. (2009): Netzwerkkarten als Instrument zur Erhebung egozentrierter Netzwerke, http://www.pfeffer.at/egonet/Hollstein%20Pfeffer.pdf, 10.07.2014

Jütte, W. (2006): Netzwerkvisualisierung als Triangulationsverfahren bei der Analyse lokaler Weiterbildungslandschaften: In: Hollstein, B. /Straus F. (Hg.): Qualitative Netzwerkanalyse. Wiesbaden, 221–242

Krempel, L. (2010): Netzwerkvisualisierung. In: Stegbauer, C./Häußling, R. (Hg.): Handbuch Netzwerkforschung. Wiesbaden 539-567

Kühl, S. (2009): Visualisierungsmethoden. In: Kühl, S./Strodtholz, P./Taffertshofer, A. (Hg.): Handbuch Methoden der Organisationsforschung. Wiesbaden, 195-215

Ludwig, J. (2005): Fallstudien. In: Literatur- und Forschungsreport Weiterbildung, H. 2, 51-60

Ludwig, J. (2008a) (Hg.): Interdisziplinarität als Chance: Wissenschaftstransfer und Beratung im lernenden Forschungszusammenhang. Bielefeld

Ludwig, J. (2008b): Die Forschungslandkarte Erwachsenen-und Weiterbildung als neues Steuerungsmedium. In: Hessische Blätter für Volksbildung, H. 2, 105-113

Mayer, K. (2011): „Imag(in)ing Social Networks". Zur Epistemischen Praxis der Visualisierung Sozialer Netzwerke. Wien

Moreno, J. L. (1954): Die Grundlagen der Soziometrie. Köln/Opladen

Muhr, M. (2012): „Sich verzeichnen" – mit Karten sich im Zwischenraum orientieren. Eine künstlerische Methode für reflexive Bildungsprozesse. In: Magazin erwachsenenbildung.at., Ausgabe 15, http://www.erwachsenenbildung.at/magazin/12-15/meb12-15.pdf, 10.07.2014

Schäffer, B./Dörner, O. (Hg.) (2012): Handbuch Qualitative Erwachsenen- und Weiterbildungsforschung. Opladen

Schäffter, O. (2013): Systemische Veränderungsforschung aus relationaler Sicht: Erwachsenenbildung zwischen Inklusion und Exklusion. In: Gieseke, W./Nuissl, E./Schüßler, I. (Hg.): Reflexionen zur Selbstbildung. Bielefeld, 32-58

Schiffer, E. (2007): Net-Map Toolbox. Influence Mapping of Social Networks. Washington D.C.

Schiffer, E./Hauck, J. (2010): Net-Map: Collecting Social Network Data and Facilitating Network Learning through Participatory Influence Network Mapping. Field Methods 22, 231-249

Schiffer, E./Hauck, J./Abukari, M. (2013): Net-Map. A Tool to Understand How Actors Shape the Governance of Small Reservoirs in Northern Ghana. In: Schönhuth, M./Gamper, M./Kronenwett, M./Stark, M. (Hg.): Visuelle Netzwerkforschung. Qualitative, quantitative und partizipative Zugänge. Bielefeld, 277-294

Schnettler, B./Pötzsch, F. S. (2007): Visuelles Wissen. In: Schützeichel, R. (Hg.): Handbuch Wissenssoziologie und Wissensforschung. Konstanz, 472-484

Schönhuth, M./Gamper, M./Kronenwett, M./Stark, M. (Hg.) (2013): Visuelle Netzwerkforschung. Qualitative, quantitative und partizipative Zugänge. Bielefeld

Schönhuth, M. (2013): Landkarten sozialer Beziehungen. In: Schönhuth, M./Gamper, M./Kronenwett, M./Stark, M. (Hg.): Visuelle Netzwerkforschung. Qualitative, quantitative und partizipative Zugänge. Bielefeld 59-78

Schwarz, J./Weber, S. M. (2010): Erwachsenenbildungswissenschaftliche Netzwerkforschung. In: Seitter, W./Feld, T. C./Dollhausen, K. (Hg.): Erwachsenenpädagogische Organisationsforschung. Wiesbaden, 65-90

Straus, F. (2013): „Das Unsichtbare sichtbar machen". 30 Jahre Erfahrungen mit qualitativen Netzwerkanalysen In: Schönhuth, M./Gamper, M./Kronenwett, M./Stark, M. (Hg.): Visuelle Netzwerkforschung. Qualitative, quantitative und partizipative Zugänge. Bielefeld, 33-58

Werber, N. (2008): Die Geo-Semantik der Netzwerkgesellschaft. In: Döring, J./Thielmann, T. (Hg.): Spatial Turn: Das Raumparadigma in den Kultur- und Sozialwissenschaften. Bielefeld, 165-183

Für eine Andersartigkeit der Selbst- und Welterschließung

Sabine Schmidt-Lauff

Es gibt wohl kaum ein Postulat der letzten Jahre, das in der Erwachsenenbildung häufiger und dringlicher formuliert wurde als das der Subjektorientierung. Im Vordergrund steht dabei nicht immer das Subjekt als menschlich-seiendes Wesen in Bildungszusammenhängen, sondern oft bildungspolitische oder normative Überlegungen und funktionale Auslegungen für eine lebenslange Selbstkonzeptionierung: Von einer eigenverantwortlichen und reflektierten Lebensführung, über die Entfaltung innerer Möglichkeiten oder Selbstermächtigung des Subjekts bis hin zur Depotenzierung in einer „modernen Subjekthybris" (Lüders 1995).

Das Changieren zwischen den Begriffen *Subjekt, Selbst* und *Identität* und ihren Bindestrichphänomenen erfolgt dabei nur selten reflektiert (vgl. kritisch dazu Wittpoth 1994). Die Begriffe stehen jeweils als Chiffren für unterschiedliche Zuschreibungen: Der *Subjektbegriff* für freiheitliches Fühlen, Denken, Wollen, Handeln und selbstständige Entscheidungen (vgl. Meueler 2009). Der (sozialwissenschaftliche) *Identitätsbegriff* für ein lebensgeschichtlich, biographisches Konstrukt in der Balance internalisierter Erwartungen anderer und den eigenen Ansprüchen, Bedürfnissen und Rahmungen, wobei Identität „die zentrale vergesellschaftende Verknüpfung zwischen Individuum und Gesellschaft" darstellt (Faulstich/ Ludwig 2004: 18). Sowie der Begriff des *Selbst*, wenn nicht philosophienah als Synonym zum Ich gedacht, dann zumeist in Wortkombinationen als Verbindung oder Ausdruck einer bildenden bzw. lernenden Gestaltung, so z.B. im ‚Selbstkonzept' oder als Selbstbestimmtheitsdebatte bis zur ‚'Autodaxie'" (vgl. kritisch ebd.). Das hohe Interesse der Erwachsenenbildung an der subjektwissenschaftlichen Grundlegung des Lernens im Erwachsenenalter resultiert unter anderem aus der darin gegebenen perspektivverschränkenden Möglichkeit, das (lernende) Subjekt als zugleich weltbezogen wie gesellschaftlich verortet und „subjekthaft-aktiv" (Wittpoth 2004: 257) in seiner Verfügungserweiterung der eigenen Lebensbedingungen zu verstehen. Es wird ein Menschenbild angeregt, welches die Erwachsenenbildung (ihre Wissenschaft, Theorie und Praxis) von Anfang an in Begriffen wie Mündigkeit, Freiheit und Reflexivität begleitet und geprägt hat.

Intention der folgenden Betrachtungen ist die Aufschlüsselung eines subjektbezogenen Lernens über den Weg einer bildungs- und temporaltheoretischen Charakterisierung. Gerade die Thematisierung und kritische Beobachtung des spezifischen Verhältnisses von Bildung und subjektorientiertem Lernen hat sich Joachim Ludwig in seinen Arbeiten und Studien wiederholt zur Aufgabe gemacht: „Weil Bildung auf individueller Aktivität basiert, ohne sie nicht denkbar wäre, impliziert jeder Bildungsbegriff einen Lernbegriff" (Ludwig 2004: 41). Darin kann das subjektwissenschaftliche Konzept dem „Selbstverständnis eines kritisch-reflexiven Bildungsbegriffs zugeordnet [werden; S.-L.], weil es mittels einem Verstehen von Lernprozessen und Lernbehinderungen nach den Voraussetzungen fragt, wie Bildung möglich wird und nicht danach, was Bildung ist" (Ludwig 2006: 114). Bildung als „Subjektentwicklung" bleibt dennoch nicht unbestimmt, sondern betont das lebensbegleitende Bemühen um Selbststeuerung, Selbstbestimmung und „kreativen Widerstand gegen die Beschränkung auf funktionale Subjektivität (*Bildung als Selbstbildung*)" (Meueler 2009: 146, Hervorh. i.O.).

Daran an schließt sich eine kritische, zeitdiagnostische Einordnung von Lernen, die den allgegenwärtigen Diskurs um Wandel und Dynamik der Moderne zum Ausgangspunkt nimmt, in dem sich Lernen zu einem *der* Schlüsselbegriffe moderner Bewältigungsstrategien entwickelt hat. Über den Lernbegriff als ein spezifisches Handeln *in* der Zeit und Gestalten *von* Zeit werden Überlegungen zu einer Andersartigkeit von Selbst- und Welterschließung entfaltet. Dahinter steht das Anliegen, Bildung und auch das darin enthaltene Lernen explizit auf zeitliche Gegentendenzen (Innehalten, Muße, Sich-Entwickeln-Lassen u.v.m.) hin zu betrachten und damit gegen die gängige Indienstnahme in Nutzen- und Verwertungsbezügen zu verteidigen.[1] Bildung wird stattdessen begriffen als eine besondere *zeitenthobene* Form der identitätsbezogenen Transformation von Wissen, Kenntnissen durch Vermittlung, Einsicht, Erkenntnis, Erfahrung, Begegnung (vgl. Koller 2012; Schmidt-Lauff 2014). Diese Zeitenthobenheit meint keine Zeit*losigkeit*, sondern einen spezifisch temporal entlasteten Freiraum des Lernens.

1 Subjektivität zeitdiagnostisch ausgelegt

In der gängigen Zeitdiagnostik unserer Gesellschaft als Moderne, Postmoderne oder reflexive Moderne kennzeichnen Phänomene wie Pluralisierung, Individualisierung, Differenzierung, Entgrenzung, Kontingenz usw. die Debatten um Lebensläufe und Biographien. Wir betonen und (er)leben alltäglich eine Dynamik und unablässigen Wandel sowie daraus resultierend steigende Kontingenzerfahrungen sowohl als Phänomene sozialer Beschleunigung wie auch des subjektiven Selbst-Seins. Es ist nicht allein unsere Welt und unser Tun und Erleben, die sich beschleunigen, sondern es kommt zu einer empfundenen (kognitiv wie leiblich-emotionalen) Beschleunigung der Individuen in ihrem Sein (Rosa 2005). Die in jeder Kontingenzerfahrung enthaltene Offenheit aber ist ambivalent und geprägt durch ein Noch-Nicht, welches bestimmt ist durch Empfindungen zwischen Unbehagen und Optionalität. Dem allgegenwärtigen Phänomen der Kontingenz wohnt ein Optionsraum auf offene Möglichkeiten inne, auf etwas Neues als Chance des Nicht-Festgelegten und als *Bildungsraum* (Pfeiffer 2007). Wenn diese Offenheit und Freiheit aber als Zufall, als überraschend Unerwartetes, gar als (negativ) Unerwartbares daherkommt, kann sie in Unsicherheit, Orientierungsverlust und Bedrohung umschlagen.

In der Erwachsenenbildung wird entsprechend schon länger die im modernen Individualisierungsgedanken getragene Idee der Selbstermächtigung und Depotenzierung des Subjekts kritisch thematisiert. Die Kritik richtet sich auf Überforderungen durch das Alleinlassen der Lernenden und riskante

[1] Exemplifiziert wird dies an einigen Ausschnitten zu spezifischen Bildungserfahrungen in der kulturellen Erwachsenenbildung, die im Rahmen eines TUC- und bmbf-Projekts ‚Zeit in der kulturellen Erwachsenenbildung – Durch Bildung zu einem neuen Zeiterleben' (2013/2014) entstanden. Herzlich gedankt sei an dieser Stelle Fanny Hösel für ihre Mitarbeit und dezidierte Kategorisierung des umfangreichen Materials (vgl. http://www.tu-chemnitz.de/phil/ipp/ebwb/content/view/436/67/).

Lernverfahren, die das Subjekt auf sich selbst zurückwerfen unter dem Anspruch einer lebenslangen Bereitschaft für die Sicherung von Kompetenzen, Identität und biographische Kontinuität das Sinn-Risiko selbst zu tragen. „Das isoliert lernende Individuum ist keineswegs gefeit gegen Misserfolge, Hilflosigkeit auch Skurrilität" (Faulstich/Ludwig 2004: 24).

Joachim Ludwig thematisiert unter didaktischen Ansprüchen in diesem Zusammenhang eine dringend nötige „kritische Rekonstruktion von Selbst- und Fremdtäuschungen" im Lernhandeln als zentrale Voraussetzung für kritisch-reflexive Bildungsprozesse (Ludwig 2004: 51). Da Bildungsinhalte und -gegenstände in der subjektorientierten Lerntheorie nicht als festgelegt angenommen werden, sondern als Handlungsgründe der Individuen in je spezifischen gesellschaftlichen Strukturen unter dem Leitbild humaner Verhältnisse begründet sind, werden wechselseitige Verständigungs- und Aushandlungsprozesse nötig. Lernen stellt einen spezifischen Handlungsmodus dar, in dem alltägliche Handlungen unterbrochen werden, um dann in einer selbstbezüglichen Sinnreflektion und selbstkritischen Haltung über die Auseinandersetzung mit „fremden Situationsmerkmalen" und „unbekannten Bedeutungshorizonten Anderer" (z.B. Lehrender oder Mitlernender) zu erweiterter Kompetenz zu gelangen (Ludwig 2011: 151).

Joachim Ludwig hat das in Anlehnung an das „expansive Lernen" bei Holzkamp an unterschiedlichsten Stellen seiner Arbeiten bildungskritisch entfaltet. Interessant für eine zeitdiagnostische Einordnung sind z.B. seine Überlegungen zum expansiven Lernen als Möglichkeit, die „ergriffen werden kann in der Überwindung von Zwangsverhältnissen" (Ludwig 2004: 51). Im Anschluss an Heydorn bezieht er sich auf Bildung als stetiges „Freilegen von Zukunft als Verwirklichungsprozess des Menschen" (Heydorn 1980 zit. n. ebd.). Bildungsprozesse umfassen darin die Aneignung wie Kritik und Transformation gesellschaftlicher Wissensbestände und Regeln in einem wechselseitigen Anregungs- und Suchprozess für zukünftige Verbesserungen. In dieser kritischen und selbstkritischen Haltung der Lernenden werden gegenwärtige „Zwänge, Deformationen und Selbstbeschränkungen aufgedeckt" und nicht als Reflex auf Vergangenes, sondern auf zukünftig erweiterte gesellschaftliche Teilhabe hin „transformiert" (Ludwig 2004: 42). Das so betonte Lernen zielt auf ein intentionales Lernen von dem, so Holzkamp selbst, „aber nur dann sinnvoll gesprochen werden, wenn in der Lernintention die Gewinnung einer die jeweilige Situation überschreitenden Permanenz und Kumulation des Gelernten mitintendiert ist, d.h. das Erworbene nicht sofort wieder verloren geht, sondern transsituational derart erhalten geblieben ist, dass nun im weiteren an diesem neuen Niveau angesetzt werden kann" (Holzkamp 1995: 183).

2 Lernen als Antizipation von Wandel

Wo Traditionen, gesellschaftliche Rollenbilder ebenso wie rationale Interpretationen (z.B. durch Wissenschaften) ihren orientierenden Charakter und ihre Gewissheit verleihende Kraft verloren haben, sieht sich der Erwachsene zunehmend selbstbetont in der Verantwortung zur ‚Identitätsarbeit'. Giddens arbeitet in einem seiner frühen Werke ‚Modernity and Self-Identity' die grundsätzliche Bedeutung eines unbedingt konsistenten Selbst in der Dynamik und dem Wandel der (reflexiven) Moderne heraus: *Self-identity* „is the self as reflexively understood by the person in terms of her or his biography. Identity here still presumes continuity across time and space" (Giddens 1991: 53, Hervorh. i.O.).

Dass Lernen als Identitätsarbeit über die Antizipation von Wandel oder modern: als ‚Übergangsmanagement'[2] für die Erwachsenenbildung heute selbstverständlich ist, bezieht sich i.d.R. auf unterstellte Dynamiken und Entwicklungen in unserer „Beschleunigungsgesellschaft" (Rosa 2005), die *lernend* zu bewältigen sind. Diese Selbstverständlichkeit bricht Wittpoth kritisch auf in Bezug zum erwachsenen Subjekt: „Die Diskrepanz zwischen unterstellter Stabilität und erwartetem, aber auch gelegentlich zu beobachtendem Wandel wurde vor allem durch den Verweis auf krisenhafte Ereignisse, die den entwi-

---

[2] Vgl. kritisch dazu Felden u.a. 2014.

ckelten Kern des Selbsts erschüttern und neue Lebensentwürfe erzwingen, zu überwinden versucht" (Wittpoth 1994: VIIf.). Dabei sei die reflexhafte Annahme einer nötigen „Beständigkeit des Erwachsenendaseins" oder die an gestrebte „Gleichförmigkeit von Lebensumständen" bereits durch George H. Mead in der Vorstellung einer lebenslangen Sozialisation überwunden (ebd.: VIII). Hier haben Stabilität und Wandel der erwachsenen Persönlichkeit gleichermaßen Platz und Entwicklung bleibt grundsätzlich unabgeschlossen, so dass sich „'Individuierung' [...] nicht gegen soziale Kontexte, sondern anhaltend in ihnen" vollziehe (ebd.).

Veränderungen gesellschaftlicher und sozialer Strukturen werden im Zusammenhang mit Fragen einer zeitbezogenen Identitätsbildung zusammengebracht. So nimmt Hartmut Rosa an, dass sich „Temporalstrukturen und -horizonte der Gesellschaft [....] unvermeidlich auf die Temporalstrukturen der Identitätsbildung und -erhaltung auswirken" (Rosa 2005: 237). Ohne den Begriff von Lernen explizit aufzunehmen, spricht Rosa im Zusammenhang zur Beschleunigungsgesellschaft von der „alltäglichen Identitätsarbeit", die Subjekte zu leisten hätten und die mehr als irgendein anderes Phänomen den „Bruch zwischen der ‚klassischen' Moderne und dem was man als *Spät*- oder (je nach Perspektive) auch *Postmoderne* bezeichnen könnte" ausmachen (ebd.; Hervorh. i.O.). Auch die Programmatik des lebenslangen bzw. lebensbegleitenden Lernens gründet sich auf die Erosion temporaler Strukturen bzw. auf der Wandelmetapher als zentrale Legitimationsformel. Dörpinghaus und Uphoff (2012) sprechen vom lebenslangen Lernen auch als ‚*Selbstinstitutionalisierung*' im Wirksamwerden von Zukunftserwartungen. Jede Erwartung „ist vergegenwärtigte Zukunft, sie zielt auf das Noch-Nicht, auf das nicht Erfahrene, auf das nur Erschließbare. Hoffnung und Furcht, Wunsch und Wille, die Sorge, aber auch rationale Analyse, rezeptive Schau oder Neugierde gehen in die Erwartung ein, indem sie diese konstituieren" (Koselleck 1989: 355). Unter diesen Zeitphänomenen entstehen aber vielfach Lernkonzepte, denen es vorrangig nicht um ein Lernen als Erweiterung der Handlungs- und Weltverfügung geht, sondern eingeschränkt, um eine lernende Adaptionsleistung. Das wiederum unterwirft aber die „Individuen einem Zwang zum Neulernen" (Faulstich/Ludwig 2004: 4).

Dynamiken und der Zwang zur Veränderung sind nicht mehr beschränkt auf Einzelveränderungen, auf ein Eins-nach-dem-Anderen oder kontinuierliche Umformung, sondern stellen radikale Umbrüche und tiefgreifende Transformationen dar. Die daraus folgende Destabilisierung individueller Lebenslagen wie kollektiver Organisations- bzw. Orientierungsprinzipien macht auch verständlich, warum die mitschwingende (Multi)Optionalität (anything goes) nicht zwingend attraktiv ist. Für die Erwachsenenbildungspraxis spielt die Herausforderung diskontinuierlicher Kontinuitäten eine größer werdende Rolle.[3] Problematisch wird es, wenn die beschriebenen Zeitphänomene dabei funktional, didaktisch-intensivierend oder (selbst-)steuernd ausgelegt werden. Zeit gilt dann im Rahmen pragmatisch zu organisierenden Lehr/Lernarrangements rein akzidentiell als instrumenteller Faktor und geschickt zu managende Ressource (kritisch dazu Schmidt-Lauff 2008, 2010). So wird die nutzbringende und effizienzbetonte Konstituierung von Zeitpraktiken als Errungenschaft des Planens, Sparens, Priorisierens angenommen. Solange Begriffe wie: Optimierung, Effekt, Vorteil oder Ertrag – nicht gemeint hier als Fachterminologie und mindestens ebenso klärungsbedürftig – im Zeitbegriff mitschwingen überrascht ihre In-Dienstnahme und utilitaristische Engführung nicht. Zeit wird instrumentell gedacht und in ihrer chronologischen Form als Stunde, Minute, Sekunde, in Kalendern und Zeitplänen als Orientierungsgröße, Strukturgeber und Maßstab gesetzt. Zeit ist hier in „rechnerisch gleiche Einheiten zerlegbar und wird als Quantität wahrge-

---

[3] Vgl. dazu auch den subjektorientierten Beratungsansatz bei Joachim Ludwig und seine Arbeiten über kooperative Lernverhältnisse als Verstehens- und Verständigungsverhältnisse (2004, 2011).

nommen, die man auf Zeitfenster verteilen und einander ausschließenden Aktivitäten zuteilen kann, die sich als finite Ressource manipulieren und als abstraktes Tauschmittel einsetzen lässt" (Adam 2005: 92f. zit. n. Göhlich/Zirfas 2007: 107).

Über den Zeitaufwand und die Zeitverwendung z.B. in Zeitbudgetstudien werden Aussagen hergeleitet über Nutzen und Ertrag von Handlungen. Dies gilt auch für die Verwendung von Zeit für Lernen im Erwachsenenalter, obwohl – so im Adult Education Survey zu lesen – „bislang keine empirischen Nachweise über das Verhältnis zwischen der zeitlichen Weiterbildungsintensität und den Outcomes vorliegen, liegt es doch nahe, von einem Zusammenhang auszugehen" (AES 2012: 50). Entsprechend werden Indikatoren wie ‚Zeitspanne' (Dauer eine Weiterbildungsmaßnahme) und ‚Präsenzzeiten im Lernen' (Anwesenheitszeiten) erfasst. Dabei kann die Betrachtung einer rein quantitativen Verteilung oder Entwicklung, in der Regel verbunden mit einer Effizienz- und Steigerungsannahme (wobei gerade die Zeiterfahrung uns lehrt, dass ein ‚Mehr' an zeitlichem Umfang überaus ambivalent sein kann und keinesfalls grundsätzlich ein ‚Besser' i.S. eines ‚Mehr an Zeit-Qualität' darstellt; vgl. Nowotny 1995), keinerlei Auskunft über (erlebte) *Zeitqualitäten* geben.

Der Imperativ „Nutze Deine Zeit" und also auch Lernzeit und die Behauptung, Zeit werde „für etwas eingesetzt" und „ihr Verbrauch bemisst sich darin, ob Ziele erreicht werden oder nicht", so Oelkers (2001), vergisst, dass es auch „Entfaltungslernen" jenseits von direkten Verwertungszusammenhängen geben kann, und, dass Lernen gerade auch aus Subjektperspektive „nicht nur Mühsal unter äußeren Zwängen, sondern auch individuelle Verfügungserweiterung und mehr Lebensqualität" bedeuten kann (Faulstich/Ludwig 2004: 4). Entsprechend gerät unser Umgehen mit Zeit im alltäglichen Handeln, das *Wie* unserer Zeitgestaltung und – wie im Folgenden beschrieben werden soll – somit auch von Lernen als ein spezifisches Handeln in der Zeit in den Blick.

3   Lernen als ein spezifisches Handeln in der Zeit

Lernen ist ein Handeln in der Zeit – sei es geschichtlich verortet in sich wandelnden Epochen („geschichtliche Zeit", Koselleck 1989), in der jeweiligen gesellschaftlichen Zeitsozietät (Transformationsgesellschaft, Wissensgesellschaft, Beschleunigungsgesellschaft o.a.), als individuelle Eigenzeit (bildungsbiographisch verortet) oder innerhalb differenter Zeitlogiken im Lehr/Lerngeschehen (Berdelmann 2010). Es geht um *Lernen als spezifische Zeitverwendungsform* neben anderen Tätigkeiten des Erwachsenenalters. Dieses Lernen ist intentional und – im Gegensatz zum „Mitlernen" (Holzkamp 1995) im beiläufigen Handlungsvollzug – als spezifische Form menschlichen Handelns von der Absicht zu Lernen gekennzeichnet. Es ist als „Selbstverständigungsprozess" der Lernenden zu verstehen, in dessen Rahmen „über die eigenen verfügbaren Bedeutungen und jene noch unzugängliche gesellschaftliche Handlungssituation reflektiert" wird, eben weil die „eigene Handlungsfähigkeit als eingeschränkt erlebt wird" (Ludwig 2006: 111). In ihrem Beitrag „Lernen als Passion" setzt Meyer-Drawe einen „Kontrapunkt gegen das ‚Lernen en passant'", in dem sie ein Lernen betont, das davon „getrieben ist, dass der Lernende seinen eigenen Horizont erweitern sowie sich selbst verändern will und mit der Macht der Gewohnheit brechen will" (Meyer-Drawe 2012: 9).

Lernen „ist in pädagogischer Perspektive und in strengem Sinne eine *Erfahrung*" und beginnt dort, wo Vertrautes brüchig wird aber Neues noch nicht zur Hand ist (Meyer-Drawe 2008: 15). Daraus resultierende Diskrepanzerfahrungen sind insbesondere in der Moderne mit ihren gesteigerten Kontingenzerfahrungen alltäglich. Meyer-Drawe verweist darauf, dass es die sogenannte *Neuzeit* war, die insbesondere durch den Ausbau der Naturwissenschaften und der Dynamik neuer Erkenntnisse mit den bisherigen menschlichen Erfahrungen einer „lebensweltlichen Evidenz" brach (ebd.: 14). Wie oben bereits dargestellt, beinhaltet der Fortschritt nicht nur eine Begegnung und Auseinandersetzung (Reflektion bis Assimilation) mit Neuem, sondern eben darin auch den Bruch mit Vertrautem. Weniger problematisch deutet Joachim Ludwig diese Brüche aus. Er spricht in einer gelingenden, konstruktiven Aneignungsleistung davon, dass bisher unbekannte Bedeutungshorizonte, die dem Lernenden verschlossen geblieben sind, nun in der Begegnung und Verständigung mit Anderen über drei Schritte: zunächst erfahren, dann in bereits bestehende eigene Bedeutungshorizonte integriert und schließlich in einer neuen Situationsinterpretation tätig werden können (vgl. Ludwig 2004). Der Lernende kommt schließlich „nicht umhin, das fremde Neue mit den eigenen verfügbaren Bedeutungshorizonten zu verstehen und sich dabei zugleich selbst im Erkennen des Anderen zu vergegenständlichen" (ebd.: 52). Phänomenologisch argumentiert Meyer-Drawe (2008) über die Rolle von Bekanntem und schon Erfahrenem im menschlichen Lernen mit deutlicher Nähe zum beschriebenen ‚eigenen Bedeutungshorizont'. Danach wird im Lernen „das stillschweigend fungierende (mitunter bloß vermeintlich) Bekannte thematisch und damit auf dem Wege der Reflexion schließlich zum Erkannten" (Meyer-Drawe 2008: 27). Solche ambivalenten Momente, Irritationen, Diskrepanzen schaffen Lernbewegungen „mit einer Benommenheit in einem Zwischenreich, auf einer Schwelle, die zwar einen Übergang markiert, aber keine Synthese von vorher und nachher ermöglicht" (Meyer-Drawe 2012: 13).

Im Lernen rücken individuelle Entwicklungen über die Auslegung und Erfahrung von Welt und deren Gestaltung zusammen. Es geht um ein spezifisches Verhältnis von Mensch bzw. Ich und Welt als „verknüpfende Aneignung im zeitlichen Zueinander" (vgl. Dörpinghaus/Uphoff 2012). Dabei fordert insbesondere der subjektorientierte Blick auf menschliches Lernen eine genauere Betrachtung einer solchen erfahrungsbezogenen Entwicklung und Veränderung innerhalb dieses zeitlichen Zueinander. So kann der Begriff der ‚verknüpfenden Aneignung' als ein Lernen verstanden werden, das auf individuelle Entfaltung *und* gesellschaftliche Teilhabe der Lernenden zielt (vgl. Faulstich/Ludwig 2004). Zudem geht es um ein ‚zeitliches Zueinander', das als gemeinsam geteilter Erfahrungsraum auf rahmende gesellschaftliche Verhältnisse verweist: Lernen bezieht sich eben genau „auf das Spannungsverhältnis zwischen der Perspektive des Lernenden als Intentionalitätszentrum und seiner Machtunterworfenheit und Verletzlichkeit" (ebd.: 5). Das Individuum als „Intentionalitätszentrum" (Holzkamp 1995: 21) bezieht sich auf die Welt, auf andere und auf sich selbst. Es steht eben „nicht neutral in der Welt", so Joachim Ludwig, sondern im Kontext seiner gesellschaftlichen Handlungsmöglichkeiten, in denen es aber „auch die anderen Menschen als Intentionalitätszentren mit eigenen Lebensinteressen wahrnimmt" (Ludwig 2006: 111). Im Handeln stellt die Welt einen „gesellschaftlichen Möglichkeitsraum als Prämissenhorizont" (Faulstich/Ludwig 2004: 14) dar und die Prämissen sind für das Subjekt Begründungen seiner Handlungen.

4 Lernen als eine besondere, ‚zeitenthobene' Form der Transformation

Lernen ist aber nicht nur ein Handeln in der Zeit neben anderem möglichen Tätigsein (s.o.), sondern zugleich eine besondere Form des Handelns in einem spezifischen Verhältnis zu Zeit. Im Lernhandeln gestalte ich Zeit auf eine bestimmte Art und Weise und erzeuge ganz spezifische Verlaufsqualitäten und Zeiterlebnisse. Diese folgen zwar auch den gängigen ‚zeitverbrauchenden' Qualitäten, Lernen kann aber ebenso gegenläufige, anders geartete und überraschende Zeitqualitäten entfalten (Berdelmann 2010; Koller 2012; Schmidt-Lauff 2008; Hösel/Schmidt-Lauff 2014).

In der Suche nach Verlaufsstrukturen als (Lern-)Bewegungen reflektiert Koller, dass etwas Neues weder „einfach aus dem alten, bereits vorhandenen und verfügbaren Wissen abgeleitet werden kann", noch dass es „andererseits auch nicht aus dem Nichts" entsteht (Koller 2012: 111). Ihm zufolge, müsse es deshalb möglich sein, nach der Entstehung von Neuem zu fragen und die „Verlaufsstruktur" (ebd.) ihres Zustandekommens zu reflektieren. Zunächst vollzieht er dazu – in Anlehnung an Oevermanns objektive Hermeneutik – Beobachtungen über „zeitliche Verlaufsstrukturen von Interaktionen" (ebd.: 113).

In der Frage nach Entstehungsmöglichkeiten von Neuem arbeitet er mit Strukturgesetzlichkeit der „sequenziellen Logik sozialen Handelns", um zu einer Beschreibung individueller Welt- und Selbstverhältnisse zwischen „Fallstruktur" und Rekonstruktion, zwischen Reproduktion und Transformation zu gelangen (ebd. 2012: 114f.). Kontrastiv dazu führt er Peirce' Konzept der Abduktion bzw. des Zustandekommens abduktiver Schlüsse[4] als *blitzhafte Erkenntnisse* an: „The abductive suggestion comes to us like a flash" (Peirce 1976: 404 zit. n. Koller 2012: 110).

Im Vergleich der jeweiligen Verlaufsstrukturen bei Oevermann und Peirce zum Entstehungsprozess des Neuen finden sich zwei unterschiedliche zeitliche Qualitäten: Die Verlaufsstruktur von Transformationen bei Oevermann scheint ein *langwieriger* Vorgang von Übersetzungen in realitätsgerechte Krisenlösungen über drei Phasen zu sein: a) Erfahrung einer Krise; b) „Produktion ‚innerer Bilder', die das, was zur Bewältigung der Krise fehlt, in noch unartikulierter Form vorwegnehmen" und c) Übersetzung dieser Bilder in „realitätstaugliche Mittel der Krisenbewältigung" (Koller 2012: 119). Die Verlaufsstruktur (von Abduktionen) nach Peirce zufolge, scheint hingegen ein *spontaner* Vorgang zu sein. Nach einer „Phase des Stillstands und der Entlastung von unmittelbarem Handlungsdruck", folgt das blitzartige Hereinbrechen eines abduktiven Schlusses (ebd.: 119). „Dem Modell *langsam-blitzartig* schnell bei Peirce stünde so ein Modell *langsam-plötzlich-langsam* für die Zeitstruktur transformatorischer Bildungsprozesse gegenüber" (ebd.: 120).

Temporaltheoretisch interessant sind die Schlussfolgerungen, wonach letztendlich beide Prozesse auf eine spezifisch *zeitenthobene* Verlaufsqualität hinauslaufen (vgl. Schmidt-Lauff 2014). Für beide Prozesse der Entstehung von Neuem schlussfolgert Koller eine „Art Stillstellung der Zeit": Die Lösungsprozesse zur Krisenbewältigung sind jeweils in unterschiedlicher Form – innere Bilder bei Oevermann bzw. Tagträume bei Peirce – aber letztlich in „gewisser Weise der Zeit entzogen" (Koller 2012: 119). In beiden Fällen braucht es offenbar entlasteter Zeiträume, die dem Druck des Alltags entzogen sind und insofern (und hier arbeitet er mit einem temporaltheoretisch genuinen Begriff der Moderne) als „'Entschleunigungsoasen' verstanden werden können" (ebd.: 120). Für ein solches Lernerleben bedarf es einer angemessenen Berücksichtigung von Zeit und gerade im Erwachsenenalter sind explizite *Lernzeiträume*, d.h. von anderen Tätigkeiten freigehaltene Zeiten nötig und zu sichern.

Dies betont Lernen in einer spezifischen Form, versieht den Lernprozess selbst mit einer eigenen Bedeutung (zielt nicht allein auf sein Ergebnis bzw. den ‚Outcome') und reduziert die aufnehmenden, verarbeitenden, reflektierenden Momente um Wissen nicht bloß auf kurzfristige Informationsangleichungen. Lernen erhält eine andere Zeitqualität, wenn explizite Zeiträume (‚Bildungsoasen') entstehen. Das findet sich auch im subjektiven Erleben in Lernzeitstudien: Wenn ‚Ruhe da ist' und ‚man abtauchen kann', entfaltet sich aus Sicht der Lernenden „wertvolle Lernzeit" (Schmidt-Lauff 2008; Hösel/Schmidt-Lauff 2014) und eine temporale Entlastung. Bereits *im Lernprozess* selbst wird eine Andersartigkeit erahnbar, die Lernen zu einer „kreativen" gar „schöpferischen Handlung" (Meyer-Drawe 2012) werden lassen kann. Dies kontrastiert Lernkonzepte, die Lernen auf eine bloße Anpassungsleistung in der Permanenz gesellschaftlicher Dynamiken reduzieren und betont das oben schon beschriebene ‚Entfaltungslernen'.

Geleitet von der Annahme, dem ‚Jetzt' im Lernen, einer entschleunigten Gegenwart und einer Bildung in Muße (Gieseke u.a. 2005) besondere Bedeutung beizumessen, wurde eine explorative Studie an verschiedenen Orten der kulturellen Bildung initiiert (Hösel/Schmidt-Lauff 2014). Den Hintergrund bilden dabei generelle Zuschreibungen an die kulturelle Erwachsenenbildung, in denen Identitätsförderung, Kreativitätssteigerung, gesellschaftliche Partizipationschancen ja, gar ein geglücktes Leben versprochen

---

[4] Als abduktiven Schluss bezeichnet Peirce die „Operation, die eine neue Regel für ein bislang unerklärbares Phänomen findet" (Koller 2012: 110).

werden. Zugleich unterliegt gerade die kulturelle Bildung als Teil der allgemeinen Erwachsenenbildung der besonderen Notwendigkeit „bewusste[r] Selbst-Gewährung von Zeit" (Meueler 2009), weil in der Regel bei der Teilnahme an Weiterbildung vorrangig berufsbezogene Verwertungskompetenzen im Vordergrund stehen (vgl. AES 2012). Soll kulturelle Bildung nicht nur als „luxurierende Zutat" (Pazzini 1999) verstanden werden, sondern Raum geben für ästhetische Wahrnehmung und Erfahrung, Selbstdenken und Selbstschöpfung, sinnlich-ästhetische Eigenaktivität oder kreative Reflexivität im leiblichen Zur-Welt-Sein, rückt das teilnehmende Subjekt in den Vordergrund.

Die Ergebnisse zeigen ausschnittartig, wie eine kulturreflexive und zeitsensible Gestaltung subjektorientierten, offenen Lernens interessante Gegentendenzen als ‚Sensibilität des Augenblicks', als „Gegenwärtigkeit des Ästhetischen" (Iser 2003) oder als ‚Augenblicke der Intensität' entfalten. Die Teilnehmer/innen sprechen von der Andersartigkeit des Lernens, weil sie sich „einfach Zeit lassen können" und „keinem Zwang folgen müssen, irgendetwas zu erfüllen", sondern ganz offen für zukünftige Entwicklungen und spätere ‚Lernergebnisse' sein können: „Einfach, sozusagen, hier mal gucken was passiert mit mir – was entsteht in einem längeren Prozess".

Stattdessen entstehen gegenwartsbetonte, entschleunigte Lernmomente, die die Teilnehmenden z.B. als überraschende Kurzweiligkeit erleben: „Hier sagt man: Was, schon zu Ende?", und, die innere Bedürfnisse einer zeitlichen Entgrenzung entfalten „und jetzt hier, wenn es einem wirklich Spaß macht, investiert man auch gerne noch eine Stunde danach halt, auch mal länger (...)". Prozessorientierung statt Verwertungs- und Ergebnisorientierung, Körper- und Wahrnehmungsbezogenheit der Aneignungsformen statt unreflektierter Reproduktion von Wissensinhalten, Gemeinschaft statt Anonymität, Freiwilligkeit statt Zwang stehen in unseren Ergebnissen über subjektive Eindrücke in der kulturellen Bildung im Vordergrund: „Also ich empfinde die Zeit des Lernens hier als etwas sehr entspannendes" und „(...) das ist Freude hier, das ist pure Freude".

Das Lernen geht weit über kognitive Informationsverarbeitungsprozesse hinaus und handlungsorientierte Prozesse, die in den meisten Fällen auf einen oder mehrere Sinne der Teilnehmenden rekurrieren, werden inszeniert („da merkt man auch, wie wichtig das ist, dass man halt wirklich Geist und Körper zusammen bringt"). Erwähnt wird eine Vielfältigkeit an Lernerlebnissen, die sich über Musik, Tanz und Bewegung, körperliche Nähe und Berührungen, Spiel, Improvisation und kreatives Ausprobieren, bis hin zu Gesprächs- und Diskussionsrunden erstrecken. Zudem wird im Lernprozess selbst eine ganz eigene Dynamik beschrieben: „wenn ich Zeit hier mit anderen Worten belegen dürfte, würde ich sagen, für mich ist das Aufregende einerseits die Dynamik (...) und andererseits das Innehalten", die nicht nur mit Innehalten sondern zugleich mit Konzentration und Tiefe verbunden ist: „es ist eben ein positives, ein angenehmes Konzentrieren-Müssen".

Alles in allem ermöglichen uns die Ergebnisse eine andere Betrachtung von Lernen, das „zu einem Zusammenfließen der Sinne, zu den sich auftuenden Gefühlen, zum leiblichen Erspüren der eigenen Individualität in selbsttätig-kreativen Prozessen, die sich entsprechend ihren Ausdruck suchen" (Gieseke u.a. 2005: 365) führt. Aus Sicht der Lernenden zeigt sich, dass einem solchen Lernerleben besondere temporale Eigenheiten und zeitlich viel Positives inhärent sind. Sie werden im subjektiven Empfinden der Teilnehmer/innen als Gegentendenzen zu typisch modernen Verwertungshorizonten beschrieben – eben weil sie eine Andersartigkeit der Selbst- und Welterschließung entfalten.

Literatur

Adult Education Survey (AES) (2012): Weiterbildungsverhalten in Deutschland. Bilger, F./Gnahs, D./Hartmann, J./Kuper, H. (Hg.) (2013). Bielefeld

Berdelmann, K. (2010): Operieren mit Zeit. Empirie und Theorie von Zeitstrukturen in Lehr-Lernprozessen. Paderborn

Dörpinghaus, A./Uphoff, N. (2012): Die Abschaffung der Zeit: Wie Bildung verhindert wird. Darmstadt

Faulstich, P./Ludwig, J. (2004): Lernen und Lehren – aus subjektwissenschaftlicher Perspektive. In: Faulstich, P./Ludwig, J. (Hg.): Expansives Lernen. Baltmannsweiler, 10-28

Felden, H. v./Schäffter, O./Schicke, H. (Hg.) (2014): Denken in Übergängen. Weiterbildung in transitorischen Lebenslagen. Wiesbaden

Giddens, A. (1991): Modernity and Self-Identity. Cambridge

Gieseke, W./Opelt, K./Stock, H./Börjesson, I. (2005): Kulturelle Erwachsenenbildung in Deutschland. Exemplarische Analyse Berlin/Brandenburg. Münster

Göhlich, M./Zirfas, J. (2007): Lernen. Ein pädagogischer Grundbegriff. Stuttgart

Hösel, F./Schmidt-Lauff, S. (2014): Zeit in der kulturellen Erwachsenenbildung. Durch Bildung zu einem neuen Zeiterleben. unveröffentl. Forschungsbericht, Chemnitz

Holzkamp, K. (1995): Lernen. Subjektwissenschaftliche Grundlegung. Frankfurt a.M.

Iser, W. (2003): Von der Gegenwärtigkeit des Ästhetischen. In: Küpper, J./Menke, C. (Hg.): Dimensionen ästhetischer Erfahrung. Frankfurt a.M., 176-202

Koller, H.-C. (2012): Bildung anders denken – Einführung in die Theorie transformatorischer Bildungsprozesse. Stuttgart

Koselleck, R. (1989): Vergangene Zukunft. Zur Semantik geschichtlicher Zeiten. Frankfurt a.M.

Lüders, M. (1995): Zeit, Subjektivität und Bildung. Weinheim

Ludwig, J. (2004): Bildung und expansives Lernen. In: Faulstich, P./Ludwig, J. (Hg.). Expansives Lernen. Baltmannsweiler, 40-53

Ludwig, J. (2006): Lehren und Lernen in der Erwachsenenbildung – subjektorientiert? In: Ludwig, J./Zeuner, C. (Hg.): Erwachsenenbildung 1990-2022. Entwicklungs- und Gestaltungsmöglichkeiten. Weinheim/München, 99-118

Ludwig, J. (2011): Subjekttheoretische Ansätze. In: Fuhr, T./Gonon, P./Hof, C. (Hg.): Erwachsenenbildung – Weiterbildung. Handbuch der Erziehungswissenschaft. Paderborn, 147-152

Meueler, E. (2009): Die Türen des Käfigs. Subjektorientierte Erwachsenenbildung. Baltmannsweiler

Meyer-Drawe, K. (2008): Diskurse des Lernens. München

Meyer-Drawe, K. (2012): Lernen aus Passion. In: Felden, H. v./Hof, C./Schmidt-Lauff, S. (Hg.): Erwachsenenbildung und Lernen. Baltmannsweiler, 9-22

Nowotny, H. (1995): Eigenzeit. Frankfurt a.M.

Oelkers, J. (2001): Einführung in die Theorie der Erziehung. Weinheim/Basel

Pazzini, K.-J. (1999): Kulturelle Bildung im Medienzeitalter. Bonn

Pfeiffer, U. (2007): Kontinuität und Kontingenz. Zeitlichkeit als Horizont systematischer Überlegungen in der Erziehungswissenschaft. Bad Heilbrunn

Rosa, H. (2005): Beschleunigung – Die Veränderung der Zeitstrukturen in der Moderne. Frankfurt a.M.

Schmidt-Lauff, S. (2008): Zeit für Bildung im Erwachsenenalter. Interdisziplinäre und empirische Zugänge. Münster

Schmidt-Lauff, S. (2010): Ökonomisierung von Lernzeit – Zeit in der betrieblichen Weiterbildung. Zeitschrift für Pädagogik, H. 3, 355-365

Schmidt-Lauff, S. (2012): Grundüberlegungen zu Zeit und Bildung. In: Schmidt-Lauff, S. (Hg.): Zeit und Bildung. Annäherung an eine zeittheoretische Grundlegung. Münster, 11-60

Schmidt-Lauff, S. (2014): Zeitprogrammatiken und temporale Semantiken – für eine neue Zeitsensibilität pädagogischen Organisierens. In: Weber, S./Göhlich, M./Schröer, A./Schwarz, J. (Hg.): Organisation und das Neue. Beiträge der Kommission Organisatiospädagogik. Wiesbaden, 115-126

Wittpoth, J. (1994): Rahmungen und Spielräume des Selbst. Frankfurt a.M.

Wittpoth, J. (2004): Gerahmte Subjektivität – Über einige ungeklärte Voraussetzungen der subjektwissenschaftlichen Grundlegung des Lernens. In: Faulstich, P./Ludwig, J. (Hg.): Expansives Lernen. Baltmannsweiler, 256-262

Eine Revision zur Kompetenz

Peter Kossack

1 Einleitung

Wer heute an Erwachsenen- oder Weiterbildungsveranstaltungen teilnimmt, wird seine oder ihre Teilnahme nicht selten darüber begründen, dass, wer nicht lebenslang lernt, zurückfällt. Damit kann dann die Aussage einhergehen, dass es normal sei, dass Menschen lernen und dass sie das ein Leben lang tun. Das Lernen über die Lebensspanne wird also anthropologisch begründet. Lebenslanges Lernen scheint zu einer in der alltäglichen Lebenswelt weitgehend geteilten „Normalität" geworden zu sein. Das, was dann in diesem Prozess des Lernens erworben wird, ist in den letzten Jahren zunehmend unter der Überschrift „Kompetenzen" verhandelt worden. Lernen wäre so der Prozess, in dem Kompetenzen angeeignet werden. Notwendig wird der Kompetenzerwerb bzw. die Bereitschaft zum Kompetenzerwerb durch sich verändernde gesellschaftliche Anforderungen. Mithilfe des lebenslangen Lernens erhalten sich die Individuen die Möglichkeit sich so zu transformieren, dass sie zur Gestaltung und Bewältigung der gesellschaftlichen Transformation beitragen können. Lebenslanges Lernen ist mithin eine Antwort und zugleich ein Motor der Veränderung auf die mit ihm reagiert wird (vgl. Jarvis 2009: 17).

Joachim Ludwig würde dieser Anforderung nicht mit dem Kompetenzbegriff begegnen, sondern Lernen als spezifische Form der Erweiterung von Teilhabeoptionen im Anschluss an Klaus Holzkamp beschreiben (vgl. z.B. Ludwig 1999). Damit wird unmittelbar sichtbar, dass dieser an Teilhabe orientierte Lernbegriff an soziale Praxis angeschlossen ist und nicht individualistisch aufgelöst werden kann. In der Folge soll untersucht werden, woran der Kompetenzbegriff anschließt, was er eröffnet und ggf. auch verschließt.

Die Bedeutung der Rede von den Kompetenzen ist eng verwoben mit der Rede über das Lebenslange Lernen. In der Regel wird der Anfang der Rede vom Lebenslangen Lernen mit dem Beginn der 1970er Jahre angesetzt. Hier spielen dann vor allem die Berichte der UNESCO: „Learning to be. The world of education today and tomorrow" aus dem Jahr 1972 (Faure 1973) sowie der OECD „Recurrent Education – A strategy for lifelong education" von 1973 (Kallen/Bengtsson 1973) eine hervorgehobene Rolle. Während der erste Anfang aus heutiger Sicht, so beschreibt es z.B. Meyer-Drawe, mit einem humanistisch-emanzipatorischen Anspruch verbunden ist, wird das Lebenslange Lernen ökonomisch markiert und auf Flexibilität und Konkurrenz ausgerichtet (Meyer-Drawe 2008: 44f.). In der Tat findet sich das Motiv der Konkurrenz schon in der Vorgeschichte zum Lebenslangen Lernen, die über die Weltbildungskrise von Coombs 1968, über die „Die deutsche Bildungskatastrophe" von Picht 1965 bis zu dem Sputnik-Schock Ende der 1950er Jahre (1957), der als Ausweis für ein zurückfallendes Bildungssystem der westlichen Industrieländer aufgefasst wurde, reicht. Der Auslöser der Diskussion über das Lebenslange Lernen liegt in einem konkurrenten Systemvergleich. Das westliche Bildungssystem bzw. dessen Output wird im Vergleich zum Output des Bildungssystems des sozialistischen Blocks in Osteuropa problematisiert. Der inner- und internationale Vergleich und Wettbewerb bleiben zentrale Legitimationsinstrumente im Reformprozess des Bildungssystems, dessen Output nicht mehr aus der Kritik heraus kommt und seither dauernd reformiert wird.

Der Wandel des Bildungssystems wird auf Dauer gestellt – und das betrifft grundsätzlich alle Bereiche des Bildungssystems, also die Elementarbildung, wie die Primärbildung, die Berufsbildung, wie die Hochschulbildung oder die Weiterbildung. Diese verschiedenen Subsysteme lassen sich systemtheoretisch als Produkte von gesellschaftlichen Differenzierungsprozessen verstehen, mit denen bestimmten Lebensphasen ganz bestimmte Lernräume eingerichtet werden. Im Anschluss an Faulstich (2003: 263) ließen die sich so beschreiben, dass während in Kindheit und Jugend gelernt und im Erwachsenenalter gearbeitet wird, das Alter für den Ruhestand steht. Diese Zuordnung scheint nun aufgrund des gesellschaftlichen Wandels nicht mehr zu gelten und führt zu einem Veränderungsdruck auf das Bildungssystem. Der gesellschaftliche Wandel von dem hier die Rede ist, wird unter dem Stichwort Modernisierung diskutiert. Die gesamte Gesellschaft scheint durch Modernisierungsprozesse gekennzeichnet. Das Verhältnis zwischen Arbeit, Beruf und Bildung wird hierbei neu bestimmt. Schematisch zugespitzt ließe sich die traditionelle Ordnung in Industriegesellschaften so beschreiben, dass Arbeit als grundlegende menschliche Tätigkeit verstanden wird, die als Erwerbsarbeit organisiert ist. Die Erwerbsarbeit wiederum ist in verschiedene Tätigkeiten differenziert, die als Berufe gekennzeichnet sind. Und der Zugang zum Beruf wird über Zertifikate, die im Bildungssystem erworben werden können gewährleistet. Traditionell galt hier, dass bestimmte Schultypen bestimmte Berufsabschlüsse und bestimmte Berufsabschlüsse bestimmte Tätigkeiten möglich machten, die ein ganzes Erwerbsleben lang ausgeübt werden können. Es lag – mindestens modellhaft – eine enge funktionale Koppelung des Lebensphasenmodells, mit dem Bildungsphasenmodell und dem Beschäftigungsmodell vor. Dieser vormals stabile Zusammenhang scheint brüchig geworden, insofern seine Voraussetzungen für die Standardisierung des Beschäftigungssystems nicht mehr zu gelten scheinen. Aufgrund des sich beschleunigenden technologischen Wandels, so die verbreitete Argumentation, verändern sich die Arbeitsweisen und die Nachfrage nach bestimmten Arbeitskräften, deren Fähigkeiten und Haltungen. In der Folge erscheinen einmal erworbene Qualifikationen nicht mehr funktional und müssen entweder ergänzt oder erneuert werden. Da dieser Veränderungsprozess sowohl hinsichtlich der Technologien als auch des notwendigen Wissens und Könnens auf Permanenz gestellt ist, entsteht die Notwendigkeit, dass der Prozess der Aneignung neuen Wissens und Könnens prinzipiell auf Dauer gestellt wird. Das Lebenslange Lernen kann als (bildungs-)politische Antwort auf dieses brüchig gewordene Verhältnis gelesen werden.

Lebenslanges Lernen ist so die unmittelbare Antwort auf den Dauer gestellten Wandel. Da dieser Wandel aber nicht vorhersehbar ist, verliert das Speichermodell des Lernens, also das Modell, mit dem davon ausgegangen wird, dass man in der ersten Lebensphase alles notwendige für die folgenden Lebensphasen lernen kann, seine Tragfähigkeit. Das Speichermodell erscheint solange sinnvoll, solange sich ein stabiler Kanon an Wissen und Können beschreiben und durchsetzen lässt. Wenn sich aber das notwendige Wissen und Können permanent ändert oder mindestens ändern kann, dann verliert das

Speichermodell seine Funktionalität und ein anderes Modell betritt die Bühne: das Kompetenzmodell. Organisierte Bildung zielt dann darauf, solche Subjektivierungsprozesse nahe zu legen, mit denen Individuen sich als Lernende und flexibel auf die sich wandelnden Anforderungen Reagierende entwerfen. Anders ausgedrückt, ist von Individuen, die kompetent sind die Anforderungen des Wandelslernend zu bearbeiten, die Rede. Es tritt damit – frei nach Richard Sennett – der flexible Mensch auf die Bühne (Sennett 1998; vgl. auch Pongratz 2006). Und in der Tat erscheint zeitgleich zur Diskussion um das Lebenslange Lernen, diese Diskussion in gewisser Weise flankierend, der Kompetenzbegriff (vgl. McClelland 1973 und im deutschsprachigen Kontext Roth 1971).

2   Re-Vision 1

Seither hat der Kompetenzbegriff eine bemerkenswerte Karriere gemacht. Johannes Hartig weist 2008 darauf hin, dass im internationalen Kontext seit 1985 mindestens drei Artikel pro Tag erscheinen, die sich mit competence, competency oder competencies beschäftigen (vgl. Hartig 2008: 16). In der Regel wird die Erfolgsgeschichte des Kompetenzbegriffs bzw. seine Bedeutungszunahme mit dem gesellschaftlichen Wandel wie er einleitend vorgestellt wurde und sich über Individualisierung, Pluralisierung und Globalisierung skizzieren lässt, begründet. Mit der Individualisierung wird auf die Freisetzung der Menschen aus den traditionellen sozialen Verhältnissen angespielt, mit der Pluralisierung wird auf die Vervielfältigung und die damit einhergehende Unübersichtlichkeit im Hinblick auf Werteorientierungen verwiesen, und mit der Globalisierung wird auf die weltweite Verflechtung von Abhängigkeiten und den daraus abgeleiteten Anforderungen abgestellt. Pointiert formuliert Hans Dieter Huber, dass der zunehmende Gebrauch des Kompetenzbegriffs auf eine Krise der Kompetenz zurückzuführen sei. Die zunehmende Rede von Kompetenzen also mit zunehmenden Inkompetenzen zu tun haben kann (vgl. Huber 2004: 15f.). Im Anschluss an Marion Ott ließe sich davon sprechen, dass die Attribuierung von Kompetenz nicht ohne die Präposition „In" funktioniert. Da wo über Kompetenzen gesprochen wird, werden notwendig auch – und sei es implizit – Inkompetenzen thematisiert (vgl. Ott 2010).

Das Wort „Kompetenz" selbst ist dabei natürlich älter, als sein, seit etwa vor vier Dekaden einsetzender sozialwissenschaftlicher Gebrauch. Ohne hier eine etymologische Ableitung leisten zu wollen, sollen doch einige interessante Merkmale des Wortes und seines Gebrauchs hervorgearbeitet werden. Das lateinische Wort „competentia" wurde vom Verb „competere" abgeleitet. Competere bedeutet nach dem lateinisch-deutschen Wörterbuch von Georges „zusammenlangen" oder „zusammen treffen", was auch „der Zeit nach zusammen treffen" bedeuten kann und so schon auf die heute weit verbreitete situative Einbettung kompetenten Handelns hinweist und vor allem auch darauf, dass etwas zusammen spielen muss. Huber weist darauf hin, dass sich im 16. Jahrhundert ein zusätzlicher erweiterter Bedeutungsraum öffnet, der ab dem Ende des 16. Jahrhunderts auch in Wörterbüchern sichtbar wird. Im Verlauf des 16. Jahrhundert treten zwei Bedeutungen in den Vordergrund: einmal das kompetitive Moment und zum zweiten das Moment der fairen Konvention. „Eine kompetente Person wäre im 16. Jahrhundert eine Person, die geschickt, ordentlich und fügsam ist, die sich gebührlich benimmt, aber auch im Wettbewerb mit anderen steht, welche um dieselbe Sache streiten" (Huber 2004: 18). Der Kompetenzbegriff wird mit einer gesellschaftlichen Vorstellung von Normalität einerseits und von gesellschaftlichem Handeln als konkurrierendem Handeln andererseits aufgeladen.

Im 20. Jahrhundert taucht der Begriff 1959 in einem psychologischen Kontext auf (vgl. White 1959). Der Kompetenzbegriff erscheint zuerst in der Motivationspsychologie. Robert W. White von der Harvard University führt den Kompetenzbegriff zur Erklärung von verändertem menschlichen Verhalten an. Der Kompetenzbegriff ist aus der Sicht von White notwendig, um eine Lücke zu schließen, die die (An-) Triebkonzepte behavioristischer oder tiefenpsychologischer Provenienz offen lassen. Sie können nämlich nicht erklären, warum Menschen ohne existenziellen Druck lernend ihr Verhalten umstellen. Kompetenz bezeichnet nach White das Vermögen eines Organismus über die Interaktion mit seiner Umwelt, diese zu verändern (ebd.: 297, 328f.). Diese Interaktion zeichnet sich dadurch aus, dass sie gerichtet und dauerhaft ist und sich nicht allein durch Triebe oder Instinkte erklären lässt. Kompetentes Verhalten wird hier beschrieben als ein Verhalten, dass die Wirkung des eigenen Verhaltens auf die Umwelt erkennt. Das Erkennen der Wirkung motiviert das Individuum, dann dieses Verhalten wieder zu zeigen bzw. auf der Grundlage dieser erkannten Wirkung sein Verhalten weiter zu entwickeln. Kompetent ist ein Verhalten dann, wenn es die eigene Wirkung beobachtet, sich weiter entwickelt mit dem Ziel die Wirkung zu verbessern, also effizienter zu werden. Im deutschsprachigen Kontext führt Heinrich Roth Anfang der 1970er Jahre den Kompetenzbegriff in die deutschsprachige Pädagogische Psychologie und Erziehungswissenschaft zuerst in seiner pädagogischen Anthropologie ein (vgl. Roth 1971). Roth unterscheidet drei Kompetenzklassen entlang menschlicher Objektbereiche der Erfahrung von Dingen, Anderen und dem eigenen Selbst in Sach-, Sozial und Selbstkompetenz (vgl. Pfadenhauer 2010: 157).

In einem allgemeinen Sinn lässt sich Kompetenz als die „Leistungsfähigkeit eines Menschen zu erfolgreich zielgerichtetem Verhalten" (Häcker/Stapf 2009: 527) beschreiben. Die Leistungsfähigkeit stellt eine Disposition dar, also ein Vermögen, dessen Realisierung kognitive, emotionale, motivationale und motorische Anteile aufweist (vgl. ebd.). Die Komplexität des Kompetenzkonstruktes, die sich hier andeutet, kennzeichnet einerseits dessen Qualität, stellt aber andererseits auch ein Problem für die Art und Weise dar, wie das Konstrukt in der Bildungsforschung operationalisiert wird. Im Kontext der Kompetenzmessung wird es nämlich wieder reduktionistisch in den Blick genommen, z.B. auf das kognitive Moment des Konstruktes (vgl. Klieme/Leutner 2006).

Im Anschluss an die eben dargelegte Definition von Kompetenzen lässt sich mit Marisa Kaufhold das Kompetenzkonstrukt in verschiedene Aspekte differenzieren, die zusammen spielen müssen, um kompetent zu handeln, um von Kompetenz sprechen zu können (vgl. Kaufhold 2006). Kaufhold analysiert u.a. die Kompetenzkonstrukte von Weinert, Erpenbeck & Heyse, Staudt u.a. sowie Oerter. Obwohl im Detail nicht identisch und durchaus mit unterschiedlichen Gewichtungen, beispielsweise, was die Bedeutung der kognitiven oder der motivationalen Aspekte angeht, können fünf verschiedene Aspekte zur Konstruktion des Kompetenzbegriffs herausgehoben werden: Wissen, Fähigkeiten (abilities), Fertigkeiten (skills), Motive und emotionale Disposition (ebd.: 109).

Schließt man daran Weinerts Definition an, der Kompetenz definiert als „die bei Individuen verfügbaren oder durch sie erlernbaren kognitiven Fähigkeiten und Fertigkeiten, um bestimmte Probleme zu lösen, sowie die damit verbundenen motivationalen, volitionalen und sozialen Bereitschaften und Fähigkeiten, um die Problemlösungen in variablen Situationen erfolgreich und verantwortungsvoll nutzen zu können" (Weinert 2001: 27f.), dann besteht die Spezifik des Konstrukts darin, dass die verschiedenen Aspekte der Kompetenz in konkreten Situationen so zusammen spielen müssen, dass sie ein Handeln ermöglichen, mit dem die in der Situation angelegte und erkannte Problemstellung gelöst werden kann.

Es gilt nun aber nicht jede situative Problemlösung als kompetentes Handeln. Vielmehr ist erst kompetent, wem es gelingt a) in verschiedenen Situationen, die b) vom Anforderungspotenzial differieren, so zu handeln, dass die jeweiligen situativen Anforderungen gemeistert werden. Um diese situativen Anforderungen zu meistern scheinen erstens Fähigkeiten, als die voraussetzenden Handlungsbedingungen, zweitens Fertigkeiten im Sinne von Können, drittens Wissen, um die mit der Situation verbundene Anforderung zu verstehen und zu bearbeiten, sowie viertens die Bereitschaft also ein Motiv, um die in der Situation angelegte Anforderung zu bearbeiten und nicht zuletzt fünftens das emotionale Vermögen in der konkreten Situation benötigt zu werden. Kompetentes Handeln ist somit nicht nur äußerst voraussetzungsvoll, sondern in seiner Anspruchlichkeit dauernd bedroht, insofern es sich in jeder Situation erst wieder neu zeigen muss.

Die Qualität des Kompetenzbegriffs kann gerade darin liegen, dass mit diesem das menschliche Handeln nicht einseitig, z.B. kognitiv oder emotional, ausgelegt werden kann. Vielmehr wird mit ihm einerseits das situative Moment menschlichen Handelns aufgenommen und andererseits die Iterabilität, also die Differenz in der Wiederholbarkeit dieses Handelns, das sich ja in verschiedenen Situationen bewähren muss, hervorgehoben.

3 Re-Vision 2

Klieme und Hartig (2007: 12) aber auch Pfadenhauer (2010: 151f.) weisen darauf hin, dass der Kompetenzbegriff, wie er von Roth eingeführt wurde, zwischen Bildung und Qualifikation vermitteln sollte.[1] Ob dies gelungen ist, erscheint mehr als fraglich. Im Jahr 2002 haben Rolf Arnold, Rainer Brödel, Peter Faulstich sowie Karl-Heinz Geißler und Michael Orthey und Christiane Hof in einem Themenschwerpunktheft des Literatur- und Forschungsreport Weiterbildung zu ‚Kompetenzentwicklung statt Bildungszielen?' auf die Vereinseitigung des Kompetenzbegriffs auf verwertbares berufliches Handeln hingewiesen (vgl. Literatur-und Forschungsreport Weiterbildung 2002). Die Definitionen von Kompetenz wie sie von Weinert (2001) aber auch von Klieme und Leutner (2006) vorgestellt werden, fokussieren das funktional-instrumentelle Handeln und engen damit den Horizont kompetenten Handelns auf nur einen Handlungstyp ein.

Trotz dieser funktional-instrumentellen Ausrichtung lässt sich im Anschluss an Christiane Hof aber auch sagen, dass sich mit der Hinwendung zur Kompetenzentwicklung der Bezugspunkt pädagogischer Reflexion doppelt verschiebt (vgl. Hof 2011: 959f.). Einmal wird das Individuum als Handlungssubjekt mit seinen Fähigkeiten, seinem Wissen, Einstellungen und Haltungen zum neuen reflexiven Bezugspunkt. Und zum Zweiten wird der Bezug zwischen Wissen und Handeln mit dem Kompetenzbegriff herausgestellt. Auf den ersten Blick erscheint es plausibel, dass in dem Moment, in dem der Kompetenz(entwicklungs)-begriff zentral wird, das Handlungssubjekt zugunsten eines diesem äußerlichen Kanons an Wissen und Werten in den Mittelpunkt rückt.

Es stellt sich aber die Frage auf welche Weise es in den Blick genommen wird. Wenn man sich die verschiedenen Kompetenzkataloge (z.B. EQR, DQR) ansieht, wird ein bestimmter Blick auf das Handlungssubjekt deutlich (vgl. Kossack 2012). Das Handlungssubjekt als potenziell kompetentes, also als eines, das in der Lage ist, die in bestimmten Situationen aufgehobenen Problemlagen zu bearbeiten, wird in Relation zu von Außen gesetzten Kompetenzniveaus gestellt. Das was kompetentes Handeln ist, wird nicht vom Handlungssubjekt ausgehend gedacht, sondern von einem Außenstandpunkt auf es zu. Kompetenz wird nicht ‚vom Standpunkt des Subjekts' betrachtet, wie das z.B. Joachim Ludwig im Anschluss an Klaus Holzkamp unternehmen würde, sondern wird als Handlungsrahmen auf das Handlungssubjekt projiziert. Die Diskussion zur Kompetenzforschung zielt weniger auf die reflexive Selbstverständigung des Subjekts im Hinblick auf sein Handeln, wie sich vielleicht eine subjektwissenschaftliche Vorstellung von kompetentem Handeln zugespitzt auf den Punkt bringen ließe (vgl. Ludwig 2007). Die Diskussion zur Kompetenz(entwicklung) richtet den Blick zwar in der Tat auf das Handlungssubjekt. Der Perspektivwechsel zielt aber darauf, das Handlungssubjekt besser regieren zu können. Und aus dieser Sicht lässt sich die Prominenz des Kompetenzbegriffs im Kontext der Diskussion zum lebenslangen Lernen begreifen. Die Handlungssubjekte sollen so regiert werden, dass sie in der Lage und willig sind, ihre sozialen, methodischen, fachlichen und personalen Kompetenzen zu entwickeln und produktiv bereitzustellen. Was konkret kompetent ist, wird von Außen klassifiziert und in Handlungsziele übersetzt, die wiederum die Bewertung der kompetenten Handlungsquantität und -qualität möglich machen soll. Zugleich wird die Verantwortung für die (Nicht-)Entwicklung von Kompetenzen individualisiert. Mit dem Gebrauch des Kompetenzbegriffs läuft man unter der Hand Gefahr, das sozialstrukturelle Moment des

---

[1] Zur Relation von Qualifikation, Kompetenz und Bildung vgl. Kossack/Ludwig 2014.

Erwerbs und der Entwicklung als Vermögen zur iterativen Problemlösung (vgl. Pfadenhauer 2010: 155) aus den Augen zu verlieren und den Erwerb und die Entwicklung von Kompetenz in einem sehr totalen Sinn zu individualisieren. Höhne zeigt aus einer gouvernementalitätstheoretischen Perspektive, dass mit dem Rückgriff auf den Kompetenzbegriff und der mit diesem verbundenen Logik der Steigerung ein Individualisierungseffekt einhergeht, der den einzelnen die Verantwortung für die Aneignung und Entwicklung von Kompetenzen übergibt, ohne deren soziale Position zu berücksichtigen (vgl. Höhne 2003: 92). Marion Ott zeigt in Ihrer machtanalytisch-ethnografischen Untersuchung der Aktivierung von (In-) Kompetenz u.a. den double bind, indem die Handlungssubjekte in Profilingmaßnahmen der Aktivierungspolitik so angerufen werden, als ob es ihnen ganz überlassen bliebe, was sie mit ihrem Kompetenzprofil machen, dass aber dabei die Form der Messung der eigenen Kompetenz immer auch den Vergleich und damit die Bewertung nahe legt (vgl. Ott 2010).

Hier kreuzt sich die mögliche Revision zum Kompetenzbegriff aus einer machtanalytischen und einer kritischen Perspektive. Dispositionsbegriffe – wie z.B. der Kompetenzbegriff – lassen sich im Anschluss an Klaus Holzkamp als Attributionen verstehen, „die eine Ökonomisierung und Stabilisierung oberflächlicher Orientierungen im sozialen Bereich ermöglichen und denen als ‚Naturalisierungen' menschlicher Unterschiede – je nach den gesellschaftlichen Bedingungen auf unterschiedliche Weise – ideologische Rechtfertigungsfunktion zukommt" (Holzkamp 1975: 46). Diese im Hinblick auf den Begabungsbegriff gemachte Aussage muss vielleicht so variiert werden, dass mit dem Kompetenzbegriff die menschlichen Unterschiede zwar nicht mehr naturalisiert, aber die Risiken und Nebenwirkungen des Kompetenzerwerbs, der Kompetenzentwicklung und des Kompetenzerhalts dafür individualisiert werden.

4 Vision

Der Gebrauch des Kompetenzbegriffs eröffnet im Kontext der Diskussion zum Lebenslangen Lernen also mindestens folgende Optionen:

1) menschliches Handeln kann von Außen klassifiziert und qualifiziert werden;
2) menschliches Handeln kann funktional-instrumentell geeicht werden und wird so funktional in einem Kontext, in dem menschliches Handeln v.a. als komparatives Handeln entworfen wird.

Darüber hinaus erscheint der Kompetenzbegriff

3) funktional im Hinblick auf die Legitimierung sozioökonomischer Unterschiede zwischen den einzelnen Gesellschaftmitgliedern, insofern
4) mit ihm das jeweilige Vermögen als individuelle Qualität verstanden wird, deren Entwicklung in der Verantwortung der Lernenden liegt.

Und so wird mit dem Kompetenzbegriff

5) der Erwerb und die Entwicklung dieses Vermögens nicht als Effekt einer konkreten sozialen Praxis verstanden, sondern als individuelle Leistung.

Eine erziehungswissenschaftliche Revision zur Kompetenz sollte, möchte sie nicht hinter den gegenwärtigen Reflexionsstand zu Lern- und Bildungsprozessen zurückfallen, nicht nur der Frage nachgehen, welche Kompetenzen auf welche Weise besser erworben, entwickelt und erhalten werden. Vielmehr kann eine solche Revision zur Kompetenz Ausgangspunkt sein, die gesellschaftlichen, ökonomischen und pädagogischen Funktionen der Rede von den Kompetenzen zu analysieren und zu rekontextualisieren. Erst in der durchaus schwierigen Kombination dieser Perspektiven, wird eine sich sozialwissenschaftlich verstehende erziehungswissenschaftliche Bildungs- und Kompetenzforschung funktional. Dazu ist einerseits auf der Komplexität des Kompetenzbegriffs zu beharren und zugleich seine individualistische Herkunft sichtbar zu halten.

Literatur

Coombs, P. H. (1968): The World Educational Crisis. A System Analysis. London

Faulstich, P. (2003): Weiterbildung: Begründungen lebensentfaltender Bildung. München

Faure, E. (1973): Wie wir leben lernen. Der UNESCO-Bericht über Ziele und Zukunft unserer Erziehungsprogramme. Reinbek

Häcker, H./Stapf, K. (Hg.) (2009): Dorsch Psychologisches Wörterbuch. Bern

Hartig, J. (2008): Kompetenzen als Ergebnisse von Bildungsprozessen. In: BMBF (Hg.): Kompetenzerfassung in pädagogischen Handlungsfeldern. Theorien, Konzepte und Methoden. Berlin, 15-26

Hof, C. (2011): Theorien des Wissens und der Kompetenzen. In: Fuhr, T./Gonon, P./Hof, C. (Hg.): Handbuch Erziehungswissenschaft. 2. Bd., Paderborn, 959-966

Höhne, T. (2003): Pädagogik der Wissensgesellschaft. Bielefeld

Holzkamp, K. (1975): Begabung. In: Speichert, H. (Hg.): Kritisches Lexikon der Erziehungswissenschaft und Bildungspolitik. Reinbek, 46-49

Huber, H.-D. (2004): Im Dschungel der Kompetenzen. In: Huber, H.-D./Lockemann, B./Scheibel, M. (Hg.): Visuelle Netze. Wissensräume in der Kunst. Ostfildern-Ruit, 15-30

Jarvis, P. (2009): Lifelong Learning: a social ambiguity. In: Jarvis, P. (Hg.): The Routledge International Handbook of Lifelong Learning. London, 9-18

Kallen, D./Bengtsson, J. (1973): Recurrent Education: A Strategy for Lifelong Learning. Paris

Kaufhold, M. (2006): Kompetenz und Kompetenzerfassung. Wiesbaden

Klieme, E./Hartig, J. (2007): Kompetenzkonzepte in den Sozialwissenschaften und im erziehungswissenschaftlichen Diskurs. In: Zeitschrift für Erziehungswissenschaft, H. 8, 11-29

Klieme, E./Leutner, D. (2006): Kompetenzmodelle zur Erfassung individueller Lernergebnisse und zur Bilanzierung von Bildungsprozessen. Beschreibung eines neu eingerichteten Schwerpunktprogramms der DFG. In: Zeitschrift für Pädagogik. H. 6, 876-903

Kossack, P. (2012): Risiken und Nebenwirkungen. Der Deutsche Qualifikationsrahmen kritisch betrachtet. In: Weiterbildung, H. 3, 12-15

Kossack, P./Ludwig, J. (2014): Kompetenz und Qualifikation. In: Dinkelacker, J./Hippel, A. v. (Hg.): Erwachsenenbildung in Grundbegriffen. Stuttgart (i.E.)

Literatur- und Forschungsreport Weiterbildung (2002): Kompetenzentwicklung statt Bildungsziele? Nr. 49, http://www.die-bonn.de/esprid/dokumente/doc-2002/nuissl02_02.pdf, 22.04.2014

Ludwig, J. (1999): Subjektperspektiven in neueren Lernbegriffen. In: Zeitschrift für Pädagogik, H. 5, 667-681

Ludwig, J. (2007): Kompetenzentwicklung und Bildungsberatung als reflexiver Selbstverständigungsprozess. In: Heuer, U./Siebers, R. (Hg.): Weiterbildung am Beginn des 21. Jahrhunderts. Münster u.a.

McClelland, D. C. (1973): Testing for Competence Rather Than for „Intelligence". In: American Psychologist, H. 1, 1-14

Meyer-Drawe, K. (2008): Diskurse des Lernens. München

Ott, M. (2010): Aktivieren von (In-)Kompetenz. Praktiken im Profiling – eine machtanalytische Ethnographie. Konstanz

Pfadenhauer, M. (2010): Kompetenz als Qualität sozialen Handelns. In: Kurtz, T./Pfadenhauer, M. (Hg.): Soziologie der Kompetenz. Wiesbaden, 149-172

Picht, G. (1965): Die deutsche Bildungskatastrophe. München

Pongratz, L. (2006): Lebenslanges Lernen. In: Dzierzbicka, A./Schrilbauer, A. (Hg.): Pädagogisches Glossar der Gegenwart. Wien, 162-171

Roth, H. (1971): Pädagogische Anthropologie. Grundlagen einer Entwicklungspädagogik. 2. Bd., Hannover

Sennett, R. (1998): Der flexible Mensch. Die Kultur des neuen Kapitalismus. Berlin

Weinert, F. E. (2001): Vergleichende Leistungsmessung in Schulen – eine umstrittene Selbstverständlichkeit. In: Weinert, F. E. (Hg.): Leistungsmessung in Schulen. Weinheim, 17-31

White, R. W. (1959): Motovation Reconsidered: The Concept of Competence. In: Psychological Review, H. 66, 297-333

III Empirische Einblicke in soziale Welten

Subjekt-Sein im Kontext von Verwaltungsreformen

Anja Hauser

Der verwaltungswissenschaftliche Diskurs um Verwaltungsreform und ihre Umsetzung, insbesondere die Betonung des Personalmanagements als Schlüsselrolle, wird – mit Holzkamp (u.a. 1995, 1996) gesprochen – im Bedingungsdiskurs geführt. Zugespitzt kann man sagen: die Subjekte werden als auf veränderte Anforderungen reagierende, flexible aber dennoch beständige Arbeitskräfte betrachtet. Personalmanager sind sich darüber einig, dass Beschäftigte und ihre individuellen Fähigkeiten die zentralen Instrumente zur Umsetzung von Organisationsentwicklung sind (vgl. z.B. Drescher 2000; Pitschas 2006). Solange diese Betrachtungsweise jedoch nur aus organisations- und personalpolitischer Perspektive erfolgt, steht die Frage nach der Kapazitäts- und Zumutbarkeitsgrenze der Realisierungsinstrumente, die operativ handelnden Beschäftigten, zur Debatte. Hierfür lohnt ein Blick vom Standpunkt der Subjekte auf die Situation, sind doch beispielsweise „neben ihren auf professionelle Anerkennung und Entfaltung ihrer beruflichen Fähigkeiten gerichteten Bedürfnissen auch […] Interesse an sicherem und steigendem Einkommen, an beruflichem Aufstieg und an angenehmen Arbeitsbedingungen" (Lorig 2001: 243) von nicht geringer Bedeutung.

Der exponierte Stellenwert, der den Verwaltungsbeschäftigten im Kontext von Verwaltungsentwicklungsprozessen zugewiesen wird, ist verbunden mit hohen Anforderungen an die Kompetenzen der Subjekte, die als von außen erfüllbar gesetzt werden. Dieser Erfüllungsanspruch wird nicht selten in Gestalt des Normalitätsanspruchs von lebenslangem Lernen legitimiert. Kossack (i.d. Bd.) weist auf diesen Diskurs hin und merkt beispielweise an, dass kompetentes Handeln eine voraussetzungsvolle Fähigkeit ist, die für den Handelnden ein permanentes Beweisrisiko in sich trägt – offenbart sich doch erst im unmittelbaren situativen Vollzug, ob die Handlungskompetenzen der Situation entsprechen können. In diesem Verständnis wird ein anderer Blickwinkel auf die Erfolgsfaktoren für Verwaltungsentwicklungsprozesse erforderlich, denn – vom Standpunkt der handelnden Subjekte aus betrachtet – ist die Bedrohlichkeit der Reformansprüche für die Beschäftigten unübersehbar. Ein solcher subjektwissenschaftlicher Blick öffnet sich dahingehend, wie Subjekte sich mit gesellschaftlich-sozialen – hier: von Verwaltung organisational vermittelten – Forderungen individueller Kompetenzentwicklung aktiv auseinandersetzen. Ob und wie die Verwaltungsbeschäftigten das fremdgesetzte Bedürfnis der Organisation zum Lernanlass nehmen, individuelle Handlungskompetenzen ‚reformgemäß‘ zu entwickeln, hängt nach Holzkamp von den je subjektiven Sinnhorizonten, der je spezifischen Lebenslage und Position ab (vgl. Holzkamp 1985: 368). Die Einnahme einer solchen Forschungsperspektive betont – in Abgrenzung zur im Bedingtheitsdenken verhafteten Steuerungslogik der Verwaltung –, die Begründungslogiken der Beschäftigten näher zu betrachten und diese in Umsetzungsaktivitäten von Reformen zu berücksichtigen. Joachim Ludwig hat für die betriebliche Lernforschung eine tiefgründige Untersuchung zu Lernchancen von Beschäftigten im Zuge der Einführung einer neuen Abrechnungssoftware in einem Stadtwerke-Unternehmen vorgelegt (vgl. Ludwig 2000). Bei Ludwig stehen die Selbst- und Weltverständigungsprozesse im Kontext betrieblicher Vergesellschaftung im Fokus (vgl. ebd.: 57).

Der Beitrag nimmt die Blickrichtung von Ludwigs Untersuchung auf, fokussiert hingegen aber Weiterbildungsprozesse im Feld der öffentlichen Verwaltung. Insbesondere liegt hier das Augenmerk darauf, in welchen widersprüchlichen gesellschaftlich-sozialen (Arbeits-)Kontexten Verwaltungsbeschäftigte im Rahmen von Personalentwicklungsmaßnahmen stehen, die an berufliche Aufstiegschancen geknüpft sind. Die dabei eingenommene subjektwissenschaftliche Blickrichtung erhellt, wie Beschäftigte mit organisational vermittelten Anforderungen vernünftigerweise (begründet) umgehen. Ein empirischer Fall illustriert, wie sich die Subjekte im Zuge beruflicher Veränderungen, verbunden mit Arbeitsplatzwechsel und Karriereaufstieg, in und mit den gegebenen und sich formierenden Verhältnissen vergesellschaften. Zunächst jedoch ist darüber nachzudenken, welche theoretische Bestimmung des ‚Subjekt-Seins‘ dem vorliegenden Untersuchungsgegenstand angemessen ist, um die subjektiven Vergesellschaftungsprozesse von Verwaltungsbeschäftigten empirisch zu erfassen.

1 Theoretische Reflexion: Subjekt-Sein oder Nicht-Sein im Kontext von Verwaltungsreformen – eine angemessene Frage?

‚Subjekt-Sein oder Nicht-Sein‘ impliziert auf den ersten Blick – wie etwa bei Shakespeares Hamlet – zwei Optionen, sich entweder *für* Subjekt-Sein oder *gegen* Subjekt-Sein entscheiden zu können. Holzkamps Überlegungen zur „doppelten Möglichkeit" (vgl. Holzkamp 1985: 368ff.) legen nahe, dass es neben der ersten Möglichkeit der Erweiterung und Selbstverwirklichung zum Preis des Widerstandes gegen herrschende Interessen immer auch eine Alternative dazu – eine zweite Möglichkeit – gäbe, die Anpassung an bestehende Herrschaftsverhältnisse zum Zweck der Abwendung einer Bedrohung der Handlungsfähigkeit (vgl. auch ebd.: 370-376). Beide Optionen jedoch entlassen das Subjekt nicht aus dessen Verhaftetheit in gesellschaftlichen Verhältnissen und Anforderungen.

Die Wahlfreiheit des Subjekts, die durch die „doppelte Möglichkeit" (Holzkamp 1985: 368) suggeriert wird, bestehe – so die kritische Reflexion von Langemeyer (2005: 121ff.) – nicht in einem Entweder-oder von restriktiver und verallgemeinerter Handlungsfähigkeit, sondern in vielfältigen Formationen sozialer Praxis des permanenten Verhaltens zur Welt, z.B. im Kontext von Arbeit in Partizipations- und Kooperationsformen (vgl. ebd.: 150ff., auch 2010). Diese Handlungsformationen knüpfen sich an die Situiertheit des Subjekts, sodass sich Subjekt-Sein anhand der „Konzeption der subjektiven Handlungsgründe" (Holzkamp 1996: 55) interpretieren lässt. In meiner Lesart formiert sich Subjekt-Sein also nur soweit, wie Verwaltungsbeschäftigte über fremdgesetzte Bedürfnisse der Verwaltung in subjektiv sinnvoller (begründeter) Weise verfügen können und an sie gestellte Anforderungen in eigene Interessen übersetzen können. Diese Überlegung wird schlüssig, zieht man beispielsweise heran, wie Langemeyer in Bezug auf Kompetenzentwicklung gesellschaftlicher Subjekte argumentiert: „Denn die motivierte Übernahme von Aufgaben und Zielen sowie die Bereitschaft zur Selbstorganisation setzenvoraus, dass das eigene Handeln als sinnvoll erlebt wird. Diese Sinnhaftigkeit ergibt sich [...] über den gesellschaftlich-individuellen Bedeutungshorizont, in dem die Subjekte ihre Aufgaben [...] erkennen und ihre eigenen Lebensinteressen und Bedürfnisse dazu in Beziehung setzen können" (Langemeyer 2010: 61).

Sozialwissenschaftliche Theorien, die den Vermittlungszusammenhang von Vergesellschaftung und Subjektbildung bzw.-Subjektformierung in den Blick nehmen, gehen von der Grundannahme aus, dass individuelle Subjektivität „als ein in sich widersprüchliches Selbstverhältnis zu begreifen" (Scherr 2005: 19) ist und in dessen Formierungsprozessen „sowohl gesellschaftliche Muster und Normen internalisiert werden, als auch eigensinnige Handlungsfähigkeit entsteht" (ebd.). Bestimmt man folglich das Subjekt als ein *gesellschaftliches Subjekt* – wie es bspw. von subjektwissenschaftlichen Forschungen aufgegriffen wird (vgl. Ludwig 2000; Langemeyer 2010) – geht es um die Frage nach der gesellschaftlichen Handlungsfähigkeit von Individuen, nach deren Teilhabemöglichkeiten aber auch Partizipationsbegrenzungen, die „in bestimmten gesellschaftlichen Macht- und Herrschaftsverhältnissen in einer nicht beliebigen Weise" (Scherr 2005: 19) subjektiv begründet hervorgebracht werden. Im Kern dieser Überlegungen zeigt sich Subjektivität im Vollzug des Auslotens von Autonomiespielräumen mit ihren Spannungen, Konflikten und Hürden, eben so und nicht anders zu handeln. Ausgehend von diesem Verständnis des Subjekt-Seins interessiert in empirischer Reflexion in welchen Möglichkeitsräumen Verwaltungsbeschäftigte handeln und wodurch diese Möglichkeitsräume gekennzeichnet, eröffnet oder begrenzt sind (vgl. Kap. 4). Möglichkeiten umschließt in gleicher Weise Unmöglichkeiten der Entwicklung und Veränderung, so auch inhärente Widersprüchlichkeiten. Zu diesen ambivalenten Möglichkeiten können sich Verwaltungsbeschäftigte auf je subjektive Weise ins Verhältnis setzen, wobei diese Möglichkeitsbeziehungen einer dynamischen Veränderung unterliegen.

Aus derselben Perspektive interpretiert Ludwig Vergesellschaftungsprozesse bildungstheoretisch: „Lernen konstituiert auf diese Weise einen Bildungsprozess als Selbst- und Weltverständigung des Subjekts, in dem es seine Bestimmung im Vergesellschaftungsprozess selbst hervorbringt." (Ludwig 2000: 68) Bildung fasst Ludwig hiernach als „Versuch, im Rahmen von Selbstverständigungsprozessen eine erweiterte Verfügung und Teilhabe an gegebenen gesellschaftlichen Handlungsmöglichkeiten zu erlangen" (ebd.: 29f.). Scherr zufolge, entwickelt sich durch solche gesellschaftlich vermittelten Formierungsprozesse individueller Eigensinn, Subjektivität (vgl. Scherr 2005: 19). Um der Gefahr zu entgehen, nur primär subjektivistische Aspekte solcher Lern- und Bildungsprozesse zu berücksichtigen, soll eine reflexive gesellschaftstheoretische Sicht darauf eingefangen werden. Hiernach sind subjektiv eigenlogische Lern- und Bildungsprozesse nicht nur als individuelle Konstituierungs- und Positionierungsprozesse qua gesellschaftlich gegebener „Bedingungen der Möglichkeit" (Schäffter 2012: 145) zu verstehen. Gleichwohl sind in Vergesellschaftungsprozessen von Subjekten potentielle Formierungsprozesse mitzudenken, die gesellschaftlich-soziale Bedeutungsstrukturen modifizieren und Kontexte „rekursiv reformieren" (ebd.: 144) können. Nach Schäffters „relationaler Einsicht" (ebd.: 145) in Selbst-Weltverhältnisse sind solche transformativen Entwicklungsprozesse als Ressourcen gesellschaftlichen Wandels erschließbar (vgl. ebd.).

Diese relationale Perspektive greift die subjektwissenschaftlichen Überlegungen Holzkamps zum Verhältnis von Subjekt und Gesellschaft vor dem Hintergrund aktueller gesellschaftlicher Themen auf (vgl. Baldauf-Bergmann 2012, ebenso i.d. Bd.). Holzkamps Überlegungen zur Subjektivität entstanden seinerzeit vor dem Hintergrund disziplinpolitischer Bestrebungen, eine ,Kritische Psychologie' wissenschaftstheoretisch zu fundieren, und gründen auf einem materialistischen Gesellschaftsmodell (vgl. Holzkamp 1985: 23-29). Das Phänomen der Subjektivität qualifiziert Holzkamp anhand der Kategorie der Handlungsfähigkeit (vgl. u.a. Brockmeier 2008: 9f.) und bezeichnet es „Daseinserfüllung" (Holzkamp 1985: 349), wonach menschliche Handlungen immer nur in situativ erfahrenen gesellschaftlichen Erfüllungsmöglichkeiten begründet sind. „Individuelle Lebensbewältigung des Menschen ist, da nur als Erfüllung gesellschaftlicher Anforderungen möglich, gleichbedeutend mit individueller Vergesellschaftung, in der sich die Notwendigkeiten der gesellschaftlichen Lebenserhaltung funktional widerspiegeln" (Holzkamp 1978: 156). Holzkamp konstatiert weiter, „dass die gesellschaftlichen Anforderungen, auf die hin sich die Individuen modal vergesellschaften müssen, nicht für alle Gesellschaftsmitglieder die gleichen sind, sondern vom jeweiligen Standort innerhalb der arbeitsteiligen Struktur und Produktionsverhältnisse abhängen (ebd.). Somit ist das wesentliche Charakteristikum des Subjekt-Seins mit dem Begriff der Vergesellschaftung erfasst: die Eingebundenheit in gesellschaftliche Bedingungen, in materielle, kulturelle, biographische Formationen. Demzufolge findet Subjekt-Sein Ausdruck in der subjektiv funktionalen Bezugnahme auf „das verallgemeinerte Gemacht-sein-zu" (Holzkamp 1985: 358ff.). Grotlüschen beispielsweise interpretiert die Vergesellschaftung des Subjekts – in Anschluss an gouvernementalitäts- und habitustheoretische Ansätze und in Abgrenzung zu humanistischen und neoliberalen Sichtweisen – als „eine materialistische Logik der Verbesserung der Verfügungsmöglichkeiten über die eigenen Lebensumstände" (Grotlüschen 2014: 231). Da gesellschaftlichen Verhältnissen materielle Verteilungskonflikte immanent sind, versteht Grotlüschen Verfügungserweiterung im Sinne einer erweiterten Handlungsautonomie, die sich auf die materielle Verfügbarkeit von Welt richtet, wie z.B. sichere Berufstätigkeit und politische Mitbestimmung (vgl. ebd.).

Mithin ist der Kern der vorliegenden Auseinandersetzung umrissen, wie ihn Holzkamp in der Grundlegung der Psychologie kategorial ausgearbeitet hat: der Zusammenhang zwischen historisch bestimmten, lage- und positionsspezifischen Arbeitsbedingungen und der individuellen Handlungsfähigkeit (vgl. Holzkamp 1985: 342-344). Dies impliziert, dass „das Individuum den gesamtgesellschaftlichen Verhältnissen nicht direkt, sondern vermittelt, über seine historisch bestimmte Lebenslage/Position gegenübersteht, […] die in der Handlungsfähigkeit gegebene Möglichkeit gesellschaftlicher Bedingungsverfügung durch die Lebenslage/Position in ihrer Formationsspezifik vielfältig vermittelt und gebrochen ist" (ebd.: 241). Berücksichtigt man, dass Verwaltungsbeschäftigte in instrumentellen Arbeitsverhältnissen handeln, für einen staatlichen Dienstherrn arbeiten, also in hierarchischen Verhältnissen stehen, wird im Folgenden zu hinterfragen sein, inwieweit die im Zuge von Verwaltungsmodernisierungsprozessen vermittelte Gestaltungsautonomie für Beschäftigte erfahrbar werden kann. Dies umfasst auch die Frage, inwieweit eine neue Berufsrolle im Rahmen von Fortbildung verändert und von den betreffenden Fortbildungsteilnehmenden antizipiert werden kann. Welche diesbezüglichen Erscheinungsformen des Subjekt-Seins, der Handlungsfähigkeit Verwaltungsbeschäftigter, im Kontext von beruflichen Veränderungsprozessen vorfindbar sind, wird im Kapitel 4 empirisch reflektiert.

2 Kontextualisierung: Das Subjekt in der Welt ‚Verwaltung'

Für eine erste Kontextualisierung der gesellschaftlich-sozialen Verhältnisse von Verwaltungsbeschäftigten ist zu reflektieren, 1. welche gesellschaftliche Funktion Verwaltung und Verwaltungsarbeit haben, d.h. welche allgemeine gesellschaftliche Aufgabe dem beruflichen Handeln von Verwaltungsbeschäftigten unterlegt ist, und 2. welche besonderen Anforderungen an Verwaltungsbeschäftigte im Zuge von Verwaltungsreformprozessen gestellt sind.

Die öffentliche Verwaltung, eingebettet in ein politisches, soziales und ökonomisches Umfeld, steht im Kontext des gesamtgesellschaftlichen Wandels. Öffentliche Verwaltung ist als gesellschaftliche Institution insbesondere gefordert, auf sozio-politische Veränderungstendenzen einzugehen. Angesprochen sind hier Veränderungsprozesse der Globalisierung und Ausdifferenzierung gesellschaftlicher Bereiche, restriktiver werdenden ökonomischen Rahmenbedingungen, sowie die demografischen Entwicklungen (vgl. Riegraf 2005).

In Deutschland legitimiert sich Verwaltung auf der Grundlage des Demokratieprinzips und der Rechtsstaatlichkeit. Zu diesen traditionellen Legitimationsprämissen kommt seit etwa zwei Jahrzehnten aufgrund sich wandelnder Staatsaufgaben eine Wirkungsorientierung, die von der Vorstellung ausgeht, der Staat ist Leistungserbringer für den Bürger – steht also im Dienste gesellschaftlicher Leistungsabneh-mer. Verwaltungshandeln kann demzufolge legitimiert werden, insofern sie eine Wirkung auf Gesellschaft erzielt (vgl. Schedler/Proeller 2009: 8). Die Verwaltung hat demnach eine Schnittstellenfunktion zwischen Staat und Bürger in Form einer Vermittlungsinstanz; sie vollzieht politische Entscheidungen auf der Grundlage von Gesetzen und liefert ebenso vorbereitende Entscheidungsgrundlagen für politische Akteure (vgl. ebd.: 22f.). Verwaltungshandeln richtet sich in erster Linie nach rechtlichen Maßgaben. Ausrichtungsmaßstab des Verwaltungshandelns sind die erbrachten Leistungen; hierbei gewinnt im Zuge des New Public Managements auch die Kundenorientierung an Bedeutung (vgl. ebd.: 66ff.). Verwaltungsleistungen sind meist „persönliche Dienstleistungen" (ebd.: 271), d.h. sie werden auf individueller Ebene zwischen Verwaltungsbeschäftigem und Kunden erbracht und entziehen sich weitgehend zentraler Einflussmechanismen. In Bezug auf die Qualität der Verwaltungsleistung rücken dadurch der persönliche Arbeitsstil und das Rollenverständnis des Verwaltungsbeschäftigten stärker in den Vordergrund.

Die angesprochenen Leitprinzipien zur Legitimation von Verwaltungsleistungen (Demokratie, Rechtsstaatlichkeit, Leistungsorientierung) stehen in einem Spannungsverhältnis zueinander und führen beim Verwaltungshandeln zu Zielkonflikten (vgl. ebd.: 221f.). Abwägungen und Priorisierungen von Entscheidungen sind „neben der politischen und juristischen Legitimation zunehmend auch auf sachlicher, pragmatischer und wirtschaftlicher Seite gefordert" (ebd.: 222). Politik und Management gelten als „zwei Welten mit unterschiedlichen Denkmustern, Begrifflichkeiten und Sanktions- bzw. Honorierungsmechanismen" (vgl. ebd.: 64), wo abweichende Rationalitäten bei Entscheidungen herrschen. Eine aus ökonomischer Sicht sachlich logische Lösung kann aus politischer Sicht irrational wirken, da dort das Mehrheitsprinzip entscheidet, was beispielsweise umfassende Aushandlungsprozesse nach sich zieht. Hinzu kommt, dass Ziele im politisch-administrativen System in der Regel „vage und mehrdeutig, vielfältig, zahlreich, instabil, verwirrend und widersprüchlich sind" (Siegel 2010: 172). Vor diesem Hintergrund wird deutlich, dass insbesondere bei Verwaltungsentwicklungsprozessen das Problem der Rationalität virulent wird. Westphal sieht den Erfolg von Reformbestrebungen in der gegenseitigen Akzeptanz der unterschiedlichen Rationalitäten und Kooperation aller Beteiligten, die die jeweils andere Rationalität nicht pauschal zurückweisen, sondern in ihrem eigenen Bezugssystem mit berücksichtigen (vgl. Westphal 2011: 42f.). Im Gegensatz dazu hat die selektive Wahrnehmung von Entscheidungs-aspekten, d.h. die Akzeptanz begrenzter Rationalität, kaum umfassende Reformwirkung, sondern lediglich inkrementelle Effekte, wie zum Beispiel „kleine, schrittweise Anpassungen und Ergänzungen, etwa bei Personal, Funktionen oder Budgets" (Siegel 2010: 173). Bemüht sich solche inkrementale Praxis jedoch um eine iterative Logik, wobei Veränderungsschritte bewusst wahrgenommen und weitergestaltet werden, ist eine evolutionäre Reformplanung und -umsetzung, ein „Doppelschleifen-Lernen" (ebd.: 176) möglich, argumentiert Siegel in durchaus prominenter Weise anhand des Konzepts der lernenden Organisation nach Agyris/Schön (1999).

Aus berufs- und industriesoziologischer Perspektive wird konstatiert, dass im Zuge eines organisatorischen Konzeptwandels an die Stelle der traditionellen funktions- und berufsförmigen Organisation im Betrieb eine Prozessorientierung getreten ist (vgl. Baethge/Baethge-Kinsky 1998: 463f.). Prozessorientierung heißt dabei, „dass die bestehenden organisatorischen und personellen Zweck-Mittel-Relationen überprüft und flexibel und kostenbewusst neu austariert werden" (ebd.: 464). In der Folge sind, nach Baethge/Baethge-Kinsky, neue kunden- und prozessbezogene Aufgabenprofile, querfunktionale, partiell dehierarchisierte Formen von Kooperation und zunehmend flexibilisierte Beschäftigungsverhältnisse entstanden (vgl. ebd.).

Dass im Kontext von Rationalisierungsprozessen neue Anforderungen und Aufgaben sowie neue Qualifikationsprofile für die Arbeitenden entstehen, ist allerdings nicht nur in Industrie- und Produktionsbetrieben festzustellen, sondern ebenso im öffentlichen Sektor. Hier sind seit den 1980er Jahren Reformprozesse zu beobachten, die eine Flexibilisierung und Optimierung von Ressourcen und Prozessstrukturen zum Ziel haben (vgl. u.a. Schedler/Proeller 2009; Riegraf 2005; Kißler u.a. 2000; Naschold/Bogumil 2000; Grande/Prätorius 1997). Unter dem Druck finanzieller Einsparzwänge und des damit erforderlichen Personalabbaus sollen Verwaltungen nachhaltig ihre Leistungsfähigkeit sichern. Mit dem Ziel, eine möglichst bürgernahe, kostengünstig organisierte und sachkompetent-transparente, rechtssichere Dienstleistung für die Bevölkerung zu erbringen, wird die Dezentralisierung von Verwaltungsstrukturen forciert. Zusätzlich stellen demografische Veränderungen die Verwaltungen vor eine doppelte Herausforderung (vgl. u.a. Enquete-Kommission 2013). Zum einen führen der Rückgang erwerbsfähiger Bevölkerungsschichten und zunehmende Bevölkerungsüberalterung zu einer veränderten Nachfrage von Verwaltungsleistungen, wodurch sich Aufgabenbereiche der Verwaltungen verschieben und neu konstituieren. Zum anderen verändert sich die Altersstruktur in den verschiedenen Verwaltungsebenen, sodass neue Aufgaben mit weniger, älterem und im Durchschnitt höher qualifiziertem Personal bewältigt werden müssen. Das Verwaltungspersonal wird „als entscheidender Modernisierungsfaktor" (Pitschas 2006: 172) im Kontext dieser sozio-ökonomischen Strukturveränderungen gesehen und Personalentwicklung als strategisches Instrument in die Verwaltungsentwicklungsprozesse integriert (vgl. ebd.). Betriebliche Weiterbildung soll schließlich Kompetenzen dahingehend entwickeln, „sich in offenen und unüberschaubaren, komplexen und dynamischen Situationen kreativ und selbstorganisiert zurechtzufinden" (Salomon-Hengst u.a. 2011: 9). „Die Angehörigen der Verwaltung sind aufgefordert, ihr persönliches Potential auch zugunsten der Modernisierungsziele zu entwickeln, das heißt die Eigenschaften der Teamfähigkeit, Flexibilität, mehrdimensionalen Mobilität, des strategischen Denkens, der kulturellen Sensibilität und der Risikobereitschaft zu entfalten" (Pitschas 2006: 174).

Reformuliert man nun diese Entwicklungen von Verwaltungsarbeit aus berufssoziologischer Sicht[1], ist eine Umdefinierung von Verwaltungsberufen zu konstatieren. Das klassische Berufsbild des Verwaltungsarbeiters (vgl. Weber 1985), das einer bürokratischen Logik der Aufgabenerledigung folgt, den Arbeitsalltag als materielle Existenzgrundlage definiert, in festen Arbeitsstrukturen (Arbeitszeit, Aufgabenbereich, Hierarchie, usw.) organisiert ist, soll einer neuen Beruflichkeit weichen. Das Normalarbeitsverhältnis zerfällt in flexiblere Arbeitsstrukturen und tayloristische Managementvorstellungen werden von einem modernen Verständnis von Verwaltung als „dynamisch komplexes soziales Gebilde" (Schedler/Proeller 2009: 18) abgelöst, wo „nicht mehr der passiv-reaktive Rechtsanwender, sondern der aktivgestaltende Public-Manager" (Lorig 2001: 242) im Mittelpunkt steht. Berufliches Handeln ist nicht mehr bürokratischer Akt, sondern Gestaltungsaufgabe, die im Ergebnis eine Dienstleistung für den Kunden darstellt. Hierfür ist ein berufliches Wissen notwendig, das komplexere Zusammenhänge bearbeitbar macht – eine verwissenschaftlichte Handlungsfähigkeit, wie Langemeyer aus subjektwissenschaftlicher Perspektive argumentiert, die nicht auf Basis vorgegebener Handlungsprogramme oder abstrakter Wissensbestände funktioniert, sondern erst in kooperativen Zusammenhängen durch erfahrbare Handlungsoptionen zutage tritt (vgl. Langemeyer 2012: 265). Es kommt demnach auf „das lebendige Arbeitswissen [an] und die Art, wie bei der Arbeit wissenschaftliche Begriffe und Erkenntnisse zu Werkzeugen des Denkens einverleibt und zu einer Erfahrung des eigenen Könnens werden" (ebd.). Dass bei der Bewältigung von Verwissenschaftlichungsanforderungen im Arbeitskollektiv das Gemeinschaftsgefühl aufbricht und eine psychische Unsicherheit bei den Beschäftigten entsteht, belegt Langemeyer (2005) in ihrer Untersuchung zu arbeitsprozessintegriertem Lernen für den Bereich der Fachinformatik.

---

[1] Vgl. weiter oben die Argumentation von Baethge/Baethge-Kinsky 1998.

Wallerath resümiert, dass der mittleren Führungsebene, den Beschäftigten des gehobenen Dienstes, die besondere Rolle als „Agenten des Wandels" (Wallerath 2001: 37) zukommt, da sie „zugleich weisungsunterworfen und weisungsberechtigt" (ebd.) ist und als Mediator und Transmitter zwischen „Spitze und nachgeordnetem Apparat" (ebd.) fungiert. Auf dieser Ebene fallen Entscheidungsspielräume und -begrenzungen zusammen – individuelle Autonomie und Gestaltungsfreiheit konfligiert hier mit gleichzeitigem Untergeben-Sein unter übergeordneten Zielen und Anweisungen. Neue Handlungsspielräume und Partizipationschancen der Verwaltungsbeschäftigten im gehobenen Dienst erscheinen als risikoreiche Gratwanderung, vor welcher zurückzuweichen eine subjektiv nicht unvernünftige Option wäre.

3 Spezifizierung: Berufliche Veränderungen in Reformprozessen einer Landesverwaltung

Schedler/Proeller bilanzieren kritisch, welche Auswirkungen die Reformbestrebungen des New Public Managements auf die Personalsituation haben. Negative Effekte der Umstrukturierung von Aufgabenbereichen und Dezentralisierung der Verantwortung sind beispielsweise wechselnde Anstellungsbedingungen und drohender Verlust der Arbeitsplatzsicherheit (vgl. Schedler/Proeller 2009: 289f.).

Beispielhaft liegt der konkrete Fall einer „Qualifizierung von landeseigenem Personal" (MdI 2011) vor, womit „eine Stärkung der Personalkapazitäten im gehobenen nichttechnischen Verwaltungsdienst erreicht werden" (ebd.) soll. Es handelt sich um eine Aufstiegsfortbildung im Bereich der Allgemeinen Landesverwaltung, die eine tarifvertraglich fundierte Umsetzungsmaßnahme von Personalentwicklung im Kontext von Personalumbauprozessen einer Verwaltung in einem neuen Bundesland ist. Sie richtet sich an Tarifbeschäftigte des mittleren Verwaltungsdienstes und zielt auf den Erwerb von Kompetenzen für den gehobenen Verwaltungsdienst, verbunden mit einer dementsprechenden Laufbahnbefähigung. Mit dem Nebeneffekt beruflicher Karriere- und Entwicklungschancen für die Beschäftigten sollen vordergründig betriebliche Personalbedarfslagen in der Verwaltung gedeckt werden. Die Fortbildung ist von der Verwaltung als ein Ort bestimmt, wo die Beschäftigten für fachgebietsübergreifendes, generalistisches Verwaltungshandeln notwendige Kompetenzen und ihre berufliche Identität hin zu Verwaltungsmodernisierern[2] entwickeln sollen. Die organisationale Anforderung für die Fortbildungsteilnehmenden besteht somit darin, nicht nur Teil, sondern Träger und Medium von Organisationsentwicklung zu werden. Zu fragen ist hier, wie sich derartige ungewohnte Anforderungen zum gewohnten Berufsverständnis im mittleren Dienst verhalten, welche Gewohnheiten unhintergehbar und veränderungsresistent bleiben, welche aufbrechen, und worin schließlich Lernchancen bestehen können. Im Vergleich zur beruflichen Weiterbildung auf Eigeninitiative, deren Nutzen nicht gleich berechenbar, aber häufig mit Kosten und Risiken verbunden ist, wird den Teilnehmenden die Aufnahme in das betrieblich abgesicherte Programm unter Fortzahlung der Bezüge zumeist von Vorgesetzten angetragen und bei erfolgreichem Abschluss ein Karriereaufstieg seitens des Dienstherrn garantiert. Diese Bedingungen erscheinen an sich nicht ungünstig für ein motiviertes und zugleich ‚passgenaues' Lernen in der Fortbildung, sodass die in Aussicht gestellte Verfügungserweiterung zu erwarten wäre.

Aus der berufssoziologischen Forschung ist indessen bekannt, dass bei Eintritt in eine neue Berufsposition Widersprüchlichkeiten und Konflikte den Weg verstellen (vgl. z.B. Fürstenberg 1972 zit. n. Bosetzky u.a. 2002: 160f.) Widersprüche zwischen vorgeprägter Berufsauffassung und Berufswirklichkeit, Widersprüche zwischen dem gesellschaftlich vermittelten Erfolgsbild und den sachlich begrenzten Berufsmöglichkeiten, Widersprüche zwischen der in der Vorbereitungsphase eingeübten Rolle und der im Berufsleben tatsächlich geforderten Rollenerfüllung.

---

[2] Dies wird anhand der curricularen Inhalte und Zielsetzungen deutlich.

Im Beispielfall sind bereits in Anlage und Format der Fortbildung Widersprüche immanent. Die curriculare Konzeption der Aufstiegsfortbildung ist durch innovative Elemente gekennzeichnet, die der Qualifizierungsmaßnahme den Charakter eines verwaltungswissenschaftlichen Studiums verleihen. Das Innovative versteht sich vor dem Hintergrund der in der Verwaltung üblichen Fortbildungskultur (vgl. u.a. Meixner 1984). Der Zugang zur Qualifizierungsmaßnahme erfolgt über langjährige Berufserfahrung in der Verwaltungspraxis des mittleren Dienstes. Die modulare Struktur ist inhaltlich den Maßgaben für ein verwaltungsrechtliches Bachelorstudium angelehnt; Projektarbeiten und Fallstudien nehmen dabei eine zentrale Funktion für die Verknüpfung von Theorie und Praxis ein. Mit der erfolgreichen Absolvierung der Fortbildung steht den Teilnehmenden die Laufbahnbefähigung für den gehobenen Dienst mit einer vertraglich zugesicherten Beschäftigung in einer Dienststelle der Allgemeinen Landesverwaltung in Aussicht, nicht jedoch ein akademischer Abschluss. Die seitens der Fortbildungskonzeption gestellten Anforderungen eines wissenschaftlichen Studiums stehen demnach im Widerspruch zu der nicht als Studium zertifizierten Qualifikation, die letztlich erworben wird. Zudem kommen die Teilnehmenden qua langjähriger Arbeitserfahrung im mittleren Verwaltungsdienst aus einer Lebens- und Lernwelt, die nicht einer wissenschaftlichen Logik folgt, sondern entlang von hierarchisch-bürokratischen Entscheidungsmodellen, Rationalitätskriterien einerseits und Gelegenheitskriterien andererseits orientiert ist (vgl. Westphal 2011: 25ff.).

Für eine empirische Reflexion des Subjekt-Seins im Zusammenhang mit solchen widersprüchlichen Veränderungsprozessen soll deshalb interessieren, wie sich die Beschäftigten im Rahmen einer Aufstiegsfortbildung gegenüber der Anforderung ‚Veränderung der Berufsrolle' verhalten. Inwiefern ist es den Beschäftigten (un-)möglich, ihre neue Rolle als ‚Verwaltungsmodernisierer' und den damit verbundenen ‚generalistischen Kompetenzen' zu antizipieren? Hinter diesem Erkenntnisinteresse steht die Annahme einer Diskrepanz zwischen der von Organisationsseite, insbesondere per Qualifikationsziel, zugewiesenen Rolle und den eigenen, „selbstkompetenten" (Langemeyer 2013) Positionierungsmöglichkeiten der Beschäftigten.

Empirische Einblicke in die Praxis solcher Qualifizierungsprozesse liegen in Form von Gruppendiskussionen[3] mit Fortbildungsteilnehmenden vor. Sie spiegeln wider, welche Brisanz in der Anlage betrieblich-beruflicher (Aufstiegs-)Weiterbildung stecken kann (vgl. u.a. Meyer 2005). Durch tarifvertragliche Regelungen und formalisierte Weiterbildungsstrukturen scheint die Anpassung der Qualifikation der Beschäftigten an personalstrategische Intentionen und Notwendigkeiten organisations- und personalpolitisch durchaus abgesichert, was Kompetenzentwicklung und Lernen für die neue Berufsrolle auch subjektiv bedeutsam und erfahrbar machen könnte. Am folgenden Beispiel wird rekonstruiert, auf welche empirische Wirklichkeit derartige Passungsintentionen im Kontext von Weiterbildung treffen.

---

[3] Das empirische Material wurde im Rahmen der Abschlussevaluation eines ministeriell beauftragten Projektes zur wissenschaftlichen Begleitung der Aufstiegsfortbildung an der Professur von Joachim Ludwig erhoben.

4 Empirische Reflexion: Durch Weiterbildung zum Verwaltungsmodernisierer?

Die empirische Reflexion orientiert sich am analytischen Vorgehen der Grounded Theory (vgl. Strauss/ Corbin 1996). Sie wird angeleitet von der allgemeinen Frage, wie sich die Beschäftigten zu den Anforderungen in der Weiterbildung ins Verhältnis setzen. Die vorangegangene Auseinandersetzung zum Subjekt-Sein im Kontext von Verwaltungsreformen fordern dazu auf, die Frage pikanter zu formulieren: Wie gehen die Beschäftigten mit dem vom Dienstherrn auferlegten Bildungsauftrag, im gehobenen Dienst kompetent handeln zu sollen, um?

Die analytisch verfolgten Aufmerksamkeitsrichtungen im empirischen Material (vgl. Truschkat u.a. 2005: 12) speisen sich aus den theoretischen Vorüberlegungen in Kapitel 1 und 2 und sollen Erscheinungsformen des subjektiven Umgangs im Prozess beruflicher Rollenveränderung empirisch sichtbar machen: Was erscheint den Beschäftigten hinsichtlich der Veränderung ihrer Berufsrolle im Rahmen der Fortbildung möglich, realisierbar? Welche Handlungsmöglichkeiten und Rollenanforderungen erscheinen ihnen hingegen unmöglich zu antizipieren? Die folgenden Interpretationsergebnisse basieren auf einer Konzeptualisierung der Daten mittels offenen Kodierens thematisch relevanter Ausschnitte aus einer Gruppendiskussion der ersten Fortbildungskohorte (vgl. Kap. 3).

In den vorliegenden Daten zeigt sich aus Sicht der Fortbildungsteilnehmenden der mit der Qualifizierungsmaßnahme beabsichtigte Anpassungsprozess als ein von größter Unsicherheit durchzogener *individueller (Sinn-)Bildungsprozess des Sich-Findens*: das bisherige berufliche Rollenverständnis wird brüchig, die künftigen rollenspezifischen Tätigkeiten und dafür erforderliche Kompetenzen bleiben diffus, die berufspraktische Relevanz des in der Fortbildung vermittelten Wissens bleibt verborgen. Die äußerlich bestehende Sicherheit im Karriereweg bewahrt die Teilnehmenden nicht vor Ungewissheiten in und mit der Lernsituation. Die Lernanforderung der Aufstiegsfortbildung – *„Generalisten sind gefragt" (K1_GDa_Z.160)* – steht am Ende der 18-monatigen Fortbildung immer noch in großer Differenz zur eigenen Einschätzung ihres beruflichen Selbst und verfügbarer Kompetenzen: *„Wir haben von allem ein bisschen etwas. Wir können überall so ein bisschen (.) !reinreden!=mitreden, also Stichworte fallen lassen" (K1_GDa_Z.163-165)*. Die brüchig gewordene Berufsrolle bringt hier eine Form von Selbstdiskreditierung mit sich. Durch den antizipatorischen Rückzug auf eine Nebenrolle werden die eigenen Unzulänglichkeiten tragbar und die begrenzten Handlungsmöglichkeiten plausibilisierbar.

Zum Zeitpunkt der Gruppendiskussionen stehen die Verwaltungsbeschäftigten am Ende der Fortbildung und unmittelbar vor dem Antritt der neuen Berufsposition als Sachbearbeiter im gehobenen Dienst. Im Hinblick auf die Anforderungen in der künftigen Dienststelle äußern die Teilnehmenden: *„und wenn wir dann wieder auf Arbeit kommen, dann wird sich !zeigen!, wie man dann damit umgeht und wo man dann da auch hinkommt." (K1_GDa_Z.72-74)*. Aus Sicht der Fortbildungsteilnehmenden kann eine aktive Auseinandersetzung mit den Erfüllungsmöglichkeiten der neuen Berufsrolle erst in der Arbeitsrealität erfolgen. Sie fühlen sich trotz Erlangen der formalen Qualifikation am Fortbildungsende von Ängsten und Selbstzweifeln umtrieben und der Ungewissheit künftiger Anforderungen in der neuen Tätigkeit ausgeliefert: *„vor allem weiß man ja nicht, was !nachher!, was später kommt. Das ist das- dieses !Ungewisse! und ob man das dann alles anwenden kann, was man hier gelernt hat, !das! ist das, was einem- oder was !mich! umtreibt." (K1_GDa_Z.011-014)*.

Erstens zeigt sich, dass den Teilnehmenden mit Durchlaufen der Fortbildung der Blick auf künftige Handlungs- und Einflussmöglichkeiten in der neuen Berufsposition des gehobenen Dienstes nahezu verdeckt geblieben ist. *„[…] wie (.) bei den Olympiasiegern, die gesagt haben, das kann ich heute noch nicht greifen, dass ich eine Goldmedaille habe=das kann ich erst übermorgen begreifen" (K1_GDa_Z.002-005)*.

Der Prozess des Sich-(Ein-)Findens in der neuen Berufsrolle ist mit Fortbildungsabschluss demnach keineswegs abgeschlossen – vergleichbar mit dem Einzug ins WM-Finale – die eigentliche Bewährungssituation, ob man das Zeug zum Weltmeister hat, folgt erst nach der Qualifikationsrunde.

Zweitens fällt auf, dass Zeitgewinnen als einzig subjektiv logische Option, zu mehr Sicherheit in der Bewährungssituation der künftigen Praxis zu finden, antizipiert wird: *„Wenn man dann paar Wochen gearbeitet hat oder ein Vierteljahr und dann sagt !ja! (.) da stehe ich. Das hat es mir gebracht und da musste ich nacharbeiten. […] Noch später=noch später. Vierteljahr oder halbes Jahr nach [der Fortbildung] noch mal. […] Mindestens"* (K1_GDa_Z.179-189). Eine Verlängerung der Schonfrist verspricht eine realisierbare Möglichkeit zu sein, erforderliche Nachbesserungsleistungen erbringen zu können. Der Unüberschaubarkeit der künftigen Arbeitsrealität begegnen die Teilnehmenden mit der Rechtfertigung einer notwendigen Einarbeitungszeit, denn „dass ich mich dann noch einmal nachjustieren muss. […] *Das wird ganz sicher der Fall sein"* (K1_GDa_Z.135-136), und *„das wird ja dann auch die Einarbeitungsphase (1) zeigen […] wie abrufbereit nachher das Wissen ist"* (K1_GDa_Z.075-077). Die Verfügungsmöglichkeiten über Gelerntes können die Teilnehmenden nicht pauschal vorwegnehmen. Gleichwohl können sie aber antizipieren, dass die Einarbeitungsphase konkrete Anlässe geben wird, zu prüfen, inwieweit ein bestimmtes Wissen vorrätig und verfügbar ist.

Neben der Unsicherheit verfügbaren Wissens signalisieren drittens die Teilnehmenden ihre Unkenntnis der künftig notwendigen Kompetenzen: *„was ich hier gelernt habe ist schön und gut, aber es vielleicht gar nicht gefordert wird von mir"* (K1_GDa_Z.132-133). Die Unkenntnis paart sich mit einer passiven Haltung gegenüber Anforderungen der künftigen Tätigkeit. Hier verharren die Verwaltungsbeschäftigten offensichtlich in Denklogiken ihres bisherigen Berufsstatus im mittleren Dienst, wie z.B. Hierarchiehörigkeit, Weisungsgebundenheit. Es ist dennoch festzustellen, dass Gewohnheiten der alten Berufsrolle aufbrechen, was sich in verschiedenen Formen von Selbstbeeindruckt-Sein zeigt, z.B.: *„Erstaunlicherweise. Wenn ich jetzt meine Klausuren und so sehe, hätte ich !nie! im Leben gedacht, dass ich eigentlich trotzdem so gut durchgekommen bin, was mich selber !wundert!"* (K1_GDa_Z.021-022). Lernerfahrungen sind hier verbunden mit einer Faszination, einer Verwunderung über die eigene Handlungsfähigkeit. Diese Erfahrungen sind aber wiederum nur aufgrund einer Umstellungsbereitschaft und einer Flexibilität beim Einlassen auf Neues möglich geworden: *„[…] viele Projektarbeiten. Das war auch gewöhnungsbedürftig"* (K1_GDa_Z.035-036); *„Wo man vielleicht vorher auch gedacht hat, oh Gott hast du ja noch nie gehört"* (K1_GDa_Z.173-174).

Nicht zuletzt wird deutlich, dass die Ungewissheit über künftige Anforderungen von starken Zweifeln an der Passfähigkeit und Verwendbarkeit des Gelernten begleitet ist. Indem die Teilnehmenden hinterfragen, *„ob man das dann alles anwenden kann, was man hier gelernt hat"* (K1_GDa_Z.012-013), kommt einerseits eine ausgeprägte Verwendungs- und Nutzenorientierung zum Ausdruck. Andererseits impliziert dies, es gäbe ein passendes Wissen, was für die Erfüllung der neuen Rolle benötigt wird.

Es kommt nicht auf übergreifende Schlüsselkompetenzen, sondern auf ein ganz konkretes Praxiswissen an: *„und überhaupt erst mal das Richtige gelernt werden muss für- für meine tägliche Arbeit, weil (.) ich glaube das hat hier mit dem nichts zu tun"* (K1_GDa_Z.152-154). Die Verwaltungsbeschäftigten antizipieren eine Kluft zwischen dem Lernen in der Fortbildung und der Arbeitsrealität im gehobenen Dienst – *„zwei Paar verschiedene Schuhe"* (K1_GDa_Z.130). Das Wissen in künftige Praxis ist ihnen nur theoretisch verfügbar; es ist lediglich ein Wissen über nicht-erfahrene Praxis.

Als ein zentraler Befund aus der empirischen Reflexion, an welchem beruflichen Entwicklungspunkt die Verwaltungsbeschäftigten am Ende der Fortbildung stehen, muss die Unabgeschlossenheit der beruflichen Veränderungssituation markiert werden. Das fremdgesetzte Bedürfnis der Qualifikationsanpassung stellt sich für die Verwaltungsbeschäftigten als schwer erfüllbar dar. Da die Fortbildung den gesellschaftlich-sozialen Bedeutungshorizont der Beschäftigung im gehobenen Dienst lediglich simuliert, verwundert es nicht, dass die Verwaltungsbeschäftigten sich vernünftigerweise weniger auf die künftigen Aufgaben und Rollenerwartungen hin vergesellschaften, sondern die Möglichkeitsräume ihres Subjekt-Seins vielmehr aufgrund bisher erfahrener Handlungsfähigkeit antizipieren. Anhand der Rekonstruktionen wird sichtbar, dass den Fortbildungsteilnehmenden als sichere Grundlage ihre berufsalltäglichen Erfahrungen, die sie hinsichtlich Status, Hierarchie, Aufgaben, Kompetenzen und notwendiges Wissen im mittleren Dienst gemacht haben, verfügbar sind.

In der Reflexion dieser empirischen Phänomene wird verstehbar, dass erst die situative Anwendung eines theoretisch angeeigneten Wissens die notwendige Erfahrung darstellt, die die Verwaltungsbeschäftigten überhaupt erst in der konkreten Anforderungssituation ihrer künftigen Praxis machen können.

5 Resümee

Exemplarisch verweisen die gewonnenen Erkenntnisse zum Subjekt-Sein im Kontext von Verwaltungsreformen vor allem darauf, welche subjektiven Bezugnahmen und antizipatorischen Leistungen Verwaltungsbeschäftigte im Rahmen von Personalentwicklungsmaßnahmen zur Veränderung der beruflichen Position erbringen können. In der eingangs erwähnten Metapher gesprochen, zeigt der Befund, dass die Instrumente, die für Reformzwecke hergestellt werden sollen, ein subjektiv funktionales Eigenleben besitzen, mit dem der Hersteller nur begrenzt kalkuliert. Die Beschäftigten durchkreuzen den linear konstruierten Herstellungsprozess der neuen beruflichen Rolle in verstehbarer Weise, sind eben die künftigen Arbeitsgegenstände, die auf einer höheren Hierarchieebene (gehobener Verwaltungsdienst) angesiedelt sind, kaum mittels gewohnter Arbeitsplatzdefinition und erfahrener Handlungsmöglichkeiten im mittleren Verwaltungsdienst zu übersetzen.

Aus subjektwissenschaftlicher Perspektive wird m.E. plausibel, dass die Verwaltungsbeschäftigten am Ende der Qualifizierungsphase ihre bis dahin erworbenen, entwickelten Kompetenzen für die neue Berufsposition nicht in Erfahrung bringen konnten (vgl. insbesondere das Kompetenzverständnis bei Langemeyer 2013). Die von Langemeyer subjektwissenschaftlich fundierte Einsicht in dynamische Erfahrungsprozesse der eigenen Kompetenz und Inkompetenz (vgl. ebd.: 22) ist hiernach in der Anspruchshaltung gegenüber formalisierter Weiterbildung zu berücksichtigen. Hierfür können Forschungserkenntnisse, die Vergesellschaftungsprozesse auf der vorgestellten Theoriebasis zu ihrem Gegenstand machen, wichtige Impulse geben, den managerialistischen Blick auf die Instrumente und Faktoren erfolgreicher Reformumsetzung in Verwaltungskontexten neu zu justieren.

Literatur

Agyris, C./Schön, D. A. (1999): Die lernende Organisation. Grundlagen, Methode, Praxis. Stuttgart

Baethge, M./Baethge-Kinsky, V. (1998): Jenseits von Beruf und Beruflichkeit? – Neue Formen von Arbeitsorganisation und Beschäftigung und ihre Bedeutung für eine zentrale Kategorie gesellschaftlicher Integration. In: Mitteilungen aus der Arbeitsmarkt und Berufsforschung, Jg. 31, H. 3, 461-472

Baldauf-Bergmann, K. (2012) (Hg.): Veränderung von Lernen und Weiterbildung in der Transformationsgesellschaft. Tätigkeitstheorie. Journal für tätigkeitstheoretische Forschung in Deutschland, H. 7, Berlin

Bosetzky, H./Heinrich, P./Schulz zur Wiesch, J. (2002): Mensch und Organisation. Aspekte bürokratischer Sozialisation. Eine praxisorientierte Einführung in die Soziologie und die Sozialpsychologie der Verwaltung. 6. überarb. und erw. Aufl. Stuttgart

Brockmeier, J. (2008): Subjektivität und Bedeutung. In: Journal für Psychologie, Jg. 16, H. 2, 1-25

Drescher, A. (2000): Personalentwicklung im öffentlichen Dienst. In: Hoffmann, T./Kohl, H./Schreurs, M. (Hg.): Weiterbildung als kooperative Gestaltungsaufgabe. Handlungshilfen für Innovation und Beschäftigungsförderung in Unternehmen, Verwaltung und Organisationen. Neuwied, 163-177

Enquete-Kommission (2013): Abschlussbericht der Enquete-Kommission 5/2: Kommunal- und Landesverwaltung – bürgernah, effektiv und zukunftsfest – Brandenburg 2020. Landtag Brandenburg, Drucksache 5/8000, http://www.landtag.brandenburg.de/media_fast/5701/Drs_5_8000.pdf, 06.07.2014

Grande, E./Prätorius, R. (1997) (Hg.): Modernisierung des Staates? Baden-Baden

Grotlüschen, A. (2014): Neo-subjektwissenschaftliche Lesart einer scheinbar vertrauten Lerntheorie. In: Faulstich, P. (Hg.): Lerndebatten. Phänomenologische, pragmatistische und kritische Lerntheorien in der Diskussion. Bielefeld, 225-258

Holzkamp, K. (1978): Gesellschaftlichkeit des Individuums. Aufsätze 1974-1977. Studien zur kritischen Psychologie. Köln

Holzkamp, K. (1985): Grundlegung der Psychologie. Studienausgabe. Frankfurt a.M./New York

Holzkamp, K. (1995): Lernen. Subjektwissenschaftliche Grundlegung. Frankfurt a.M./New York

Holzkamp, K. (1996): Manuskripte zum Arbeitsprojekt „Lebensführung". In: FKP 36, Berlin/Hamburg, 7-112

Kißler, L./Kersting, N./Lange, H.-J. (2000) (Hg.): Politische Steuerung und Reform der Landesverwaltung. Baden-Baden

Langemeyer, I. (2005): Kompetenzentwicklung zwischen Selbst- und Fremdbestimmung. Arbeitsprozessintegriertes Lernen in der Fachinformatik. Eine Fallstudie. Münster

Langemeyer, I. (2010): Lebenslanges Lernen im Kontext der Verwissenschaftlichung von Arbeit. Außerschulische Lernorte und Lernwege aus subjektwissenschaftlicher Sicht. In: REPORT, Jg. 33, H.2, 56-64

Langemeyer, I. (2012): Videografische Zugänge zur Verwissenschaftlichung der Arbeit am Beispiel medizinisch-technischer Arbeitswissen. In: Koch, G./Warneken, B.J. (Hg.): Wissensarbeit und Arbeitswissen. Zur Ethnografie des kognitiven Kapitalismus. Frankfurt a.M./New York, 261-278

Langemeyer, I. (2013): Grundzüge einer subjektwissenschaftlichen Kompetenzforschung. In: REPORT, Jg. 36, H. 1, 15-24

Lorig, W.H. (2001): Modernisierung des öffentlichen Dienstes. Politik und Verwaltungsmanagement in der bundesdeutschen Parteiendemokratie. Opladen

Ludwig, J. (2000): Lernende verstehen. Lern- und Bildungschancen in betrieblichen Modernisierungsprojekten. Bielefeld

MdI (2011): Aufstiegschance für Mitarbeiter der Landesverwaltung. Pressemitteilung 014/2011. Ministerium des Innern/Ministerium der Finanzen, Land Brandenburg, http://www.mi.brandenburg.de/media_fast/4055/PM_014_QUIT.pdf, 05.08.2014

Meixner, H.-E. (1984): Aus- und Fortbildung in der öffentlichen Verwaltung. Konzeptionen, Verfahren und Instrumente des Mitarbeitertrainings. Köln

Meyer, R. (2005): Betriebliche Berufsbildung im Spannungsfeld divergierender Interessen und Handlungslogiken. In: bwpat, Ausgabe 9

Naschold, F./Bogumil, J. (2000): Modernisierung des Staates. New Public Management in deutscher und internationaler Perspektive. 2. Aufl. Opladen

Pitschas, R. (2006): Verwaltungsführung und Personalentwicklung Führungskräfte der öffentlichen Verwaltung „entwickeln": Coaching für wirkliche Verwaltungsmodernisierung. In: Verwaltung & Management. Zeitschrift für moderne Verwaltung, Jg. 12, H. 4, 172-176

Riegraf, B. (2005): Koordinaten eines gewandelten Staatsverständnisses: Das New Public Management. In: Groh, K./Weinbach, C. (2005): Zur Genealogie des politischen Raumes. Politische Strukturen im Wandel. Wiesbaden, 225-244

Salomon-Hengst, A./Kirchner, S. u.a. (Hg.): Personalmanagement in der brandenburgischen Landesverwaltung. Potsdam

Schäffter, O. (2012): Relationale Weiterbildungsforschung. In: Baldauf-Bergmann, K. (Hg.): Veränderung von Lernen und Weiterbildung in der Transformationsgesellschaft. Tätigkeitstheorie. Journal für tätigkeitstheoretische Forschung in Deutschland. H. 7, Berlin, 141-156

Schedler, K./Proeller, I. (2009): New Public Management. 4.Aufl. Bern u.a.

Scherr, A. (2005): Vergesellschaftung und Subjektivität. In: Hafeneger, B. (Hg.): Subjektdiagnosen. Subjekt, Modernisierung und Bildung. Schwalbach, 11-24

Siegel, J. P. (2010): Begrenzte Rationalität, evolutionäre Anpassung und Fähigkeiten der Verwaltung: Überlegungen zum strategischen Veränderungsmanagement. In: Verwaltung & Management. Zeitschrift für moderne Verwaltung. Jg. 16, H. 4, 171-178

Strauss, A./Corbin, J. (1996): Grounded Theory. Grundlagen qualitative Sozialforschung. Weinheim

Truschkat, I./Kaiser, M./Reinartz, V. (2005): Forschen nach Rezept? Anregungen zum praktischen Umgang mit der Grounded Theory in Qualifikationsarbeiten [48 Absätze]. Forum Qualitative Sozialforschung /Forum: Qualitative Social Research, 6(2), Art. 22, http://nbn-resolving.de/urn:nbn:de:0114-fqs0502221,03.08.2014

Wallerath, M. (2001): Reformmanagement als verwaltungskultureller Änderungsprozeß: In: Kluth, W. (Hg.): Verwaltungskultur. Baden-Baden, 9-37

Weber, M. (1985): Wirtschaft und Gesellschaft. Grundriss der verstehenden Soziologie. 5.Aufl. Tübingen

Westphal, V.-G. (2011): Entscheiden im Personalmanagement. Eine Sachstandsbetrachtung zur Situation in der brandenburgischen Landesverwaltung in Zeiten von Personalabbau und demographischem Wandel. In: Salomon-Hengst, A./Kirchner, S. u.a. (Hg.): Personalmanagement in der brandenburgischen Landesverwaltung. Potsdam, 21-45

Transkriptionszeichen

.	sinkende Intonation
,	steigende Intonation
(.)	kurzes Aussetzen, kurze Pause
(1)	Pause, Dauer in Sekunden
!nein!	Betonung
[...]	Auslassungen im Transkript
°Text°	leise gesprochen
Text=Text	zusammengezogen, schleifend gesprochen

„Man müsste sich eigentlich in die Klapse einweisen". Zum Umgang mit Kontingenz in kleinen sozialen Welten

Juliane Giese, Jürgen Wittpoth

Das Titelzitat ist der Transkription eines Interviews mit einem ‚World of Warcraft'-Spieler entnommen, der sich in dieser Weise rückblickend auf sein Spielverhalten bezieht.[1] Die Selbstbeschreibung gäbe ‚eigentlich' Anlass, darüber nachzudenken, wie man der drohenden Einlieferung in die Nervenheilanstalt auf Dauer entkommen könnte. Stattdessen relativiert der Protagonist sogleich, indem er die etwa 300 Stunden, die er „nur rein vor dem PC gesessen" hat, mit dem Hinweis auf den Durchschnitt, auf andere Spieler, die noch viel mehr Zeit in ihr Spiel investieren; was er selbst tut, ist demgegenüber ‚gar nicht so schlimm'. Die am Horizont aufscheinende Möglichkeit, vielleicht auch Notwendigkeit, auf eine andere Praxis umzustellen, wird so verworfen.

Um solche Formen der Verteidigung des Selbstverständlich-Gewordenen, anders formuliert: der Abwehr von Kontingenz, geht es in den folgenden Überlegungen. Sie sind ursprünglich motiviert durch ein Unbehagen an der etwa Mitte der 1990er Jahre im erwachsenenpädagogischen Diskurs einsetzenden Geringschätzung *fremd*bestimmter Lern- bzw. Bildungsprozesse in Weiter*bildungsinstitutionen*. Ob sich die Aufmerksamkeit auf eine ‚Entgrenzung der Erwachsenenbildung' (vgl. exempl. Kade u.a. 1991) richtet, ein ‚Lehr-/Lernkurzschluss' beklagt wird (vgl. exempl. Faulstich/Ludwig 2004), Lernen als Aktivität eines autopoietischen Systems erscheint (vgl. exempl. Arnold/Siebert 1995) oder die Chancen des ‚Lifelong Learning for all' insbesondere im informellen Lernen gesucht werden (vgl. exempl. Kommission 2000), immer wird dem Subjekt in Bezug auf die Identifikation von Lernanlässen und die Gestaltung von Lernprozessen im Vollzug von Handlungen unterschiedlicher Art und an Orten, die nun kurzerhand zu ‚Lernorten' erklärt werden, sehr viel zugetraut oder auch zugemutet.[2]

---

[1] Diese Form (‚partielle Akzeptanz expliziter Vorbehalte') taucht im gesamten Sample, über das im Folgenden berichtet wird, außerordentlich selten auf.

[2] Zur Kritik vgl. Wittpoth 2009.

Interessiert man sich demgegenüber auch für die Bedingungen der Möglichkeit und die Grenzen solcher Arten des Lernens, lassen sich unter Bezug auf den Lebensweltbegriff[3] der phänomenologischen Wissenssoziologie Differenzierungen gewinnen, die der Komplexität des Lernens eher Rechnung tragen. Diese Referenz bietet sich zunächst deshalb an, weil die Orte, an denen sich die in jüngerer Zeit vielbeachteten Arten des Lernens ereignen, mit dem Begriff Lebenswelt im *alltagssprachlichen* Sinn gut zu fassen sind. Die Produktivität des Bezuges wird allerdings erst dann deutlich, wenn man den Begriff im *systematischen*, strengen Sinne verwendet.[4]

1 Lernen und Lebenswelt

Wenn Lebenswelt als Welt, des Allerbekanntesten, des immer schon ,Selbstverständlichen' (Husserl 1962: 117), als ,unbefragter Boden und fragloser Rahmen' des Handelns (Schütz/Luckmann 2003: 53) oder als Welt, die ,für keinen Gedanken und keine Handlung zur Disposition steht' (Blumenberg 1986: 14), bezeichnet wird, dann verweist dies *nicht* auf einen *Ort*, sondern auf eine *besondere Art der Bezugnahme auf Welt*. Es geht um die *natürliche Einstellung*, in der Menschen die Wirklichkeit ,als schlicht gegeben vorfinden' (Schütz/Luckmann 2003: 53), um grundlegende Fraglosigkeit und Gewissheit. Wer „in der Lebenswelt lebt, weiß zu genau, was alles auf sich hat und was er inmitten dieses Aufsichhabens zu tun hat, als dass er nach Erkenntnis Verlangen haben könnte" (Blumenberg 2010: 52). Diese Einstellung bestimmt Orientierungen und Handlungen nicht allein im Bereich des Privat-Alltäglichen, sondern ebenso in ,Sonderwelten' (vgl. Husserl 1962: 459ff.), also im Beruf, in Expertenkulturen (vgl. Schütz 1972) bis in den Bereich der Wissenschaft hinein, in dem sich das Prinzip des kritischen Zweifels auf die Enderträge bezieht, nicht aber auf die routinisierten Praxen, mittels derer sie gewonnen werden (vgl. Matthes/Schütze 1973: 50). Experten mögen über differenzierteres und gesicherteres Wissen als Laien verfügen, ihr Handeln vollzieht sich jedoch unter dem Regime besonderer Zwecksetzungen in geschlossenen Sinnhorizonten (vgl. Husserl 1962: 459ff.) nach Maßgabe ,auferlegter Relevanzen' (vgl. Schütz 1972: 96), die prinzipiell nicht ,in Frage stehen'. Bei der natürlichen Einstellung handelt es sich also *nicht* um einen defizitären Modus des Weltbezuges, sie ist vielmehr *konstitutiv* für Handeln, das unter permanenten Bedingungen der Fraglichkeit und Ungewissheit nicht vonstatten gehen könnte.

Um Handlungsprobleme bewältigen zu können, greifen Menschen in dieser Einstellung zunächst und wesentlich auf einen Wissensvorrat zurück, der aus kollektiv ratifizierten Gebrauchsanweisungen, ,habitualisierten Rezepten' besteht (vgl. Schütz/Luckmann 2003: 149ff.). Solange zwischen Anforderungen und verfügbarem Wissen eine ,routinemäßige Deckung' besteht, vollzieht sich Handeln ,unproblematisch'. Erst wenn eine aktuelle Erfahrung nicht in einen im Vorrat abgelagerten Typus hineinpasst, muss die Situation oder die Erfahrung neu ausgelegt werden. Diese Auslegung wird dann aber nur so weit getrieben, wie es zur Bewältigung der Situation nötig ist; bloß neue Erfahrungen werden routinemäßig in Fraglosigkeit überführt. Erst wenn in neu*artigen* Situationen, die Fraglosigkeit der Erfahrung >explodiert<, wenn aktuelle mit vorangegangenen Erfahrungen inkongruent sind, wird Fragloses in Frage gestellt, kann die ,Beschränktheit des Wissensvorrats auch in der natürlichen Einstellung in den Griff des Bewusstseins geraten' (vgl. ebd.: 233). Selbst durch krisenhafte Situationen solcher Art ausgelöste Reflexion wird „gewöhnlich durch praktische Legitimationstheorien zur Stabilisierung der altgewohnten Routinen wieder ,eingeschläfert'" (Matthes/Schütze 1973: 22).

---

[3] *Den* Lebensweltbegriff der Phänomenologie gibt es nicht, aber eine Schnittmenge unterschiedlich akzentuierter Verständnisse, an die sich im Zusammenhang lerntheoretischer Reflexionen anschließen lässt.
[4] Vgl. dazu ausführlich Wittpoth 2014.

Beim *Lernen* in der Lebenswelt lassen sich demnach drei Varianten unterscheiden:

- das fortwährende *Bestätigen* von Gebrauchsanweisungen im (erfolgreichen) Handlungsvoll-zug,
- die unproblematische *Integration* relativ wenig fremder Elemente in Routinen (die als solche nicht in Frage gestellt werden),
- das erfahrungsinduzierte (bewusste) *Aufbrechen* von Schemata.

Dabei erscheint die letztgenannte Form als *Ausnahme*, der gegenüber die Reproduktion von Frag-losigkeit deutlich dominiert. Lebensweltdienliches Lernen ist also in erster Linie selbstgenügsam und begrenzt.

Allerdings steht diese Selbstgenügsamkeit ständig unter Druck. Denn Lebenswelt ist *nicht* ‚in der Zeit datierbar und im Raum bestimmter Kulturen lokalisierbar‘ (vgl. Blumenberg 2010: 79), ‚gibt es‘ in einem substanziellen, ‚fest-stellbaren‘ Sinne nicht. Ein Leben in ihr, in der ungebrochenen natürlichen Einstel-lung, ist nicht möglich. Vielmehr ist menschliche Existenz dadurch gekennzeichnet, dass sie angesichts des ‚Absolutismus der Wirklichkeit‘ immer schon aus dem ‚Paradies‘ der Lebenswelt vertrieben ist und immer noch danach strebt, in es zurückzukehren (vgl. Blumenberg 1986: 76; auch Merker 1999: 80). Es geht „um die Möglichkeit eines Lebens, das die genauen Passungen zu einer ihm adäquaten Welt *nicht mehr* hat und mit dieser [...] Desolation fertig geworden ist und ständig fertig zu werden hat" (Blumenberg 1986: 63f.).

In dieser Akzentuierung des Lebensweltbegriffs tritt die Spannung zwischen zwei unhaltbaren Zu-ständen hervor: wir können nicht in der Lebenswelt leben, und wir können nicht *nicht* in ihr leben. Soziale Systeme wie in ihnen handelnde Akteure *tendieren* zur Verlebensweltlichung, *suchen* Gewissheit und Fraglosigkeit in der natürlichen Einstellung, ohne die sie nicht funktionieren bzw. leben können. Dieser Zustand ist aber allenfalls vorübergehend zu erreichen und bleibt stets prekär, weil es zu den je ‚gewähl-ten‘ Handlungen und Orientierungen letztlich unübersehbare Alternativen gibt. Das bedeutet aber dann, dass lebensweltliche Gewissheit nicht nur routinemäßig gelebt und dadurch stabilisiert wird, sondern dass sie ständig gegen Änderungszumutungen, Kontingenz abgeschirmt werden muss.

2 Fragestellung, Methode und Sample

Die empirisch zu prüfenden Fragen sind dann, ob sich Formen identifizieren lassen, in denen der Hang, Fraglosigkeit zu erhalten bzw. (wieder-)herzustellen, und das heißt im erziehungswissenschaftlichen Kontext: *Lernzumutungen* abzuwehren, zum Ausdruck kommt, und wie diese Formen aussehen. Wir gehen diesen Fragen nach anhand von Interviews, die mit Protagonisten unterschiedlicher ‚kleiner so-zialer Lebenswelten‘ durchgeführt worden sind. Bei diesen sozialen Welten handelt es sich – analog zu Berufswelten – um ‚Sonderwelten‘ im Sinne Husserls, insofern sie durch elaboriertes technisches Domä-nenwissen konstituiert sind und die Praxen einer definierten Zwecksetzung unterliegen. Einem *engeren* Verständnis zufolge ist eine „kleine soziale Lebens-Welt [...] ein intersubjektiv konstruierter Zeit-Raum situativer Sinnproduktion und -distribution, der im Tagesab- und Lebenslauf aufgesucht, durchschritten, gestreift wird, und der mehr oder minder wesentliche Elemente für das spezifisch moderne ‚Zusammen-basteln‘ [...] persönlicher Identität bildet" (Honer 1985: 131). Sie ist außerdem gekennzeichnet durch Interaktionsgelegenheiten, freiwillige teilzeitliche Partizipation, Passageriten und Karrieremuster (vgl. ebd.). Im *weiteren* Sinne von ‚social worlds‘ handelt es sich um kulturelle Areale (z.B. Oper, Ballett, Baseball), die nicht über formelle Mitgliedschaft, sondern über Kommunikation begrenzt werden. Sie bilden keine stabilen Formationen aus, vielmehr untergliedern sie sich ständig in Subwelten, die dann wiederum neue Verbindungen eingehen (vgl. Strauss 1982).[5] Empirisch ist man letztlich mit Mischformen konfrontiert. ,Kleine' soziale Welten lassen sich als lokale Konkretionen, Verdichtungen, Kristallisationspunkte der ,großen' social worlds verstehen.[6] Zum einen sind konkrete Akteursgruppen vor Ort national und zum Teil auch international vernetzt, zum anderen pflegen sie ihre szenetypischen Orientierungen mehr oder weniger explizit im Horizont dessen, was in den je zugehörigen ,kulturellen Arealen' als relevant und angemessen gilt.

Konkret handelt es sich bei unserem Sample um drei Hexen, drei Umweltaktivisten, drei Liferollenspieler/innen, drei World-of-Warcraft-Spieler/innen, drei Jogger/innen, zwei Poetry-Slammerinnen und ein Mitglied eines Vereines zur Pflege alter Eisenbahnen, die unterschiedlichen Altersgruppen angehören und alle in größeren Städten des Ruhrgebiets aktiv sind. Die Auswahl des Samples erfolgte in explorativer und pragmatischer Perspektive. Es ging zunächst darum, den Umgang mit Wissen in kleinen sozialen Welten zu untersuchen, und dies sollte möglichst unter Bezug auf unterschiedliche Arten von Domänenwissen (also religiöses, naturwissenschaftliches, medizinisches, politisches usw.) sowie legitime und populäre Praxen geschehen. In verschiedenen Auswertungszugängen (vgl. Giese/Wittpoth 2014; Wecke 2011) hat sich bislang zweierlei gezeigt:

- In diesen sozialen Welten zirkuliert spezifisches Domänenwissen in zum Teil unerwartetem Ausmaß auf bisweilen hohem ,technischen' Niveau, es wird also viel ,gelernt'.[7]
- Das Wissen fungiert als Medium der Vergemeinschaftung, und es überschreitet den Rahmen der je spezifischen Zwecksetzungen und Relevanzen nicht, bleibt also ,selbstgenügsam'.[8]

Der Datensatz wurde im Blick auf die dargelegte Fragestellung erneut ausgewertet. Die Datenerhebung erfolgte in einer Haltung ,lebensweltlicher Ethnographie' mittels Experteninterviews (vgl. Meuser/ Nagel 2005), denen ein weiter Expertenbegriff zugrunde liegt (vgl. Bogner/Menz 2005) und die in der Eingangsphase biographieorientierte Elemente enthalten. Die Auswertung erfolgt in Anlehnung an die Dokumentarische Methode (vgl. Bohnsack 2003: 31ff.). Dabei ergaben sich über den grundlagentheoretischen Anschluss an die phänomenologische Wissenssoziologe hinaus sinnvolle Bezugnahmen auf Goffmans Arbeiten zu Stigma und Imagemanagement (vgl. Goffman 1975, 1986) sowie auf den Habitus- und den Feldbegriff Bourdieus (vgl. exempl. Bourdieu/Wacquant 1996).

3 Befunde

Auf einem mittleren Niveau der Ausdifferenzierung lassen sich in unserem Material *vier verschiedene Formen* identifizieren, mit denen sich die Protagonisten der sozialen Welten (und damit diese selbst) gegen (potentielle) Einwände oder Alternativen abschirmen. Sie lassen sich *analytisch* voneinander trennen, überlagern sich faktisch mehr oder weniger.

Der *Grund*, von dem sich die vier Formen abheben, besteht aus bisweilen sehr detaillierten Erzählungen über individuelles oder gemeinschaftliches Erleben, Beschreibungen von Praktiken, Explikationen domänenspezifischen technischen Wissens u.ä., in denen nichts in Frage steht. In diesen weit über-

---

[5] Zur ausführlichen Darlegung dieses Verständnisses vgl. Schütze 2002.

[6] ,Klein' sind sie zum anderen, im Sinne derer, die wesentlich mit dem Konzept arbeiten, weil in ihnen die „Komplexität *möglicher* Relevanzen reduziert ist auf ein *bestimmtes* Relevanzsystem" (Hitzler/Eberle 2004: 116).

[7] Die Protagonisten können in diesem Segment ihrer Lebenspraxis überwiegend durchaus als Experten im Sinne Schütz' betrachtet werden (vgl. Schütz 1972).

[8] Es ist ,sozial gebilligtes' Wissen, das als selbstverständlich hingenommen und so zu einem Element der relativ natürlichen Weltanschauung wird, „obwohl die Quelle dieses Wissen in ihrer Anonymität verborgen bleibt" (Schütz 1972: 100).

wiegenden Passagen der Interviews *vollziehen* die Akteure ihre Praxis voller Überzeugung erzählend und beschreibend *mit*, während sie sich im Bemühen um Abwehr von Kontingenz ihr gegenüber auf unterschiedliche Weisen *ins Verhältnis setzen.*

- Von *Normalisierung* lässt sich sprechen, wenn das Außergewöhnliche des eigenen Tuns *bestritten* wird: ‚Was wir in *unserer* sozialen Welt tun, unterscheidet sich im Prinzip nicht von dem, was andere in *ihren* sozialen Welten tun.' Es handelt sich um eine Art expliziter Abwehr von Vorbehalten, mindestens aber Skepsis im Common Sense, um die die Interviewten mehr oder weniger ‚wissen'. Gerade deshalb wird Gleichwertigkeit mit *szeneexternen* Praxen reklamiert.
- Genau gegenläufig ist die *Auszeichnung* der eigenen Praxis angelegt, hier wird die Außergewöhnlichkeit *hervorgehoben*: ‚Was *wir* in unserem Segment der sozialen Welt tun, ist besser als das, was *andere* in anderen Segmenten unserer sozialen Welt tun.' Wenn eine Skepsis seitens des Common Sense gegenwärtig sein sollte, dann eher implizit.[9] Abzuwehren gilt allenfalls eine Verwechslung mit *szenetypischen* Praktiken minderer Güte.
- Von *Immunisierung* lässt sich sprechen, wenn so knapp wie entschieden darauf verwiesen wird, dass das, was man tut, ‚einfach Spaß macht' oder ‚gut tut'. Die eigene Praxis wird so *grundsätzlich* Rationalitäts-, Ernsthaftigkeits- oder Angemessenheitserwartungen entzogen. ‚Lust' ist kaum mehr in Frage zu stellen.
- Als *Distinktion* bezeichnen wir schließlich Äußerungen, in denen sich in erster Linie *die Person* als anspruchsvoll, kreativ, geistreich auszeichnet. Es handelt sich um eine Art ‚gesteigerte Gewissheit' über die Dignität der Praxis *und* des Selbst: die ‚gewählte' Praxis wird dadurch ausgezeichnet, dass man sie gewählt hat.

Diese Formen der Abwehr von Kontingenz als einzelne sowie die Art ihrer Mischung verteilen sich nicht gleichförmig auf die von uns betrachteten sozialen Welten. Dies dürfte *auch* mit deren unterschiedlichen Charakter zusammenhängen.[10] Dieser ist zunächst bestimmt durch

- die konkreten, substantiellen *Arten*, in denen man sich *betätigt* (körperlich oder geistig, lustvoll oder asketisch, politisch oder unpolitisch, sozial oder selbstreferentiell) sowie – unauflösbar damit verbunden, aber nicht darin aufgehend – durch
- die *Stellung* der sozialen Welt innerhalb besonderer Felder kultureller Praxis (also etwa Poetry Slam im Feld der Literatur, Joggen im Feld des Sports) und der Position der Felder im sozialen Raum.

In Abhängigkeit von Betätigungsart *und* sozialer Positionierung

- sind die Praxen sozialer Welten mehr oder weniger sozial anerkannt bzw. mehr oder weniger diskreditierbar (vgl. Goffman 1975: 56ff.) und
- stehen damit offen bzw. werden gewählt für bzw. von Akteuren, die über mehr oder weniger (in unseren Fällen vor allem kulturelles) Kapital verfügen und mit unterschiedlichen Habitus ausgestattet sind.

[9] Man kann die ‚Auszeichnung' auch als eine elaborierte, anspruchsvollere Form der Normalisierung betrachten, insofern implizit konzedierter Diskreditierbarkeit gewissermaßen prophylaktisch begegnet wird.
[10] Auch die Position *in der sozialen Welt*, die Dauer der Zugehörigkeit, die Intensität des Engagements u.ä. Merkmale können auf einer konkreteren Ebene relevant, hier aber aus Platzgründen nicht weiter verfolgt werden.

Ginge man wesentlich von den unterschiedlichen Merkmalen der sozialen Welten und der in sie verstrickten Akteure aus, ließen sich die als ‚Formen der Abwehr von Kontingenz' bezeichneten Muster auch anders verstehen. In der Perspektive Goffmans kann man sie mühelos als Varianten des Image-managements, in der Perspektive Bourdieus als Ausdruck des Positionierungskampfes in Feldern bzw. der Distinktion schlechthin beschreiben. Tatsächlich *überlagern* sich in den identifizierten Formen Effekte der Kontingenzabwehr, Szene-, Feld- und Habituseffekte. *Indem* ein Protagonist einer diskreditierten sozialen Welt (in unserem Sample etwa World-of-Warcraft) Imagemanagement betreibt, oder *indem* ein Arzt seine eigene Bedeutung und die Qualität ‚seines' Umweltverbandes wesentlich über die Abwertung anderer (also distinktiv) behauptet, wehren beide eine mögliche Infragestellung der eigenen Praxis ab.

Wegen dieser Gemengelagen ist schließlich anzunehmen, dass das Interview als besondere kommunikative Gattung (vgl. Kallmeyer/Schütze 1976: 5) einzelne der genannten Effekte fallweise unterschiedlich verstärkt. Für *alle* Probanden steht das Fraglose qua Arrangement in Frage, weil Praxis *thematisiert* (nicht ‚einfach' gelebt bzw. vollzogen) wird. *Unterschiede* ergeben sich aus dem jeweils angenommenen oder befürchteten Grad der Diskreditierbarkeit und aus der Haltung, die Interviewte gegenüber Interviewern (‚Leuten von der Uni') einnehmen. Protagonisten sozialer Welten mit hoher Diskreditierungsanfälligkeit, die zudem gegenüber der Welt der Wissenschaft habituell unsicher auftreten,[11] werden sich eher zu Rechtfertigungsbemühungen genötigt sehen als sicher positionierte Akademiker, die sich selbst und ihre Praxis nicht ohne Stolz (und zum Teil in der Sprache der Wissenschaft)[12] beschreiben. Anders herum: gegenüber anderen Gesprächspartnern, in mindestens gleichrangiger Kommunikation, könnte auch der ‚Spieler' auf Verbeugungen verzichten und auf Selbstbeschreibungsmuster der Nichtdiskreditierbaren zurückgreifen.

Vor diesem Hintergrund lassen sich die (kleinen) sozialen Welten unseres Samples folgendermaßen unterscheiden bzw. positionieren:

- *Poetry Slam:* es bestehen eher enge Verbindungen zur (‚jüngeren') legitimen Kultur, die soziale Welt steht am Rande des literarischen Feldes; sie ist offen bzw. attraktiv für Akteure mit relativ viel kulturellem Kapital und nicht diskreditierbar.
- *Umweltschutzverband:* widmet sich einem in weiten Teilen der Gesellschaft hoch anerkannten Wert; ist schwerpunktmäßig attraktiv für Akteure mit relativ viel kulturellem Kapital, aber auch offen für andere und kaum diskreditierbar.[13]
- *Eisenbahnmuseum:* verfügt über Anschluss an legitime Kultur, widmet sich der Pflege des ‚Erbes', aber des technischen und nicht des kulturellen im engeren Sinne, bedient daher eher den populären Geschmack; ist attraktiv für diverse soziale Milieus (von Handwerkern bis zu Akademikern) und kaum diskreditierbar (von Seiten des Common Sense, aus der Perspektive der legitimen Kultur eher)

---

[11] Solche Unsicherheit in Bezug auf die Interviewsituation äußert sich gelegentlich auch explizit, etwa in der Nachfrage einer Hotelangestellten, die sich einem Lauftreff angeschlossen hat: „Ähm, war das o.k. oder auf die Frage?" (D2w, 43-44) oder in der Ratlosigkeit eines langzeitarbeitslosen Umweltaktivisten: „Jaaah. (.) Ich wüsste jetzt nicht, was. (.) Was jetzt noch interessant ist oder (0,5) was Sie interessieren könnte" (B2m, 717).

[12] So charakterisiert etwa eine der beiden Poetry-Slammerinnen ihre Persönlichkeitsentwicklung mit: „es war ein Verzicht auf diese Welt des Über-Ichs; vielleicht kann man das so sagen. Hin in eine Welt des Es und des Ich" (F1w, 809-811).

[13] Die empfundene Nichtdiskreditierbarkeit äußert sich im Sample auch darin, dass Protagonisten des Umweltschutzverbandes und des Eisenbahnmuseums (im Gegensatz zu WoW-Spielern) eher versuchen, *zeitlich nicht hinreichendes* Engagement zu rechtfertigen.

- *Lauftreff:* in einem diffusen Mittelfeld mit ausfransenden Rändern[14] positioniert; attraktiv für Angehörige unterschiedlicher Milieus; Diskreditierbarkeit variiert nach Art und Weise der Ausübung (zwischen gesundheitsorientiert verhalten und exzessiv ruinös).
- *Spielemilieus 1* > Life- und Paper-Pencil-Rollenspieler: ebenfalls in einem diffusen, weiten Mittelfeld positioniert; einige Protagonisten suchen (vergebens) Anschluss an legitime Kultur; attraktiv für Angehörige unterschiedlicher Milieus, je nach Ausübungsart leichter diskreditierbar.
- *Spielemilieus 2* > World of Warcraft-Spieler: ohne Anschluss an legitime Kultur, attraktiv für unterschiedliche soziale Milieus (im Sample diffus), diskreditiert.
- *Hexen:* ohne Anschluss an legitime Kultur, attraktiv für unterschiedliche soziale Milieus (im Sample diffus), diskreditiert.[15]

Übergreifend verteilen sich der Stellenwert einzelner Formen der Abschirmung gegenüber Kontingenz und die Mischungsverhältnisse in der Tendenz so, dass die offensiven, expliziten Formen der Abwehr/Normalisierung stärker in den diskreditierbaren bzw. diskreditierten und die diskret-impliziten Formen der Auszeichnung/Distinktion eher in den legitimen sozialen Welten anzutreffen sind. *Im Einzelnen* stellt sich dies folgendermaßen dar:

Die Form der *,Normalisierung'*, mit der die Außergewöhnlichkeit der eigenen Praxis *bestritten* wird, ist schwerpunktmäßig in den kleinen sozialen Welten der Spieler und Hexen anzutreffen. Dabei lassen sich drei Varianten unterscheiden. Eher selten tritt sie als explizite Zurückweisung den Protagonisten geläufiger Vorbehalte auf:

„Es gibt aber auch Leute, die [...] sagen, hör mal, der hat so viele Erfolgspunkte, der hat ja gar kein Leben mehr, der lebt schon im Spiel. @(.)@ Der muss viel Zeit investiert haben, also muss der – kommen wir jetzt auf die Vorurteile zu sprechen – also muss arbeitslos sein, der muss vollkommen einfach nur in seinem Keller sitzen und ääääh, einfach nur zocken dann [...]. Gut, **meine Meinung** ist dazu, wer sich wirklich mit den Erfolgen auseinandersetzt, der hat natürlich automatisch sehr viele Punkte. Was aber nicht unbedingt heißen muss, dass er auch viel Zeit investiert" (C1m, 488-502).

„Was halt immer stört halt ist wirklich, wenn du da guckst, es ist ja nun nichts, es ist nichts Blutrünstiges, gar nichts. Da fließt nicht mal Blut irgendwo, ne. Und wenn sie dann immer alle ankommen und ja, nach irgendwelchen Amokläufen, „WOW" nennen. (2) Ich raff es halt nicht" (C2m, 1297-1300).

„Also es gibt viele, die Liverollenspiel gerne als Realitätsflucht bezeichnen, das ist es aber nicht" (C6w, 439-440).

---

[14] Die ,mittlere Lage' kommt auch im Sample selbst zum Ausdruck, wenn etwa ein Naturschützer (Arzt) sich ,von oben herab' auf Sport bezieht, wohingegen Hexen und Spieler sich durch eine wertmäßige Gleichsetzung ihres Tuns mit Sporttreiben zu adeln suchen.

[15] Auch wenn sich die Protagonisten selbst in eine Reihe etwa mit Naturschützern stellen: „wenn man naturreligiös lebt, verehrt man ja grundsätzlich die Natur, achtet halt auch so ein bisschen drauf. Viele sind ja auch bei Greenpeace oder Robin Wood" (A3w, 659-661). Goffman würde die Hexen (,Kultisten') und die World-of-Warcraft-Spieler (,Spieler' mit negativer Konnotation) dem ,Kern sozialer Devianz' zurechnen (vgl. Goffman 1975: 175f.).

Am prägnantesten und häufigsten kommt Normalisierung in der wertmäßigen Gleichsetzung der eigenen Praxis mit den Praxen ‚anderer Leute' zum Ausdruck:[16]

„andere Leute gehen zum Yoga (.) oder machen Sport, um (.) um ja (0,5) sich auf sich selber zu konzentrieren. Das ist eigentlich, würd ich mal sagen, so der Kern von Meditation oder schamanischen Reisen oder ähnlichem" (A1w, 971-974).

„Manche, die sitzen und gucken Fernsehen, sage ich mal, und andere spielen halt" (C3w, 330-331).

„so wie andere Leute Tennis spielen oder Golfen gehen, ähm, spielen wir halt Rollenspiele. Das ist für uns einfach eine Art Stressabbau, eine Freizeitbeschäftigung, wenn man so will. Also andere Leute setzen sich vor ihren Computer und spielen dann da und für uns ist das einfach ne Freizeitbeschäftigung" (C6w, 45-49).

Auch in elaborierterer Weise werden Parallelen hergestellt zwischen der eigenen Praxis und Praxen, von denen die Sprechenden (hier eine Hexe) annehmen, sie gälten (dem Common Sense) als legitim:

„zum Beispiel die Buddhisten ham das ja auch, die ham ja auch ihre spirituellen Lehrer, die sie auf ihren meditativen Reisen finden, nem. Also nicht alle, aber einige Formen von Buddhismus. (0,5) Oder die Indianer, also die Native Americans ham das ja auch, die ham ja auch ihre spirituellen (.) ehm (.) Geistführer, ne" (A2w, 1702-1707).

In der Regel liegt die Referenz, mit deren Hilfe das eigene Tun normalisiert wird, *außerhalb* der sozialen Welt, um die es jeweils geht. Die Form der ‚*Auszeichnung der eigenen Praxis*', mit der Außergewöhnlichkeit *betont* wird, streut eher breit. Sie wird sehr schön in der Weise auf den Punkt gebracht, in der das Mitglied des Eisenbahnmuseums die Ernsthaftigkeit des eigenen Tuns hervorhebt: „Also das ist ja jetzt nicht irgendwie en Kirmesverein" (E1m, 173). Sollte auch nur der *Verdacht* aufkommen, der Praxis könne es an Seriosität mangeln, wird eine deutliche Grenze zu denen gezogen, die sich in einem ähnlichen Feld auf niedrigerem Niveau betätigen. Die Abgrenzung wird also eher nach ‚innen', in die soziale Welt hinein, vollzogen. In entsprechenden Interview-Passagen wird immer wieder darauf hingewiesen, dass man etwas (anders als andere) ‚nicht einfach nur so' tut.

Ungewöhnlich elaboriert, aber vom Muster her gesehen paradigmatisch, kommt das in folgender Passage zum Ausdruck, in der ein langjährig engagierter Protagonist des Liferollenspiels, der auch als ‚Konstrukteur' solcher Spiele tätig ist, seine eigenen Ansprüche markiert:

„Wenn man jetzt <u>ein klassisches Fantasy Rollenspiel</u> nimmt, dann hat man einen Bogen, da werden Werte drauf ausgewürfelt, da werden Punkte verteilt, [...] und anhand dieser Werte kann man feststellen, wie halt darum, das sind die Helden, die lösen Abenteuer, die lösen Rätsel, die befreien die Prinzessin und erschlagen den Drachen. So, das ist auch alles gut und schön und kann auch wirklich viel Spaß machen, ich spiel das auch ab und zu ganz gerne, ähm,

aber <u>beim Vampire</u> war das so,

ich hab dieses Buch gelesen und dann hab ich, diese Figuren hatten Seele, da ging es nicht darum, wie gut kann er Schwertkampf oder so, sondern wie tief irgendwie geht der Konflikt, der in ihm schlummert, [...] da ging es darum, eine Geschichte zu erzählen und wenn die Spieler nicht die Helden sind, sondern die Spieler sind auch die Bösen gleichzeitig und es geht nicht darum, hinterher die Prinzessin gerettet zu haben und den Drachen erschlagen zu haben, sondern nur

---

[16] Diese Form kann man angesichts ihrer Verbreitung als eine Art kommunikatives Muster bezeichnen (vgl. exempl. Günthner/ Knoblauch 1997).

darum, diese Geschichte zu erleben und ähm auf eine gewisse Weise diese Figuren als Medium zu nehmen um auf die Gefühle der Spieler zurück zu projizieren. Und auch das mit allen Sinnen zu erleben, mit einer ausgesuchten Hintergrundmusik und mit der entsprechenden Stimmung. Also nicht einfach so profan, sondern sozusagen in Bildern zu beschreiben und Stimmungen zu beschreiben" (C5m, 110-130).

Die angenommene Seelenlosigkeit des ‚klassischen Rollenspiels' wird bis in den Sprachgestus des stakkatohaften Aufzählens von Merkmalen hinein ‚spürbar' (‚dann hat man …, da werden …'). Und auch wenn er es ‚ab und zu selbst ganz gerne' spielt, hat das, wofür er ‚eigentlich' steht, eine ganz andere Qualität, beruht auf Buchlektüre, geht in die Tiefe, kreist um komplexe, in sich widersprüchliche Figuren, zielt auf umfassendes Erleben. Zusammengefasst: „Also wir haben einen höheren Anspruch" (C5m, 599).[17] In einer schwächeren Variante wird weniger auf Niveau und Anspruch als vielmehr auf *Nützlichkeit* Bezug genommen:

„Also, die Bilanz ist, dass die Naturreligion und das Heidentum (.) ehm (.) mich als Menschen noch mal neu geformt haben […] Ehm (.) und mein ganzes Handeln und meinen ganzen Alltag beeinflusst haben un-und verändert haben" (A1w, 1667-1673).

„klingt jetzt wahrscheinlich ein bisschen blöd, aber dadurch, dass ich versuche, meinen Charakter <der Spielfigur; J.G./J.W.> weiter voran zu bringen, habe ich auch für mich persönlich gemerkt, dass ich konzentrierter bei der Sache bin, vorausschauender bin" (C1m, 1386-1388).

„Wenn es irgendetwas gibt, was das schult, dann ist es die Menschenkenntnis, das Einstimmen auf Leute, […]. Das ist auf jeden Fall was, was man gut gebrauchen kann auch im alltäglichen Leben, das schult, find ich" (C5m, 789-793).

„ich-ich denk mir mal so, wenn man es aber so rechnen würde, wäre der Wert einfach auch ganz klar im Lebenslauf, ne. Ich mein das macht ein guten Eindruck, wenn du sagst „Ich mach zweieinhalb Jahre neben meinem Studium ehrenamtlich Führungen und äh helf da mit" (E1m, 1438-1441).

Ob es um Persönlichkeitsentwicklung, die Stärkung einzelner Kompetenzen oder schlicht um Bewerbungschancen geht, die Szenepraktiken finden ihren Zweck nicht allein in sich selbst, sondern ‚qualifizieren' in einem übergreifenden Sinne. Die Vorbemerkung „klingt jetzt vielleicht ein bisschen blöd" kann als Hinweis darauf verstanden werden, dass der Rechtfertigungszusammenhang implizit ‚gegenwärtig' ist.

Die Form der ‚*Immunisierung*', mit der die eigene Praxis grundsätzlich gegen Rationalitäts-, Ernsthaftigkeits-, Angemessenheitserwartungen abgeschirmt wird, streut ebenfalls eher breit. Ohne explizite oder implizite Bezüge auf bekannte oder denkbare Vorbehalte wird schlicht ‚Lust' betont. Solange lustbetontes Handeln niemand Anderem schadet, ist es der Interaktionsform ‚Rechtfertigung' entzogen, wie der ‚Geschmack' (an Eisbein oder Feldsalat, Mozart oder Volksmusik), über den sich ‚bekanntlich' nicht streiten lässt (auch ein ‚kommunikatives Muster').

---

[17] Die oben angesprochene Überlagerung von ‚Auszeichnung der Praxis' und ‚Distinktion' bzw. von ‚Szene- und Habituseffekten', aber auch die Bedeutung des ‚Status' innerhalb einer Szene werden deutlich, wenn man die Darstellung konzeptioneller Arbeit an eigenen Spielen nicht in der Sprache des ‚Meisters', sondern in der einer jüngeren, weniger etablierten Mitstreiterin vor Augen hat: „Haben uns da so ein bisschen die Inspiration rausgeholt. Also wenn <Name des ‚Meisters'> und ich zusammen sind, wir sind unglaublich kreativ, also wir wir schmeißen uns gegenseitig irgendwelche Ideenbälle zu und dann formt sich da irgendwie was raus. Das war schon immer so. Das ist total krass irgendwie" (C6w, 252-255).

„Das macht auch viel Spaß" (A2w, 664).

„so um die Wette rennen macht <u>halt</u> Spaß" (D3m, 56) „Wenn man einmal angefangen hat, merkt man, dass es Spaß macht und gut tut" (D3m, 192-193).

„ja dann ist man auch mal bis zweiundzwanzig Uhr dann abends auch da einfach. Und äh, aber das ist nicht schlimm, weil es macht dann auch irgendwie Spaß" (E1m, 815-818).

Zum Teil in Verbindung mit dem Hinweis auf Spaß, zum Teil davon losgelöst wird auch oft darauf verwiesen, dass man auf ‚gleichgesinnte, interessante Menschen' trifft, mit denen man ‚gern zusammen ist', ‚Gemeinschaft erlebt' u.ä.; ‚die Slamily ist die Slamfamilie' (F1w, 743).

In der Form ‚*Distinktion* als Auszeichnung der Person' kommt eine Art gesteigerter Gewissheit zum Ausdruck, insofern sie sich auf die Praxis und die Person zugleich bezieht. Sie ist vor allem anzutreffen in sozialen Welten, die nicht oder nur gering diskreditierbar sind und bei Akteuren, die innerhalb ihrer sozialen Welt und zugleich generell eher gut positioniert sind.

„wenn [...] das phantasievoll ist, dann ist das eh- besser" (B1m, 197-198)

„ich eh wollte eigentlich auch etwas Geistiges machen oder was (.) politischessss Geistiges" (B1m, 459-460)

„ich hab mich da viel wohler gefühlt. Weil ich ja gerade ausbrechen wollte aus dieser bildungs-bürgerlichen Welt" (F1w, 164-167)

„ich bin ja nicht nur Slampoetin [...] ich war auch immer Lyrikerin" (F1w, 376-377)

Bei dieser Form ist es am schwierigsten, Einzeläußerungen zu isolieren. Sie ist in der Haltung, in der die Protagonisten die Wahl ‚ihrer' sozialen Welt und die szenetypischen Praxen beschreiben, allgegen-wärtig. Und diese Haltung ist eine der fraglosen Selbst-Gewissheit.

4 Schluss

Die aufgeworfene Frage kann damit als beantwortet gelten: es gibt Formen der Abwehr von Kontingenz, die zwar in ihrer Gestalt und in ihren Mischungen nach unterschiedlichen Merkmalen der sozialen Welten und deren Protagonisten variieren, aber alle miteinander das eigene Tun auf der Akteurs- wie auf der ‚Organisations'-Ebene normalisieren und genau dadurch gegenüber Infragestellungen abschirmen. Sie werden erst relevant, wenn der ‚Alltag', der Gewissheiten ständig bestätigende Vollzug des Handelns un-terbrochen, in unserem Fall *thematisiert* wird. Es täte dem Interesse an nicht ‚schulmäßig' organisierten ‚Lernorten' und der hohen Wertschätzung des lernenden *Subjekts* gut, wenn der Selbstgenügsamkeit des ‚Lernens in der Lebenswelt' (d.h. in natürlicher Einstellung) künftig mehr Aufmerksamkeit gewidmet würde.

Literatur

Arnold, R./Siebert, H. (1995): Konstruktivistische Erwachsenenbildung. Baltmannsweiler

Blumenberg, H. (1986): Lebenszeit und Weltzeit. 2. Aufl. Frankfurt a.M.

Blumenberg, H. (2010): Theorie der Lebenswelt. Frankfurt a.M.

Bogner, A./Menz, W. (2005): Das theoriegenerierende Experteninterview. In: Bogner, A./Littig, B./Menz, W. (Hg.): Das Experteninterview. 2. Aufl. Wiesbaden, 33-70

Bohnsack, R. (2003): Rekonstruktive Sozialforschung. 5. Aufl. Opladen

Bourdieu, P./Wacquant, L. (1996): Reflexive Anthropologie. Frankfurt a.M.

Faulstich, P./Ludwig, J. (2004): Lehren und Lernen – aus subjektwissenschaftlicher Perspektive. In: Faulstich, P./Ludwig, J. (Hg.): Expansives Lernen. Baltmannsweiler, 10-28

Giese, J./Wittpoth, J. (2014): Bildung als Randerscheinung? Zum Umgang mit Wissen in Lebenswelten. In: Rosenberg, F. v./ Geimer, A. (Hg.): Bildung unter Bedingungen kultureller Pluralität. Wiesbaden (i.E.)

Goffman, E. (1975): Stigma. Frankfurt a.M.

Goffman, E. (1986): Interaktionsrituale. Frankfurt a.M.

Günthner, S./Knoblauch, H. (1997): Gattungsanalyse. In: Hitzler, R./Honer, A. (Hg.): Sozialwissenschaftliche Hermeneutik. Opladen, 281-302

Hitzler, R./Eberle, T. (2004): Phänomenologische Lebensweltanalyse. In: Flick, U./Kardoff, E. v./Steinke, I. (Hg.): Qualitative Forschung. 3. Aufl. Hamburg, 109-118

Honer, A. (1985): Beschreibung einer Lebenswelt. Zur Empirie des Bodybuilding. In: Zeitschrift für Soziologie, 14. Jg., H. 2, 131-139

Husserl, E. (1962): Die Krisis der europäischen Wissenschaften und die transzendentale Phänomenologie. 2. Aufl. Den Haag

Kade, J./Lüders, C./Hornstein, W. (1991): Die Gegenwart des Pädagogischen. In: Z. f. Päd. 27. Beiheft, 39-65

Kallmeyer, W./Schütze, F. (1976): Konversationsanalyse. In: Wunderlich, D. (Hg.): Studium Linguistik. Kronberg, 1-28

Kommission der Europäischen Gemeinschaften (2000): Memorandum über lebenslanges Lernen. Brüssel

Matthes, J./Schütze, F. (1973): Zur Einführung: Alltagswissen, Interaktion und gesellschaftliche Wirklichkeit. In: Arbeitsgruppe Bielefelder Soziologen (Hg.): Alltagswissen, Interaktion und gesellschaftliche Wirklichkeit. Bd. 1. Reinbek, 11-53

Merker, B. (1999): Bedürfnis nach Bedeutsamkeit. Zwischen Lebenswelt und Absolutismus der Wirklichkeit. In: Die Kunst des Überlebens: Nachdenken über Hans Blumenberg. Frankfurt a.M., 68-98

Meuser, M./Nagel, U. (2005): Experteninterviews – vielfach erprobt, wenig bedacht. In: Bogner, A./Littig, B./Menz, W. (Hg.): Das Experteninterview. 2. Aufl. Wiesbaden, 71-93

Schütz, A. (1972): Der gut informierte Bürger. In: Schütz, A.: Gesammelte Aufsätze. Bd. 2. Den Haag, 85-101

Schütz, A./Luckmann, T. (2003): Strukturen der Lebenswelt. Konstanz

Schütze, F. (2002): Das Konzept der sozialen Welt im symbolischen Interaktionismus und die Wissensorganisation in modernen Komplexgesellschaften. In: Keim, I./Schütte, W. (Hg.): Soziale Welten und kommunikative Stile. Tübingen, 57-81

Strauss, A. (1982): Social worlds and legitimation processes. In: Studies in Symbolic Interaction, Vol. 4, 171-190

Wecke, K. (2011): Aneignung und Vermittlung von Wissen in kleinen sozialen Welten. Dargestellt am Beispiel der Hexen- und Heidenszene. Masterarbeit, Ruhr-Universität Bochum.

Wittpoth, J. (2009): Leben Lernen lebenslang. In: Ricken, N./Röhr, H./Ruhloff, J./Schaller, K. (Hg.): Umlernen. Festschrift für Käte Meyer-Drawe. München, 291-301

Wittpoth, J. (2014): Bedingtheiten, Formen und Reichweiten des Lernens. In: Faulstich, P. (Hg.): Lerndebatten. Bielefeld, 251-274

Transkriptionszeichen

(.)	kurzes Aussetzen, kurze Pause
(3)	Pause, Dauer in Sekunden
<u>nein</u>	Betonung
nein	laut gesprochen
[...]	Auslassungen im Transkript
@Text@	Text wird lachend gesprochen
@(.)@	kurzes Auflachen
@(3)@	drei Sekunden Lachen
°Text°	leises Sprechen innerhalb der Markierung

Der Ansatz der komparativen pädagogischen Berufsgruppenforschung. „Äußere" und „innere" Gemeinsamkeiten der sozialen Welt pädagogisch Tätiger

Dieter Nittel, Julia Schütz

> „Sicher braucht man kein Anthropologe zu sein, um zu bemerken, dass der japanische Schreiner Säge und Hobel ganz anders handhabt als seine abendländischen Kollegen: er sägt und hobelt zu sich hin und nicht, indem er das Werkzeug von sich wegschiebt."
>
> (Claude Lévi-Strauss 2012)

Im vorliegenden Beitrag möchten wir auf zwei – aus unserer Sicht – instruktive Erkenntnisse der PAELL-Studie (Pädagogische Erwerbsarbeit im System des lebenslangen Lernens) eingehen und diese unter Hinzunahme bisher noch nicht veröffentlichter empirischer Befunde anreichern. Wir weisen auf eine Beobachtung hin, die wir recht früh gemacht haben, als wir uns folgende Frage vorgelegt haben: Welches „äußere", d.h. jedermann visuell zugängliche Merkmal haben alle sozialen Welten pädagogisch Tätiger unter dem Aspekt gemeinsam, wenn man ihren Arbeitsplatz bzw. den zentralen Ort ihrer Praxis miteinander vergleicht? Wir werden in einem weiteren Schritt ein Phänomen näher beschreiben, welches ein „inneres", der Beobachtung unzugängliches Merkmal der sozialen Welten pädagogisch Tätiger betrifft und möglicherweise Konsequenzen auf weitere arbeitsbezogene Handlungsweisen und Wahrnehmungen der pädagogischen Berufsgruppen hat. Dieses „innere" Merkmal thematisiert die unmittelbare Unsichtbarkeit der Folgen pädagogischer Handlungen. Diese beiden Beobachtungen werden wir dann reflexiv abgleichen und unsere Schlüsse daraus ziehen.

1 Ausgangslage: Die ersten Schritte einer komparativen pädagogischen Berufsgruppenforschung

Im Zentrum der sich formierenden komparativen pädagogischen Berufsgruppenforschung (vgl. Nittel/ Schütz/Tippelt 2014, 2012; Schütz 2009; Tippelt/Nittel 2013; Nittel/Schütz 2012; Dellori/Wahl 2012) stehen hauptberuflich, nebenberuflich und ehrenamtlich tätige Personen. Diese sind allesamt im Erziehungs- und Bildungswesen angesiedelt, wobei sie den dortigen Ziel- und Adressatengruppen personenbezogene Dienstleistungen mit pädagogischer Akzentuierung angedeihen lassen. Da sich diese Dienstleistungen auf die gesamte Lebensspanne erstrecken, die dabei verrichtete Arbeit einer bestimmten Systematik (Methodik, Medieneinsatz, Intentionalität) unterliegt und die damit korrespondierende funktionale Arbeitsteilung in modernen Gesellschaften eine zentrale Rolle im Prozess der Humanontogenese (vgl. Lenzen 1997) spielt, sprechen wir vom *pädagogisch organisierten System des lebenslangen Lernens*. Dieses System inkludiert sowohl Erziehungs- als auch Bildungsprogramme. Die Elemente des pädagogisch organisierten Systems des lebenslangen Lernens bestehen aus den sozialen Welten der pädagogisch Tätigen (vgl. Nittel 2011), den mit einem Erziehung- und/oder Bildungsauftrag ausgestatteten Organisationen sowie den Bildungsbiographien der Ziel- und Adressatengruppen. Der komparativen pädagogischen Berufsgruppenforschung geht es um pädagogische Arbeit in all ihren Schattierungen, Nuancen und Ausprägungen, angefangen von der beruflichen Praxis von Erzieherinnen und Hochschullehrern bis hin zu ehrenamtlicher Bildungsarbeit in kirchlichen Gemeinden und sozialpädagogischen Einrichtungen. Hierbei spielt auch das Wir-Gefühl eine große Rolle, die Art wie sich die Praktiker selbst organisieren und diesbezügliche Rituale der Geselligkeit ausbilden, welche Orte der Selbstverständigung sie nutzen, auf welche sozialen Technologien sie zurückgreifen, welche Kooperationsmuster beobachtet werden können, mit welchem Maß an Anerkennung sie in der Öffentlichkeit rechnen können und vieles andere mehr. Bei alledem werden die sozialen Welten pädagogischer Berufskulturen ein Stück weit wie Eingeborene fremder Kulturen – also mit einem Höchstmaß an Distanz und gleichzeitiger Empathie – betrachtet, wobei wir im besten Fall an solchen Entdeckungen interessiert sind, wie sie der berühmte Anthropologe Levi-Strauss im Eingangszitat dieses Beitrags angedeutet hat. Ebenso wie der Kulturanthropologe wollen auch wir kleine und unscheinbar wirkende Beobachtungen sammeln, die nur auf den ersten Blick banal wirken und bei genauem Hinsehen einen instruktiven Kosmos von Gemeinsamkeiten und Unterschieden aufspannen, die uns einen neuen Blick auf die Phänomene eröffnen.

2 Warum ein soziologischer Klassiker – E.C. Hughes – als Orientierungspfeiler der komparativen pädagogischen Berufsgruppenforschung dienen kann

Trotz der starken Bindung an die Erziehungswissenschaft hat der sich formierende Ansatz einer komparativen pädagogischen Berufsgruppenforschung nicht nur Pädagogen als geistige Mütter und Väter, sondern auch Sozial- und Kulturwissenschaftler aus benachbarten Disziplinen als Bezugspunkte. Einen Wissenschaftler, der den grundlagentheoretischen Referenzrahmen der komparativen pädagogischen Berufsgruppenforschung entscheidend geprägt hat, ist Everett Cherrington Hughes (1897-1983), ein amerikanischer Soziologe aus dem Umkreis der Chicagoer School. Hughes war für kurze Zeit der Präsident der „American Sociological Association". Als wichtige akademische Lehrer können Robert Ezra Park und Ellsworth Faris genannt werden. Hughes hat sich intensiv mit den Beziehungen zwischen den Rassen und Integrationsfragen beschäftigt, stadtsoziologische Studien durchgeführt, mit Kollegen großangelegte medizinsoziologische Untersuchungen umgesetzt (z.B. Becker u.a. 1976) und aus kultursoziologischer Sicht intensiv die Besonderheiten der kanadischen Gesellschaft untersucht. Seine berühmtesten Schüler sind E. Goffmann und Howard S. Becker. Er hat an mehreren Universitäten gelehrt, insgesamt war er drei Mal in Deutschland, sowohl vor und nach dem Zweiten Weltkrieg, wobei er bei jedem dieser Aufenthalte die Universität Frankfurt/Main besucht hat. In dem folgenden Zitat kommen grundlegende Kernelemente einer vergleichenden Sicht auf unterschiedliche Berufe zur Sprache:

> "The comparativ student of man's work learns about doctors by studying plumbers; and about prostitutes by studying psychiatrists. This is not to suggest any degree of similarity greater than chance expectation between the members of these pairs, but simply to indicate that the student starts with the assumption that all kind of work belong in the same series, regardless of their places in prestige or ethnical ratings. In order to learn, however, one must find a frame of reference applicable to all cases without regard to such ratings. To this end, we seek for the common themes in human work. One such theme is that of routine and emergency. But this I mean that one man's routine of work is made up of the emergencies of other people. In this respect, the pairs of occupations named above do perhaps have some rather close similarities. Both the physician and the plumber do practice esoteric techniques for the benevit of people in distress. The psychiatrist and the prostitute must both take care not to become too personally involved with clients who come to them with rather intimate problems. I believe that in the study of work, as in that of other human acitivities and institutions, progress is apt to be commensurate with our ability to draw a wide range of perinent cases into view. The wider the range, the more we need fundamental frame of reference" (Hughes 1971: 88f.).

Dieses Zitat bringt einige der zentralen Maximen der komparativen Berufsforschung auf den Punkt: nämlich die Einnahme einer egalitären Haltung, die Einklammerung von gesellschaftlich präformierten Vorurteilen über besonders „angesehene" Berufe und der nüchterne Blick auf zentrale, integrative Problemlagen, die von bestimmten Berufen und Professionen bearbeitet werden. Als grundlegende Aspekte menschlicher Arbeit werden beispielsweise Routine und Emergenz genannt. Am Beispiel der Berufe des Chirurgen und des Klempners zeigt Hughes die Kategorie des Beherrschens esoterischer Techniken auf; am Beispiel der Prostituierten und des Psychiaters verdeutlicht er das Kernproblem des Umgangs mit Nähe gegenüber dem Klienten und des Involviert-Werdens mit der Intimsphäre anderer Menschen. Von zentraler analytischer Relevanz ist der Hinweis auf die fundamentalen Bezugsrahmen. Solche „frames of reference" sind wichtig und notwendig, um Ähnlichkeiten zwischen vordergründig unterschiedlichen Formen der Arbeit zu finden und neue Entdeckungen zu sammeln.

3 Die PAELL-Studie

Einen infrastrukturellen Bezugsrahmen, nämlich die personellen und finanziellen Ressourcen für die Erforschung pädagogischer Berufsgruppen, liefert das Forschungsprojekt PAELL, welches von der Deutschen Forschungsgemeinschaft gefördert wurde. (Die Fortsetzungsstudie ist angelaufen, das so genannte LOEB-Projekt). In der im Rahmen des Projektes durchgeführten Studie wurden erstmalig in der Geschichte der deutschen Erziehungswissenschaft unterschiedliche pädagogische Berufsgruppen in ihren Haltungen und Einstellungen miteinander verglichen und in Beziehung gesetzt, nämlich Erzieher/innen, Lehrer/innen unterschiedlicher Schulformen und des zweiten Bildungsweges, Mitarbeiter/innen der Erwachsenenbildung und der außerschulischen Jugendbildung sowie Hochschullehrende. Die Fragestellungen zielten auf unterschiedliche Ebenen des beruflichen Handelns und der beruflichen Selbstaufklärung und betreffen die Themen: Arbeitsbedingungen, Lebenslanges Lernen, berufliches Selbst- und Fremdbild sowie Kooperationsbereitschaft und -fähigkeit der pädagogischen Berufsgruppen. Welche Varianten der bildungsbereichsübergreifenden Zusammenarbeit sind bereits realisiert? Wie sind die Einschätzungen zum Selbst- und Fremdbild? Welche Bedeutung hat das lebenslange Lernen für die jeweilige pädagogische Berufsgruppe und in welcher Form zeigt sich das in der täglichen pädagogischen Arbeit?

Das Forschungsdesign der Studie setzt sich aus einer schriftlichen Fragebogenerhebung und dem Gruppendiskussionsverfahren zusammen. Insgesamt wurden 27 Gruppendiskussionen mit weit über 100 Personen geführt und 1.601 pädagogisch Tätige in Bayern und Hessen schriftlich befragt. So wurde es möglich die individuellen Einstellungen und Haltungen der Befragungsteilnehmer/innen (Fragebogenerhebung) mit dem kollektiv geteilten Berufswissen (Gruppendiskussionen, vollständig transkribiert) abzugleichen. In den Gruppendiskussionen wurden sowohl Realgruppen, als auch künstliche Gruppen gebildet, um mögliche Störfaktoren, wie bestehende hierarchische Konflikte im Team, zu vermeiden. Die Gruppengröße variierte zwischen drei bis zehn Personen. Anhand eines problemorientierten Diskussionsleitfadens wurden die Teilnehmenden teilweise mittels diskrepanter oder gar widersprüchlicher Positionen zu unterschiedlichen Themenkomplexen konfrontiert, an denen sie sich gleichsam abarbeiten mussten. Das Material wurde inhaltsanalytisch (vgl. Mayring 2008) und rekonstruktiv (vgl. Bohnsack 2002; Glaser/Strauss 1967) ausgewertet. Die Ergebnisse der Studie zeigen (vgl. Nittel/Schütz/Tippelt 2014; Nittel/Schütz 2010; Nittel/Schütz/Fuchs/Tippelt 2011; Dellori/Nittel 2011; Dellori/Wahl 2012; Fuchs/Tippelt 2012; Schütz/Reupold 2010; Liederbach/Dellori 2011), dass sich die qualitativen und quantitativen Daten wechselseitig ergänzen, so dass eine mehrperspektivische Interpretation möglich ist.

4 Die Ubiquität des Zeigens und die Allgegenwart einer diesbezüglichen Technologie der Speichermedien – äußeres Merkmal

Gesetzt dem Fall, man würde eine groß angelegte Ethnographie durchführen und alle Erzieherinnen im Elementarbereich, Grundschullehrer, Lehrkräfte im Sekundarstufe I und II in den Schulen, außerschulische Jugendbildner und Erwachsenenbildner in ihren Wirkungsstätten und Hochschullehrende in den Universitäten aufsuchen. Angenommen, man würde nun die Arbeitsplätze miteinander vergleichen und eine Physiognomie der Orte erstellen – welche Beobachtungen würde man dann machen? Gäbe es Dinge zu entdecken, die, analog zu dem Beispiel bei Levi-Strauss, vordergründig trivial wirken, sich erst bei näherem Hinschauen als ungemein instruktiv erweisen?

Bereits beim bloßen Sondieren denkbarer pädagogischer Kernaktivitäten (vgl. Strauss 1991; Nittel 2011) und der Suche nach ähnlichen pädagogischen Technologien zeichnet sich die Idee ab, dass in allen pädagogischen Einrichtungen des lebenslangen Lernens trotz des Vordringens moderner Präsentationstechniken wie Beamern, Moderationswänden etc. nach wie vor mit der Tafel gearbeitet wird. Die gute alte Tafel gerät eben nicht nur als „gute alte Tafel" in den Blick, etwa als kleine mobile Kindertafel aus Schiefer oder Tafel mit dem altbekannten Grünanstrich, sondern auch eine moderne white-board-Tafel oder technische Äquivalente wie „flip-charts" oder Stellwände. Man sollte aber nicht voreilig die „alten" Techniken gegen die „neuen", angeblich moderneren ausspielen. Beide erfüllen eine Funktion, die sich nicht von ihrer Allgegenwart trennen lässt. Überall wo Pädagogen berufsförmig agieren, nutzen sie die Tafel oder ein verwandtes Instrument als technisches Hilfsmittel. Und sie ist auch dann präsent, wenn sie gar nicht mehr intensiv in Betrieb ist. Es reicht aus, wenn man sich auf die Möglichkeit verlassen kann, auf sie jederzeit zurückgreifen zu können. Das ist zunächst einmal eine triviale deskriptive Beobachtung. Interessanter wird diese erst, wenn man sich mit den elementaren Formen des Zeigens, wie sie Klaus Prange darlegt, in Beziehung setzt (vgl. Prange/Strobel-Eisele 2006). Auf diese Weise wird beispielsweise deutlich, dass die Tafel zum einen den interaktiven Aspekt pädagogischen Handelns unterstreicht (sowohl der Pädagoge als auch der Adressat pädagogischer Bemühungen nutzen die Tafel) und die visuelle Darstellung von Weltwissen den Protagonisten ein hohes Maß an körperlicher Präsens und Authentizität abverlangt. Zudem schließt die Tafel aus kulturhistorischer Sicht als obligatorisches Element im Interieur von Erziehungs- und Bildungseinrichtungen an das jahrtausendealte Medium des Palimpsest (vgl. Assmann 1999: 151ff.) als Metapher für die Begrenztheit des Gedächtnisses an: So werden wir ausgerechnet über das strategisch wichtigste Hilfsmittel der Visualisierung kognitiver Inhalte permanent an die notorische Begrenztheit der menschlichen Gedächtnisleistungen erinnert. Das liefert uns ein wichtiges Stichwort: Die in der Organisationssoziologie geführte Technologiediskussion lässt sich nämlich nicht abtrennen von der Frage nach dem sozialen bzw. dem kulturellen Gedächtnis (Assmann 1988, 1999, 2010). So gesehen fungiert die Tafel als technische Manifestation des institutionalisierten Kurzzeitgedächtnisses als wichtiges Speichermedium, das man zunächst einmal unabhängig von den nutzenden Subjekten selbst betrachten kann.

Der hier dokumentierte Erkenntnisprozess gewinnt an Dynamik, wenn man gedankenexperimentell nach weiteren Speichermedien sucht. Die Tafel ist ja schließlich nicht das einzige Speichermedium. Eine solche Suche erfolgt durch einfaches Fragen. Was tun Schüler, wenn sie auf die Tafel blicken? Was beobachten wir, wenn wir in der Vorlesung sitzen und die Wissensvermittlung geht seinen Gang? Die Beteiligten, und das ist offensichtlich, übertragen das auf der Tafel Registrierte in Blöcke, Hefte, Notizzettel, auf jeden Fall aufs Papier. Neben die Tafel tritt somit auch der Notizblock oder ähnliche Objekte als Speichermedium des kulturellen Gedächtnisses der Pädagogik in Erscheinung. Die Tafel und das Heft wären als Speichermedien aber unvollständig, wenn man es nicht durch das Buch, als das klassische Medium ergänzen würde. Tafel und Heft interagieren miteinander, wenn der Schüler oder Teilnehmer eines Volkshochschulkurses das registrierte Wissen auf der Tafel, die Ergebnissicherung im Heft in den eigenen vier Wänden und damit im Rahmen des außerinstitutionellen Lernens mit entsprechenden Stellen und Kapiteln aus einem Fachbuch abgleicht. Die Logik der Speichermedien sieht einen solchen Abgleich vor, aber er ist – wenn wir an unsere eigene Schulzeit denken – keineswegs die empirische Regel. Aus dem Umgang mit der Differenz zwischen den Speichermedien Tafel, Heft und Buch lassen sich bestimmte Lernpraktiken und komplexe Formen der Aneignung ableiten. Der strategisch versierte und der umsichtige Umgang mit den jeweiligen Speichermedien erhöht die Wahrscheinlichkeit eines erfolgreichen und nachhaltigen Lernens. Natürlich ist auch die Ablage und das Sortieren, kurz die Organisation der Hefte und Bücher und die damit verbundene Möglichkeit des direkten Zugriffs eine wichtige Kompetenz im Umgang mit den drei eben skizzierten Speichermedien. Das (Schul-)Heft, die Mappe, der Ordner, der Notizblock und andere schriftliche Dokumentationstechniken füllen gleichsam die Lücke zwischen dem Buch als Verkörperung der Langzeitdimension und der Kurzzeitdimension des Speichermediums der Tafel. Fassen wir zusammen: Tafel, Heft und Buch (und heute zunehmend mehr: der Computer) sind aufeinander bezogene Speichermedien, die Teile eines komplexen Ganzen des kulturellen Gedächtnisses der Pädagogik sind. Das Faszinierende daran ist, dass der Computer die drei unterschiedlichen Funktionen der drei Speichermedien immer mehr zu integrieren, ja vielleicht sogar zu verdrängen scheint.

Die Allgegenwart der Tafel als Ausdrucksgestalt der strategisch wichtigen Rolle des Zeigens und der plausible Hinweis, dass mit der Tafel (und analoger Technologien) auch ein spezifisches Speichermedium korrespondiert, stehen in einem auffälligen Gegensatz dazu, dass der Gegenstand „Tafel", die Stellwand, das white-board usw. im offiziellen pädagogischen Diskurs doch eher einen randständigen Rang einnehmen. Wer denkt darüber nach, dass es sich dabei um eine wichtige Technologie handelt, die mit einem abgestuften System von Speichermedien des Wissens korrespondiert? Und wem ist bewusst, dass es sich hier um eine äußere Gemeinsamkeit im Erziehungs- und Bildungswesen handelt – eine Gemeinsamkeit, die ja durchaus eine materiell greifbare „Verbundenheit" signalisiert. So gesehen wäre die These von der „Tabuisierung des Zeigens" mit der Beobachtung aus der PAELL-Studie der Allgegenwart der Tafel und der damit verbundenen Speichermedien zu kombinieren. In einer Phase, in welcher unter dem Eindruck des Vordringens von E-Learning und anderen technikunterstützten Lehrformen mühsam um die Aufwertung von leibgebundener Interaktion und der damit korrespondierenden Vermittlungsformen gerungen wird, könnten solche Hinweise auf bildungsbereichsübergreifenden Ähnlichkeiten außerordentlich dienlich sein. Die Förderung des Bewusstseins, was Pädagogen an Merkmalen gemeinsam haben, kann sich demnach nicht nur auf die programmatische Basis ihres Tuns beziehen („wir alle machen ja alle irgendwas mit Entwicklung oder Bildung"), sondern müsste auch die Praktiken des pädagogischen Alltags als Orte von lebendigen Erfahrungen einschließen. Um solche Ähnlichkeiten oder gar Gemeinsamkeiten zu finden, benötigen wir aber den fremden Blick ethnographisch geschulter Erziehungswissenschaftler/innen.

5 Das innere Merkmal der zeitversetzten Wirksamkeit pädagogischer Erfolge

Fast alle pädagogischen Akteure müssen sich große Mühe geben, den eigenen Adressaten (Schülern, Studierenden) den Sinn ihrer Bemühungen verständlich zu machen, nämlich dass das Gelernte möglicherweise erst viel später im Leben der Adressaten relevant sein wird. Eng damit verknüpft ist auch, dass das Gelernte oder aber auch die „Idee" hinter dem Gelernten (z.B. den Menschen in seiner ganzen Vielfalt und in seinen Potentialen zu sehen) oft nicht im direkten Vollzug der pädagogischen Interaktion erkennbar ist. Pädagogische Interventionen basieren in der Regel auf einem übergeordneten Konzept, welches durch konkrete Maßnahmen erreicht werden soll (z.B. die Förderung der Kompetenzentwicklung von Studierenden durch die Einführung von zeitintensiven Praxisstudien oder auch die Entwicklung des Sozialverhaltens durch die Übernahme von gemeinschaftlichen Klassenämtern wie z.B. Müllsammeln auf dem Pausenhof). Die Sinnhaftigkeit dieser Maßnahmen wird von den Adressaten häufig angezweifelt („wozu müssen wir das lernen?", „wir lernen doch nicht für die Schule, sondern eigentlich für das Leben, aber das ist doch alles lebensfremd!!"), zumal sich der Erfolg oder die Wirkung dieser und jener Maßnahmen – wenn überhaupt – ja tatsächlich häufig erst sehr viel später zeigen. Die vollbrachte, im Arbeitshandeln der pädagogischen Akteure verankerte pädagogische Leistung und der damit eintretende Erfolg finden also in der Regel zeitversetzt statt. Hier unterscheidet sich das Handeln von Pädagogen zu den Angehörigen von Professionen: der Arzt hat die Wiederherstellung der gesundheitlichen Situation vor Ausbruch der Erkrankung zum erklärten Ziel; die Juristin will die Restitution einer sozialen Situation vor dem Geschehen einer strafbaren Handlung erreichen. Anders dagegen die Handlungslogik des Pädagogen, denn die ist in der Regel ganz konsequent auf die Zukunft gerichtet. Es werden zielgerichtete Zumutungen in der Gegenwart von den pädagogischen Anderen (Schüler, Teilnehmer der Weiterbildung, Klient der Sozialpädagogik, Ratsuchender einer Beratung usw.) verlangt, im Dienste einer besseren Zukunft. Das beschwerliche Heute wird gleichsam gegen ein besseres Morgen eingetauscht, wobei die im Gestern realisierten Erfahrungen entweder als positives Potential oder als Anlass von Veränderung betrachtet werden.

In den durchgeführten Gruppendiskussionen konnten wir die Beobachtung machen, dass die argumentative Auseinandersetzung der Berufsgruppen in Hinblick auf ihre Beziehung zur eigenen Klientel eine zentrale Rolle spielt. Hierbei hat die mangelnde Sichtbarkeit der pädagogischen Arbeitsleistung bzw. die zeitversetzte Evidenz des pädagogischen Erfolgs wiederum einen zentralen Ankerplatz. Der für die Adressaten oft nicht erkennbare direkte Nutzen der pädagogischen Handlung, das teilweise erst zeitversetzte Eintreten der von den pädagogischen Akteuren beabsichtigten Wirkung sowie die damit korrelierende, unzureichende gesellschaftliche Anerkennung für die pädagogische Leistung, stellen ein gemeinsames, inneres Merkmal in der sozialen Welt pädagogisch Tätiger dar. Wir betiteln das als inneres Merkmal, weil es im Verhalten der pädagogischen Akteure eben nicht virulent und erst durch Introspektion und Verstehen transparent wird. Die damit verbundene These lässt sich exemplarisch durch Auszüge aus unterschiedlichen Gruppendiskussionen verdichten.

Ein Erwachsenenbildner, tätig in einem bayerischen Bildungswerk in ländlicher Region, der in leitender Position insbesondere Wiedereingliederungsmaßnahmen für Personen mit psychischen Erkrankungen und Suchterfahrungen begleitet, beschreibt sein eigenes pädagogisches Handeln als „ganzen Blumenstrauß".

T2m: ein ganzen Blumenstrauß letztlich haben halt, und da können wir einfach nur versuchen verschiedene Angebote zu setzen dass man de:n wieder äh, ja, auf die Schiene wieder bringt [einmaliges Lachen] aber letztlich hat man es nicht im Griff, man kann nur Angebote machen. Was der je-jeweilige dann d-draus macht, das ist natürlich dann seine eigene Geschichte dann (.) und bei manchen merkt man's erst nach vielen Jahren ob das Ziel dann nach vorn ist oder nicht, das muss man auch so sehen. Das ist manchmal oft recht frustrierend wie lang das Strecken hat, aber manchmal (.) gibt's dann auch wieder Highlights [lacht] aber halt nicht immer sofort, das ist halt einfach so an der Arbeit lang.

Dieses Datenbeispiel ist von mehreren Metaphern angereichert. Die Blumenstrauß-Metapher signalisiert die Unterstellung eines guten Willens der Institution und einer hohen Qualität der durch Vielfalt gekennzeichneten Angebote. Die damit verbundene Inszenierung eines guten Rufs der Einrichtung siggnalisiert auch Vertrauen in die Güte der hier erbrachten pädagogischen Dienstleistungen. Ganz generell lässt sich konstatieren, dass im Datenbeispiel ein deutlicher Bezug zum Aneignungskonzept in der (sozial-)pädagogischen Arbeit (vgl. Deinet/Reutlinger 2004) erkennbar ist. Die durch die Pädagogen bereitgestellten Angebote können, müssen aber nicht, von den Adressaten angenommen werden. Die erfolgreiche Aneignung im Sinne eines Sich-Welt-Erschließens, zeigt erst nach „vielen Jahren ob das Ziel dann nach vorn ist oder nicht". Die hier angesprochene zeitliche Komponente in der Relationierung von Angebot und (Aus-)wirkung wird von dem hier zitierten Erwachsenenbildner als „oft recht frustrierend" erlebt.

Im nächsten Auszug finden wir eine weitere Dimension des inneren Merkmals der (nicht unmittelbaren) Sichtbarkeit pädagogischer Leistung. Hierbei geht es nicht um die individuellen Aneignungsprozesse der Klientel, sondern ganz konkret um die in der Außendarstellung erkennbare Leistung pädagogischer Berufsarbeit. Beteiligt an der Gruppendiskussion sind Erzieher/innen einer großstädtischen Kindertageseinrichtung.

T6w: Also ich denke, ich und mein Mann wir sagen, weil er des auch, also Sozialpädagogik hat er studiert und äh sagts manchmal auch Mensch ähm der un die äh sieht gar nich was wir hier machen und er sagt äh äh diese soziale Berufe, #ja?# Äh die sin keine sozusagen

L1w: #Mhm.#

T6w: Wir produzieren nich etwas #wo# man gleich sie:hat

T6w: Dadurch bekommen die die natürlich nicht au gleich diese e:hm Anerkennung, ja?

Die Erzieherin, die keine deutsche Muttersprachlerin ist – und gerade dadurch aus der Sicht der Ethnographie eine wichtige Gesprächspartnerin ist, weil sie Fremdheit mobilisieren kann und damit wiederum Erkenntnischancen inkorporiert – beschreibt in der Aussage „un die äh sieht gar nich was wir hier machen" die Unsichtbarkeit der Leistung „sozialer Berufe" in der von ihr unterstellten, also idealisierten gesellschaftlichen Wahrnehmung. Mit der Formulierung „wir produzieren nich etwas" wählt die Diskussionsteilnehmerin einen Begriff der Ökonomie und damit aus einem mit einer hohen Arbeitsteilung versehenen Bereich. Aufgrund der nicht sofort sichtbaren Ergebnisse der pädagogischen Leistung („wo# man gleich sieht"), schließt die Erzieherin auf ein Anerkennungsdefizit sozialer Berufe. Interessant ist die Verwendung des Wortes „natürlich", was dem hergestellten Zusammenhang (kein sichtbares Produkt führe zur fehlenden Anerkennung) eine innere Plausibilität verleiht. Die Verbindung zur Ökonomie wird im weiteren Diskussionsverlauf dahingehend gewendet, dass ein männlicher Erzieher zur Verdeutlichung und gleichzeitig Bestärkung der Kollegin den Vergleich mit einem produzierenden Automobilgewerbe herstellt:

T6w: #Also# wir sin keine äh- hilf mir bitte, ich kann mich nich ausdrücken.

T7m: Nich das VW Werk, dass so ne gewisse Stückzahl an Autos am #Tag produzie-#

T6w: #Ja, des solche Arbeit,# die du Stück für Stück äh leisten kannst und dann irgendwann siehst du und da kommt ein Kind, dass is jetzt in der zehnten Klasse und sagt Hallo (nennt den Vornamen von T9w), oh eh schön dich zu se:hen, du hast Geburtstag genauso wie ich. Des Kin-des weiß, des is in de zehnte Klasse, des die (nennt den Vornamen von T9w) eh Geburtstag hat un gratuliert sie, da sag ich, wow, das, eh das nimmt mich so mit, weil ich weiß, das ist das.

Die Erzieherin beschreibt die pädagogische, erzieherische Praxis als „solche Arbeit, die Du Stück für Stück äh leisten kannst", knüpft damit an ihren Vorredner an und distanziert sich damit wieder vom produzierenden Gewerbe. Mit der Formulierung „und dann irgendwann" beginnt die Erzieherin den Erfolg pädagogischer Leistung zu beschreiben, nämlich die, dass nach Jahren ehemalige Adressaten den Kontakt suchen und auf der Beziehungsebene trotz zeitlicher und räumlicher Distanz eine frühere Verbindung wieder belebt wird. Dadurch erfährt die Erzieherin eine besondere Form der Wertschätzung seitens ihrer Klientel („da sag ich, wow, das, eh das nimmt mich so mit"). Am Ende dieser Sequenz resümiert eine andere Diskussionsteilnehmerin die Leistung der pädagogischen Berufsgruppe der Erzieher/innen:

T5w: #Also# ham wir doch was mitgegeben, [die Teilnehmer lachen] was Zwischenmenschliches,

T6w: Genau, #genau, ja#

Beide Gruppendiskussionen verdeutlichen und unterstreichen das zeitversetzte Eintreten der von den pädagogischen Akteuren beabsichtigten Wirkung. Bei den Vertretern der Elementarbildung betrifft das zeitversetzte Eintreten oder Nichteintreten von Wirkungen einen großen Teil der Jugend- und Erwachsenenbiographie. Bei den Erwachsenenbildnern konzentriert sich das zeitversetzte Eintreten auf einen Nahbereich in der gleichen Altersstufe. Das Phänomen des zeitversetzten Eintretens von pädagogischen Erfolgen, die Schwierigkeit der Zurechnung von Ursache und Wirkungen bei pädagogischen Interventionen, die Probleme bei der Identifikation „pädagogischer Fußabdrücke" (diese Metapher möge man uns verzeihen) – kurz: die Invisibilität der Folgen von pädagogischen Handlungen ist konstitutiv für alle sozialen Welten pädagogisch Tätiger (vgl. Nittel 2011). Mehr noch: Als eine Konsequenz dieses inneren Merkmals in der sozialen Welt pädagogisch Tätiger wird von den Akteuren 1. Unzufriedenheit und 2. unzureichende gesellschaftliche Anerkennung für die pädagogische Arbeit beschrieben. In der PAELL-Studie (und auch in der Studie von Schütz 2009) konnte nachgewiesen werden, dass sich wiederum beide Variablen (Anerkennung und Arbeitszufriedenheit) gegenseitig beeinflussen. Die fehlende, gesellschaftliche Anerkennung scheint ein zentrales Problem in der sozialen Welt pädagogisch Tätiger zu sein. Das ist jedoch kein Naturzustand oder ein Gott gegebenes Phänomen, sondern eine historisch gewachsene, also per se veränderbare Konstellation. An dem kollektiv geteilten Monitum, viel zu wenig Anerkennung von der Gesellschaft zu erfahren, würde sich bereits dann eine nennenswerte Veränderung abzeichnen, gelänge es den Akteuren der sozialen Welten pädagogisch Tätiger, sich auch wechselseitig und bildungsbereichsübergreifend ein Surplus an Anerkennung zurück zu spiegeln (vgl. Nittel/Schütz/Tippelt 2014: 259). Es ist immer gut, mit der Arbeit vor der eigenen Haustür zu beginnen.

6 Selbsteinschätzungen der pädagogischen Berufsgruppen zur Wirkung ihrer Leistung – Ergänzung durch quantitative Befunde

Die eben skizzierten Befunde lassen sich durch das Hinzuziehen quantitativer Ergebnisse noch weiter ausdifferenzieren.

Eng mit der eben genannten Diagnose verbunden, d.h. der Wirkungskette von nicht mittelbarer Sichtbarkeit des pädagogischen Erfolgs, Unzufriedenheit und Anerkennungsdefizit, erscheint auch der Sachverhalt, dass ein Großteil der pädagogisch Tätigen Schwierigkeiten damit hat, festzustellen, ob sie ihre Arbeit „gut" macht. Die oftmals fehlende, direkte Rückspiegelung der Leistung erschwert bekanntlich die Einschätzung darüber massiv, ob das aktuelle pädagogische „Tagesgeschäft" in einer erfolgreichen, zielgerichteten positiven Beeinflussung der Klientel mündet. In der schriftlichen Einstellungsbefragung der PAELL-Studie wurde von den Teilnehmenden die Aussage bewertet: „Ich habe manchmal Schwierigkeiten damit festzustellen, ob ich meine Arbeit gut mache". Die Abbildung 1 zeigt die prozentualen Ergebnisse der Zustimmungskategorien „stimmt genau" sowie „stimmt eher".

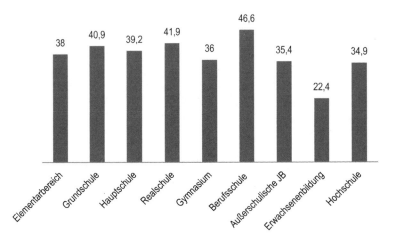

Abb. 1: Zusammengefasste Antwortkategorie: „stimmt genau" und „stimmt eher" auf die Aussage „Ich habe manchmal Schwierigkeiten damit festzustellen, ob ich meine Arbeit gut mache", Angaben in Prozent, N = 1601, Quelle: Datenbasis PAELL 2013

In nahezu allen pädagogischen Berufsgruppen werden hohe Zustimmungswerte erreicht. Insbesondere die Lehrkräfte an Berufsschulen fallen mit 46,6% deutlich ins Auge. Ähnlich hohe Werte werden an Grund- und Realschulen erreicht. Auffällig ist der vergleichsweise niedrige Wert im Bereich der Erwachsenenbildung mit lediglich 22,4%. Eine denkbare Erklärung hierfür ließe sich in der im Feld der Erwachsenenbildung etablierten Feedback-Kultur finden. In kaum einem anderen Bereich des pädagogisch organisierten Systems des lebenslangen Lernens stellt die detaillierte Rückmeldung durch die Klientel an den Lehrenden eine so gängige Praxis dar. Die Lehrenden bekommen nach erbrachter Leistung eine Einschätzung darüber, wie die Teilnehmenden das Seminarangebot oder die Weiterbildungsmaßnahme beurteilen. Diese Praxis begründet sich auch in der Freiwilligkeit der Teilnahme und der fehlenden hierarchischen Beziehungskonstellation (keine Benotungen der Seminarleistung etc.).

Mit Blick auf das Schulsystem sollte man annehmen, dass der Notenspiegel (einer Klasse) und die Versetzungsquote ein eigentlich hinreichendes Indiz für Lehrende an Schulen darstellt, um ihre pädagogische Leistung einschätzen zu können. Die Teilnehmerin einer Gruppendiskussion, Lehrerin an einem beruflichen Gymnasium in einer nordhessischen Stadt, formuliert im nachfolgenden Auszug, dass sie zwar „nur so Noten" habe, aber rekurriert gleichzeitig wieder auf das zuvor beschriebene Phänomen der Unsichtbarkeit des pädagogischen Erfolgs.

> T4w: Das und das haben sie da gesagt. (.) Und dann hab ich gedacht, das könntste ja mal machen. Ne? (.) Also dann denke ich, ich meine, die das finde ich diese Frustration bei dem Beruf is halt auch (.) im Gegensatz zu Leuten, die Schuhe herstellen&dieham nachher en paar Schuhe da stehen. (.) Ich mach und mach und mach und mach.
>
> T2m: #Fragt sich#
>
> T4w: #Und ich# sehe nie (.) #äh unmittelbar, ich hab nur so Noten. Aber ich sehe# [lacht leise]
>
> T5w: [lacht leise]
>
> T4w: &Sehe nie den Zuwachs, nicht wirklich.

In der Formulierung „nur so Noten" findet sich eine deutliche Abschwächung des Stellenwerts der Noten für die Selbsteinschätzung der eigenen pädagogischen Leistung. Noten, so erscheint es hier, sind eben für die Leistungsbewertung der Schüler/innen gedacht und geben keine befriedigende Antwort auf die Frage, ob der oder die pädagogischen Akteure ihre Arbeit gut machen.

Auch diese pädagogisch Tätige wählt – ähnlich wie in dem Gruppendiskussionsauszug aus dem Elementarbereich – den Vergleich mit einem produzierende Gewerbe (Schuhmacher) und erlebt die nicht unmittelbare Sichtbarkeit, d.h. die Auswirkungen ihres professionellen, pädagogischen Handelns als frustrierend („sehe nie den Zuwachs, nicht wirklich").

7 Schluss

Die mit dem Levi-Strauss-Zitat ins Spiel gebrachte anthropologische Perspektive will vor allem eines: sie will überraschende Beobachtungen liefern, die Tugend des Querdenkens kultivieren, für das Unscheinbare sensibilisieren und dazu beitragen, dass eingefahrene Denkmuster und alltagsweltliche Vorannahmen hinterfragt werden. Das betrifft auch generalisierte Annahmen über die Beschäftigungsverhältnisse im pädagogisch organisierten System des lebenslangen Lernens, die in der Regel mit einer Defizitunterstellung versehen werden. Unter Einbeziehung sämtlicher Informationen und Hinweise über die Arbeitsbedingungen und die Arbeitszufriedenheit scheint das pädagogisch organisierte System des lebenslangen Lernens als Ganzes nach wie vor einen Rahmen für traditionelle Beschäftigungsverhältnisse zu bieten (vgl. Nittel/Schütz/Tippelt 2014: 102 ff.).

Im vorliegenden Beitrag haben wir den Versuch unternommen, ganz der kulturanthropologischen Idee verhaftet, scheinbar triviale Beobachtungen näher zu betrachten, um so mögliche Gemeinsamkeiten zwischen den pädagogischen Berufsgruppen identifizieren zu können. Dies ist uns auf zwei Ebenen gelungen: Durch die Frage danach, welches äußere Merkmal alle sozialen Welten pädagogisch Tätiger unter dem Aspekt gemeinsam haben, wenn man ihren Arbeitsplatz miteinander vergleicht, stellten wir fest, dass das Zeigen unter Bezugnahme auf diverse Technologien (Tafel, Beamer, Stellwand, usw.) und den damit verbundenen Speichermedien in den unterschiedlichsten Varianten ein gemeinsames, äußeres Merkmal der pädagogischen Berufsgruppen im organisierten System des lebenslangen Lernens darstellt.

Als ein gemeinsames, inneres Merkmal der sozialen Welt pädagogisch Tätiger bezeichnen wir die Invisibilität der pädagogischen Leistung, die sich insbesondere in der zeitversetzten Wirkung auf Seiten der pädagogischen Klientel niederschlägt. Diese Entdeckung konnten wir mit Auszügen aus dem Gruppendiskussionsmaterial der PAELL-Studie anreichern. Als Konsequenz dieses Merkmals erscheinen uns primär die fehlende gesellschaftliche Anerkennung sowie die daraus auf Seiten der Pädagogen resultierende Unzufriedenheit für weitere Analysefragen relevant. In weiteren Teiluntersuchungen – diese Option sehen wir im Moment – könnte man unter dem Dach des Konzeptes eines pädagogischen Habitus solche inneren und äußeren Gemeinsamkeiten bündeln und weiter theoretisch aufbereiten. Bei genauer Betrachtung haben die beiden Aspekte auch einiges gemein; sie verhalten sich komplementär zueinander, weil die eine die Vermittlungsseite und die andere die Aneignungsseite betrifft. So würde eine optimalere Verzahnung der Speichermedien der Tafel, des Hefts und des Buchs zwar die Wahrscheinlichkeit erhöhen, dass den Ziel- und Adressatengruppen bessere Lehrangebote unterbreitet werden, so dass sie optimaler lernen, aber das würde nichts an dem generellen Strukturproblem der zeitversetzten Wirkung ändern. Die drei Speichermedien Tafel, Heft und Buch, die auf der Vermittlungsseite des pädagogischen Verhältnisses angesiedelt sind, veranlassen uns, genauer und konsequenter auf die Differenz von kurz-, mittel- und langfristigen Formen der Aneignung zu achten. Um die langfristigen Wirkungen pädagogischen Handelns in Blick zu bekommen und einen Eindruck von den mittel- und langfristigen Konsequenzen pädagogischer Interventionen zu erhalten, müssten die pädagogisch Tätigen aus allen Segmenten des arbeitsteilig organisierten Systems des lebenslangen Lernens sich mit den Geschichten beschäftigen, die diejenigen zu erzählen haben, die auf ihrem Gebiet die eigentlichen Experten sind: nämlich die Betroffenen der diesbezüglichen personenbezogenen Dienstleistungen.

Literatur

Assmann, A. (1999): Erinnerungsräume. Formen und Wandlungen des kulturellen Gedächtnisses. München

Assmann, J. (1988): Kollektives Gedächtnis und kulturelle Identität. In: Assmann, J./Höscher, T. (Hg.): Kultur und Gedächtnis. Frankfurt a.M., 9-19

Assmann, J. (2000): Das kulturelle Gedächtnis. Schrift, Erinnerung und politische Identität in frühen Hochkulturen, München

Becker, H. S./Geer, B./Hughes, E. C/Strauss, A. (1976): Boys in White. London

Deinet, U./Reutlinger, C. (Hg.) (2004): „Aneignung" als Bildungskonzept der Sozialpädagogik: Beiträge zur Pädagogik. Wiesbaden

Dellori, C./Nittel, D. (2011): Reformoptionen von „unten". Die Rekonstruktion von beruflichen Selbstbeschreibungen im Elementarbereich mit den Mitteln der Argumentationsanalyse. In: sozialersinn. Zeitschrift für hermeneutische Sozialforschung. H. 2, 173- 192

Dellori, C./Wahl, J. (2012):Die Relevanz des lebenslangen Lernens für das berufliche Handeln pädagogisch Tätiger. Ergebnisse aus einer komparativ angelegten Studie zur pädagogischen Berufsgruppenforschung. In: Soziale Passagen. Journal für Empirie und Theorie der Sozialen Arbeit. H. 2, 217-230

Fuchs, S./Tippelt, R. (2012): Bereichsübergreifende Kooperationen als Notwendigkeit für erfolgreiche Übergänge im Bildungssystem. In: Beutel, S.I./Järvinen, H./van Ophuysen, S. /Berkemeyer, N. (Hg.): Übergänge bilden. Lernen in der Grund- und weiterführenden Schule. Köln, 73-97

Hughes, E. C. (1971): The Sociological Eye. Selected Papers, The Study of Occupations. New Jersey

Lenzen, D. (1997): Professionelle Lebensbegleitung. Erziehungswissenschaft auf dem Weg zur Wissenschaft des Lebenslaufs und der Humanontogenese. In: Erziehungswissenschaft, H. 7, 5-22

Lévi-Strauss, C. (2012): Anthropologie in der modernen Welt. Berlin

Liederbach, K./Dellori, C. (2011): Im Angesicht der Anerkennung: Mitarbeiter und Mitarbeiterinnen der außerschulischen Jugendbildung und der Erwachsenenbildung. In: Der pädagogische Blick, H.2, 103-114

Mayring, P. (2008): Qualitative Inhaltsanalyse. Grundlagen und Techniken. Weinheim

Nittel, D. (2011): Von der Profession zur sozialen Welt pädagogisch Tätiger. Vorarbeiten zu einer komparativ angelegten Empirie pädagogischer Arbeit. In: Beiheft zur Zeitschrift für Pädagogik Nr. 57, Thema: Professionalität in der Pädagogik, 40-60

Nittel, D./Schütz, J./Tippelt, R. (2012): „Notwendigkeit des Vergleichs!" Der Ansatz einer komparativen pädagogischen Berufsgruppenforschung. Pädagogische Erwerbsarbeit im System des Lebenslangen Lernens. In: Erziehungswissenschaft, H. 45, 87-99

Nittel, D./Schütz, J./Tippelt, R. (2014) Pädagogische Arbeit im System des lebenslangen Lernens. Ergebnisse komparativer Berufsgruppenforschung, Weinheim/Basel

Nittel, D./Wahl, J. (2013): Materielle Entschädigungschancen von pädagogischer Erwerbsarbeit im pädagogisch organisierten System des lebenslangen Lernens. Pädagogische und medizinische Berufsgruppen im Vergleich. In: SPURENSUCHE, Zeitschrift für Geschichte der Erwachsenenbildung und Wissenschaftspopularisierung. H. 1-4, 220-230

Prange, K./Strobel-Eisele, G. (2006): Grundriss der Pädagogik/Erziehungswissenschaften: Die Formen pädagogischen Handelns. Eine Einführung. Stuttgart

Schütz, J. (2009): Pädagogische Berufsarbeit und Zufriedenheit. Eine bildungsbereichsübergreifende Studie. Bielefeld

Schütz, J./Reupold, A. (2010): Bildungsbereichsübergreifende Kooperationen. Wahrnehmungen pädagogischer Akteure. In: DIE – Zeitschrift für Erwachsenenbildung. H. 1, 31-33

Schütz, J./Nittel, D. (2012): Von der Heterogenität zur Vielfalt! Akademische Professionalisierung im Blick einer komparativen pädagogischen Berufsgruppenforschung. In: Egetenmeyer, R./Schüßler, I. (Hg.): Akademische Professionalisierung in der Erwachsenenbildung/Weiterbildung. Baltmannsweiler, 229-244

Strauss, A.L. (1993): Continual Pernutations of Action. New York

Tippelt, R./Nittel, D. (2013): Arbeitsteilung im pädagogisch organisierten System des lebenslangen Lernens. Zur Aktualität Émile Durkheims. In: Hessische Blätter für Volksbildung, H. 2, 145-162

Zur sozialen und individuellen Konstruktion der Wirklichkeit: Lebenswelt, Milieus und Altersbilder aus erwachsenenpädagogischer Perspektive

Rudolf Tippelt, Bettina Setzer, Barbara Lindemann

Die soziale und individuelle Konstruktion der Wirklichkeit als Ausgangspunkt für Fragen der Teilnehmer/innen- und Adressat/innenforschung in der Erwachsenen- und Weiterbildung wurzelt in der Lebensweltforschung (vgl. Schütz/Luckmann 1990). Das Paradigma der Lebensweltforschung kann in der Erwachsenenbildung als ein Korrektiv, sowohl von zu eng gefassten verhaltenstheoretisch orientierten als auch von zu stark subjektivistisch verankerten Theoriemodellen, gesehen werden.

Im folgenden Artikel soll zunächst die Bedeutung der Lebensweltforschung und -orientierung für die Erwachsenen- und Weiterbildung herausgestellt werden und anschließend wird dieser Forschungsansatz an zwei Beispielen konkretisiert. Dabei wird in einem ersten Schritt durch die Darstellung des Milieuansatzes die Leistung der lebensweltlichen Forschung für das Verstehen der Teilnehmer/innen hervorgehoben. Nachfolgend wird die Forschung zu Altersbildern als Faktor zur sozialen Konstruktion von Wirklichkeit dargelegt. Aus unserer Sicht ist die Lebensweltforschung sowohl für die Erwachsenenbildungsforschung als auch für die Praxis bedeutungsvoll.

1 Lebensweltforschung und Lebensweltorientierung als Ansätze zur Konstruktion von Wirklichkeit

Individuelle Veränderungen stehen immer im Kontext von Deutungsmustern der sozialen Wirklichkeit, entwickeln sich also im jeweiligen sozialen Umfeld von Individuen und entfalten dort ihre Wirkungen auf die Identität jedes Einzelnen. Der Lebensweltbezug und die Lebensweltorientierung versuchen den traditionellen Anspruch der Teilnehmer/innenorientierung zu stärken und sind darauf gerichtet, das Anschlusslernen von Teilnehmenden an ihre lebensweltlichen Bezüge zu ermöglichen. Die Orientierung an der Lebenswelt berücksichtigt also die Lernfähigkeit, die Lernbarrieren und vor allem die Erwartungshorizonte von Adressatinnen und Adressaten sowie Teilnehmenden in der Erwachsenenbildung. Der Lebensweltbezug ist keinesfalls in Konkurrenz zu einem systematischen Wissenserwerb zu sehen, berücksichtigt aber – so der theoretische und praktische Anspruch – die Anforderungen eines Individuums im Kontext seiner Arbeit, seiner Familie und seiner Freizeit. In einem starken Plädoyer für die Lebensweltorientierung zeigt Müller auf, dass sich Lebensweltbezüge an den Deutungsmustern von Individuen orientieren, dass manchmal diese eingefahrenen und habitualisierenden Deutungsmuster aber durch die Erwachsenenbildung infrage gestellt und auch Krisenerfahrungen aufgegriffen werden, um Identität aus möglicherweise festgefügten Konstellationen heraus zu lösen (vgl. Müller 1986: 233).

Theoretisch geht die Lebensweltorientierung aus philosophischen Traditionen hervor, die von Husserl (1986) oder auch später sozialwissenschaftlich überformt von Schütz und Luckmann geprägt wurden. Lebensphilosophie, die von Husserl vertreten wurde, war bemüht, das Erleben von Menschen, das Emotionale und das Intuitive wie auch das Anschauliche zu betonen. Auf Husserl geht in der sozialwissenschaftlichen Weiterentwicklung von Schütz und Luckmann (1990) die differenzierend beschreibende Darstellung von sozialen Tatsachen zurück, denn im Gegensatz zu rein theoretischen Erklärungsversuchen und von eher analytisch-naturwissenschaftlich orientierten Denktraditionen versuchen lebensphilosophische Deutungen nicht eine abstrakte Wahrheit zu ergründen, sondern die subjektiven Deutungen der Wirklichkeit von Individuen in ihren sozialen Gruppen zu verstehen. Es ist vor allen Dingen Schütz (1974) gelungen von der Phänomenologie der Lebenswelt eine Brücke zur Sozialphilosophie des Alltagslebens und -wissens zu entwickeln: „Als Alltagswissen werden die von den Mitgliedern einer Gesellschaft für selbstverständlich erachteten Kenntnisse, Erfahrungen, Werte und Kulturtechniken verstanden. Dieser gesellschaftliche Wissensvorrat geht dem Individuum stets voraus, der einzelne entnimmt ihm im Zuge seiner Sozialisation die für seine spezifische Subjektivität konstitutiven Elemente" (Barz/ Tippelt 2010: 118).

In der lebensweltlichen Bildungs- und Weiterbildungsforschung wird deutlich zwischen Jedermannswissen, Professionswissen und wissenschaftlichem Wissen unterschieden. Allerdings ist allen Formen des Wissens gemeinsam, dass der Aspekt der Typik und Relevanz die Sinnbildung für den Einzelnen prägend gestaltet. Wirklichkeit ist hoch komplex und es geht darum durch Typisierung herauszuarbeiten, wie Gesellschaft, aber im Besonderen auch Bildung, wahrgenommen, interpretiert und auch genutzt wird. Schütz hat in Anlehnung an die Idealtypen von Max Weber das Alltagswissen von Individuen immer wieder durch strukturierende Typenbildungen beschrieben.

In der Lebensweltforschung können verschiedene Klassifikationssysteme durchaus nebeneinander bestehen, sich ergänzen und auch miteinander konkurrieren, denn eine objektive Wahrheit ist in einer lebensweltlichen Bildungs- und Weiterbildungsforschung nicht vorausgesetzt. Vielmehr wird diese durch die differenzierende lebensweltliche Analyse eindeutig relativiert. Die Typisierung ergibt sich durch die besonderen Relevanzstrukturen in den sozialen Umgebungen und den sozialen Räumen von Individuen, die also immer durch die sozialen Kontexte vorentschieden werden. „Durch Typisierung entsteht eine Welt des Vertrauten [...] die Relevanz kommt ins Spiel, sofern jede typisierende Deutung selektiv ist, eine Bevorzugung ausspricht [...]; dies verweist auf Interessen, die sich in den Selektionsprozessen ausdrücken. [...] Die Relevanzstrukturen können sich umbilden bei entsprechender Umgruppierung des Erfahrungsfeldes" (Waldenfels 1985: 159).

Schütz und Luckmann haben herausgearbeitet, dass Menschen in unproblematischen Alltagssituationen routiniertes und teilweise auch automatisierte Denk- und Verhaltensschemata ausbilden, während sich in Grenzsituationen (vgl. Berger/Luckmann 1970: 103) und in Krisensituationen das Individuum weiter entwickelt und möglicherweise neue Relevanzstrukturen konstruiert. Für das Individuum ist es wichtig, das eigene Handeln im Alltag subjektiv stimmig zu begründen. Der automatisierte und auch habitualisierte Bezug zum Alltag lässt kaum Zeit zur Reflexion, aber gerade in von kritischen Lebensereignissen geprägten Situationen – wie häufig u.a. bei Übergängen im Lebenslauf – ist man mit Neuem konfrontiert und beginnt das Unbekannte zu verarbeiten. Schütz und Luckmann sind Vorboten einer soziologisch-pädagogischen Interpretation von Wirklichkeit, die von zeitlich befristeten Sonderwelten ausgeht und die die große Segmentierung des individuellen Erlebens in den verschiedenen Alltagssituationen erfasst. Das Leben des Einzelnen und seine Identität beginnt im Lebenslauf immer komplexer zu werden, weil Teilidentitäten entstehen und es immer wieder darum geht, einen übergeordneten Sinn des eigenen Handelns zu erkennen sowie sich eine konsistente Identität zu erarbeiten. Für lebensweltliche Erwachsenen- und Weiterbildungsforschung ist die Einsicht in die Offenheit und die Vieldeutigkeit sowie die Pluralisierung der Sinnbildung einschneidend.

Kritische Vertreter/innen einer Lebensweltorientierung, wie beispielsweise Rolf Arnold oder Peter Alheit, haben von einer schleichenden Therapeutisierung der Weiterbildung gewarnt und immer wieder darauf hingewiesen, dass Weiterbildung nicht bei der eigenen Erfahrung stehen bleiben darf, sondern in einem weiterführenden und politischen Sinne neue Perspektiven und neues Wissen erschließen kann (vgl. Alheit 1983; Arnold 1996). Solche Hinweise sind hilfreich, aber entkräften den Anspruch der Lebensweltorientierung nicht, insbesondere dann nicht, wenn man als Voraussetzung für alle Weiterbildungsprozesse die Lernfähigkeiten, die Erfahrungs- und Erwartungshorizonte der Teilnehmenden als Ausgangspunkt für Didaktik oder auch Programm- und Angebotsplanung sieht.

Lebensweltorientierung kann sich auf die Situation und die Umgebung von Individuen in der Sozialstruktur beziehen und wird dann ein eigener Ansatz in der Sozialstrukturanalyse. Dies ist sehr deutlich in der Milieuforschung gegeben. Dieser Ansatz einer neuen, die Gesellschaft vertikal und horizontal gliedernden Sozialstrukturforschung, die sich abhebt von reiner Analyse von Lebenslagen und Lebensstilen, sondern die gerade Aspekte der Lebensführung und Lebensform und des Erlebens der Lebenswelt aufnimmt, gilt es im Folgenden auch für die Weiterbildung zu konkretisieren. Ein anderer Ansatz der Lebensweltorientierung richtet sich stärker auf die individuelle Konstruktion von Wirklichkeit der Teilnehmenden und Adressatinnen wie auch Adressaten der Weiterbildung. Ein Beispiel hierfür sind die verschiedenen Altersbilder von Menschen, die erheblich das eigene Handeln, die Wahrnehmung und auch die Berücksichtigung von Bildung und Weiterbildung bei der eigenen Gestaltung des Lebens beeinflussen (vgl. Tippelt/Setzer 2013). Dieser Ansatz, der eher als individuenzentrierter Ansatz verstanden werden kann und der individuellen Deutungsmustern Ausdruck verleiht, wird im Folgenden ebenfalls knapp skizziert.

2 Zur sozialen Konstruktion der Weiterbildung im Kontext der lebensweltlichen Milieuforschung

Die Milieuforschung als neueres Instrument der Ungleichheitsforschung ermöglicht neue Konstruktionen der Weiterbildung, indem sie über die Beschreibung sozioökonomisch und soziodemografisch bedingter Unterschiede hinausgeht und zusätzlich horizontale Differenzierungen sozialer Gruppen nach grundlegenden Einstellungen, Werthaltungen und Lebensstilen berücksichtigt. Soziale Milieus sind dabei zu verstehen als Gruppen von Personen, die durch ähnliche Lebensziele und ähnliche Lebensstile Einheiten innerhalb der Gesellschaft bilden (vgl. Hradil 1987). Eine der einflussreichsten deutschen Forschungstraditionen zur Milieuforschung stellt die vom SINUS-Institut in Heidelberg betriebene Lebensweltforschung dar. Der Begriff der Lebenswelt schließt damit an E. Husserl (1986) an und ist sowohl als Fundament wissenschaftlichen Wissens sowie als umfassender Horizont verschiedener Sinnbereiche zu verstehen. Eng verbunden ist damit auch das „Alltagsbewusstsein" nach A. Schütz (1974), das ursprünglich einen Sinnbereich der „Lebenswelt" darstellt und auf fraglos gegebenen Kulturtechniken, Erfahrungen und Werten basiert, wobei das Wissen um und die Orientierung an der spezifischen Alltagswelt aktueller und potenzieller Teilnehmerinnen und Teilnehmer an Weiterbildung eine unabdingbare Voraussetzung für eine mikro- und makrodidaktische Veranstaltungsplanung darstellt. An diesem Beispiel wird sowohl die Notwendigkeit als auch die praktische Umsetzung von lebensweltlichen Konzepten in der Planung und

Durchführung von Weiterbildungsangeboten deutlich. Dies setzt aber gleichzeitig auch die theoretische Auseinandersetzung mit lebensweltbezogenen Ansätzen in der Forschung voraus. Die Milieuforschung wird bereits seit den 1990er Jahren ertragreich innerhalb der Erwachsenenbildungsforschung eingesetzt (vgl. Bremer 1999; Friedrich-Ebert-Stiftung 1993). Dabei wird die Ungleichheitsstruktur in Form von differenzierten, trennscharfen Milieuprofilen herausgearbeitet und speziell im Hinblick auf die subjektive Bewertung und lebensweltliche Einbettung von Determinanten und Barrieren der Beteiligung an lebenslangem Lernen untersucht (vgl. Barz 2000). Die soziale Konstruktion von Wirklichkeit schlägt sich folglich in der milieuorientierten Weiterbildungsforschung nieder.

Angesichts der zunehmenden Individualisierung in der modernen Gesellschaft und der fortschreitenden Differenzierung von lebensweltlichen Entwürfen kann die soziale Milieuforschung einen wichtigen Beitrag leisten, um soziale Ungleichheit jenseits traditioneller schicht- und klassenspezifischer Konzepte zu erfassen und abzubilden (vgl. Tippelt u.a. 2008). Um Weiterbildungsentscheidungen zu begreifen und aufzuschlüsseln, berücksichtigt sie soziodemografische und sozialstrukturelle Einflüsse, geht aber noch einen Schritt weiter und integriert weitere Merkmale wie psychografische Kriterien. Dabei fungiert die Milieuforschung als Brücke zwischen der Analyse der soziodemografischen Differenziertheit einer größeren Gruppe an Teilnehmenden und der Berücksichtigung ihrer individuellen biographisch begründeten Lebenswelt (vgl. Reich-Classen/v. Hippel/Tippelt 2011).

Emile Durkheim (1895/1961) beschäftigte sich bereits früh im 19. Jahrhundert mit dem Konzept der sozialen Milieus. Bourdieu (1982) entwickelte in den Sozialwissenschaften in Auseinandersetzung mit den schicht- und klassenspezifischen Ansätzen das Milieu-Konzept weiter. Seitdem werden auch in der Erwachsenenbildungsforschung die Lebensstile und Alltagswirklichkeiten in der Teilnehmer/innen- und Adressat/innenforschung analysiert und in der Praxis umgesetzt. Während die bildungssoziologisch geprägte Adressat/innenforschung traditionell eine Einteilung der Zielgruppen streng nach soziodemografischen Merkmalen vornimmt, verfolgt die Milieuforschung einen komplexeren Ansatz. Das soziale Milieu repräsentiert nicht nur ein spezifisches Konglomerat an Merkmalen, sondern entspricht der „Struktur der Beziehungen zwischen allen relevanten Merkmalen" im Sinne des Habitus-Konzepts (vgl. Bourdieu 1982). Welcher Zielgruppe würde man beispielsweise die 62-jährige türkische kaufmännische Angestellte zurechnen? Hier bieten sich mit den Kategorien „Migrantin", „Ältere", „Frau" oder „Angestellte" gleich mehrere Klassifizierungen an, die durch das Habitus-Konzept aufeinander bezogen werden können (vgl. Bremer 2010).

Soziale Milieus sind Gruppen von Menschen, die auf Grund eines entsprechenden Habitus ähnliche Präferenzen und Einstellungen zu zentralen Lebensbereichen entwickeln. Zu den Lebenswelten lassen sich neben der Arbeit und der Bildung auch das persönliche Umfeld wie Familie sowie der Freundes- und Bekanntenkreis oder die gesellschaftliche Teilhabe sowie die Freizeitgestaltung zählen (vgl. Barz/Tippelt 2010).

Das Leben innerhalb einer sozialen Entität schafft ein ähnliches Wertesystem. Einem sozialen Milieu können analoge Normen und Grundhaltungen zugeordnet werden, woraus sich für die in ihm lebenden Menschen ähnliche Einstellungen zu sozialen Beziehungen im familiären Umfeld und im Bekanntenkreis sowie im Arbeitskontext die Haltung zu Arbeit, Beruf und allgemein zu Bildung ableiten lassen. Objektive soziale Lebensumstände können zwar die Gestaltungsspielräume der Lebensformen und -stile und insgesamt der Lebenswelt unterschiedlich stark mitbestimmen, determinieren aber nicht ausschließlich den individuellen Modus Vivendi sowie die subjektiven Erfahrungen und das Wertebewusstsein. Trotz konvergierender Lebenswelten können differente Einstellungen entstehen und wirken, die durch die Milieuforschung abgebildet werden können (vgl. Bremer 2010). Soziale Milieus beschreiben folglich Gruppen, die vertikal divergierend in ihrer sozialen Lage und horizontal divergierend in ihren Werten,

Lebensorientierungen und Lebensstilen innerhalb der jeweiligen Gruppe bzw. des Milieus vergleichbar sind. Demzufolge können soziale Milieus als Gefüge innerhalb einer Gesellschaft begriffen werden (vgl. Flaig/Meyer/Ueltzhöffer 1994).

Die sozialen Milieus in Deutschland werden von Beginn an in Bezug auf die soziale Lage in eine untere Mittelschicht/Unterschicht, in eine mittlere Mittelschicht und in eine obere Mittelschicht/Oberschicht separiert und im Sinne der horizontalen Differenzierung in die Grundorientierungen Tradition, Modernisierung/Individualisierung und Neuorientierung gesplittet, so dass sich jetzt seit 2010 Zuordnungen zu zehn Einheiten ergeben, die vom „Traditionellen Milieu" über die „Bürgerliche Mitte" bis hin zum „expeditiven Milieu" reichen. Die traditionelle Grundhaltung lässt sich durch das Bewahren und Festhalten traditioneller Werte und Normen kennzeichnen. Die Ausrichtung, die als Modernisierung („Haben und Genießen") und Individualisierung („Sein und Verändern") beschrieben werden kann, ist durch Status- und Besitzdenken einerseits und Selbstverwirklichung und Emanzipation andererseits charakterisiert. Pragmatismus und Beschleunigung im Sinne von „Machen und Erleben" sowie Exploration („Grenzen überwinden") kennzeichnen die Neuorientierung (vgl. Tippelt 2013).

Durch unterschiedliche Lebenswelten werden in Folge auch der Zugang zu Bildung und Lernen beeinflusst. Differenzierte Bildungsmotive oder Lernbarrieren wirken auf den Umgang mit Wissenserwerb und lebensweltliche Einstellungen bestimmen maßgeblich den Bezug zu und die Herangehensweise an Weiterbildung (vgl. Bremer 2010). Bildungsbezogene Milieuanalysen (vgl. Barz/Tippelt 2004b) zeigen, dass in erster Linie die Mitglieder der Milieus der „Konservativ-Gehobenen" und der „Traditionsverwurzelten" eine signifikant geringere Weiterbildungsbeteiligung sowohl in der allgemeinen als auch in der beruflichen Weiterbildung aufweisen. Eine besonders rege Beteiligung an Angeboten der allgemeinen Weiterbildung ist von Seiten der postmateriellen Milieus festzustellen, die aus den höheren Schichten kommen und im Sinne ihrer Orientierung an Authentizität und Emanzipation einen großen Wunsch nach sozialer Mitbestimmung haben. Des Weiteren haben die „modernen Performer" und die „Experimentalisten" eine hohe Weiterbildungsteilnahme. Während die experimentellen sozialen Gruppen eher durch Neugierde motiviert sind an Weiterbildungsangeboten teilzunehmen, ist für das Milieu der „modernen Performer" das Streben nach Karriere und Status ein ausschlaggebendes Kriterium. Demgegenüber werden die Angehörigen des prekären Milieus (ehemals die „Konsum-Materialisten") aus ihrer Sicht eher durch äußeren Zwang und gesellschaftlichen Druck zu Weiterbildung verpflichtet und zeigen eine hohe, aber eben auch extrinsisch motivierte Nachfrage nach beruflichen Angeboten (vgl. Barz/Tippelt 2004a, 2004b).

Zusammengefasst lassen sich bei den oberen Milieus als zentrale Grundmuster der Bildungsmotivation Selbstverwirklichung und Identitätssuche sowie als maßgebliche Strategie soziale und kulturelle Hegemonie erkennen. Die mittleren Milieus sehen in Bildung den Aspekt des Nutzens und suchen hierüber Anerkennung respektive einen (höheren) Status und (mehr) Autonomie zu erlangen. Unterprivilegierte Milieus betonen eher die Notwendigkeit und das Schritt-Halten und es lässt sich eine Vermeidung von Ausgrenzung als grundlegende Bildungsstrategie erkennen. Zentrale Auswirkungen auf die Praxis haben diese Einstellungen und Werteorientierungen nicht nur im Hinblick auf die Intensität der Weiterbildungsteilnahme und der differenten Nachfrage nach unterschiedlichen Angeboten, sondern beispielsweise auch hinsichtlich der Präferenzen des Lernarrangements, des Weiterbildungsträgers oder auch des Beratungsinteresses (vgl. Bremer 2010; Tippelt 2013). Der milieuspezifische Forschungsansatz kann einen wichtigen Beitrag leisten, der Lebenswelt des Teilnehmenden vielschichtig und differenziert nahe zu kommen, diese zu begreifen und im Kontext der Weiterbildung der jeweiligen auch subjektiv definierten Lebenswirklichkeit durch eine entsprechende Angebotsplanung gerecht zu werden. Inwiefern sich die Orientierung an Lebenswelten in Verbindung mit Altersbildern darstellen lässt, wird im Folgenden diskutiert.

3 Zur Konstruktion der Wirklichkeit im Kontext von Altersbildern

Bei der Konstruktion von Wirklichkeit spielen Altersbilder eine wichtige Rolle. Wie bereits erwähnt kann auch die Lebensweltorientierung der Weiterbildung aus dem Blickwinkel der Forschung zu Altersbildern betrachtet werden. Altersbilder haben einen nicht zu vernachlässigenden Einfluss auf die Adressatinnen und Adressaten und somit letztendlich auch auf die Entscheidung für oder gegen eine Teilnahme an Weiterbildung. Hierbei ist es irrelevant, ob es sich um informelle, nonformale oder formale Bildungsprozesse handelt (vgl. Tippelt/Setzer 2013).

Altersbilder spiegeln die individuellen und auch gesellschaftlichen Vorstellungen über den Prozess des Alterns und älterer Menschen wider, beziehen sich auf den Anderen aber auch auf das Selbst. Sie ermöglichen daher – wie schon unter dem Aspekt der Lebensweltforschung bzw. im Zusammenhang mit der dort angesprochenen Typologisierung thematisiert – als subjektive Deutungsmuster eine erleichterte und vorstrukturierte Kommunikation, die sich an Alltagswissen und -erfahrungen anlehnt und sozial konstruiert wird (vgl. BMFSFJ 2010: 34f.).

Altersbilder können positiv geprägt sein, wenn beispielsweise auf den Erfahrungsschatz, die Weisheit oder Gelassenheit älterer Menschen Bezug genommen wird; genauso existieren jedoch auch negative Altersbilder, bei denen das Bild von Älteren mit Krankheit, Langsamkeit oder Sturheit in Verbindung gebracht wird. Problematisch sind negative Altersbilder, wenn sie sich als Stereotype formieren, die bewirken, dass „Menschen aufgrund ihres Lebensalters bestimmte Eigenschaften, Verhaltens- und Rollenerwartungen zugeschrieben werden, ohne die betreffenden Personen genauer nach ihren Wahrnehmungen, Bewertungen und konkreten Verhaltensweisen zu betrachten" (Backes/Clemens 2013: 59). Da Altersbilder eben nicht nur – meist implizit – Kommunikation und Verhalten beeinflussen sowie gesellschaftlich und daher auch in allen Milieus, wenn auch in unterschiedlichen Ausprägungen, vorhanden sind, sondern sich auch auf das Weiterbildungsverhalten auswirken, ist im Zusammenhang der Adressat/-innenforschung eine Betrachtung der Wirkweise von Altersbildern und der Einflussfaktoren auf Altersbilder relevant.

Beeinflusst wird das Altersfremd- aber auch das Altersselbstbild durch verschiedene Faktoren, wie beispielsweise Schmidt-Hertha und Mühlbauer (2012) anhand der repräsentativen Daten der „EdAge"-Studie zum Thema „Bildungsverhalten und -interessen Älterer" (vgl. Tippelt u.a. 2009) herausarbeiten konnten. Demnach spielen bei den Befragten 45- bis 80jährigen Personen bei der Entwicklung von Altersbildern die aktuelle Lebenssituation und der Kontakt zu anderen Generationen eine große Rolle und dies drückt sich dann auch darin aus, ob diese eher positiv oder negativ gefärbt sind. Weiterhin – auch im Zusammenhang mit der Weiterbildungsforschung interessant – wirkt sich ein hoher Schul- bzw. Bildungsabschluss positiv auf das Altersbild aus (vgl. Schmidt-Hertha/Mühlbauer 2012: 118), sodass sowohl Bildung als auch Altersbilder mit der Teilnahmebereitschaft an Weiterbildung korrelieren (vgl. Tippelt u.a. 2009: 39).

Sind Ältere aber überhaupt noch interessiert an Weiterbildung? Die bereits angesprochene EdAge-Studie kann hierzu Antworten geben. So nahmen 2007 von den 65- bis 80-Jährigen 12% an Weiterbildung teil (im Vergleich dazu: bei den 45- bis 54-Jährigen lag die Quote bei 44%) (vgl. ebd.: 34).

Bei der Überlegung, an Weiterbildung teilzunehmen oder nicht, werden ebenfalls Altersbilder wirksam. So beeinflusst eine positive Einschätzung der eigenen Fähigkeiten und Fertigkeiten, aber auch ein Autonomiegefühl und Aktivitätsempfinden die Entscheidung, sich auch im höheren Erwachsenenalter mit Weiterbildung zu beschäftigen. Ebenso kann jedoch ein negatives Selbstbild bezogen auf das eigene Altern für den Besuch von Weiterbildungsveranstaltungen als Barriere gesehen werden. Dies ist beispielsweise dann der Fall, wenn mit dem fortgeschrittenen Alter eine fehlende Relevanz für Bildung nach dem Prinzip „Es lohnt sich für mich nicht mehr" verknüpft wird.

Als weitere Barriere, die mit dem Altersselbstbild assoziiert ist, konnte mangelndes Selbstbewusstsein identifiziert werden, wenn Ältere in der EdAge-Studie angaben, nicht zu glauben, die Anforderungen der Weiterbildung erfüllen zu können (vgl. Tippelt u.a. 2009: 44).

Hier besteht die Notwendigkeit, diese Annahmen zu entkräften und auf die Relevanz bzw. die Möglichkeiten, die Bildung im höheren Erwachsenenalter bietet, hinzuweisen.

Dabei stellt sich nun die Frage, inwieweit Altersbilder veränderbar oder positiv beeinflussbar sind. Individuelle Altersbilder sind abhängig von der aktuellen Lebenswelt und den Lebensbedingungen im sozialen und gesellschaftlichen Umfeld. Nicht außer Acht gelassen werden darf hier die Verknüpfung des Selbstbildes mit möglichen Handlungsoptionen, die subjektiv wahrgenommen werden, denn diese subjektive Wahrnehmung kann die tatsächliche Aufnahme beispielsweise einer Weiterbildungsveranstaltung beeinflussen (vgl. BMFSFJ 2010: 67). Aber wo sind Ältere in der Weiterbildung mit Altersbildern konfrontiert?

Nachdem, wie eben schon angesprochen, Altersbilder in allen gesellschaftlichen Bereichen wirken, sind diese auch im Kontext von Weiterbildungsveranstaltungen zu finden.

Sind die Teilnehmer/innengruppen altershomogen zusammengesetzt, spielen Altersbilder – Selbst- wie Fremdbilder – neben den Inhalten der Veranstaltungen bzw. dem Lernanlass eine untergeordnete Rolle. Anders ist dies in Lerngemeinschaften, in denen große Altersunterschiede bestehen (vgl. Tippelt u.a. 2009: 44f.).

Adressatinnen und Adressaten von Weiterbildungen sehen sich aber nicht nur mit den individuellen Selbstbildern und denen der anderen Teilnehmenden konfrontiert. Altersbilder können auch institutionalisiert vermittelt werden. Zudem werden manche Programme, die beispielsweise explizit für Seniorinnen und Senioren ausgeschrieben sind, von der Zielgruppe als stigmatisierend angesehen und aus diesem Grund nicht wahrgenommen (vgl. Strobel/Schmidt-Hertha/Gnahs 2011). Die hier subjektiv wahrgenommenen Altersbilder, die in den seltensten Fällen von den Bildungsanbieterinnen und -anbietern oder Weiterbildungsträgerinnen und -trägern so intendiert worden sind, stellen immer wieder eine Barriere für die Teilnahme dar. Institutionell vermittelte Altersbilder sind auch im Zusammenhang mit bestimmten Altersgrenzen zu finden, die die Teilnahme an Veranstaltungen oder Vortragsreihen nur für eine bestimmte Altersgruppe öffnen. In diesem Zusammenhang kann wieder auf das BMFSFJ, genauer auf den sechsten Altenbericht der Bundesregierung von 2010 verwiesen werden, in dem die Autorinnen und Autoren darauf hinweisen, dass sich die „individuelle Lebensplanung [...] häufig nach institutionellen Grenzen" (BMFSFJ 2010: 61) richtet.

Aber auch gesetzliche Altersgrenzen, wie beispielsweise das Renteneintrittsalter, haben ihre Auswirkungen auf das gesellschaftliche Bild vom Alter. Stellt diese Grenze einerseits für viele Arbeitnehmer/innen ein langersehntes Ziel dar, so vermittelt sie doch andererseits ein Bild der gesenkten Leistungs- und Belastungsfähigkeit.

Da Altersbilder also ein Mittel zur Konstruktion der Wirklichkeit darstellen, den zwischenmenschlichen Umgang miteinander – beispielsweise im Rahmen von Bildungsveranstaltungen – beeinflussen, muss auf die positive Einwirkung auf diese Bilder ein Augenmerk gelegt werden. Durch intergenerativen Austausch bzw. Lernsettings, in denen die Generationen voneinander, miteinander aber auch übereinander lernen können, kann dies erfolgen (vgl. Schmidt/Schnurr/Tippelt 2009: 147). Funktionieren kann dies aber wiederum nur mit dem direkten Bezug zur Lebenswelt der Teilnehmenden.

4 Fazit

Es lässt sich u.E. sagen, dass die Lebensweltorientierung dem subjektwissenschaftlichen Paradigma nicht fremd gegenüber steht, weil beispielsweise didaktische Planung in der Erwachsenenbildung und Weiterbildung nicht unabhängig von den subjektiven Interessen und Kognitionen von Teilnehmerinnen und Teilnehmern sowie Adressatinnen und Adressaten gedacht werden kann. Es geht allerdings immer darum eine „Betroffenheitspädagogik" zu vermeiden, es geht vielmehr forschungsmethodologisch darum „geeignete Forschungsverfahren zu entwickeln, die erlauben, den „Subjektstandpunkt" in einer ausgewiesenen und kritisierbaren Weise zu klären und in den Zusammenhang gesellschaftlicher Verhältnisse zu stellen" (Faulstich/Ludwig 2004: 27).

Abschließend ist hervorzuheben, dass die Lebensweltforschung und die Lebensweltorientierung in der Weiterbildung vor allem versuchen, die soziale Konstruktion und die individuelle Lebensdeutung der Wahrnehmung von Wirklichkeit zu erfassen. Es geht letztlich darum, Teilnehmerinnen und Teilnehmer genauer zu verstehen und mit den eigenen Angeboten der Weiterbildung diese besser, intensiver und in manchen Veranstaltungen auch „tiefer" zu erreichen.

Literatur

Alheit, P. (1983): „Lebensweltorientierung" – Symptom einer Krise in der Weiterbildung? In: Schlutz, E. (Hg.): Erwachsenenbildung zwischen Schule und sozialer Arbeit. Bad Heilbrunn, 155-167

Arnold, R. (1996): Erwachsenenbildung. Eine Einführung in Grundlagen, Probleme und Perspektiven. Baltmannsweiler

Backes, G.M./Clemens, W. (2013): Lebensphase Alter. Eine Einführung in die sozialwissenschaftliche Alternsforschung. Weinheim

Barz, H. (2000): Weiterbildung und soziale Milieus. Neuwied

Barz, H./Tippelt, R. (Hg.) (2004a): Weiterbildung und soziale Milieus in Deutschland. Bd. 1: Praxishandbuch Milieumarketing. Bielefeld

Barz, H./Tippelt, R. (Hg.) (2004b): Weiterbildung und soziale Milieus in Deutschland. Bd. 2: Adressaten- und Milieuforschung zu Weiterbildungsverhalten und -interessen. Bielefeld

Barz, H./Tippelt, R. (2010): Lebenswelt, Lebenslage, Lebensstil und Erwachsenenbildung. In: Hippel, A. v./Tippelt, R. (Hg.): Handbuch Erwachsenenbildung/Weiterbildung. Wiesbaden, 117-136

Berger, P. L./Luckmann, T. (1970; amerik. 1966): Die gesellschaftliche Konstruktion der Wirklichkeit. Eine Theorie der Wissenssoziologie. Frankfurt a.M.

BMFSFJ – Bundesministerium für Familie, Senioren, Frauen und Jugend (Hg.) (2010): Sechster Bericht zur Lage der älteren Generation in der Bundesrepublik Deutschland. Berlin

Bourdieu, P. (1982): Die feinen Unterschiede. Kritik der gesellschaftlichen Urteilskraft. Frankfurt a.M.

Bremer, H. (1999): Soziale Milieus und Bildungsurlaub. Angebote, Motivationen und Barrieren der Teilnahme am Programm von Arbeit und Leben Niedersachsen e.V. Hannover

Bremer, H. (2010): Zielgruppen in der Praxis. Erwachsenenbildung im Gefüge sozialer Milieus. In: Magazin Erwachsenenbildung.at, H. 10

Durkheim, E. (1895/1961): Die Regeln der soziologischen Methode. Neuwied

Faulstich, P./Ludwig, J. (2004): Lernen und Lehren – aus „subjektwissenschaftlicher Perspektive". Expansives Lernen. Baltmannsweiler, 10-28

Flaig, B./Meyer, T./Ueltzhöffer, J. (1994): Alltagsästhetik und politische Kultur. Zur ästhetischen Dimension politischer Bildung und politischer Kommunikation. Bonn

Friedrich-Ebert-Stiftung (Hg.) (1993): Lernen für Demokratie. Politische Weiterbildung für eine Gesellschaft im Wandel. Bd. 1: Analysen, Aufgaben und Wege. Bd. 2: Zielgruppenhandbuch. Bd. 3: Empirische Untersuchungen, Materialien. Bd. 4: Empirische Untersuchungen, Materialien: neue Bundesländer. Bonn

Hradil, S. (1987): Sozialstrukturanalyse in einer fortgeschrittenen Gesellschaft. Von Klassen und Schichten zu Lagen und Milieus. Opladen

Husserl, E. (1986): Phänomenologie der Lebenswelt. Stuttgart

Müller, K. R. (1986): Teilnehmerorientierung und Lebensweltbezug im sozialisations-theoretischen und bildungspraktischen Zusammenhang. In: Arnold, R./Kaltschmid, J. (Hg.): Erwachsenensozialisation und Erwachsenenbildung. Aspekte einer sozialisationstheoretischen Begründung von Erwachsenenbildung. Frankfurt a.M./Berlin/München, 229-256

Reich-Classen, J./Hippel, A. v./Tippelt, R. (2011): Zielgruppenkonstruktion(en) auf Basis des Milieumodells? Ein kritischer Blick auf Milieuforschung und milieuorientierte Bildungsarbeit. In: Apitzsch, U./Herzberg, H. (Hg.): Biographie und Gesellschaft: Überlegungen zu einer Theorie des modernen Selbst. Frankfurt a.M., 101-118

Schmidt, B./Schnurr, S./Tippelt, R. (2009): Intergeneratives Lernen. In Tippelt, R/Schmidt, B./Schnurr, S./Sinner, S/Theisen, C. (Hg.): Bildung Älterer. Chancen im demografischen Wandel. Bielefeld, 146-155

Schmidt-Hertha, B./Mühlbauer, C. (2012): Lebensbedingungen, Lebensstile und Altersbilder älterer Erwachsener. In: Berner, F. u.a. (Hg.): Individuelle und kulturelle Altersbilder. Wiesbaden, 111-149

Schütz, A. (1974): Der sinnhafte Aufbau der sozialen Welt. Eine Einleitung in die verstehende Soziologie. Frankfurt a.M.

Schütz, A./Luckmann, T. (1990): Strukturen der Lebenswelt. Frankfurt a.M.

Strobel, C./Schmidt-Hertha, B./Gnahs, D. (2011): Bildungsbiographische und soziale Bedingungen des Lernens in der Nacherwerbsphase. In: Magazin erwachsenenbildung.at., H. 13, http://www.erwachsenenbildung.at/magazin/11-13/meb11-13.pdf, 11.02.14

Tippelt, R. (2013): Lebenswelten und Lebenslagen – Der Nutzen empirischer Milieuforschung für die Bildungsberatung. In: Hammerer, M./Kanelutti-Chilas, E./Melter, I./Bundesministerium für Unterricht, Kunst und Kultur (BMUKK) (Hg.): Zukunftsfeld Bildungs- und Berufsberatung II: das Gemeinsame in der Differenz finden. Bielefeld

Tippelt, R./Reich, J./Hippel, A. v./Barz, H./Baum, D. (2008): Weiterbildung und soziale Milieus in Deutschland. Band 3: Milieumarketing implementieren. Bielefeld

Tippelt, R./Schmidt, B./Schnurr, S./Sinner, S./Theisen, C. (2009): Bildung Älterer – Herausforderungen des demografischen Wandels. Bielefeld

Tippelt, R./Setzer, B. (2013): Altersbilder, Bildungsarbeit und Persönlichkeitsentwicklung. In: Hellgardt, E./Welker, L. (Hg.): Weisheit und Wissenschaft – Festschrift zum 25-jährigen Bestehen des Seniorenstudiums an der LMU. München, 247-262

Waldenfels, B. (1985): In den Netzen der Lebenswelt. Frankfurt a.M.

IV Konzeptionelle Zugänge und Reflexionen zu Beratung und Hochschullehre

Subjektorientierte wissenschaftliche Beratung zwischen deutender Rekonstruktion und rhetorisch-persuasivem Dialog

Bernd Dewe

1 Beratung als wissenschaftsbasierter Prozess deutender Rekonstruktion von Lebenspraxis

Es geht im Folgenden um die Frage, wie sozialwissenschaftliches Deutungswissen als nicht instrumentell-kausal anwendbares Wissen Ratsuchenden als alltagspraktisch handelnden „Laien" im Prozess wissenschaftsorientierter Beratung durch „Experten" kommunikativ vermittelt und ihnen gleichzeitig die Möglichkeit eingeräumt werden kann, dieses Wissen *selbstbestimmt* zu verwenden. Nur so können Berater und Ratsuchende den Eigenschaften des sozialwissenschaftlichen Wissens gerecht werden. Eigenschaften, die u.a. darin bestehen, dass aus dem Beratungswissen keine unmittelbaren Instruktionen für die Lösung sozial bedingt und alltäglich gewordener Probleme abgeleitet werden können.

Beratung erscheint hier als moderner Typus kommunikativer Interaktion zwischen wissenschaftsorientierten Beratern und alltagspraktisch Handelnden als Ratsuchenden, in der die Problematik wie auch die Reflexivität moderner Vergesellschaftung deutlich werden. Durch den Versuch einer grundlagentheoretischen Differenzierung zwischen der handlungslogischen Struktur der Alltagspraxis und den reflexiven Potenzialen der Sozialwissenschaften wird in diesem Beitrag ein zentraler Bezugspunkt für die aktuelle sozialwissenschaftliche Beratungsforschung herausgearbeitet, die einen subjektorientierten Focus thematisiert.

Sozialwissenschaftliches Wissen wird in diesem Prozess vorrangig als 'Theorie' bezeichnet. Zu den Sozialwissenschaften lassen sich vor allem die Disziplinen Soziologie, Pädagogik, Politikwissenschaft, Rechtswissenschaft, Geschichte, Wirtschaftswissenschaft, Philosophie und Psychologie zuordnen. Sie haben sich vorrangig des Mediums *des Textes bzw. seiner Versprachlichung* zu bedienen.

Diese Disziplinen überschneiden sich zudem im weitesten Sinne bezüglich ihrer *Projektionsperspektive*: Es ist der Mensch als *subjektiv-autonomes mit sich selbst identisches Einzel- und Gattungswesen* sowie die historischen und aktuellen (Be-)Deutungen seiner sinnhaft strukturierten Lebenswelt sowie die dementsprechenden subjektiven Sichtweisen auf diese Welt. Die Ansprüche, denen sich dieses subjektorientierte Beratungsmodell zu stellen hat, bestehen darin, dass keine unmittelbare, normative Einwirkung erfolgreich sein kann, stattdessen das theoretische Argument mit Anschaulichkeit zu füllen und zu übersetzen ist in die Sprache des Klienten, mit der er in seiner alltäglichen Welt spricht und denkt (vgl. Dewe 1986; Enoch 2011).

Was der Berater zuvörderst bedarf, lässt sich als 'theoretische Phantasie', genauer: als soziologische Phantasie (vgl. Negt 1997) bezeichnen. Sie kann die Möglichkeit bieten, vor den Klienten Szenarien und Perspektiven sprachlich zu entwerfen, die deren Lebenswelt in einem 'neuen Licht' erscheinen lassen. Mit Hilfe solcher Perspektiven wäre der Klient in der Lage, drohende, aber auch prospektive Konsequenzen seiner Handlungsentscheidungen im Kontext krisenhafter sozialer Probleme zu antizipieren bzw. sie sich nachträglich zu plausibilisieren, um autonom weiter handeln zu können.

Dabei dürften derartige Entwürfe nicht unterschwellig eine bestimmte noch ausstehende Entscheidung favorisieren. Konsequent gedacht dürften sie lediglich „aufklären", da die Annahme derartiger Entwürfe des Beraters allein vom Ratsuchenden vollzogen wird (vgl. Adornos Plädoyer für Aufklärung ohne Phrasen: ders. 1975).

Die Klienten im Beratungsprozess durch die Vermittlung von Theorie auch gegebenenfalls zu verunsichern, liegt in der technologiefremden und oftmals unbequemen Natur letzterer. Die alltagspraktisch Handelnden könnten dadurch jedoch einen „anderen" Blick erfahren, vorrangig einen makroperspektivischen, auf sich und ihre ihnen nächsten Interaktionspartner, ihr Eingebundensein in z.T. ambivalente gesellschaftliche Strukturen etc.

Seinen Standpunkt relativieren lernen kann der Klient zudem durch derartige subjektorientierte Beratung, weil ein indirektes Handlungswissen in Rede steht und zwar, eines, das neuartige Perspektiven eröffnen kann. Zielperspektivisch werden somit durch subjektorientierte Beratung die Bedingungen des eigenen Lebensentwurfes erhellt und mit ihnen die unsichtbaren strukturellen und institutionellen Beschränkungen. Solches Wissen ernüchtert und kann auch zweifeln lassen, aber es eröffnet prinzipiell Erkenntnischancen.

Der Berater tritt dabei als Person auf, die in „Geschichten" eingewobene Probleme alternativ deuten kann, da es immer mehrere Auslegungsoptionen gibt. Er selbst hat in der Beratungskommunikation die „wahren" Ideen der sozialen Wirklichkeit im platonischen Sinne keinesfalls erschaut oder weiß darum. Dafür ist er sich allerdings der potenziellen Vielfalt seiner hypothetischen Entwürfe bewusst und weiß die Vorteile von durchdachten Krisenszenarien und Erklärungsmustern zu schätzen. Dieser Kommunikationsprozess geschieht unter permanenter Berücksichtigung der kognitiven und emotionalen Voraussetzungen der Klienten, indem deren aus der Praxis generierte Interpretationen und Meinungen als prinzipiell gleichrangig mit den aus der Theorie abgeleiteten Deutungen des Beraters bewertet werden. Die „Richtigkeit" von Deutungen wird demzufolge nicht etwa per Definitionsmacht des „Experten" bestimmt, sondern sie wird im persuasiven Dialog zwischen Berater und Klienten ausgehandelt (vgl. Dewe 1999).

Wissensbasierte Kategorien, die gleichsam hinter den deutenden Rekonstruktionen stehen, betreffen also im Beratungsgeschehen hier gemeinter Art wesentlich *das subjektive Handeln und Zusammenleben von Menschen* und weniger ihren Umgang mit der Natur und mit sachlichen Gegenständen. Demgegenüber macht sich – sehr vorläufig formuliert – der Einfluss der Naturwissenschaften für den Laien in der zunehmenden Technisierung der Welt, in einem zur Gewohnheit gewordenen Umgang mit technischen Apparaten und der dadurch geprägten Lebensweise bemerkbar: Der „technisch focussierte" Ratsuchende trägt eine „Erwartungshaltung" gleichsam in die Beratungssituation hinein: er sucht „Ratschläge", denen ein Ursache-Wirkungsprinzip zugrunde liegt, eine „Technologie", die bei Anwendung das gewünschte Resultat erzielt. Denn genauso funktioniert es größtenteils in seiner Lebenswelt und hat zuweilen paradoxe Dimensionen angenommen. Man nehme z.B. nur Menschen mit einem jahrzehntelangen Lebenswandel, der mit Fug und Recht als Raubbau an der eigenen Gesundheit bezeichnet werden kann. Nichtsdestotrotz erwarten genau solche Menschen nicht selten eine „Genesungstechnologie" von ihrem Hausarzt, meist in Form von rezeptpflichtigen Medikamenten oder Überweisungen zu Fachärzten, die sich unter anderem durch eine Verfügbarkeit von speziellem technischen Gerät auszeichnen. Oft genug wissen die Ärzte als Berater auch um die nur kurzfristig bis überhaupt nicht einsetzende Wirkung ihrer verschriebenen Mittel, wissen aber ebenso um die tendenzielle Ignoranz ihrer Patienten im Hinblick auf die zusätzlichen Ratschläge für die Prophylaxe im Alltag. Denn vorbeugende Maßnahmen lassen sich nicht ohne weiteres in technologische Kategorien fassen, da ihre Wirkungsweisen multikausal bzw. komplex bis ganzheitlich in Erscheinung treten und eine allmähliche oder auch radikale Umstrukturierung des Alltages bedeuten können. Auf mein subjektorientiertes Beratungskonzept zurückkommend wird deutlich, dass diese Form von 'Rat' im technokratischen Sinne nicht nur nicht möglich ist, sondern zu den zu erörternden Problemen völlig konträr laufen würde (vgl. siehe zu den Machtstrukturen in der Beratung: Göhlich/König/Schwarzer 2007).

Klienten subjektorientierter Beratung verlangt es stattdessen nach einer bestimmten Form von „Aufklärung", auch wenn sie es in den seltensten Fällen so formulieren würden. Mein Beratungskonzept ist demzufolge darauf spezialisiert, an konkreten Handlungsproblemen akut gewordene Deutungsnotwendigkeiten (sozialwissenschaftlicher) Laien bezüglich alltagspraktischer Entscheidungen aufzuklären. Es werden folglich Rekonstruktionen vergangener Entscheidungsprozesse betrieben, welche sich aus der aktuellen Sicht der Klienten als fragwürdig erweisen und bei Bedarf mögliche, aber nicht verbindlich eintretende Szenarien entworfen. Dabei wird dialogisch erörtert, welche Umstände zu bestimmten Entscheidungen veranlasst und welche Umstände zur veränderten, aktuellen Sichtweise geführt haben (vgl. Dewe 2014). Denn aufgrund der programmatischen Offenheit der zu erarbeitenden Deutungsangebote sind die Ursachen nicht ausschließlich in der entschiedenen Vergangenheit zu suchen, sondern auch im „Jetzt", in den aktuellen Lebensumständen der Klienten sowie im Zeitgeist, in den die Ratsuchenden gegenwärtig involviert sind.

Dabei wird der bereits erwähnten Behutsamkeit beim Umgang mit den von den Klienten 'mitgebrachten' Interpretationen Rechnung getragen. Es darf unterstellt werden, dass subjektorientierte Beratung dahingehend sensibilisiert, die angesprochenen Resistenzen und Eigenlogiken der vor- bzw. außerwissenschaftlichen Handlungsweisen in der eigenen Lebenspraxis sowie im Beratungsprozess als 'autonome' zu respektieren und an ihrer Vielfalt und Tiefgründigkeit die Relativität der dünnen wissenschaftlichen Abstrakta selbstreflexiv zu erkennen.

Ein solcher Blick auf das Wissen des im Alltag agierenden „Laien" kann dazu beitragen, die Asymmetrie zwischen diesem Wissen und der Theorie als dem „Expertenwissen" des Beraters zu relationieren. Der beratende „Experte" erkennt den Expertenstatus seines Gegenüber in eigener Sache dadurch an, dass er die Erklärungskraft seiner Theorie anhand des Vergleichs mit der Einzigartigkeit des ihm vorliegenden Falles hinterfragt und gegebenenfalls relativiert. Sozialem Handeln haftet eben ein erhebliches Maß an Kontingenz bezüglich seiner aktuellen und seiner nachträglichen Deutung an. Dieser Umstand führt zweifellos zu einer „Aufwertung" des Alltagswissens der Ratsuchenden. Denn der zentrale Unterschied zwischen den Eigenschaften der Objektbereiche von Natur- und Sozialwissenschaften, auf den sich andere Unterscheidungen zurückführen lassen, ist die von Schütz (1971) angeführte Tatsache, dass die in der Sozialwelt lebenden Menschen ihr Dasein eigenständig interpretieren und ihre soziale Wirklichkeit subjektmächtig strukturieren.

Ein weiterer Grund für die Aufwertung des Alltagswissens ist die Form der Generierung von Theorie. Sozialwissenschaftliche Theorie leistet als ihre Aufgabe die begriffliche Purifizierung der im Alltagshandeln realisierten und im Alltagswissen aufgehobenen Erfahrungszusammenhänge mit dem Ziel der Konstruktion alternativer Sinnentwürfe. Dabei unterscheidet sich der Erkenntnisprozess der Sozialwissenschaften nicht prinzipiell von dem des Alltagshandelns (vgl. etwa Peirce 1976). Dieser Umstand kann als ein Argument für das Gelingen meines subjektorientierten Beratungskonzeptes betrachtet werden. Die sozialwissenschaftliche Theorie vermittelt bspw. dem Laien nicht kaum zugängliche subatomare Quantenstrukturen oder Rechnerarchitekturen, sondern Problematiken, denen Phänomene anhaften, deren Wahrnehmung *jedem prinzipiell möglich* ist, nämlich solche von „Sozialität" im lebenspraktischen oder beruflichen Alltag. Die Klienten sind hier „Experten ihres Alltags", welchem sich der rekonstruierende Berater mit den 'purifizierten Begriffen' seiner verwendeten Theorien versucht zu nähern.

Die Verwendung sozialwissenschaftlicher Kategorien und Begriffe ermöglicht dabei einen „anderen" Blick auf die Umstände der Klienten, mit denen sie potenziell in der Lage sind, zu neuen Deutungsmustern zu kommen. Eventuell daraus folgende Handlungsstrategien jedoch müssen sie autonom wählen, da Theorie nur beschreibt, vielleicht erahnt, aber keine Anweisungen gibt bzw. geben kann.

Das erklärt sich aus den unterschiedlichen Handlungslogiken von Wissenschaft und Alltag, von denen die erstere auf dem Entlastetsein von Entscheidungszwang bei gleichzeitigem permanentem Begründungszwang baut (vgl. Oevermann 1996). Im Alltag hingegen ist es nahezu umgekehrt. Menschen müssen sich permanent entscheiden, ohne immer ausreichend zu treffende Entscheidungen begründen zu können. Dieser Umstand erzeugt explizit die Probleme, die mit subjektorientierten Beratungsangeboten erarbeitet werden können. Konkreter: Alltagspraktisches Handeln wird gewonnen und bewährt sich aus der Position des mit der Bewältigung konkreter Handlungsprobleme befassten sozialwissenschaftlichen Laien, in dessen Perspektive nur solche sozialwissenschaftlichen Begriffe vermittlungsrelevant sind, die sich pragmatisch mit Deutungen seiner Handlungsprobleme vereinbaren lassen, d.h. seine sinnliche Erfahrung des eigenen Handelns in der Welt abbilden (vgl. Dewe 2001).

Der Berater tut demzufolge gut daran, nur Begriffe in das Beratungsgespräch einzuführen, bei denen er unterstellt, dass sie eine relevante Deutungskraft für den aktuell behandelten subjektiven Fall haben könnten. Die Anzahl der Begriffe ist dabei dem Berater überlassen, der Theorien auch als Steinbruch benutzen kann, d.h. mit einzelnen Begriffen oder Begriffsnetzen arbeitet, ohne den großen theoretischen Zusammenhang immer mitliefern zu müssen. Doch sollte er sich stets im Gespräch vergewissern, dass die theoretischen Figuren auch verstanden wurden, ansonsten besteht die Gefahr der Verkürzung des Begriffsinhaltes. Auch hat der Berater zu bedenken, mit Hilfe welcher Beispiele er die Begriffe in ihrer abstrakt formulierten Gestalt subjektiv verständlich macht. Im praktischen Beratungsgeschehen werden die Beispiele auf einer dialektischen Vorgehensweise beruhend mit dem weiteren Beratungsverlauf immer treffender, d.h. für die Klienten immer besser auf sich selbst „anwendbar". Verallgemeinert kann davon ausgegangen werden, dass mindestens drei Probleme den Zeitraum des Beratungsgespräches strukturieren: Erstens muss der Berater selbst die Probleme des Klienten deuten, denn dieser stellt seine Probleme in der Regel nur unzureichend dar. Zweitens wird es Widerstände geben, wenn der Berater das „Image" des Klienten durch treffende Beschreibung in Zweifel zieht und demzufolge die „Richtigkeit" im Sinne von Angemessenheit von Handlungen thematisiert. Drittens ist der Klienten nicht nur der Auftraggeber, sondern mithin auch der sozial Beteiligte. Dies hat zur Folge, dass seine soziale Rolle und sein Status mitberücksichtigt werden müssen.

Der Berater kann sich die Probleme zwar aus der Sicht der Klienten schildern lassen, allein werden diese schnell an ihre Grenzen stoßen, da sie vorwiegend die Oberflächenphänomene der Probleme beschreiben. Der Berater muss den Fall folglich in wissenschaftliche Termini übersetzen, um einen *distanzierten Blick* zu erzeugen. Zudem muss er gleichsam „Rückübersetzungsleistungen" erbringen, da er schließlich verstanden werden möchte.

Bisweilen kann davon ausgegangen werden, dass seine in die Alltagssprache der Klienten rückübersetzte Rekonstruktion des Problems ins „Schwarze" getroffen haben könnte, gerade wenn diese Rekonstruktion zunächst abgewiesen wird; typischerweise mit einer verbalen Attacke gegen den Berater.

Doch sind Widerstände als Indikatoren für eine gelungene Rekonstruktion eher ambivalent. Gelegentlich sind sie auch nur ein Zeichen dafür, dass sich der Berater verbal „vergaloppiert" und das Thema verfehlt hat und dies von dem Klienten als Zeichen von Taktlosigkeit und Unverständnis für seine Biographie aufgefasst wird. Deshalb besteht die Kunst aufklärender subjektorientierter Beratung darin, die Klienten gedanklich mitzunehmen und auf die voraussichtlich schmerzliche Perspektive vorzubereiten – etwa durch Beispiele, die sie augenscheinlich nicht selbst betreffen. Da die Freiwilligkeit, Abbruchfreiheit, Glaubwürdigkeit als wesentliche Rahmenbedingungen eines Beratungsgespräches gelten können, tut der Berater gut daran, die Klienten nicht mit zwar treffenden, aber für sie bis dahin entweder unverständlichen oder schlichtweg abstrakten Deutungen zu behelligen, die ihre Glaubwürdigkeit schnell zunichte machen und zum freiwilligen Beratungsabbruch führen können.

Das dritte Problem leitet gewissermaßen die Diskussion um ein angemessenes Bild des professionellen Selbstverständnisses von Beratung ein (vgl. Dewe 2011). Der Anspruch lautet, dass sich der Berater (wenn auch in der Praxis eher indirekt) den an der zu rekonstruierenden Situation übrigen Beteiligten virtuell und antizipatorisch widmet. Er berät sie zwar nicht im direkten Sinne, muss vielmehr im Gespräch aber deren Umstände und Wertrationalitäten (im Weber'schen Sinne), die ihr Handeln strukturierten, mit berücksichtigen. Er ergreift also stellvertretend für die Abwesenden „Partei", indem er z.B. eventuelle Schuldzuweisungen seitens der Klienten gegenüber den (damaligen) Interaktionspartnern kritisch hinterfragt, um gleichzeitig auf den Handlungsdruck der Abwesenden hinzuweisen, wie auch auf (damals) mögliche Handlungsoptionen des Klienten, welche bei deren „Nutzung" eventuell gar keine Schuldzuweisungen formulieren müssten. Was den professionellen Anspruch meines Beratungskonzeptes anbelangt, darf unterstellt werden, dass es prinzipiell auf Diskurs (vgl. Dewe 2009) und nicht auf Kritik zwischen Berater und zu Beratendem ausgerichtet ist. Demzufolge ist das im Beratungsprozess gemeinsam erzeugte Wissen ein diskursiv begründetes Wissen, welches neben fachlich-analytischen Elementen als Deutungswissen stets sozial-kulturell und lebenspraktisch rückgebunden ist an die situativen Bedingungen sozialer Handlungsvollzüge und -probleme. Die den Klienten unterstellte Kompetenz geht aber noch weiter: Es ist geradezu Grundlagenprämisse des subjektorientierten Beraters, dass zwar die Masse neuer Einsichten aus der Wissenschaft kommt, dennoch wichtige lebenspraktische Einsichten stets auch außerhalb des wissenschaftlichen Wissens gewonnen werden.

,Wichtig' bedeutet auf der Ebene alltagspraktischer Entscheidungen, dass eine Entscheidung getroffen wurde, die für den Moment eine Aufrechterhaltung der Handlungsfähigkeit der Individuen in Aussicht stellt. Eine alltagspraktische Entscheidung muss aber auch sinnvoll sein innerhalb der durch die Körperlichkeit des Handlungssubjektes abgesteckten Lebensperspektiven. Sie muss zudem angemessen sein in dem Sinne, dass sie sowohl sachlich richtig als auch emotional erträglich ist.

Mit dieser Handlungslogik – dem oft (unterbewussten) Streben nach der eingangs erwähnten „Balance" – hat der Berater produktiv umzugehen. Ist sie doch nichts weniger als die Ausgangsperspektive, in die er sich einzudenken hat, um auf deren Grundlage die möglichen Umstände, Handlungsmuster und Kommunikationsstrukturen rekonstruieren zu können, mit denen der Klient vormals lebte bzw. in welche er sozial „eingebettet" war. Solche Bedingungen verlangen ein bestimmtes professionelles Beratungsverständnis, nämlich zunehmende Anforderungen an kognitive oder sogar wissenschaftliche Steuerung bei bleibender Abhängigkeit von motivationalen und affektiven Ressourcen. Auf die Ebene des Beratungsgespräches transformiert, bedeutet dies unter anderem, dass der Berater selbstverständlich eine wissenschaftliche Ausbildung vorzuweisen hat und somit in wissenschaftlicher 'Übersetzungsarbeit' geübt ist. Er „steuert" die Beratung, indem er auf den vorliegenden subjektiven Fall von der Wissenschaft bereitgestellte Erklärungsmuster (Theorien) blendet, in der Folge seine damit gewonnenen Deutungen wieder auf den Objektbereich der Klienten rückübersetzt, dabei jedoch deren Belastungsgrenze hinsichtlich ihrer Emotionen und bereits vorhandenen Deutungen von Welt berücksichtigt einschließlich der Wirkung seiner eigenen Person im Beratungsgespräch.

Der in diesem Sinne professionell handelnde Berater versteht sich als ein Rekonstrukteur allagsweltlicher subjektiver Erzeugungsweisen praktischen Handelns, die im *aktuellen* Handeln den Ratsuchenden selbst verborgen bleiben und nicht selten zu eigenständig nicht bewältigbaren Problemen führen. Einem solchen Berater wäre der Habitus eines Forschers sicherlich nicht abträglich, doch hat er dabei als professionell Handelnder zu reflektieren, dass er Rekonstruktion unter Zeitdruck betreibt, im Gegensatz zum „reinen", d.h. handlungsentlasteten Wissenschaftler. Dennoch hat der Berater zu realisieren, dass die Bedingungen der Möglichkeit zum Verstehen des vorliegenden Falles *in diesem selbst liegen* bzw. in seiner Geschichtlichkeit. Die Fallbearbeitung im Gespräch darf mit keinem aktuellen Handlungsdruck verbunden sein, ansonsten ließe der in Rede stehende Fall sich mit Hilfe von Theorie nur unseriös bearbeiten. Wird an den Berater also ein Fall herangetragen, bei dem der Klient sich Antworten auf Probleme erhofft, deren Lösungen noch ausstehen, könnte er mit ihm zwar gemeinsam erarbeiten, wie die problematischen Konstellationen zustande gekommen sein mögen, müsste sich aber der hohen Wahrscheinlichkeit des Scheiterns dieses Rekonstruktionsversuches bewusst sein. Ist es doch seine ureigene Aufgabe, die Klienten in *perspektivische Distanz* zu ihrem Handeln zu bringen. Doch wie soll dies gelingen, wenn die Klienten aufgrund des akuten Handlungsdruckes dem „Objektbereich" des Problems verhaftet bleiben wollen, weil sie nur dort die noch ausstehende Lösung vermuten können?

Ein solches Ansinnen muss der Berater problematisieren, denn seine Beratung bietet nur Antwortmöglichkeiten auf im alltäglichen Kommunikationsfluss nicht *ad hoc* behebbare Regeldefizite sowie Interpretationsangebote für problematisch gewordene, aber nicht prinzipiell bedrohliche Handlungsentscheidungen. Die Initiierung alltags- und berufsbezogener Selbstreflexionsprozesse über die Struktur sozialer und beruflicher Handlungsprobleme kann im Rahmen subjektorientierter Beratung nur über *die professionelle Herstellung ungewohnter Perspektiven, die Irritation von nur scheinbaren Gewissheiten und die Evokation impliziten Wissens* gelingen.

Zentrale Merkmale sind dabei die folgenden: Erstens, die den Klienten gebotenen Informationen haben sich ihrem Erfahrungshorizont anzupassen. Denn solange die wissenschaftlichen Informationen und Wissensbestände im Beratungsgeschehen als wissenschaftliche auftreten bzw. wissenschaftlich handlungsentlastet angeboten oder vermittelt werden, können sie eben handlungspraktische Wirksamkeit kaum entfalten. Will der Berater professionell handeln, hat er sein Wissen auf einer den Klienten *anschaulichen* Ebene darzubieten.

Auch lässt sich die Grenze des Vorgehens benennen: Es ist leicht einsichtig zu machen, dass moralische Überzeugungen oder emotionale Befindlichkeiten Resistenzen oder Präferenzen für die Transformation wissenschaftlicher Informationen in Beratungsprozessen schaffen. Das regelmäßige Ignorieren dieser Erkenntnis durch die gängigen Beratungsaufgaben beruht dabei auf einem Kategorienfehler: Dieser steckt in der Annahme, dass wir eine Lebensform, ein Grundmuster unserer Selbst-und Weltinterpretation in einem freien Akt unserer ausgebildeten Subjektivität gleichsam voluntaristisch wählen könnten. Wird das in-der-Welt-sein mit seinen damit notwendig folgenden Dispositionen und Determinierungen jedoch ernst genommen, so erscheint das nächste Merkmal von Profession nur konsequent: Denn zweitens muss den Klienten die Möglichkeit bleiben, über den möglichen Nutzen des angebotenen Wissens selbst bestimmen zu können. Bestimmte, von den Beratern antizipierte Verstehensweisen dürfen deshalb nicht zur Doktrin werden. Der rekonstruierende Berater hat zu gewährleisten, dass seine angebotenen Deutungen nicht eindimensional zu verstehen sind. Die Klienten würden so wieder auf ihre subjektive Entscheidungsautonomie verwiesen.

Drittens wird zwecks *Reflexion* der Beraterpraxis (einer Form von Alltag) eine Perspektivenherstellung vorgeschlagen, die beispielsweise eine Hinterfragung beruflicher Selbstverständlichkeiten ermöglichen soll. Nur so können die zu Beratenden in eine perspektivische Distanz zum bereits Geschehenen gebracht werden (vgl. hierzu auch die Überlegungen bei Tiefel 2004).

2 Beratung als rhetorisch-persuasiver Dialog

Die nun folgenden Überlegungen versuchen zu umreißen, welche Grundregeln der Berater bei seinem Versuch, überzeugend zu argumentieren, beachten sollte. Dabei stütze ich mich primär auf Kopperschmidts „Allgemeine Rhetorik" (vgl. Kopperschmidt 1976).

Kopperschmidt weist darauf hin, dass das theoretische Selbstverständnis der Rhetorik der Praxis eher nachhinke, als ihr "Anleitung und Aufklärung" (Kopperschmidt 1976: 86) zu geben. Er meint damit nicht etwa, die Theorie solle endlich die z.T. perfiden Überredungstricks, die in der Praxis erfolgreich angewendet werden, systematisieren oder sonst wie berücksichtigen, sondern sie solle sich eher weitläufigen Fragen wie der nach dem Ziel von Rhetorik stellen, was zweifelsohne auf eine ethische Dimension abzielt. Auch Biffar (1994) sieht die Rhetorik seit ihren Anfängen in einem Dilemma des Möglichen und des Erlaubten.

Ich möchte mich dem Problemkreis durch den Vergleich der Begriffe "Überredung" und "Überzeugung" nähern. Das "Über-" steht für die verändernde Übertragung von Botschaften. Es werden in beiden Fällen Botschaften transportiert, die eine Wirkung beim Empfänger im Sinne des sendenden Rhetorikers erzielen sollen.

Nur besteht in jenem Falle die Botschaft vorwiegend aus 'Rede', die ich als Konglomerat von Stilmitteln und an die Emotionen des Empfängers appellierende Phrasen interpretieren würde. "Reine Rhetorik!" heißt es im Volksmund, wenn jemand bei einer rednerischen Effekthascherei ohne im Gedächtnis haften bleibenden Inhalt ertappt wurde. Man könnte es als Rabulistik oder gar Sophisterei im platonischen Sinne bezeichnen, also als „[...] die Nachahmerei in der zum Widerspruch bringenden Kunst des verstellerischen Teiles des Dünkels, welche in der trügerischen Art von der bildnerischen Kunst her nicht als die göttliche, sondern als die menschliche, tausendkünstlerische Seite der Hervorbringung in Reden abgesondert ist [...]" (Platon 1999: 240).

Ganz anders agieren diejenigen, die zu *überzeugen* versuchen, d.h. die Argumente vorweisen, welche die Wahrhaftigkeit ihrer Rede bezeugen. Und genau mit dem Anspruch müssen sie sich gleichzeitig das Infragestellen ihrer Argumente gefallen lassen. Kopperschmidt beschreibt diesen für subjektorientierte Beratung hochbedeutsamen Umstand folgendermaßen: „Verändern meint nicht nur den möglicherweise gelingenden Einstellungswandel eines Kommunikationspartners aufgrund überzeugungskräftiger Rede, sondern umfasst beide Partner, insofern der Diskurs in der Regel die wechselseitige Problematisierung von Geltungsansprüchen zur Voraussetzung hat, die erst auf einer ganz neuen Reflexionsebene im gelingenden Konsens zurückgenommen wird" (Kopperschmidt 1976: 43).

Die Dialogpartner sind demnach prinzipiell bereit, vom jeweils eigenen Standpunkt abzurücken, wenn die Argumente des Gegenübers dazu zwingen, sich auf einen neuen gemeinsamen Standpunkt zu einigen. Der beratende Sprecher ist in den Beratungsprozess mit einbezogen und ebenso der Ratsuchende. Es geht nicht ums Erringen eines argumentativen Sieges, sondern um Einigung. Auch sind die Themen und der Stil des Diskurses durchaus 'von dieser Welt', gilt es doch nicht etwa über irgendwelche ewigen Wahrheiten zu spekulieren, „[...] sondern bestimmte praktische Handlungsnormen im Spannungsfeld kontroverser Geltungsansprüche argumentativ zu begründen und für ihre Ratifikation durch die überzeugte Zustimmung der Kommunikationspartner zu werben" (Kopperschmidt 1976: 58).

Die „Werbung" darf hier auf keinen Fall mit "Überredung" synonym gesetzt werden, vielmehr als ein aktives Bemühen um Verständigung, denn der „[...] Konsens als ein mögliches Ergebnis einer solchen Kommunikation muss nicht identisch sein mit den ursprünglichen persuasiven Zielen der Kommunikationspartner" (ebd.). Zwar sind die Dialogpartner an dem zur Geltung kommen ihrer eigenen Argumente interessiert, sonst wäre jede Rhetorik überflüssig. Doch Priorität hat der Konsens, wenn auch nicht um schnöder Harmonie willen, sondern weil man mit guten Gründen überzeugt worden ist bzw. gemeinsam neue Argumente formuliert, die beide Seiten gleichermaßen zu überzeugen im Stande sind. Es wird gewissermaßen versucht, eine neue „Ebene" zu finden. Dies gilt in hohem Maße für eine subjektorientierte Beratung.

In den sieben Regeln des persuasiven (überzeugenden) Sprechaktes werden die oben dargelegten Einsichten und Forderungen in kompakter Form festgehalten, wobei weitere Bedingungen und Konsequenzen der persuasiven Kommunikation erwähnt werden. Diese werde ich im Anschluss an die Regeln kommentieren. Zu den Regeln des persuasiven Sprechaktes:

1) Symmetrie zwischen Sprecher und Hörer (Berater und Ratsuchender)
2) Sprecher ist an Konsens interessiert
3) Akzeptanz der Entscheidung; keine persuasionsfremden Mittel bei Misserfolg
4) Hörer muss Argumente verstehen können, um überzeugbar zu sein
5) Hörer muss sich gegebenenfalls auch überzeugen lassen
6) Hörer muss nach seiner gewonnenen Überzeugung handeln
7) Aufgrund des Sachverhaltes muss Dissens möglich sein

Allein die erste Regel ist nicht einfach handhabbar. Auf die Beratungssituation angewendet muss zuerst festgehalten werden, dass es keine Symmetrie zwischen sozialwissenschaftlich argumentierenden Beratern und ratsuchenden Laien voraussetzunglos geben kann. Zwischen ihnen herrscht das notwendige Wissensgefälle, welches einen wichtigen Teil der Beraterexpertise darstellt. Doch darf die Regel allein deswegen nicht fallen gelassen werden. Im Gegenteil, sie ist und bleibt eine der fundamentalsten Maximen des Beratungskonzeptes. Sie übernimmt für den Berater quasi Leitlinienfunktion, indem sie ständig ermahnt, den Erfahrungs- und Wissenshorizont der Klienten zu berücksichtigen (vgl. Guardini 1990). Nur wenn der Berater die „Theorie" in Kontexte einbettet, die seinen Dialogpartnern bekannt sind, bekommen diese die Möglichkeit, sich am Diskurs zu beteiligen und ebenfalls zu argumentieren.

Das deckt sich mit der vierten Regel, welche die kognitive Fähigkeit zum Verstehen von Argumenten einfordert. Wer in theoretischen Termini nicht geübt ist, kann das dahinterliegende Erklärungspotenzial erst recht nicht erfassen. Nur die fallgerechte Übersetzung des Beraters kann die Asymmetrie wenigstens so weit einholen, dass auch so etwas Dissenspotenzielles wie der Geltungsanspruch alltagspraktischer Normen 'fair' (symmetrieanstrebend) diskutiert werden kann. Dass ein Dissens, die Unversöhnlichkeit ins Feld geführter Argumente, einkalkuliert werden muss, besagt die letzte Regel. Sie wird abgestützt durch die dritte Regel, welche die Hinnahme des stets möglichen Scheiterns einfordert und „persuasionsfremde Mittel", sprich Handlungen, die den durch die Regeln festgelegten Rahmen des Dialoges sprengen würden, diskutiert.

Trotz all der genannten Einschränkungen müssen auch Bedingungen für das Gelingen persuasiver Kommunikation bereitgestellt werden, hier in Form von Regel zwei, fünf und sechs. Dass mit der zweiten Regel der Sprecher gewillt sein soll, einen Konsens mit seinem Hörer zu erzielen, braucht hier nicht weiter ausgeführt zu werden. Regel fünf beinhaltet wiederum eine „starke" Voraussetzung: In der Beratungssituation würde es bedeuten, dass der Klient das Argument als wahrhaft und richtig ansehen kann, wenn er es verstanden (Regel vier) und dem nichts entgegen zu setzen hat: also überzeugt ist. Die fünfte Regel stellt sicher, dass nicht etwa Gründe die Überzeugung bzw. den Konsens verhindern, welche *außerhalb* des persuasiven Rahmens stehen und auf die der Sprecher keinen Einfluss hat (vgl. Dewe 1999).

Hier wird die Grenze sichtbar, die die reine persuasive Kommunikation gegenüber der Beratung um sich schließt. Persönliche, wenn auch unterbewusste Abneigungen gegen den Berater können dessen Vertrauenswürdigkeit in einer Position verharren lassen, die eine Überzeugung selbst mit den treffendsten Argumenten unwahrscheinlich bleiben lassen. Oder der Klient hegt Vorurteile gegenüber dem Berater, weil ihm zwischen den Beratungssitzungen denunzierende Geschichten zu Ohren gekommen sind oder aber beginnt während des Beratungsgespräches an seinem Laienstatus und dem Expertenstatus des Gegenübers zu zweifeln.

Es lässt sich bezüglich der Persuasionsfaktoren des Sprechers sowohl auf Aristoteles als auch auf die moderne Persuasionsforschung (vgl. Mayntz 1989) rekurieren. Die Hauptfaktoren sind Einsicht bzw. Sachkenntnis, Glaubwürdigkeit bzw. Rechtschaffenheit und Wohlwollen bzw. Vertrauenswürdigkeit.

Die Negationen der drei Faktoren hatte ich bereits als Beispielgründe für das Misslingen von Überzeugung trotz objektiv „sauberer Argumente" angegeben. Bestimmt ließe sich die Liste der negativen Gründe beliebig erweitern. Immerhin stehen die Klienten empirisch betrachtet nicht stets unter akutem Problemdruck und dass ein regelrechter Beratungskonsum gerade in besser verdienenden Kreisen üblich ist, dürfte hinlänglich bekannt sein. Ein *guter* Berater wird solche Einzelfälle sicher mit einem milden Lächeln zu nehmen wissen, den Rahmen der persuasiven Kommunikation hätten sie jedenfalls gesprengt (vgl. Dewe 2010).

Zudem folgt konsequenterweise auf das Gelingen von Überzeugung die Forderung, nach der gewonnenen Überzeugung zu handeln (Regel sechs). Hier scheint die Grenze offensichtlich erreicht, denn die Forderung, dem aufklärenden und einigenden Gespräch nun Taten folgen zu lassen, läuft der Maxime der dargestellten Beratungsform zuwider, weil die sozialwissenschaftlichen Laien im Prozess situativ-praktischen Herstellens 'wahrer' Aussagen – verstanden als optimale Interpretation problematischer Handlungssituationen – selbst darüber zu befinden haben, welchen Gebrauch sie von den wissenschaftlichen Beratungsangeboten wann machen.

Nur auf den ersten Blick erscheint das Ignorieren einer gewonnenen Überzeugung prinzipiell unvernünftig. Und in unserem Falle gibt es keinen direkten Handlungsdruck, sondern lediglich den Wunsch, sich über eigene, bereits vergangene Handlungsmuster zu vergewissern. Doch selbst wenn ein Handlungsbedarf gegeben wäre, z.B. die Verkettung von in der Vergangenheit einander zuwiderlaufenden Handlungsstrategien müsste aufgelöst werden (die Lösung ist also gar nicht Gegenstand der Beratung gewesen) und der Berater erhält nach einem längeren Zeitraum Kunde, dass sein ehemaliger Klient die widrigen Konstellationen nicht losgeworden ist, so wäre es erstens völlig verfrüht, zu behaupten, er hätte die gewonnene Einsicht ignoriert und zweitens ist selbst das *offenkundige Ignorieren* als ein Zeichen von *Autonomie in der Praxis* zu werten – natürlich hat diese ihren Preis: das Problem ist noch vorhanden.

Zum Schluss soll auf die Bedeutung der Stimme im persuasiven Prozess der subjektorientierten Beratung eingegangen werden. So ist zu allererst keine lineare Abhängigkeit etwa zwischen der Lautstärke und der Persuasion feststellbar. Das ist einleuchtend, ansonsten müssten lautstark vorgebrachte Vorträge regelmäßig den größten Zuspruch erhalten. Außerdem spricht der Berater nicht vor einem größeren Auditorium, sondern im Standardfall zu einer Person, die ihm gegenübersitzt und aus eigenem Antrieb zu ihm gekommen ist. Ein zu laut sprechender Berater wirkt eher einschüchternd und weniger diskussionsanregend.

„So beschränkt sich die Einflussnahme der Lautstärke im Persuasionsprozess auf die Tatsache, dass die Intensität der Stimme vor allem bei intrinsisch demotivierten Empfängern dabei hilft, Aufmerksamkeit zu erregen und diese effektiv, auf bestimmte Stellen der Rede zu lenken" (Müller 1999: 101). Es ist von guter Rhetorik zu erwarten, dass sie nicht nur mit *einer* Lautstärke arbeitet. Und es ist ebenso als hilfreich wie selbstverständlich anzusehen, bei längeren, erklärenden Monologen seitens des Beraters die Stimme an den Stellen anzuheben, die besondere Aufmerksamkeit verdienen. Generelle Aufmerksamkeit durch die Lautstärke zu erzeugen, scheint nicht nötig, da intrinsische Motivation wegen Freiwilligkeit der Teilnahme an Beratung vorausgesetzt werden kann.

Beim Faktor Sprechgeschwindigkeit verhält es sich ähnlich. „Zwar lässt sich generell sagen, dass der untere Bereich der Sprechgeschwindigkeit vermieden werden sollte, allerdings bedeutet dies nicht, dass ein erhöhtes Sprechtempo in jedem Falle eine höhere persuasive Wirkung erzielt" (vgl. ebd.: 105). Die meisten redegewandten Berater variieren das Sprechtempo intuitiv, wobei sie bei wichtigen oder schwierigen Satzkonstruktionen das Tempo drosseln, um entweder die Bedeutung zu betonen oder den Hörer gedanklich mitkommen lassen wollen. Das Gebot, ein bestimmtes Redetempo zwecks sonst drohender einschläfernder Wirkung nicht zu unterschreiten, wird allerdings regelmäßig missachtet.

Da es sich in der Beratung in der Regel um ein Vier-Augen-Gespräch handelt, wird es darauf ankommen, ob der Berater nachlassendes Interesse des Klienten aus dessen Mimik und Gestik abzulesen weiß und sein Sprechverhalten darauf einstellt, oder ob der höfliche Klient sich trotz des zu langsamen Redeflusses zur Aufmerksamkeit zwingt bzw. diese heuchelt. Abwechslung empfiehlt sich auch für die Tonhöhenvariation, obgleich sie ebenfalls nicht als persuasionsrelevant ermittelt wurde (vgl. Müller 1999).

Das nächste Merkmal scheint bedeutungsvoller. Es verweist auf eine *Kompetenz des Vortragens*, welches als eine grundlegende Fähigkeit für alle Handlungsfelder zu betrachten ist, in denen vornehmlich über die Sprache Einfluss auf die 'Umwelt' genommen werden soll. „Da die *Kompetenz* in informationsorientierten Texten und ihrer Versprachlichung scheinbar eine weit größere Rolle spielt, als in emotionsgeladenen Texten, erweist sich der Redefluss in wenig emotionsgeladenen bzw. in informationsorientierten Texten als persuasionsrelevanter Faktor" (Kopperschmidt 1976: 51). Damit soll dem Berater keineswegs die Möglichkeit abgesprochen werden, ein gewisses Pathos in seinen Gesprächspart zu legen. Ganz im Gegenteil, denn zur authentischen Persuasion gehört ebenso, dem vorgetragenen Argument emotionalen Nachdruck zu verleihen. Wo es um die Rechtfertigung praxisrelevanter Normen geht, darf gewiss die menschliche Komponente auch seitens des Beraters nicht fehlen, nur wäre dies lediglich eine Seite seiner Beratungskompetenzen.

Er hat aber auch den Klienten mehr oder weniger spontane Vorträge zu halten, nämlich dann, wenn ihm das Problem durch den Ratsuchenden geschildert wurde und es an der Zeit ist, theoretisch fundierte Deutungen anzubieten. Mit der Flüssigkeit seiner Rede beweist er vor dem Klienten die Sattelfestigkeit in Sachen Theorie und gibt eine überzeugende Figur ab, die von sich weiß, dass sie zu dem Thema etwas wahrhaft Wissenswertes zu sagen hat, denn nur so kann der Anspruch subjektorientierter Beratung sachhaltig eingelöst werden.

3 Schlussbemerkung

Der subjektorientierte Berater braucht angesichts seiner möglichen Handlungsfelder weniger detailliertes Spezialwissen als vielmehr ein vielfältiges Repertoire an Theorien aus verschiedensten Gebieten gepaart mit Empathie, persuasivem Vermögen und der Kompetenz des Vortragens bei gleichzeitiger situativ zu erbringender Ambiguitäts- und Widerspruchstoleranz. Zu den Formen des subjektbezogenen Wissensumgangs bleibt festzuhalten, erstens über einen beachtlichen Wissensvorrat im Gedächtnis zu verfügen, zweitens über schnell zu erschließende Quellen bei Spezialproblemen zu verfügen, und drittens in ein Netzwerk von ähnlich arbeitenden Kollegen involviert zu sein, die idealerweise in einer anderen sozialwissenschaftlichen Disziplin zu Hause sind als der Berater selbst. Den dritten Punkt halte ich langfristig für unerlässlich hinsichtlich Reflexion und gegenseitiger Unterstützung sowie Emergenz.

Damit wären zentrale Bedingungen der Realisierung subjektorientierter Beratung, die hier durch rekonstruktive sowie persuasiver Praktiken spezifiziert wurde, benannt.

Literatur

Adorno, T. W. (1975): Aufklärung ohne Phrasen. In: Becker, H. (Hg.): Weiterbildung. Aufklärung – Praxis – Theorie. Stuttgart, 15-19

Biffar, R. (1994): Verbale Aggressionsstrategien Analyse, Systematik, Anwendung. Aachen

Dewe, B. (2014): Über die Wirkung von sozialen und kognitiven Strukturen zur Herstellung von Wissenseffekten in professionellen Beratungszusammenhängen. In: Unterkofler, U./Oestreicher, E. (Hg.): Theorie-Praxis-Bezüge in professionellen Feldern. Wiesbaden, 121-139

Dewe, B. (2011): Handlungskompetenzen und professionelle Grenzen in der Familienberatung. In: Dewe, B. u.a. (Hg.): Professionelles soziales Handeln. Soziale Arbeit im Spannungsfeld zwischen Theorie und Praxis. Weinheim, 325-336

Dewe, B. (2010): Beratung. In: Krüger, H.-H./Helsper, W. (Hg.): Einführung in Grundbegriffe und Grundfragen der Erziehungswissenschaften. Opladen/Berlin u.a., 131-142

Dewe, B. (2009): Diskurse der Transformation – Wissenstransfer in Bildungs- und Beratungsgesprächen. In: Stenschke, O./Wichter, S. (Hg.): Wissenstransfer und Diskurs. Frankfurt a.M., 123-138

Dewe, B. (2001): Wissenschaftliche Beratung für professionelle Praktiker: Grundlinien einer Konzeption professionsbezogener Beratungskommunikation. In: Zeitschrift für qualitative Bildungs-, Beratungs- und Sozialisationsforschung, H. 2, 241-263

Dewe, B. (1999): Die Bedeutung von Hermeneutik und Rhetorik in der Praxis philosophischer Beratung. In: Ethik und Sozialwissenschaft, H. 4, 501-504

Dewe, B. (1996): Beratende Rekonstruktion. Zu einer Theorie unmittelbarer Kommunikation zwischen Soziologen und Praktikern. In: Alemann, H. v./Vogel, A. (Hg.): Soziologische Beratung – Praxisfelder und Perspektiven. Opladen, 38-55

Enoch, C. (2011): Dimensionen der Wissensvermittlung in Beratungsprozessen. Wiesbaden

Göhlich, M./König, E./Schwarzer, C. (Hg.) (2007): Beratung, Macht und organisationales Lernen. Wiesbaden

Guardini, R. (1990): Die Lebensalter. Ihre ethische und pädagogische Bedeutung. Mainz

Kopperschmidt, J. (1976): Allgemeine Rhetorik. Einführung in die Theorie der persuasiven Kommunikation. Stuttgart

Mayntz, R. (1989): Persuasive Programme. Stuttgart

Müller, A. (1999): Die Macht der Stimme. Bad Iburg

Negt, O. (1997): Soziologische Phantasie und exemplarisches Lernen. Zur Theorie der Arbeiterbildung. Frankfurt a.M.

Oevermann, U. (1996): Theoretische Skizze einer revidierten Theorie professionalisierten Handelns. In: Combe, A./Helsper, W. (Hg.): Pädagogische Professionalität. Frankfurt a.M., 70-182

Peirce, C. S. (1976): Schriften zum Pragmatismus und Pragmatizismus. Frankfurt a.M.

Platon (1999): Sämtliche Werke. Bd. 5. München

Schütz, A. (1971): Gesammelte Werke. Bd. 1. Den Haag

Tiefel, S. (2004): Beratung und Reflexion. Wiesbaden

Entscheidungsfähigkeit des Individuums als Bildungsberatungsanforderung – die Wahl haben?

Wiltrud Gieseke

1 Beratung als professionelle Praktik

Beratung verstehen wir als professionelle Praktik, die sich unterschiedlicher Theorien mit ihren dazugehörigen Methoden bedient und in verschiedenen Handlungsfeldern mit unterschiedlicher Autonomie und Reichweite operiert. Beratung als professionelle Praktik bindet theoretische Annahmen, Methodenkompetenz, erarbeitete Handlungsmuster, Routinen, Erfahrungen und Deutungen über bestimmte Milieus. Im Anschluss an Reckwitz (2006) bilden sich Praktiken als Formen sozialen Handelns heraus, die dieser als Technologien des Selbst sowie als Ergebnis von Beziehungen, der täglichen Arbeit und der Kommunikation interpretiert. Es wird dabei davon ausgegangen, dass jedes Individuum in den professionellen Praktiken zwar seinen individuellen Stil ausprägt, aber dass die Interventionsformen, die angewendeten Methoden und Interaktionsformen auch professionell modelliert und auf die jeweiligen Formate der Beratung zugeschnitten sind. Es gibt keine einheitlichen oder gar eindimensionalen Vorstellungen darüber, wie Beratung auszulegen ist. Es gibt jedoch einen gewissen professionellen Konsens dazu, der ausgehandelt über Qualitätsdimensionen und Kompetenzen im Heidelberger Projekt bearbeitet wurde, gestützt durch das nationale Forum für Beratung (nfb), einem Berufsverband (vgl. nfb u.a. 2011). Beratung gilt danach als interaktives, beziehungs-, wissensorientiertes und diagnostisch wirkendes Handlungsmuster, das sich auf das Subjekt konzentriert und auch als personenorientierte Beratung bezeichnet wird. Sie hat dabei – wie man jetzt angepasst an Computersprache sagt – verschiedene Formate. Die auf den Beratungsprozess wirkenden Größen haben Schiersmann u.a. (2008, 2011) in ein systemisches Modell miteinander in Beziehung gesetzt.

2 Einflussfaktoren auf Beratung

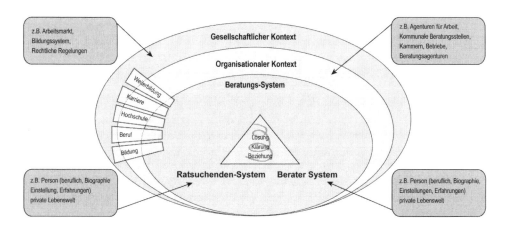

Abb.1: Systemisches Kontextmodell (Schiersmann 2011: 434)

In diesem systemischen Kontextmodell von Schiersmann u.a. (2008/2011) wird das Beratungssystem im engeren Sinne von den organisationalen und im weiteren von den gesellschaftlichen Kontexten im umfassenden Sinne eingerahmt. Das gilt für alle Beratungsarten in Organisationen wie Weiterbildung, Karriere, Hochschule, Beruf, schulische Bildung. Diese Einflussfaktoren erfahren auf den verschiedenen Kontextebenen wiederum Regulierungen, so zum Beispiel bezogen auf den gesellschaftlichen Kontext durch rechtliche Regelungen und bezogen auf den organisationalen Kontext durch die großen Träger (Kammern, Betriebe), kleine Träger (kommunale Einrichtungen) oder der speziellen Organisationen mit größeren Auswirkungen, wie der Agentur für Arbeit. Was den Beratungsprozess selbst betrifft, sind die Individuen mit ihren Erfahrungen, ihren Bildungsgewohnheiten, ihren Habitus von erheblicher Bedeutung. Biographische Auslegungen sind Ausgangspunkt. Aber auch diese verweisen wiederum auf die Kontexte.

Hiermit sind entscheidende Einflussgrößen auf den Beratungsprozess umrissen. Aber so, wie die Kontexte sind auch die Individuen nicht hermetisch abgeschlossen, sie sind offen für Veränderungen. Wir wissen jedoch wenig darüber, welche Wirkungszusammenhänge bestehen.

Dafür geben verschiedene Definitionen, die im zeitlichen Abstand entstanden sind, Hinweise darauf, mit welchen Verschiebungen wir es zu tun haben.

a) Schwarzer/Posse (1986)

„Beratung ist eine freiwillige, kurzfristige, oft nur situative, soziale Interaktion zwischen Ratsuchenden (Klienten) und Berater mit dem Ziel, im Beratungsprozess eine Entscheidungshilfe zur Bewältigung eines vom Klienten vorgegebenen aktuellen Problems durch Vermittlung von Informationen und/oder Einüben von Fertigkeiten gemeinsam zu erarbeiten" (Schwarzer/ Posse zit. n. Krause u.a. 2003: 22f.).

b) Brem-Gräser (1993)

„Beratung ist eine professionelle, wissenschaftlich fundierte Hilfe, welche Rat- und Hilfesu-
chenden Einzelnen und Gruppen auf der Basis des kommunikativen Miteinander vorbeu-
gend, in Krisensituationen sowie in sonstigen Konfliktlagen aktuell und nachbetreuend, dient.
Somit darf Beratung keinesfalls bestimmte Entscheidungen dem Ratsuchenden aufdrängen
bzw. diese durch offenen oder verdeckten Machtmissbrauch erzwingen. Kennzeichnend für
das spezifische dieses Kontakts ist, dass die Probleme des Ratsuchenden den Mittelpunkt
bilden" (Brem-Gräser zit. n. Krause u.a. 2003: 22f.).

c) Schiersmann (2011) in Anlehnung an Überlegungen aus dem Projekt „Offener Kodierungs-
prozess zur Qualitätsentwicklung" (Projektteam Heidelberg)

„Beratung stellt ein Angebot dar, das Individuen in allen Phasen und Situationen ihres Lebens darin unterstützt, ihre Interessen, Ressourcen und Kompetenzen zu erkennen und weiter zu entwickeln, Handlungsproblematiken zu bearbeiten und Entscheidungen zu treffen.
Sie zielt darauf ab, Individuen darin zu unterstützen, ihre Bildungs- und Berufsbiographien
eigenverantwortlich zu gestalten. Es handelt sich in der Regel um eine freiwillige, zeitlich
umrissene, prozesshafte, interessensensible und ergebnis-offene Interaktion zwischen einer
Ratsuchenden bzw. einem Ratsuchendem und einer Beraterin oder einem Berater. Bei Beratung handelt es sich um eine soziale Dienstleistung, die ohne die Mitwirkung der betroffenen
Personen nicht gelingen kann. [...] Beratung sollte sich als ein Prozess auf gleicher Augenhö-
he und mit wechselseitiger Anerkennung verstehen, bei dem alle beteiligten kompetent sind,
wenngleich in unterschiedlicher Weise. Es wird erst dann von Beratung gesprochen, wenn
die Interaktion der Beteiligten über Informationsvermittlung hinaus geht und eine subjektiv
relevante Reflexion von Sachverhalten einschließt [...]. Gleichwohl ist Beratung durch das
Wechselspiel von Information und Reflexion charakterisiert" (Schiersmann 2011: 429).

Ähnlichkeiten zwischen diesen Definitionen sind darin auszumachen, dass Beratung eine soziale
Interaktion ist, dass sie situativ differiert, sie nicht ein Nötigungs- oder Zwangsvorgang ist, sowie, dass
es um Entscheidungshilfen, um Problembewältigung geht und dass man dafür Informationen, Wissen,
Selbstreflexion benötigt und ein fokussierter Gesprächsbedarf bestehen muss. Die jüngste Definition
stellt den Dienstleistungscharakter von Beratung mehr in den Vordergrund, die Freiwilligkeit wird leicht
eingeschränkt durch die Formel „in der Regel" und den Hinweis, dass Beratung interessensensibel ist.

Aber gleichgültig, ob Entscheidungen durch einen Prozess der Nötigung oder Anleitung, der direkten
oder impliziten (z.B. milieugebundenen) Steuerung zustande kommen, sie bleiben in der Biographie
selbstverantwortete Entscheidungen. So werden unter den Steuerungsbedingungen Entscheidung und
Lernen häufig miteinander verbunden, was wiederum eigene Probleme mit sich bringt.

Beratungsprozesse, die nicht mehr allein vom Interessensbezug und von vorhanden Ambivalenzen
ausgehen, erfahren eine andere Form von Optimierungsstrategien:

- Instrumente zur Ressourcenerschließung,
- Profilierung von Kompetenzen,
- Hinzuziehen von Tests, um den Radius der unmittelbaren individuellen Möglichkeiten abzu-
stecken.

Es zielt alles mehr auf objektivierende Prozesse als Dienstleistung für Entscheidungshilfen. Die aktuellen bildungspolitischen, ja gesellschaftlichen Strategien zur Optimierung, Effektivierung und Effizienz
als zielführende Rationalisierungen finden im Beratungsprozess bereits seit geraumer Zeit ihren Aus-

druck. Schiersmann (2011) betont dagegen ebenso weiterhin, und dieses kann nur nachhaltig unterstützt werden, dass jede Beratungssituation offen ist, da die Professionellen nicht im Vorhinein wissen, welche Handlungsstrategie optimal ist (vgl. Schiersmann 2011: 160).

Doch ist überhaupt ein sich abzeichnender durchrationalisierter Prozess von Beratung faktisch wirksam für die Entscheidungsfähigkeit des Individuums? Und verspricht ein solcher anthropologisch den nachhaltigsten Effekt für das aktive Anschlussverhalten des/der Ratsuchenden?

Notwendig ist eine genauere Betrachtung der Entscheidungsfähigkeit des ratsuchenden Individuums als maßgebliche Kategorie zur Einordnung der professionellen Praktik. Dabei geht es in diesem Fall nicht um Lernberatung. Diese stellt eine weitere, noch sehr ausbaufähige pädagogische Beratungspraktik dar, die sich mit einer auf das Subjekt bezogenen Aneignungspraxis modellierend auseinandersetzt und als Prozessunterstützung für Lernen in verschiedenen Kontexten wirkt (vgl. Ludwig 2012). Ludwig versteht Lernberatung als „didaktische Interventionsform der Vermittlungspraxis" (ebd.: 33). „Lernberater können in einem rekonstruktiven Lernberatungsprozess die individuellen Lernbegründungen in ihrer problematisch gewordenen Struktur mit Blick auf den Lerngegenstand (b) und die Lernsituation (c) zu verstehen suchen" (ebd.: 37). Dabei versteht er Lernen im weitesten Sinne als soziales Handeln mit einer gegenstandsbezogenen Seite und einer Seite der sozialen Situiertheit. Lernberatung ist dabei keine Alternative zur Vermittlungsplanung der Lehrenden. Sie wirkt unterstützend für Lernprozesse durch einen rekonstruktiv angelegten Verstehensprozess.

In einem aktuellen Artikel arbeitet Ludwig in Weiterführung von Dewe/Schwarz (2011) eine rekonstruktive Handlungslogik professioneller pädagogischer Beratung aus, wobei er besonders die soziologische Binnendimension des/der Ratsuchenden als ‚problematisch gewordene Situation' hervorhebt (vgl. Ludwig 2014). Er grenzt sich ab von kommunikationstheoretischen und auf die Persönlichkeit des/der Ratsuchenden zielenden Ansätzen. Im Mittelpunkt steht bei ihm die Vermittlungsarbeit vor dem Hintergrund einer verstehenden Deutung, die die „Anerkennung des Ratsuchenden in der Handlungssituation in seinem Eigensinn" (ebd.: 26) nachvollzieht. In diesem Zusammengang betont Ludwig immer wieder den Subjektstandpunkt und fragt nach den rekonstruierten latenten Sinnstrukturen. Der subjektive Sinn und allgemeine Sinnstrukturen stehen danach in einem permanenten Spannungsverhältnis. Dabei liefert Ludwig eine subjektorientierte Perspektive der Lernberatung durch soziale Positionierung.

Ich möchte im Folgenden nicht auf die Lernberatung eingehen, sondern als Ergänzung dazu auf die vorgelagerte Beratung als Entscheidungsfindung zur Partizipation an interessierenden und passenden Angeboten und Qualifizierungsmöglichkeiten auf dem Weiterbildungsmarkt. Diese Beratungsformen ergänzen sich. Sie zeigen das Anforderungsprofil an verschiedenen Beratungen in der Weiterbildung auf.

3 Beratung als Teil einer Entscheidungsfindung (zur Partizipation an WB)

Entscheidungen werden grundlagentheoretisch gesehen, auf der Basis unterschiedlicher Theorien erklärt. Es macht dabei einen Unterschied,

1) ob die Personen sich ihrer Widersprüchlichkeiten in der Beschäftigung mit ihren Situationen oder ihren Bildungsbiographien bewusst werden
   oder
2) ob sie ihre Kompetenzen sammeln und benennen und diese zu einem Profil führen, die Entscheidungen fokussieren
   oder
3) ob Personen auf bestimmte Möglichkeiten für den Weiterbildungs- oder Arbeitsmarkt fokussiert werden, die dann zu ‚realistischen' Entscheidungen nötigen.

In der Praxis gehen diese Ausrichtungen häufig durcheinander. Das hängt zusammen mit den implizit wirkenden Optimierungsanforderungen. Im ersten Fall steht das Individuum vor grundsätzlichen Bildungsentscheidungen für den weiteren Lebenslauf. Aufgenommene Perspektiven, die nicht als vereinbar erscheinen, drängen in verschiedene Richtungen. Hier versucht biographische Beratung, z.B. im theoretischen Kontext von Rogers (1972), mit einem breiteren narrativen Ansatz dem Individuum die Möglichkeit zu neuen Verknüpfungen zu geben. So erscheint es möglich, einen neuen Bildungsfaden für die eigene Zukunftsgestaltung aufzunehmen. Im zweiten Ansatz wird das Subjekt weniger optional gefragt, sondern mehr durch den Rückgriff auf belegbaren Kompetenzerwerb, Abschlüsse sowie andere Aktivitäten, aber auch, um Interessen auszudrücken. Durch den Blick auf Qualifikations- und Kompetenzprofile, ebenso jedoch auf Unterstützungen in der Umwelt des/der Ratsuchenden wird ein Ressourcenüberblick hergestellt, um dann im Gespräch die Möglichkeiten für eine Entscheidungsbasis zu umgrenzen. Theoretisch steht hier die Frage nach den Ressourcen (Nestmann 1997/2004; siehe auch Schlüter 2013; Harp u.a. 2011) im Mittelpunkt. Im dritten Fall haben wir es mit administrativen Steuerungsabsichten zu tun, die bildungs- und gesellschaftspolitisch spezifisch fokussiert sind, systemisch wirken und steuernd in die Optionsmöglichkeit eingreifen, ohne sie zu erzwingen. Alles befindet sich im Strom, alles ist in entgrenzter Perspektivenvielfalt miteinander verbunden. Wirkmächtig sind hier die Finanzierung, die vorhandenen Arbeitsplätze, der Bedarf sowie bestimmte bildungspolitische Teilziele, wie z.B. Integration, Partizipation bestimmter Zielgruppen etc.

Immer laufen dabei natürlich Lernprozesse mit. Sie zielen darauf ab, sich mit verschiedenen Optionen vergleichend oder akzeptierend zu beschäftigen. Immer sind Entscheidungen zu fällen und dabei ist es nicht unerheblich, welche entscheidungstheoretischen Grundlagen in die professionellen Praktiken einwirken. Wenn externe Steuerungsbedarfe nachwirken, stellt sich die Frage nach den individuellen Spielräumen. Darüber hinaus stellen sich die Fragen nach kurz- bzw. mittelfristigen Zielen und den mitwirkenden Emotionsmustern, in denen die Erfahrungen, Erlebnisse gespeichert sind, was eigene Bildungsinteressen und selbst eingeschätzte Möglichkeiten betrifft.

Vor dem Hintergrund neurobiologischer Befunde und ihrer intensiven Diskussion in den letzten Jahren kommt der subjektiven Dimension über die Vermittlung von individuellen Emotionsmustern und kognitiven Potentialen eine weitreichendere Bedeutung zu als das bisher bei der neuen Ausrichtung der Beratung als Steuerungsinstrument sichtbar wird.

4 Entscheidungsfähigkeit als Zieldimension von Beratung

Es empfiehlt sich nach der knappen Gegenüberstellung verschiedener theoretischer Ansätze in der Bildungsberatung, etwas innezuhalten und danach zu fragen, welche Vorstellungen es zum Entscheidungsproblem gibt und welche Rolle diese dem individuellen Entscheidungsprozess geben.

Auch wenn von den Individuen eingepasste, also gesteuerte Bildungsentscheidungen vorgenommen werden, bleiben sie im gesellschaftlichen Kontext selbstverantwortlich. Das meint, jede fremdgesteuerte Entscheidung bleibt dem Individuum als Eigenentscheidung, auf die es verwiesen ist, eingeschrieben. Auch wenn getroffene Entscheidungen nicht selbst gewollt sind, sich aber ergeben und sich als unumgänglich erweisen etc., bleiben sie selbstverantwortliche Entscheidungen, so die implizit wirkende, abgestimmte Subjektpositionierung im unvermeidlich eingebundenen Strom des systemisch unumgänglich Notwendigen, ja Optimierten.

Was aber, wenn die Beratung aufgrund ihrer strukturellen und professionellen Bedingungen gar nicht ausreichend die Grundlagen für eine individuell entscheidungsbringende, gelingende Beratung schafft? Denn Beratung kann so gesehen auch nicht mehr nur als Unterstützung zur subjektiven Positionierung und Entscheidungsfindung angesehen werden. Was sind die Bedingungen von individueller

Entscheidung vor welchem theoretischen Hintergrund? Welche Vorgehensweisen stärken die subjektive Entscheidungsfähigkeit? Welche professionellen Praktiken von Bildungsberatung finden sich in den Institutionen und wie sind dort Entscheidungsprozesse platziert? Werden Entscheidungen in den Beratungsprozess integriert, liegen sie außerhalb, sind sie überhaupt Thema oder müssen sie sogar in Erfolgsstatistiken eingehen?

Natürlich gibt es keine Entscheidungen durch Bildungsberatung ohne systemische Rückbindung und bildungspolitische Strukturbildung. Aber gerade darüber im Klaren zu sein, mit welchem Format von Beratung wir uns hier beschäftigen und wie wir die dabei unterlegte theoretische Vorstellung von Beratung platzieren, ist eine Überlegung wert, die nicht von einem allgemeinen Mainstream des aktuellen Denkens ersetzt werden kann.

Wir gehen davon aus, dass jede Bildungsberatung als Suche nach neuen Wegen, als Wahl auf Entscheidungsfähigkeit zielt und die Beratungspraktiken daraufhin zu betrachten sind, wie ihre Möglichkeiten sind, eine Wirksamkeit zu erzeugen, die zu subjektiv gewollten Entscheidungen führen (siehe hier besonders den Subjektbegriff nach Holzkamp bei Ludwig 2004 entwickelt). Das sagt aber noch nichts darüber aus, wo Entscheidungen stattfinden. Die Beratung selbst muss nicht entscheidungsherbeiführend, wohl aber entscheidungsvorbereitend sein im Sinne von Denken in verschiedenen möglichen und gewollten Alternativen.

5 Entscheidungstheorien

Entscheidungstheorien sind gegenwärtig nicht im Kontext von Bildungstheorien formuliert und ausformuliert. Auch sind die gegenwärtig noch stark wirkenden Diskurse nicht auf philosophischer, anthropologischer Basis entwickelt. Sie sind auch nicht sozialwissenschaftlicher Natur. Vielmehr kommen sie aus der Betriebswirtschaft, weil es in Unternehmen permanent um Entscheidungen geht und man sich damit beschäftigt, wie man diese, die zu treffen sind, mit welchem Vorgehen optimiert. Besonders bekannt sind deskriptive und präskriptive Entscheidungstheorien (vgl. Eisenführ/Weber 2003; Salinger 2003; Laux 1998).

Deskriptive Entscheidungstheorien beschreiben nicht nur Handlungsalternativen, die sich anbieten, sondern betrachten Umwelteinflüsse und Ziele und analysieren angestrebte Ergebnisse. Präskriptive Entscheidungstheorien verweisen auf die Subjektivität, denn, so hier der Ausgangspunkt, alle Entscheidungen werden auf der Basis von Erwartungen und individuellen Präferenzen getroffen. Aber, so die darin enthaltende Ausgangsbasis und die Anforderung dieser Theorie, diese Präferenzen müssen begründet und konsistent sein. Es geht dieser Theorie darum, mit verschiedenen Modellen eine rationale Entscheidung über Prozessanalysen zu ermöglichen. Rational meint hier allerdings nicht gewinnmaximierend und kostenminimierend. Der Ansatz zielt eher darauf, Entscheidungen bewusster zu fällen und sich von Zielen leiten zu lassen. Gleichzeitig wird hier aber mit der anthropologischen Annahme gearbeitet, dass ein egoistischer Eigennutz treibend sei. Die präskriptive Entscheidungstheorie erkennt dabei einen sogenannten ‚Unschärfebereich' an. Weitergeführt wird dieser Diskurs zur Prospect Theory und Erwartungsnutzentheorie (vgl. Laux, H. u.a. 2012, Kapitel 5 und 6). Deskriptive Theorien arbeiten dagegen an Modellen, um zu erklären, warum es zu welchen Entscheidungen kommt. Man geht davon aus, dass folgende Aufgaben im Entscheidungsprozess zu lösen sind:

1) „Problemformulierung
2) Präzisierung des Zielsystems
3) Erforschung der möglichen Handlungsalternativen
4) Auswahl der Alternativen
5) Entscheidungen in der Realisierungsphase" (Laux 1998: 8).

Man fühlt sich bei diesem Ansatz zum Teil an typische Ablaufschemata in der Beratung erinnert, die als Muster vorgeschlagen und als professionelle Praktik gehandhabt werden.

Nun sieht man an den Begründungslagen in der Beratungsforschung (vgl. Ertelt/Schulz 1997), dass sich deskriptive und präskriptive Ansätze überschneiden und dieses dazu geführt hat, dass die Prozesse analysiert werden, um sie in ein rational logisches Schema zu bringen. Die Diskurse verändern sich aber. Interessant sind gegenwärtig besonders die Zusammenhänge, die sich aus dem neu betrachteten Zusammenspiel von Kognition und Emotion im Denken und Handeln des Subjekts ergeben. So verweist Gigerenzer (2007) – und nicht nur er – darauf, dass Rationalitätsannahmen, die mit logischen mathematischen Wahrscheinlichkeitsrechnungen operieren, nicht den möglichen komplexen rationalen Verlaufsmustern der Individuen entsprechen (Beispiele hierfür in Eisenführ/Weber 2003; Gigerenzer 2007). Zu was ein mathematisch-logischer Ansatz führt, wird gerne am folgenden Beispiel dokumentiert:

„Stellen Sie sich vor, Sie nehmen an einem psychologischen Experiment teil. Darin wird Ihnen die folgende Aufgabe gestellt: Linda ist einunddreißig Jahre alt, ledig, sehr intelligent und sagt offen ihre Meinung. Im Hauptfach hat sie Philosophie studiert. Als Studentin hat sie sich für Fragen der Gleichberechtigung und der sozialen Gerechtigkeit engagiert, außerdem hat sie an Demonstrationen gegen Atomkraftwerke teilgenommen. Welche der beiden folgenden Alternativen ist wahrscheinlicher? Linda ist Bankangestellte. [Oder; WG] Linda ist Bankangestellte und in der Frauenbewegung aktiv. Für welche entscheiden Sie sich?" (Gigerenzer 2007: 103)

Gigerenzer arbeitet dieses Beispiel durch, um zu zeigen, welche Vorteile Intuition bei der Entscheidungsfindung hat. Durch andere Nachuntersuchungen stellt er kommentierend fest: „Eine Konjunktion zweier Ereignisse [...] kann nicht wahrscheinlicher sein als eines von ihnen" (Gigerenzer 2007: 103). D.h., die mathematische Logik ist keine Richtschnur, um zu beurteilen, ob eine Entscheidung rational oder irrational ist. Gigerenzer spricht von inhaltsblinden Entscheidungen, weil sie, wie er es nennt, Inhalts- und Denkziele außen vor lassen. „Starre logische Normen berücksichtigen nicht, dass Intelligenz in einer ungewissen Welt – und nicht in der künstlichen Gewissheit eines logischen Systems – operiert und daher über die verfügbaren Informationen hinausgehen muss" (ebd.: 104). Mehrdeutigkeitsprobleme werden nach Gigerenzer über intelligente Faustregeln gelöst. Er spricht vom Relevanzproblem und meint, wenn man es in diesem Zusammenhang benutzt, nicht die mathematische Wahrscheinlichkeit. Man spricht deshalb bei den Ausgängen solcher Entscheidungsprozesse eher von möglich, plausibel, denkbar, vernünftig etc. (vgl. ebd.: 105). Es geht nach Gigerenzer nicht darum zu beweisen, ob und wie die Intuition den Gesetzen der Logik folgen könnte, sondern wie die Faustregeln der Intuition wirken. Belege legt er dazu aus dem Entscheidungsverhalten beim Aktienkauf und ebenso für offene Situationen professioneller medizinischer Entscheidungen vor.

Uns interessiert nun natürlich, was bedeutet dieser Befund für die Schaffung von Entscheidungsgrundlagen im Beratungsprozess? Wir gehen dazu noch einen weiteren Schritt zurück. Die Frage ist, wie kommt es zu diesen Wirkungen der Intuition? Die Grundbefunde aus der Neurobiologie liefern uns dafür Ausgangsannahmen. Wenn das Gehirn ein vernetztes System ist, das in alle Richtungen und gegen die Umwelt offen ist, dann kann es Eindrücke sehr schnell verarbeiten und trifft daraufhin Entscheidungen, die Umwelteindrücke, eigene Interessen sowie Wissensbestände einbeziehen. Von besonderer Bedeutung sind dabei die Emotionen, die in der Amygdala gespeichert werden. Besonders die emotionsspeichernden Zentren sind mit allen anderen verbunden und das heißt, Emotionen sind bei Denk- und besonders Handlungs- und Verhaltensentscheidungen präsent.

„Emotionen sind – wie schon die Alten feststellten – angesichts der genannten Funktionen in aller Regel bewusst oder unbewusst mit Vorstellungen von etwas Erstrebenswertem bzw. etwas zu Vermeidendem verbunden. Der große mittelalterliche Philosoph und Theologe Thomas von Aquin definierte

Emotionen als ‚etwas, das die Seele antreibt' in Richtung auf etwas Gutes oder Schlechtes. Ohne emotionale Impulse keine Aktion!" (Roth 2001: 263).

„LeDoux arbeitet heraus, dass die Hirnmechanismen, mit deren Hilfe die emotionalen Bedeutungen von Reizen registriert, gespeichert und abgerufen werden, sich von den Mechanismen, mit deren Hilfe kognitive Erinnerungen verarbeitet werden, unterscheiden, aber auch eine Verbindung eingehen. So werden bei Furchtkonditionierungen heftige Aktivierungen des autonomen Nervensystems freigesetzt, so wie Muskelkontraktionen" (LeDoux zit. n. Gieseke 2007: 79).

Eine besondere Rolle spielt für Entscheidungsprozesse in der neuronalen Vernetzung der Präfrontale Cortex und Gyrus, die beide mit Verhaltensplanung und Fehlerkorrekturen, sowie Überwindung starker Gewohnheiten vertraut sind. Kognitionen erhalten eine Chance in den ‚als ob Schleifen', in denen Entscheidungen vorgedacht werden. Sie unterliegen dabei einer emotionalen Prüfung, wobei Emotionen ebenso lernfähig sind. Der orbitofrontale Cortex befasst sich mit der emotionalen-motivationalen Verhaltensplanung, bei der positive und negative Konsequenzen durchdacht werden.

Beratung, die auf Entscheidungsfähigkeit zielt, hat diese emotionsgebundenen Grundlagen in ihrer Theorie zu berücksichtigen. Die Verbindung von kognitiv analytischen Entscheidungsüberlegungen und Wissen über den Verhandlungsgegenstand gelingt nur, wenn man von einer emotionstheoretischen Grundlegung ausgeht. Eine wechselseitige Wirkung erreicht auf der Basis der kognitiven Möglichkeiten, dem eingebrachten Wissen über Möglichkeiten, der sozialen Situation und den vorhanden Emotionsmustern einen subjektiven Entscheidungsprozess. Dies gelingt aber nur, wenn das Individuum auf kognitive Möglichkeiten zurückgreifen will und notwendige Potentiale herausgebildet werden konnten. Die gleichen bildgebenden Verfahren, die die Wechselwirkungen zwischen den Zentren erkennen lassen, zeigen, dass die Synapsenbildung, z.B. nach einer Therapie, verändert ist (vgl. Kandel 1999, 2006). Eine qualifizierte Beratung regt durch eine intensive Arbeit neue Synapsenbildung an, die zu neuen Auslegungen möglicher subjektiver Perspektiven führen können, weil die Situation und mögliche Entwicklungen neu gedacht werden können. Die Synapsenbildung – was häufig verwechselt wird – steht nicht für bestimmte Inhalte, sondern steht für Verbindungen, die hergestellt wurden und den leiblichen Ausdruck von neuen Denkbewegungen markieren.

Wichtig für unseren Zusammenhang ist die Amygdala und von besonderer Bedeutung ist der präfrontale Cortex. Die Amygdala ist die Speicherregion für Emotionen, die mit allen anderen Zentren vernetzt ist. „Die Amygdala ist eine kleine Region im Vorderhirn […], einer der zum limbischen System gerechneten Areale, und man hatte ihr seit langem eine Bedeutung für die verschiedenen Formen emotionalen Verhaltens zugeschrieben" (LeDoux 2001: 169).

Aber Verhaltensplanungen, Vorbereitungen von Entscheidungen werden vor einem kognitiven und emotionalen Hintergrund in dem präfrontalen Cortex getroffen. „Der präfrontale Cortex hat allgemein mit zeitlich-räumlichen Strukturierungen von Sinneswahrnehmungen und entsprechenden Gedächtnisleistungen zu tun. Er bewahrt verhaltensrelevante Informationen im Arbeitsgedächtnis, während der vordere Gyrus nach Roth die korrekte Verhaltensantwort gibt (vgl. Roth 2001: 253). Hier finden Planungen, Entscheidungen, Fehlerkorrekturen und -beseitigungen statt, handlungsbezogene Bezüge, Erkennen von Schwierigkeiten und Gefahren, das Überwinden von starken Gewohnheiten gelingt hier" (Gieseke 2009: 76).

Immer wird dabei zwischen den Zentren des Gehirns kommuniziert. Emotionales Wissen, nicht nur das, welches durch die erworbenen Erfahrungsmuster festgeschrieben ist, sondern auch aktuelle Eindrücke und Wissen sowie kognitive, distanziert betrachtende Prozesse sind dabei miteinander verbunden. Die Ratio als lebensgestaltende Grundlage des Handelns, trifft Entscheidungen immer in Abstimmung mit den Emotionen, die sich durch Eigenbetrachtungen und besonders durch Beziehungen zum Umfeld, zum sozialen Milieu insbesondere zu einzelnen Menschen herausgebildet haben. Diese, man könnte fast sagen Abstimmungsprozesse, finden im erwähnten Arbeitsgedächtnis statt. Hier legen die Befunde gegenwärtig nahe, dass den letzten Zuschlag im Entscheidungsprozess immer die Emotionen haben (vgl. Gieseke 2009).

In Phasen von Suchbewegungen in der eigenen Bildungsentwicklung, bei Unsicherheiten, bei Ambivalenzen, bei einer Vielzahl an Alternativen und unklaren Interessen der Individuen, die sich vor neuen Herausforderungen sehen, gerade auch was Bildungsfragen betrifft, wird das Arbeitsgedächtnis aktiviert, um entscheidungsfähig zu sein oder zu werden. Beratung unterstützt diesen Prozess indem sie neues Wissen zur Verfügung stellt, sich mit den Interessen, bisher eingeschlagenen Wegen, Ambivalenzen und Alternativen im Beratungsgespräch beschäftigt, festgefahrene Emotionsmuster spiegelt und neue Sichten mit anbietet. D.h. es werden aktiv über eine Beratungsbeziehung und die dabei wirkenden Gesprächsverläufe neue, dann zwar selbstständig zu leistende Entscheidungen auf eine breitere, neue Basis für das Individuum gestellt. Beratung öffnet also dadurch, dass das Arbeitsgedächtnis verschiedene Ebenen des Denkens, Handelns und Empfindens zusammenbringt, nicht nur ideell für das Individuum eine Möglichkeit, seine Bildungsentscheidungen auf eine neue reflektierte Basis zu stellen. Wenn Beratung weder neues Wissen einbringen kann, noch vorhandene Emotionsmuster reflexiv öffnet und spiegelt, gibt es über die Beratung keine neue angeeignete Perspektive für das Individuum als Entscheidungsgrundlage. Es ist in der Beratung also nicht nur hilfreich, sondern notwendig, Wissen und Emotionen in ihrer Wechselwirkung als pädagogisch-vermittelnden emanzipatorischen Prozess mit ausreichender Zeit professionell zu gestalten.

6 Beratung als Vermittlung zwischen Emotionsmustern und Kognitionsprozessen

Die Beratungsprozesse zielen auch durch offene unterstützende, aber ebenso kritisch fragende Atmosphäre genau auf die Nutzung dieser Verschränkung von Emotionsmustern und Kognitionsprozessen. Darin liegt die Herausforderung, die offensichtlich selbst in bildgebenden Verfahren erkennbar sind (vgl. Kandel1999, 2006). Natürlich ist nichts darüber gesagt, welche Entwicklung es genau ist, aber eingehende Beratung führt zu neuen Schaltungen, neue Verbindungen werden hergestellt. Beratung bleibt also nicht ein einfaches Gespräch, wenn die Beratenden den Zusammenhang von Emotionen und Kognitionen bei neuen Entscheidungen begreifen, konzentriert arbeiten und dem Individuum Zeit für das Durcharbeiten lassen, das heißt Umwege ermöglichen und sie keine lineare Steuerung vornehmen oder gar Vorurteile und Zuschreibungen den Beratungsprozess beeinflussen.

Die emotionalen Muster, die in Interessen, Hoffnungen und Wünschen, aber auch Niedergeschlagenheit, Lustlosigkeit, Enttäuschungen etc. eingelassen sind, haben eine hohe Bedeutung für die Entscheidungsfähigkeit. Sie können deshalb in grundständiger, also biographischer Beratung nicht umgangen werden, wenn das Individuum Spielräume für seine Entscheidungsentwicklung bekommen soll. Räumliche, organisatorische, zeitliche Bedingungen und Arbeitsformen hängen von solchen Grundannahmen ab (vgl. Gieseke/Pohlmann 2009; Gieseke/Dietel/Ebner von Eschenbach 2012).

Dazu gehört aber auch, dass das Wissen, rationales Durchdenken in der Beratung heranzuziehen ist, damit – schlicht gesprochen – das Arbeitsgedächtnis mehr zu tun bekommt als es das Individuum allein leisten kann. Beratung ist praktisch ein Vorlauf zur Entscheidung. Der Beratungsprozess verlangt es, das Individuum im Dialog zum Selbstnachdenken zu öffnen. Eigene Interessen, Desinteressen und diese begleitende Emotionen, Selbsteinschätzungen sowie die beobachteten Möglichkeiten sind Themen. Der Beratungsprozess setzt, indem er diese emotionale Tür öffnet, eine reflexive Perspektive frei, die einen Suchprozess aktiviert und das Individuum nicht als einzuordnende, zu funktionierende programmierte Maschine betrachtet.

Es ist inzwischen gängiges Wissen, dass Entscheidungen immer durch Sozialisation, Umwelt, Macht und Manipulationen verschiedenster Art beeinflusst ist. Mit dem Einbezug, dem Mitdenken der Emotionen entlässt sich Beratung aus der Rolle, nur eine funktionale Akteurin in diesem Gewebe zu sein. Sie arbeitet mit einem offenen Ausgang und hat nur das Individuum im Hier und Jetzt im Blick. Beratung konzentriert sich auch nicht auf eine Antriebsstruktur allein für Entscheidungen, sondern unterstellt eine Vielfalt an Antriebsstrukturen, sodass in die Beratungsprozesse Normen und Werte einfließen, die gleichwohl vor dem Anspruch stehen, eine biographische Optimierung zu erreichen. Beratung ist dann der Ort, an dem Bedingungen hergestellt werden, um an einem fiktiven exterritorialen Ort die eigenen Interessen und ihre mögliche Verengung in den Emotionsmustern, die man mit sich führt, noch einmal neu zu reflektieren. Gleichzeitig werden im dialogischen Interaktionsprozess Informationen, Interpretationen, also Wissen zur Verfügung gestellt und mit dem bereits vorhandenen Wissen in eine Interaktion gebracht (vgl. Enoch 2011). Diese Entscheidungsvorbereitung schafft einen neuen inneren Raum, sich für neue Bildungsentwicklungen zu öffnen oder es nicht zu tun. Die Entscheidung bleibt dem Individuum vorbehalten. Wir haben es also mit langen Wegen der Entscheidung zu tun.

1. Phase	2. Phase	3. Phase (Beratungssituation selbst)	4. Phase	5. Phase
Über-legung eine Beratung aufzu-suchen	Eine Beratung aufsuchen, oder durch allgemeine Orientierungs-beratung an eine spezifische Be-ratung verwiesen werden	a) Biographische Einflussfaktoren ↓ Beratungs-atmosphäre, Beratungs-praktiken ← b) Beratungs-situation, Interessen, Kompetenzen ↑ c) Professionelle Grundlegung (Theorien, Selbstauslegung, Qualitätsmerkmale, Kompetenzen)	Selbstreflexion, Gespräche mit Freunden und Familie, pro-fessioneller Austausch unter den Berater/innen	Entscheidungs-findung des Klienten Rückkoppelung und Frage nach der Wirksamkeit

Abb.2: Lange Wege der Entscheidung (vgl. Gieseke 2014: 12)

Bei allen Typen, in allen Organisationen und Kontexten von Beratung geht es letztlich um Entscheidungen. Es geht darum, wie man eine bessere Entscheidungsfähigkeit des Individuums für seine Bildungs- und Berufsentwicklung unterstützt. Das gilt auch dann, wenn es keine Wahl oder aber eine zu große Bandbreite zwischen Alternativen gibt. Immer trifft man Entscheidungen, die alles weitere im Lebenslauf beeinflussen. Wobei über Hilfe und Unterstützung bei Selbstschädigungen, die ansozialisiert sind, noch zusätzliche theoretische Beschäftigungen nötig sind, um zu sichern, dass nicht mit einem ideologischen Freiheits- oder gar Entscheidungsbegriff, besonders was Weiterbildung betrifft, gearbeitet wird, der mit der Selbststeuerungsdebatte unterstützt wurde. Um in Autonomie Entscheidungen treffen zu können, benötige ich Wissen, Austausch (Beziehungen, Verlässlichkeit), Zeit (vgl. Schmidt-Lauff 2008). Die Wertschätzung von Lernen und Bildung für das persönlich und gesellschaftlich agierende Subjekt bedarf einer neuen Diskussion, die nicht aufgelöst werden kann durch soziale Techniken oder mechanische Optimierungsstrategien (vgl. Han 2010, 2011). Die Bedeutung, die die Selbstschädigung hat, was die eigenen Lernprozesse im Lebenslauf betrifft, ist noch gar nicht geführt worden. Bisher läuft eine Diskussion dazu über den Widerstandsbegriff (vgl. Zimmermann 2014; Faulstich 2006). Durch unsere kleineren Untersuchungen, was die Bedeutung von Emotionen in Entscheidungsprozessen betrifft, werden diese Herausforderungen sichtbar (vgl. Gieseke 2009: 212).

Was die Anfragen an Beratung betrifft, können wir ebenfalls feststellen, dass nicht alle Individuen, wenn sie Beratung aufsuchen, eine allgemeine, dialogische Aufarbeitung im oben beschriebenen Sinne benötigen. Viele konnten bereits ausreichend handlungsleitende Vorstellungen entwickeln. Diese Ratsuchenden benötigen Informationen und ergänzendes Wissen, das sie noch für bestimmte situative Anforderungen verwertend bearbeiten wollen, um für sich eine Passgenauigkeit der Angebote zu überprüfen oder herzustellen. Der/die Berater/in ist hier nicht nur Zuhörer/in, sondern hat auch Wissen, Interpretationen einzubringen, die dann auszuhandeln sind (vgl. Enoch 2011). Solche Ratsuchenden wollen sich nicht neue Perspektiven erarbeiten. Es hängt von dem Beziehungsangebot des/der Beraters/in im dialogischen Prozess der Beratung ab, ob die differenten Entwicklungen gleich zu Beginn des Beratungsprozesses erkannt werden. Dadurch ist der/die Berater/in in der Lage, unterschiedliche Verlaufsformen einzuleiten, denn Verlaufsformen können nur begrenzt schematisch vorgegeben werden.

Der Typus von Ratsuchenden, der Beratung vor allem aufsucht, um Passgenauigkeit zwischen Zeit Ort und Raum, Geld zu suchen, hat im Nachfrageverhalten zugenommen. Dabei geht es darum, auf dem Weiterbildungsmarkt und vor den gesetzlichen Bedingungen ein passendes finanziertes oder finanzierbares Angebot zu finden; die Entscheidung generell über eine Partizipation und die Ausrichtung ist bereits gefallen (vgl. Käpplinger 2013). Diese Fälle könnten empirisch noch fallbezogene Aufarbeitungen vertragen. Unklar ist auch, ob die gegenteilige Annahme stimmt, wonach Orientierungs- und Entscheidungsprobleme besonders auch für Berufs- und Bildungsbereiche zunehmen. Zumal gegenwärtig Orientierungsberatung eine Anforderung ist, die auf strukturelle, organisatorische Anforderungen zurückgeht und ebenso Teil einer Optimierungsstrategie ist, gleichwohl aber das Individuum im Blick behält (vgl. Gieseke 2013).

7 Zusammenfassende Thesen

1) Beratung und Entscheidung stehen in einem paradoxen Zusammenhang. Ziel, ja zentrales Ziel einer Beratung ist es, Entscheidungsfähigkeit zu stärken, ohne dass die Entscheidung zwingend zur Beratung gehört.

2) Beratung trägt dabei mit unterschiedlicher Reichweite zur Entscheidungsfähigkeit bei, wenn Emotionsmuster der Individuen, Präferenzen und Interessen artikulierbar sind und mit Informationen, Wissen und Kompetenzen des Individuums ausbalanciert werden.

3) Es ist lohnend, sich mit neurobiologischen Befunden und beginnenden philosophischen Grundannahmen hinsichtlich Beratung zu beschäftigen, um diese aufnehmend, theoriebildend zu arbeiten, empirisch vielfältig anzusetzen, ohne sich bildungspolitisch fokussieren zu lassen.

4) Alle Anforderungen an Beratung und ihrer Professionalität sowie die Entwicklung von Organisationsstrukturen haben hier ihren Ausgangspunkt.

Literatur

Brem-Gräser, L. (1993): Handbuch der Beratung für helfende Berufe. 1. Bd. Basel

Eisenführ, F./Weber, M. (2003): Rationales Entscheiden. Berlin u.a.

Enoch, C. (2011): Dimensionen der Wissensvermittlung in Beratungsprozessen. Gesprächsanalysen der beruflichen Beratung. Wiesbaden

Ertelt, B.-J./Schulz, W. E. (1998): Beratung in Bildung und Beruf. Ein anwendungsorientiertes Lehrbuch. Leonberg

Faulstich, P./Bayer, M. (Hg.) (2006): Lernwiderstände. Anlässe für Vermittlung und Beratung. Hamburg

Faulstich, P./Ludwig, J. (2004): Lernen und Lehren – aus subjektwissenschaftlicher Perspektive. In: Faulstich, P./Ludwig, J. (Hg.): Expansives Lernen. Baltmannsweiler, 10-28

Gieseke, W./Dietel, S./Ebner von Eschenbach, M. (2012): Referenzmodell für die Koordination bildungsbereichs- und trägerübergreifender Bildungsberatung im Rahmen eines Bildungsmanagements auf kommunaler Ebene. Projektbericht im Rahmen der 1. Förderphase des Programms „Lernen vor Ort"

Gieseke, W./Opelt, K. (2004): Weiterbildungsberatung II. Studienbrief. Kaiserslautern

Gieseke, W./Pohlmann, C. (2009): Entwicklung von Referenzmodellen für die Organisation von Bildungsberatung in den Lernenden Regionen. In: Arnold. R./Gieseke, W./Zeuner, C. (Hg.): Bildungsberatung im Dialog. Band III: Referenzmodelle. Baltmannsweiler, 55-104

Gieseke, W. (2006): Gender Mainstreaming in der Bildungsberatung. In: Fellermayer, G./Herbrich, E. (Hg.): Lebenslanges Lernen für alle. Herausforderungen an die Bildungsberatung. Berlin, 24-34

Gieseke, W. (2009): Lebenslanges Lernen und Emotionen. Wirkungen von Emotionen auf Bildungsprozesse aus beziehungstheoretischer Perspektive. Bielefeld

Gieseke, W. (2013): Orientierungsberatung. In: Agentur für Erwachsenen- und Weiterbildung (Hg.): Bildungsberatung – Orientierung, Offenheit, Qualität. Die niedersächsischen Modellprojekte. Bielefeld, 15-35

Gieseke, W. (2014): Studienberatung zwischen Bildungsberatung, Lernberatung und psychologischer Beratung. In: Zeitschrift für Beratung und Studium. Handlungsfelder, Praxisbeispiele und Lösungskonzepte, H. 1, 10-14

Gigerenzer, G. (2007): Bauchentscheidungen. Die Intelligenz des Unbewussten und die Macht der Intuition. München

Han, B.-C. (2010): Müdigkeitsgesellschaft. Berlin

Han, B.-C. (2011): Topologie der Gewalt. Berlin

Harp, S./Pielorz, M./Seidel, S./Seusing, B. (2011): Praxisbuch ProfilPASS. Ressourcenorientierte Beratung für Bildung und Beschäftigung. Bielefeld

Kandel, E. (1999): Gedächtnis. Die Natur des Erinnerns. Heidelberg/Berlin/Oxford

Kandel, E. (2006): Auf der Suche nach dem Gedächtnis. Die Entstehung einer neuen Wissenschaft des Geistes. München

Käpplinger, B./Kulmus, C./Haberzeth, E. (2013): Weiterbildungsbeteiligung. Anforderungen an eine Arbeitsversicherung. Friedrich-Ebert-Stiftung, Bonn, http://library.fes.de/pdf-files/wiso/09852.pdf, 05.11.2013

Käpplinger, B./Klein, R./Haberzeth. E. (Hg.) (2013): Weiterbildungsgutscheine. Wirkungen eines Finanzierungsmodells in vier europäischen Ländern. Bielefeld

Laux, H. (1998): Entscheidungstheorie – Grundlagen. Berlin/Heidelberg

Laux, H. (2005): Entscheidungstheorie. Berlin u.a.

LeDoux, J. (2011): Das Netz der Gefühle. Wie Emotionen entstehen. München

Ludwig, J. (Hg.) (2012): Lernen und Lernberatung. Alphabetisierung als Herausforderung für die Erwachsenendidaktik. Bielefeld

Ludwig, J. (2014): Zur rekonstruktiven Handlungslogik professioneller pädagogischer Beratung. In: Schwarz, M./Ferchhoff, W./Vollbrecht, R. (Hg.): Professionalität: Wissen – Kontext. Sozialwissenschaftliche Analysen und pädagogische Reflexionen zur Struktur bildenden und beratenden Handelns. Festschrift für Bernd Dewe. Bad Heilbrunn (i.E.)

Nestmann, F. (2004): Ressourcenorientierte Beratung. In: Nestmann, F./Engel, F./Sickendiek, U. (Hg.): Das Handbuch der Beratung, Band 2. Tübingen, 725-735

Nestmann, F. (1997): Beratung als Ressourcenförderung. In: Nestmann, F. (Hg.): Beratung. Bausteine für eine interdisziplinäre Wissenschaft und Praxis. Tübingen, 15-38

Nationales Forum Beratung in Bildung, Beruf und Beschäftigung (NfB) und Forschungsgruppe Beratungsqualität am Institut für Bildungswissenschaft der Ruprecht-Karls-Universität Heidelberg (Hg.) (2011): Qualitätsmerkmale guter Beratung. Erste Ergebnisse aus dem Verbundprojekt: Koordinierungsprozess Qualitätsentwicklung in der Beratung für Bildung, Beruf und Beschäftigung. Berlin/Heidelberg

Reckwitz, A. (2006): Das hybride Subjekt. Eine Theorie der Subjektkulturen von der bürgerlichen Moderne zur Postmoderne. Weilerswist

Rogers, C. R. (1972): Die nicht direktive Beratung. München

Roth, G. (2001): Fühlen, Denken, Handeln. Wie unser Gehirn unser Verhalten steuert. Frankfurt a.M.

Schiersmann, C./Bachmann, M./Dauner, A./Weber, P. (2008): Qualität und Professionalität in Bildungs- und Berufsberatung. Bielefeld

Schiersmann, C. (2011): Beratung im Kontext von Lebenslangem Lernen und Life Design. Ein Generationen übergreifendes Konzept. Wiesbaden

Schlüter, A. (2013): Das ressourcenorientierte Konzept als Ansatz für die Lern- und Bildungsberatung. In: Education Permanente Schweizerische Zeitung für Weiterbildung, H. 3, 12-13

Schmidt-Lauff, S. (2008): Zeit für Bildung im Erwachsenenalter. Interdisziplinäre und empirische Zugänge. Münster u.a.

Schwarzer, C./Posse, N. (1986): Beratung. In: Weidemann, B./Krapp, A. (Hg.): Pädagogische Psychologie. München

Zimmermann, U. (2014): Bildungswiderstand. Lernende Erwachsene im Spannungsverhältnis von Individualität und Funktionalität. Uelvesbüll, 631-666

Biographische Deutung und Beratung in der Alphabetisierung

Ekkehard Nuissl

Joachim Ludwig sieht Beratung „im Zentrum des pädagogischen Interaktionsprozesses" (Ludwig 2012: 33). Die Lernenden suchen nach Rat, sie fragen um Rat, verbunden mit ihrem Lernprozess und ihrer Situation in der pädagogischen Interaktion. Insofern sind die Schwierigkeiten, zu denen um Rat gesucht wird, den Lehrenden deutlicher wahrnehmbar als die Lernprozesse selbst. Gerade im Bereich der Alphabetisierung ist die von Ludwig formulierte Position daher wichtig – die Lehrtätigkeit hat konzeptionell und methodisch das Element der Beratung zu ermöglichen, zu unterstützen und zu realisieren.

Auch wenn Beratung im pädagogischen Interaktionsprozess mit Analphabeten von zentraler Bedeutung ist, so ist sie doch von der Lehre zu unterscheiden. Sowohl auf der Beziehungsebene (Lehrender/ Lernender, Berater/Beratener) als auch in der Methodik (Fragen, Interventionen, Kommentare) sind die Unterschiede deutlich – übrigens auch hinsichtlich des Selbstverständnisses und der Kompetenz der Lehrenden. Darüber hinaus hat Beratung aber auch – im Unterschied zur Lehre – eine größere Nähe zu den Personen, ihren Problemen und ihren Deutungen. Das wird besonders offenbar, wenn es um Beratung in biographisch aufgeladenen Hemmnissen und Barrieren geht, wie sie im Falle von Analphabeten bestehen. Hier kann Beratung vielfach nahe an Therapie kommen, eine Nähe, die gefährlich ist, wenn der oder die Beratende nicht über die nötigen Kompetenzen im therapeutischen Bereich verfügt, und zweifelhaft, wenn der Ratsuchende gar keine Therapie wünscht (was eher die Regel ist): „Lernberatung ist pädagogische Beratung und keine Psychotherapie. [...] Sie macht nicht tieferliegende Schichten der Persönlichkeit zu ihrem Gegenstand" (ebd: 42).

In den Arbeiten von Joachim Ludwig wird dieser Zusammenhang detailliert analysiert (vgl. Ludwig 2012, 2014). Mir geht es hier darum, typische Fälle von biographischen Deutungen, die in der Alphabetisierungsarbeit (und nicht nur dort) pädagogisch relevant sind, zu benennen und im Hinblick auf Beratung zu reflektieren.

1 Zum Biographischen

Biographie liegt in der Vergangenheit, der individuellen Vergangenheit, die man zu einem bestimmten Zeitpunkt beschreiben kann. Das bedeutet ja auch das Wort selbst: Leben (Bios) aufschreiben(graphein). Ein Rückblick also. Dieser Rückblick – sofern er überhaupt reflektiert stattfindet – selektiert aus den Ereignissen und Erfahrungen des eigenen Lebens. In der aufgeschriebenen Form folgt er chronologischen Paradigmen (wie in der Regel leider die Geschichtsschreibung) und suggeriert einen linearen Entwicklungsprozess – gut nachvollziehbar in Goethes „Wilhelm Meister", immer noch erkennbar im humorigen Rückblick auf die Jahre in Russland von Wladimir Kaminer („Militärmusik"). In der gesprochenen Form löst sich diese ohnehin artifizielle Konstruktion deutlicher auf, Biographie wird zum Mosaik, oder, wie man heute sagt, zum Patchwork. Erfahrungen und Ereignisse werden nicht mehr chronologisch präsentiert, sondern kommunikativ – passend zum jeweiligen Interaktionskontext (vgl. Rosenthal 1995), etwa in pädagogischen Situationen.

Oft erstaunt es, welche Fakten aus der Biographie genannt werden und welche nicht. Die Nennung von Fakten hebt diese hervor, die nicht genannten werden geringer bewertet. Doch nicht nur das: die Ausführlichkeit und die Interpretation, die Fakten in Biographien erhalten, verweisen auf ihre Bedeutung. Fakten alleine, das wird dabei deutlich, sind nur das Gerüst, um das sich die eigentliche Biographie aufbaut. Die Unterscheidung zwischen Lebenslauf- und Biographieforschung hat ihren durchaus praktischen Kern: das gedeutete eigene Leben bezieht sich zwar immer wieder auf die „objektiv" erfassbaren Daten des Lebenslaufes, hat aber eine ganz andere Qualität, die recht eigentlich bedeutsam für den Lernprozess ist. Dabei spielt auch der Unterschied zwischen der psychischen, der sozialen und der gesellschaftlichen Zeit, welche die Biographie ausmacht, eine große Rolle.

Der Zusammenhang von Fakten der Biographie und deren Bewertung liegt auf der Hand; analytisch und zu Forschungszwecken wird jedoch zwischen beidem unterschieden. Gewöhnlich wird eine Unterscheidung vorgenommen zwischen dem „Lebenslauf", der chronologisch organisierten Anordnung von Fakten, und der „Biographie", der reflektierten Bewertung dieser Fakten. „Es ist sinnvoll, den Lebenslauf ohne Deutungen, nicht aber, Deutungen ohne den Lebenslauf zu erheben" (Meulemann 1999: 312). Der Lebenslauf ist nicht revidierbar, lässt sich aber jeweils anders deuten. Mit anderen Worten: Ein und dieselbe Person wird ihre Biographie (als Deutung ihres Lebenslaufs) zu unterschiedlichen Zeiten anders schreiben. Biographien richten sich zwar rückwärts, in die vergangene Zeit, reflektieren aber eigentlich die Gegenwart. Dabei sind die Deutungen nicht nur in die Vergangenheit gerichtet, sondern sie liefern das entscheidende Material für die Planung des weiteren Lebens, also die Organisation des künftigen Lebenslaufes.

Im allgemeinen Sprachgebrauch wird „Biographie" meist als Oberbegriff verwendet, der den „Lebenslauf" einschließt. Dafür spricht, dass es keinen ungedeuteten Lebenslauf gibt, schon in der Zusammenstellung der Fakten liegt die erste grundlegende Interpretation, umso mehr bei der Rezeption von Lebensläufen. In Bewerbungsverfahren werden rein numerisch scheinende „Curricula vitae" etwa höchst differenziert analysiert, „gedeutet".

Andererseits sind die heutigen Konzepte des „lebenslangen Lernens" und des „lebensbegleitenden Lernens" enger mit dem Lebenslauf verknüpft, ihre Herkunft aus instrumentellen Entwürfen wie „employability" und „success" und der Bezug zu Kompetenzmessungen ist unverkennbar. „Biographizität" als Ansatz, den Ablauf des Lebens als Abfolge von Reflexion und Steuerung im Sinne von Identitätsbildung zu sehen (vgl. Alheit 1990), wird in der Diskussion eher der Jugend- als der Erwachsenenphase zugewiesen: „Natürlich wandelt sich auch der Erwachsene, aber mit dem Ziel, der gleiche zu bleiben" (Meulemann 1999: 310). Fraglich ist, ob das gerade auch in Alphabetisierungsprozessen gilt, ist doch die Fähigkeit des Lesens und Schreibens in entwickelten kulturellen Kontexten wesentlicher Bestandteil der Identität.

2 Lebensläufe in Fakten

Ist das Biographische Bewertung und Interpretation, Deutung eben, so ist der Lebenslauf in der Regel beschränkt auf die Fakten. In der heutigen Zeit des „gläsernen" Menschen sind solche Fakten leicht und praktisch überall zugänglich, auch wenn sie es nicht sein sollen. Nicht nur soziodemographische Daten sind verfügbar, auch solche über kulturelle Interessen, soziales Umfeld, Geschäfte, Kommunikationen, Reisen und vieles mehr. Daten, die heute über Kommunikationsmedien (Mobile-sms, Internet, Facebook, WhatsApp, Linked-In, etc.) zugänglich sind, lassen sich auch personenspezifisch zu „Profilen" zusammenstellen – Profile, die lebensgeschichtliche Daten auf der Folie von interpretativen Rastern ordnen.

Doch auch früher schon wurden lebensgeschichtliche Daten erfasst und gesammelt und geordnet. Standesämter sammeln Familiendaten, Kirchen kümmern sich um die „Religionsbiographie", Schulen erfassen Zeugnisse und „Einträge" (Verfehlungen), Arbeitgeber führen Personalakten, Finanzämter haben eine Übersicht über die Geldgeschäfte im Zeitstrahl, Ärzte, Banken und Krankenkassen verfügen über eine Vielzahl von Einzelinformationen. Datenschutz wurde allerdings erst relevant, als sich die Menge der verfügbaren Fakten vervielfältigte und ihre Verknüpfung immer leichter zustande gebracht werden konnte.

Lebenslauf-Daten sagen kaum etwas aus über das Denken, Fühlen und Reflektieren von Menschen, sie ergeben aber die materielle Struktur des Biographischen. Insofern sind sie eine geeignete Interpretationsgrundlage für biographisches Denken und Handeln. Lebenslauf-Daten lassen Entscheidungen (und Nicht-Entscheidungen) der Menschen erkennen, ihr Aktivitätsprofil, meist auch ihre Schlüssel- und Krisensituationen. Schulabbruch etwa, längere Arbeitslosigkeit, Scheidung und anderes mehr sind solche Situationen, deren Folgen für das Denken und Fühlen der Menschen interpretier- und rekonstruierbar sind.

Gerade Situationen des Abbruchs, Wechsels und Leerlaufs sind im Bereich der Alphabetisierungsarbeit wichtige „key situations", an denen die emotionale und lebensgeschichtliche Relevanz gesehen werden kann und bearbeitet werden muss. Insofern ist nicht nur das „Biographische", die interpretierte und reflektierte Lebensgeschichte, im pädagogischen Kontext der Alphabetisierung wichtig, sondern auch die Betrachtung der Fakten des Lebenslaufs. Nicht nur in der biographischen Deutung, sondern auch in der scheinbar „objektiven" Darlegung von Fakten des Lebenslaufs spielen daher individuelle, subjektive und soziale, „objektive" Faktoren eine Rolle. Mit anderen Worten: Kein Lebenslauf steht für sich, sondern ist immer eingebunden in einen sozialen, historischen und kulturellen Kontext und auch nur im Blick darauf interpretierbar.

3 Sozialität der Biographie

Der Mensch ist ein soziales Wesen, und keine Biographie, ob geschrieben oder nicht, findet außerhalb dieses sozialen Kontextes statt. Andere Menschen beeinflussen die Biographie ebenso wie Normen, Erwartungen und Institutionen, und andere Menschen sind auch Zeugen der eigenen Biographie. In welcher Form auch immer sich jemand zu Lebzeiten biographisch äußert, er trifft auf „Mitwisser". Dabei geht es nicht nur um „Mitwisserschaft", sondern auch um permanente Entwicklung und Festigung der eigenen Biographie. Im Erzählen und Beschreiben des eigenen Lebens, im Erklären von Entscheidungen und Vorgängen liegen nicht nur Repetitionen, sondern auch Vergewisserungen der sozialen Akzeptanz der eigenen Deutung (vgl. Benedetti/Kade 2012; Nittel 2010). Gerade im Falle von Scheitern und dessen Erklärungen ist die soziale Festigung von Deutungen wichtig – entlastende Erklärungen, entschuldigende Geschichten, aufarbeitende Diskussionen. Auch die Deutungen der eigenen Biographie sind sozial induziert.

Die soziale Einbettung von Lebensläufen und Biographien hat sich gelockert, soziale und regionale Mobilität, sogenannte Patchwork- Biographien (betreffend Familien und Arbeitsleben) spielen dabei eine wichtige Rolle. Der geringe Spielraum, der zu früheren Zeiten in der Darstellung von Lebensläufen und ihrer Interpretation durch die soziale Einbettung bestand, hat sich erweitert. Analphabeten etwa können heute durch regionale Mobilität und Integration in neue Gruppen leichter verheimlichen, dass sie nicht lesen und schreiben können, wie dies im Regelfall durch die Teilnahme an einem Alphabetisierungskurs in einem anderen Stadtteil erreicht werden kann. Meist jedoch nehmen sie „Kronzeugen" (oft Ehepartner) ihrer Biographie mit in andere soziale Zusammenhänge, von deren Schweigen (und Unterstützung) sie dann in gewisser Weise abhängen. Veränderungen ihrer Lese- und Schreibkompetenz etwa haben dann gravierende Auswirkungen auf diese engsten Beziehungen.

Biographische Kommunikation ist immer auch eine Offenbarung. Am deutlichsten wird das in nicht-reziproken Kommunikationssituationen, etwa der Beichte oder der Anamnese beim Arzt. Niemand käme auf die Idee, in der Arztpraxis oder im Beichtstuhl nach den analogen biographischen Informationen des Priesters oder Arztes zu fragen. Diese Offenbarung hat auch eine Funktion des Sich Auslieferns. Die biographisch Tätigen geben sich in die Hand der anderen, sind in gewisser Weise schutzlos. Folgerichtig gibt es in biographischen Kommunikationen oft Arkanbereiche, die nicht geöffnet, dem Gegenüber nicht zugänglich gemacht werden. Das ist nicht nur in der therapeutischen, sondern auch in der Bildungsarbeit bedeutsam.

Für die einzelnen Personen erfüllt die Biographie (als gedeuteter Lebenslauf) in unterschiedliche Richtungen wesentliche Funktionen:

- Individuell geht es um Identitätsstiftung, Selbstvergewisserung, Rechtfertigung, Erklärung, Einordnung und Strukturierung der Fakten des Lebenslaufs, letztlich um die eigene Bewertung und den Umgang damit.
- Sozial geht es um die Vergewisserung der Normalität, um die Akzeptanz der eigenen Deutung, um die Abklärung von Geschehnissen und Ereignissen.
- Funktional geht es um die Regelung des Verhältnisses von Ich und Umwelt, die Selbstrepräsentation, den Aufbau stabiler Beziehungen.
- Pädagogisch geht es um die Vermittlung von Lebenserfahrungen, Warnungen und Empfehlungen, aber auch Hilfe und Suche nach Möglichkeiten.
- Perspektivisch geht es um die Grundlagen der Lebensplanung, der weiteren Lebensplanung, der Öffnung von Alternativen und Entscheidungsspielräumen.

Es ist eine Art der „Kontinuitätssicherung" (Kohli 1980) der individuellen Identität, die in der biographischen Arbeit liegt. In jedem Alter hat die Deutung und Darlegung des Lebenslaufes eine andere Funktion, die suchende und planende überwiegt in der Jugend, die vermittelnde, rechtfertigende und resümierende mit wachsendem Alter. Auch die Funktion der Biographie ist also abhängig vom Lebenslauf selbst, hat zu unterschiedlichen Zeiten unterschiedliche Bedeutung für die Personen und das soziale Umfeld.

Die Tatsache, dass die Biographie ein erkennbares und beschreibbares Glied in der Beziehung von Individuum und Umwelt ist, hat gerade auch in der sozialwissenschaftlichen Forschung mit einem gewissen Auf und Ab seit jeher eine Rolle gespielt. Biographische Forschung findet sich in der Ethnologie, der Psychologie (und der Psychiatrie), den Sozialwissenschaften und – seit gut drei Jahrzehnten – auch wieder verstärkt in der Wissenschaft von der Erwachsenenbildung (vgl. Zeuner/Faulstich 2009).

In den Sozialwissenschaften war sie immer wieder wichtig, immer aber auch eher ein „Nebenschauplatz" der soziologischen Hauptströmungen. Ein Grund dafür mag sein, dass die Sozialwissenschaften in jedweder Prägung darum bemüht waren, die Gesellschaftlichkeit des Lebens und die gesellschaftliche Produziertheit der Individuen nachzuweisen. Die individuelle Lebensgeschichte hatte in diesem Zugang keinen richtigen Platz. Auch empirisch erwiesen sich Biographien immer als Problem: Lebenslaufdaten sind individuell, allenfalls für Fallstudien brauchbar, und die dazugehörigen Deutungen sind mit „harten" Messinstrumenten nicht greifbar, unterliegen interpretativen und hermeneutischen Erfordernissen (vgl. Alheit/Bergamini 1996).

Natürlich sind diese Entwicklungen nicht nur mit einem Ansatz der Autobiographie alleine zu erklären, der sich der individuellen Entwicklung widmet. Von besonderer Bedeutung sind die sozialen Rahmungen, in denen Biographien entstehen und sich entfalten. Die im Biographischen immanenten Beschreibungen von Werten, Milieus und Prozessen erzeugen auch eine soziale Identität gerade dort, wo das reflektierte einzelne Leben noch wenig galt. Dies gilt etwa für Biographien aus dem Arbeitermilieu, die sich damit ihrer eigenen gesellschaftlichen, nicht nur individuellen Bedeutung bewusst wurden (vgl. etwa Weitzel-Polzer 1991). Dies gilt in ähnlicher Weise auch für die Rolle, die Frauenbiographien im Zuge der Frauenbewegung gespielt haben (vgl. Schlüter/Schell-Kiehl 2004). Damit bestätigt sich in einem wesentlich weiteren Sinn die Relevanz von biographischen Reflexionen für soziale Entwicklungen. In diesem Sinne ist das Motto nicht „Wissen ist Macht", sondern „Reflexion des eigenen Lebens ist Macht". Wissen alleine erzeugt keine gesellschaftlichen Prozesse, Reflexion über Ursachen und Folgen von individuellen und gesellschaftlichen Problemen schon.

4 Biographische Deutung

Aus der Diskussion um die Deutungsmuster (vgl. Arnold 1985; Nuissl 2012) und die Forschungen dazu, wissen wir um den Zusammenhang von Fakten und ihren Deutungen, pädagogisch meist in der Kategorie der „Erfahrungen" verpackt. Es gibt kein konkretes, „objektiv" nachprüfbares Ereignis, das biographisch nicht gedeutet ist. Der Krieg etwa wird von jedem, der ihn erfahren hat, anders beschrieben. Dabei gelten zwar allgemeine, offenbar menschliche Erinnerungsregeln (das Schlechte, Bedrohliche, Grausame, Hässliche wird eher verdrängt), die Erfahrungen selbst sind aber sehr unterschiedlich, individuell eben. Das gilt auch für Ereignisse, die nicht die ganze Gesellschaft betreffen, sondern nur die eigene Kohorte – wie der jeweilige „Zeitgeist" in Bezug auf Erziehung, Beziehung und auch Lernen. In den sechziger Jahren des vorigen Jahrhunderts war etwa das Lernen von Erwachsenen noch die Ausnahme, die Reaktion der Umwelt hieß: „Was, das hast Du nötig?"; heute ist die Reaktion auf Nicht-Lernen eher: „Was, Du bildest Dich nicht weiter?". Solche kollektiven und für die jeweilige Kohorte wichtigen gesellschaftlichen Werte prägen auch die eigenen Deutungen.

Solche Dimensionen müssen in Betracht gezogen werden, wenn es um die Relevanz der Deutungen des eigenen Lebens für den Lernprozess geht. So individuell gerade in der Alphabetisierung der Lernprozess zu gestalten ist, so generalisiert lassen sich doch gesellschaftliche Determinanten ausmachen. Die Funktion von Lesen und Schreiben als gesellschaftliche Kulturtechnik kommt hier als Resonanzboden der Deutungen zurück. Aussagen wie „So durften wir damals nicht mit unseren Eltern umgehen!" sind typische biographische Bemerkungen, welche lebensgeschichtliche Bewertungen in einen aktuellen Kontext stellen. Einmal abgesehen davon, dass dabei nicht selten ahistorisch vorgegangen wird oder sich die Dinge aus der (zeitlichen) Ferne verklären: Normen werden sozialisiert oder seltener intentional und häufiger situativ gelernt.

Analphabeten haben ein „objektives" Problem: sie können nicht oder nur wenig mit dem gesellschaftlich genormten Kommunikationsmedium der Schriftsprache umgehen, stehen in vielen Situationen vor der Frage, wie sie dennoch vollwertig mitsprechen und mithandeln können. Im Leben vieler Analphabeten hat sich gezeigt, dass es durchaus probate Mittel gibt, die fehlenden Kompetenzen des Lesens und Schreibens zu substituieren, vernachlässigbar zu machen und zu verbergen. Darin liegen wiederum andere Kompetenzen, die entwickelt wurden und die Person, ihren Selbstwert und ihre Identität ausmachen. In der Selbstreflexion sind es diese Kompetenzen, die wichtig sind und das Selbstwertgefühl stabilisieren. Illiteralität wird dadurch nicht zu einer alltäglichen Bedrückung, sondern zu einer Besonderheit, die nur bei bestimmten Gelegenheiten als Problem auftaucht.

Deutungen bei Analphabeten über das Entstehen und die Ursachen der mangelnden Schreib- und Lesekompetenz erfüllen überwiegend eine entlastende Funktion, sie entlasten die eigene Person von Schuld und Versagen. Dies ist jedoch kein spezifisches Phänomen bei Analphabeten – biographische Deutungen sind meist entlastend, wenn es um Probleme im Lebenslauf geht. Bei den Analphabeten, die Lesen und Schreiben lernen wollen, verbaut diese Deutung aber oft den Umgang mit den eigenen aktuellen Lernproblemen im Kurs und sind insofern Gegenstand und Hintergrund der meisten Beratungsgespräche. Andererseits nehmen die Analphabeten aber an den Kursen teil, sind also motiviert, den Mangel zu beheben, auch und gerade wenn er „unverschuldet" ist. Hier liegt eine strukturelle Diskrepanz, die in der Regel den „Plot" der Beratungen ausmacht, „Plot" als integrierender Begriff für Thema und Ziel.

Aus Erklärungen von Analphabeten über die Ursachen ihrer fehlenden Lese- und Schreibkompetenzen lassen sich Typen von Deutungen bündeln, die im Folgenden mit beispielhaften Interviewauszügen[1] illustriert werden. In der Interpretation dieser „typischen" Erklärungsmuster wird jeweils auch reflektiert, wie in der Beratung damit umgegangen werden könnte.

Das andere Interesse

„Für mich war alles wichtiger als die Schule, der Fußball, das Spielen, die Freunde (…), das hat mehr Spaß gemacht."

Eine auf den ersten Blick überzeugende Erklärung – wer würde nicht gerne lieber seinen Interessen folgen als etwas wenig Erfreuliches betreiben? Es ist jedoch eine später „aufgesetzte" Erklärung. Die Frage stellt sich ja, warum das Erlernen des Lesens und Schreibens weniger Spaß gemacht hat als die genannten anderen Aktivitäten. Vielleicht war es zu mühsam, wurde als mühsam empfunden, war wenig freudvoll, wurde nicht durch Erfolgserlebnisse belohnt wie etwa durch Tore beim Fußballspiel. Es ist auch wenig wahrscheinlich, dass ein Kind kein Interesse daran hat, den Fortschritt der anderen Kinder mitzumachen – im sozialen Kontext wird das meist durch Ausgrenzung und Außenseitertum bestraft. Das Harmonische dieses Deutungsmodells bringt die Gefahr mit sich, immer wieder in dieses Muster zu verfallen – es gibt ein Interesse an Dingen, die weniger mühsam sind. Die Lernberatung kann hier besonders darauf abzielen, die Qualität dieses damaligen Interesses zu hinterfragen, eine Reflexion darüber anzuleiten, woher Interesse kommt und wie es sich ausdrückt. Die Gefahr für den Beratungsprozess liegt darin, dass Probleme, die mit dieser harmonischen Deutung überlagert und „stillgestellt" sind, kaum bearbeitbar aufbrechen können.

---

[1] Die folgenden Zitate stammen aus Interviews, die mit 52 Teilnehmern an Alphabetisierungskursen in Essen, Mülheim und Oberhausen in den Jahren 2011 und 2012 geführt wurden. Der Forschungsbericht ist noch nicht veröffentlicht.

Der fehlende Nutzen

„Ja, in der Schule haben wir uns damit beschäftigt, aber eigentlich brauchte ich das Lesen nicht, wir hatten gar keine Bücher, bei uns hat niemand gelesen, ich habe das von mir aus auch nicht getan (…).“

Milieudeutungen dieser Art sind naheliegend und beschreiben in der Tat wichtige Faktoren: warum etwas lernen, was (zumindest momentan) gar nicht gebraucht wird? Andererseits: ein solches Argument kann für sehr vieles gelten, was „auf Vorrat“ in der Schule gelernt wird. Der Blick nach vorne, die Lebensplanung, das Verständnis vom eigenen kommenden Lebenslauf sind in dieser Sichtweise ausgeblendet. Auch das ist eher unwahrscheinlich in einem Alter, in dem wöchentlich neue Ideen darüber entwickelt werden, was man gerne einmal tun, was arbeiten möchte. Der Nutzen ist aber unverkennbar als „performance“ in dem System der Schule, in dem Leistung abgefragt ist. Letztlich ist diese Deutung daher eine Kritik am Leistungssystem der Schule, ihrer Transparenz, Legitimation und Akzeptanz. Im Kontext von Beratung ist davon auszugehen, dass ein tiefer liegender Zweifel in Bezug auf Leistungs- und Selektionssysteme vorliegt, zu dessen Reflexion Beratungen anregen können.

Der schuldige Andere

„Mein Vater war ein Trinker, wenn er betrunken war, hat er uns geschlagen. Es war ein schlimme Situation bei uns zu Hause, ich wollte nur weg (…).“

Viele Analphabeten beschreiben belastende häusliche Situationen, in denen oft auch eine konkrete Person definiert wird, die „Schuld“ hat. Die Berechtigung einer solchen Schuldzuweisung soll gar nicht bestritten sein, nur zu oft verhielt es sich wirklich so oder ähnlich. Schuldzuweisungen verstellen jedoch in der Regel den Blick auf den eigenen Anteil am Geschehen, die eigenen Schwierigkeiten, die eigenen Schwächen. Sie erschweren eine Auseinandersetzung mit der belastenden Umwelt bzw. der „schuldigen“ Person, was nicht nur in der Vergangenheit, sondern auch in der Gegenwart hinderlich bei Lernfortschritten sein kann. Beratungen können daher gezielt die Reflexion der eigenen Rolle unterstützen, den Schuldvorwurf in den Hintergrund drängen und stärker den eigenen Anteil thematisieren.

Die damaligen Umstände

„Wissen Sie, zu meiner Zeit und in meinem Elternhaus war es unüblich, dass Frauen beruflich lernen, da waren andere Lebensplanungen angesagt (…).“

Die eigenen Lebenslauf-Entscheidungen stehen immer in einem sozialen und historischen Kontext. Die Wertigkeit oder die Wichtigkeit bestimmter Kompetenzen mit Blick auf den Lebenslauf basiert oft nicht auf Erfahrungen, sondern auf Zuschreibungen – früher mehr denn heute. So ist es daher möglich, dass die extern induzierte Lebenslaufplanung Kompetenzprofile abverlangte, in denen Lesen und Schreiben nicht im Vordergrund standen, zumal die „Schriftlichkeit“ in früheren Zeiten sowohl bei der Arbeit als auch im Alltagsleben leichter umgangen werden konnte. Diese Deutung ist daher eine kohortenspezifische, die immer seltener als historische auftritt, eher als kulturelle (z.B. bei Migrantinnen: „in dem Land, aus dem ich komme, stand das als Kompetenz von Frauen nicht im Programm“). Darin liegt die Gefahr, sich selbst als Opfer von Umständen zu sehen, denen man aus eigener Kraft nichts entgegenzusetzen hat. Beratungen zielen hier eher auf die Stärkung des Selbstwertgefühls und die Wichtigkeit der eigenen Person ab.

Die ungerechten Lehrer

„Ich kam einfach mit meinem Lehrer nicht klar, er hat mich auch systematisch schlechter als die anderen bewertet (…)."

Es ist schwer, den „Wahrheitsgehalt" solcher Deutungen zu ergründen. Soziale Beziehungen, Kommunikations- und Interaktionsstrukturen sind – vor allem rückwirkend – schwerlich überprüfbar. Es gibt jedoch immanente Plausibilitäten, an denen sich die Wahrnehmung von Ungerechtigkeit überprüfen lassen, etwa die Sichtweise der anderen Betroffenen (der Mitschüler), die eigenen direkten Reaktionen, die konkreten Verfahren. Um die Prüfung des Wahrheitsgehaltes geht es jedoch gar nicht, sondern um die damals gezogenen Konsequenzen: Rückzug, Verweigerung, Distanz, Desinteresse. Und die Folgen, die dieser Zirkel für die Gegenwart hat, z.B. Zweifel in Gerechtigkeit der Bewertung, Problematik der Beziehung zur Lehrkraft usw. In der Beratung geht es dann vor allem darum, die subjektiven Kriterien von Gerechtigkeit und gerechter Bewertung gerade auch im Vergleich mit anderen Lernenden zu thematisieren.

Die andere Aufgabe

„Ich musste mich um die Wohnung und meine kranke Mutter kümmern, konnte die Schule nicht fortsetzen (…)."

Auch hier kann es sich durchaus um reale Situationen handeln, um „objektive" Gegebenheiten, um Pflichten und Fürsorge des Kindes gegenüber der Mutter. Die Deutung liegt im Begriff des „Müssens". Es kann sich auch um eine willkommene Ablenkung von der „Pflicht" des Lernens handeln, willkommen auch deshalb, weil sie sozial positiv bewertet ist und Anerkennung verspricht. Solche Ablenkungssysteme sind sehr menschlich und lassen sich oft finden. In der Beratung liegt der Blick hier stärker auf den (mehr oder weniger stringenten) eigenen Steuerungssystemen der Lernenden; Beratung zielt ab auf die Reflexion der eigenen Lern- und eben auch Vermeidungsstrategie.

Das eigene Versagen

„Ich habe das nicht verstanden mit den Buchstaben und dem Lesen, ich wurde auch nicht genug unterstützt."

Eine sehr selten anzutreffende Sicht, da sie in der Hauptsache nicht entlastet, auch wenn mit dem Verweis auf die fehlende Unterstützung dies angedeutet ist. Die Gefahr bei dieser Deutung ist, dass Mutlosigkeit und frühe Aufgabe damit vorbereitet werden können, das eigene Unvermögen gewissermaßen als selbst erfüllende Prophezeiung neue Lernschritte in Frage stellt. In der Beratung geht es daher darum, die Defizitsicht zu einer bearbeitbaren Problemsicht zu machen, die eigene Deutung zu öffnen für weiterführendes und erfolgreiches Lernverhalten.

Die fehlende Chance

„Ich hatte Schwierigkeiten mit dem Lesen, man hat mich sehr früh aussortiert, in die Hilfsschule gesteckt (…)."

Eine Versagenserfahrung, in der ebenfalls eigene Schwächen thematisiert, die Ursache jedoch in der ungeeigneten Reaktion der Umwelt gesehen wird und insofern entlastend wirkt. Mit dieser Deutung ist meist die Furcht verbunden, das Bekenntnis eigener Schwäche könnte wieder zu Ausgrenzungsverfahren führen. In der Beratung geht es darum, die Reflexion über die scheinbare Kausalität von Schwäche und Ausgrenzung anzuleiten.

5 Biographische Methoden

Beratungen zu biographisch entstandenen Lernbarrieren sind in einem „holistisch" angelegten pädagogischen Prozess mit Analphabeten konzeptionell verzahnt mit biographischen Lehrmethoden, also solchen, die biographischen Elementen den Eingang in die gemeinsame Interaktion ermöglichen und unterstützen (vgl. Marotzki 1990). „Lernberatung wirkt unterstützend für Lernprozesse, wenn es gelingt, die Handlungs- und Lernproblematiken in ihrer Begründetheit einschließlich ihrer Widersprüchlichkeit zu verstehen, sie zu rekonstruieren und gemeinsam mit den Lernenden zu reflektieren. [...] Lernberatung rekonstruiert Handlungs- und Lernbegründungen der Lernenden in sozialen Situationen einschließlich des Lehr-/Lernverhältnisses" (Ludwig 2012: 42).

In Lehr-Lern-Prozessen mit Erwachsenen ist das biographische Element „Alltagsgeschäft": zu Beginn jedes Kurses erfolgt eine Vorstellung der teilnehmenden Lerner. Dabei ist die Reichweite des Gesagten meist sehr eingeschränkt – noch fehlendes Vertrauen und Unklarheiten über die soziale Situation verbieten es, Wichtigeres zur Charakterisierung der Teilnehmenden gewissermaßen „in a nutshell" darzulegen. Biographisches erscheint daher im Verlauf des Lehr-Lern-Prozesses punktuell, oft angedockt an den jeweiligen Inhalt, der eigene Assoziationen hervorruft, oder eben als beratungsbedürftige Barrieren. Natürlich entsteht eine Auseinandersetzung mit Erfahrungen und mit der Biographie auch im weiteren Verlauf nicht von alleine. Es bedarf geeigneter Lehrmethoden, um Biographisches zum Gegenstand zu machen und die Lernziele auf eine Weiterentwicklung der Persönlichkeit und ihrer Kompetenzen sowie ihrer Lebensplanung hin zu entwickeln. Dies gilt vor allem auch in solch sensiblen Feldern wie dem nachholenden Erwerb von Fähigkeiten des Lesens und Schreibens.

In der Diskussion um die geeigneten Methoden geht es zunächst grundsätzlich um die Frage, welche Bedeutung der gesellschaftliche Kontext für die Anwendung biographischer Methoden spielt. Konzepten der Richtung „Lebensweltorientierung" etwa wird vorgehalten, sie seien zu sehr auf die individuellen Lebenswelten fokussiert und vernachlässigten den gesellschaftlichen Kontext. Dem gesellschaftskritischen Ansatz wird entgegengehalten, dass er nur wenig Entwicklung und Hilfe für die biographische Reflexion und Planung der Individuen liefert.

Lebensweltorientierte Ansätze werden in der Erwachsenenbildung zur Bearbeitung persönlicher Erfahrungen eingesetzt. Durch Selbstreflexion und Gespräche werden individuelle Erfahrungen in den Kontext gesellschaftlicher und kollektiver Entwicklungen gestellt (vgl. Behrens-Cobet/Reichling 1997). Die Beteiligten sollen in die Lage versetzt werden, Handlungsperspektiven zu gewinnen und dadurch ihr künftiges Leben souveräner zu gestalten. Eine wichtige Rolle spielt dabei die biographische Methode.

Die biographische Methode weist generell drei aufeinander bezogene Schritte auf: Verstehen der individuellen Erfahrungen – Austausch mit Anderen – Erkenntnis der gesellschaftlichen Bezüge. Das durch biographische Methoden erworbene Wissen erweitert nicht nur den Wissensbestand, sondern transformiert ihn auch. Auf diese Weise entwickelt sich die „Schlüsselqualifikation" der Biographizität, die einen erhöhten Reflexions- und Handlungsspielraum für die Individuen eröffnet (vgl. Alheit 2003).

Die Rekonstruktion des Lebenslaufs und die Identifikation der Gründe der Illiteralität, sind eine wesentliche Grundlage der pädagogischen Arbeit. Nicht nur die Gründe der Illiteralität, sondern auch die Entstehungsformen sind wichtig: Nie richtig gelernt, gelernt und wieder vergessen, kaum gelernt und langsam vergessen – sie sind übergreifend beschreibbar, individuell jedoch ganz verschieden. Gewissermaßen die Unterschiedlichkeit potenzierend ist der Unterschied in der Deutung von Gründen und Formen durch die Individuen. Bedeutsam im Lehr-Lern-Prozess ist weniger eine „objektive" Definition des Entstehens als vielmehr die subjektive Deutung desselben – ein biographischer Sachverhalt eben. Das stellt die Bildungsarbeit im Alphabetisierungsbereich vor eine große Hürde. Lerngruppen zum Erwerb der Fähigkeiten des Lesens und Schreibens im Erwachsenenalter haben es daher zwar mit identischen Themen und Lernzielen zu tun, aber eben soviel unterschiedlichen Zugängen zu diesem Lernziel wie Teilnehmende in der Gruppe sind. Dabei geht es nicht zuerst um die unterschiedlichen Strategien, Lesen und Schreiben zu erlernen, sondern um die subjektive Begründung, die subjektive Motivation des Lernens und die Deutung eines individuellen Versagens oder Scheiterns. Diese können nur individuell angegangen werden, gleichgültig, wie viele Lernende im Kurs sind. Die Heterogenität dieser Erwachsenenbildung ist eine doppelte: die der Lernstrategien und die der biographischen Deutungen. Kein Wunder: Seminare zum Lesen und Schreiben lernen haben nur geringe Teilnahmezahlen (auch wenn die Minderheit der Illiteraten regional sehr hoch ist) und erfordern eine individuelle Vorgehensweise. Es sind diejenigen Angebote der Erwachsenenbildung, die mit am stärksten eine individuelle Differenzierung sowie eine gesellschaftliche Perspektive verlangen. Im konkreten Verlauf von Seminaren haben die Pädagogen die Aufgabe, Biographien zur Bearbeitung aufzurufen und zu behandeln, ohne dass dadurch eine Bloßstellung der Autobiographen erfolgt und zugleich das Übergreifende des „Falles" in den Blick kommt.

Ein Beispiel für eine solche komplexe Seminaranlage ist die von Susanne Braun vorgestellte Form des biographischen Lernens (Braun 1996). Dabei sollen Vergangenheit, Gegenwart und Zukunft als gestaltbar erlebt werden. Einzelne Schnittstellen der Biographie werden ausgewählt (z.B. Berufswahl, Familiengründung, Bildungsentscheidungen) und auf Generalisierbarkeit in der Gruppe geprüft. Wenn angenommen werden kann, dass eine Bearbeitung der Schlüsselsituation im Seminar nicht nur für diejenige Person, zu deren Biographie sie gehört, von Interesse ist, sondern auch für die anderen, kann sie intensiver bearbeitet werden. Dabei können unterschiedlichste, auch rein kognitive Verfahren angewandt werden (z.B. ein Wissensinput, wieviel Prozent der Bevölkerung diese Frage wie gelöst hat), häufiger aber ist die Bearbeitung mit kreativen Methoden verbunden, etwa mit Rollenspielen oder theaterpädagogischer Intervention oder soziodramatischen Verfahren, die allesamt kognitive, emotionale, körperliche, sinnliche, soziale und eher weniger bewusste Aspekte thematisieren. Allerdings: diese „kulturellen" Methoden sind meist mit Lerngruppen von Illiteraten schwer zu realisieren, zu viele Widerstände existieren gegen die ganzheitliche Offenbarung.

Eine direkte Übernahme von Methoden der Biographieforschung in das erwachsenenpädagogische Seminar ist die „guided biography", gewissermaßen die pädagogisch strukturierende Anleitung bei der Erstellung einer eigenen Biographie. Die Rolle der Pädagogen ist dabei die der Fragenden, derjenigen, die auf Lücken hinweisen und Deutungen anfordern oder in Frage stellen. In einer stärker sozialen Variante spielt sich dies in Geschichtswerkstätten ab, einer Form gemeinsamer biographischer Aufarbeitung, oder in „Erzählcafés", pädagogisch organisierten lockeren Gesprächsrunden. In diesen (scheinbar) unverbindlichen Interaktionsformen finden sich Analphabeten gut zurecht, es entstehen Vertrauensverhältnisse und Bekundungen offener Art.

Eine ebenfalls der biographischen Forschung entlehnte pädagogische Form ist die der Textarbeit, des Ernstnehmens des Begriffs „Biographie". Sie hat enge Bezüge zum Ansatz des „kreativen Schreibens" (Werder 1996) und verfolgt bei Illiteraten zweierlei: die Vergewisserung der eigenen Biographie, der eigenen Identität, und die interessengeleitete Anleitung zum (Wieder-)Erlernen des Schreibens. Nicht selten erfolgt hier der Lernprozess in einer Richtung, die Ödön von Horvath satirisch auf den Punkt gebracht hat: „Eigentlich bin ich ganz anders, ich komme nur nicht dazu". Da komplexere Texte nicht Aufgabe in Kursen für Illiteraten sein können, folgt die Textproduktion dem Prinzip des story telling, kleine Geschichten, die sich mosaikförmig zur Interpretation eines Lebenslaufes fügen.

Ein interessanter Ansatz, der zur biographischen Arbeit zu zählen ist, liegt in der Ansprache und Beteiligung von Zeitzeugen. Dabei geht es weniger um Zeugen einer abstrakten Realität außerhalb der eigenen Lebensgeschichte, sondern um Zeugen, die aus ihrer Sicht kollektive Erfahrungen (wie gesellschaftliche Krisen und Konflikte, Katastrophen, Umwälzungen wie etwa den Siegeszug der Digitalisierung) thematisieren. Daran knüpft sich eine Debatte um die „richtige" Deutung an, die jeweils lebensgeschichtlich richtige Deutung – und deren Unterschiede zwischen den Individuen. In der Alphabetisierungsarbeit wird damit zwar nicht die Schlüsselsituation der fehlenden Literalität thematisiert, wohl aber der Bedeutungshorizont des gesellschaftlichen Kontextes derselben geöffnet.

Eine andere Form, sich mit der eigenen Biographie als Gegenstand eines erwachsenenpädagogischen Lernprozesses auseinanderzusetzen ist der „Lebensbaum". Er gilt als Weg zur persönlichen Zielklarheit und Potentialanalyse sowie zur Reflexion des bisherigen Lebens. Der Baum ist dabei eine Metapher, mit der gearbeitet werden kann, ohne im Gruppenkontext zu verletzen. Der Baum weist Energiequellen auf, hat (im Stamm) einen Energiespeicher und zeigt in Ästen, Zweigen und Blättern die vielfältigen Erlebnisse, Aktivitäten und Interessen des Menschen. Über solcherart entwickelte und gestaltete Bäume lassen sich im Seminar Gruppengespräche gestalten, in denen das Entstehen und das mögliche weitere Wachstum des Baumes erörtert werden kann.

In der Bildungsarbeit mit Analphabeten zeigt sich, dass die Bearbeitung biographischer Aspekte meist wichtiger ist als das Verfahren, Lesen und Schreiben zu lernen. Es geht um die Identifikation von Blockaden, Selbsteinschätzungen, Deutungen von Scheitern und Erfolg und soziale Anerkennung. Das lässt sich vergleichen mit dem Erlernen von Schwimmen: solange jemand Angst vor dem Wasser hat, wird er nie richtig schwimmen lernen, es geht also zuvörderst um den Angstabbau, um das Bewusstwerden der Normalität.

6 Biographische Beratung

Im Bildungs- und Beratungsprozess mit Analphabeten sind Methoden der biographischen Zentrierung erforderlich. Erwachsene, die das Lesen und Schreiben noch nicht gelernt oder wieder vergessen haben, bedürfen eines biographieorientierten Bildungs- und Beratungsprozesses (vgl. Ludwig 2012). In der Praxis der Erwachsenenbildung mit Analphabeten geschieht dies bereits in der Eingangsberatung vor dem Bildungsprozess, welche die Lebensbedingungen und die Motivation der Lernenden zum Thema hat. Dabei wird vor allem geprüft, ob die Motivation „trägt", stark und nachhaltig genug für den Lernprozess ist, und ob das Umfeld der Lernenden den Lernprozess unterstützt. Beides ist wichtig, um den (vermuteten) Scheiterns-Erlebnissen der Lernenden nicht ein weiteres, ähnlich gelagertes Erlebnis hinzuzufügen. Die Beratung von Illiteraten ist in diesem Sinne eine „Mischberatung", es geht nicht nur um Bildungsberatung (welches Lernangebot ist für mich geeignet?), sondern auch um Lernberatung (wo liegen meine Lernprobleme, wie kann ich sie lösen?) und um Laufbahnberatung (wo liegen meine Stärken, wohin soll ich gehen?).

Es ist von besonderer Sensibilität, den bisherigen Lebensweg auf die Schlüsselsituationen, aber auch auf die Stärken der beratenen Personen zu befragen. Als Beispiel dafür könnte die Beratungsaktivität zum „Profilpass" (vgl. u.a. Deutsches Institut für Erwachsenenbildung 2006) gelten, der lebenslauforientiert, insbesondere die Stärken zu reflektieren versucht. Die Beratung konzentriert sich dabei auf einzelne Abschnitte und Aktivitäten im Leben, die zu Kompetenzen geführt haben, ohne dokumentiert (d.h. zertifiziert) zu sein. Hausfrauentätigkeit etwa ist ein typischer Fall nicht zertifizierter, mit großer Wahrscheinlichkeit aber entwickelter Organisationskompetenz. Die Beratung versucht, Tätigkeiten im Lebenslauf aufzurufen und daraufhin zu befragen, was man können muss um diese Tätigkeiten auszuüben. Eine ähnlich gelagerte Beratung ergibt bei Analphabeten meist hohe Kompetenzen in der Organisation von Support, im Erkennen und Ausweichen kritischer Situationen und in der Entwicklung von Selbstbewusstsein in anderen Feldern. Illiterate haben eine große Kompetenz darin entwickelt, ihre Lese- und Schreibprobleme zu verbergen oder zu substituieren, sind auf alternativen Feldern (z.B. Sport) aktiv und betätigen sich sozial. Vielfach tritt das Bedürfnis, nun doch noch Lesen und Schreiben zu lernen, bei unausweichlichen Lebenssituationen auf, bei einer Mutter etwa, deren Kind in die Schule kommt und auf die Unterstützung der Mutter bei den Hausaufgaben hofft oder angewiesen ist.

In der Eingangsberatung von Analphabeten (und der begleitenden Lernberatung) sind daher die komplexen Kompetenzprofile zu berücksichtigen, die sich diese Erwachsenen aufgebaut haben. Ein Defizitansatz („Du kannst etwas Wichtiges nicht") ist nicht angebracht, wäre auch kontraproduktiv. Ein solcher Ansatz ist auch besonders dann unangebracht, wenn es sich bei den Illiteraten um Erwachsene aus anderen Kulturkreisen, um Migranten, handelt, bei denen Illiteralität möglicherweise vor allem die Sprache des Einwanderungslandes betrifft.

Der biographische Zugang in der Bildungsarbeit mit Analphabeten betrifft von daher nicht nur die didaktische Organisation zur Auflösung des „Knotens" Illiteralität, sondern auch das Verstehen und Erkennen der Bedeutung von Illiteralität im Leben jedes einzelnen Individuums. Lebensweltbezug heißt in diesem Sinne für die pädagogische Arbeit, die Lebensumstände zu begreifen, ihr Entstehen und ihre Relevanz zu erkennen und die Kompetenzen zu würdigen, welche die Betroffenen in diesen Umständen erworben oder entwickelt haben.

Allerdings ist dabei auch Vorsicht geboten. Gerade im Bereich der Alphabetisierung besteht die Neigung zur „Sozialarbeit"; damit sind die Überbetonung der Arbeit an der sozialen Situation und die Vernachlässigung des Lernens gemeint. Es gibt nicht seltene Fälle von Analphabeten, die acht Jahre an einem Alphabetisierungskurs der Volkshochschule teilnehmen, aber immer noch nicht Lesen und Schreiben gelernt haben. Sozialarbeit und Sozialpädagogik sind wichtige Unterstützungen in pädagogischen Prozessen mit dieser Zielgruppe, aber sie stehen nicht im Mittelpunkt.

Ebenso problematisch kann Beratung dann werden, wenn sie statt des betreuenden zu sehr den analytischen Aspekt betont, mit dem sie rasch in den Bereich der Therapie gerät. „Gerade deshalb ist es wichtig, sich sorgsam mit dem Anliegen biographischen Arbeitens auseinanderzusetzen und zu fragen, in welchem Verhältnis pädagogische Biographiearbeit zur Psychotherapie steht. [...] Bei der biographischen Arbeit mit funktionalen Analphabeten kann nicht die Aufarbeitung oder gar Lösung möglicher verdrängter Konflikte und Krisen angestrebt werden. Es geht allenfalls darum, mögliche Bruchstellen bewusst zu machen und nach ihren Auswirkungen auf die Lernbereitschaft und die Lernfähigkeit zu fragen" (Arnold 2009: 31).

Erwachsenenbildung zum Zwecke der Alphabetisierung umfasst weit mehr als eine am Stoff orientierte lineare Didaktik, das ist wahr. Sie ist insofern richtungweisend für viele didaktische Konzepte in Schule und Hochschule, in denen „ganzheitliche" und „lebensweltbezogene" Elemente eine Rolle spielen (sollten). Aber sie bleibt Erwachsenenbildung mit dem Ziel, Menschen zur Beherrschung der Schriftsprache zu befähigen.

Literatur

Alheit, P. (1990): Biographizität als Projekt. Der "biographische Ansatz" in der Erwachsenenbildung. Bremen

Alheit, P./Bergamini, S. (1996): Storie di vita. Metodologia di ricerca per le scienze sociali. Milano

Alheit, P. (2003): Biographizität als Schlüsselqualifikation. Plädoyer für transitorische Bildungsprozesse. In: QUEM-Report , H. 78, Weiterlernen neu gedacht. Erfahrungen und Erkenntnisse. Berlin

Arnold, R. (1985): Deutungsmuster und pädagogisches Handeln in der Erwachsenenbildung. Bad Heilbrunn

Arnold, U. (2009): Zur Bedeutung biographieorientierter Forschung im Kontext von Alphabetisierung und Grundbildung. In: RE-PORT, H. 4, 23-32

Behrens-Cobet, H./Reichling, N. (1997): Biographische Kommunikation. Lebensgeschichten im Repertoire der Erwachsenenbildung. Neuwied

Benedetti, S./Kade, J. (2012): Biografieforschung. In: Schäffer, B./Dörner, O. (Hg.): Handbuch Qualitative Erwachsenen- und Weiterbildungsforschung. Opladen/Berlin/Toronto, 250-262

Braun, S. (1996): Biographisches Lernen als Methode in der Erwachsenenbildung. In: REPORT, H. 37, 109-115

Deutsches Institut für Erwachsenenbildung (2006) (Hg.): ProfilPASS - Gelernt ist gelernt. Dokumentation eigener Kompetenzen und des persönlichen Bildungswegs. Bielefeld

Kade, J./Nolda, S. (2012): Rekursive Bildung: Neurahmungen vergangener Lernerfahrungen. In: Felden, H. v./Hof, C./Schmidt-Lauff, S. (Hg.): Erwachsenenbildung und Lernen. Baltmannsweiler, 119-130

Ludwig, J. (2014): Zur rekonstruktiven Handlungslogik professioneller pädagogischer Beratung. In: Schwarz, M.P. u.a. (Hg.): Professionalität: Wissen – Kontext. Bad Heilbrunn (i.E.)

Ludwig, J. (Hg.) (2012): Lernen und Lernberatung. Alphabetisierung als Herausforderung für die Erwachsenendidaktik. Bielefeld

Ludwig, J./Müller, K. (2012): Lernforschung in der Alphabetisierung. In: REPORT, H. 1, 33-44

Marotzki, W. (1990): Entwurf einer strukturellen Bildungstheorie. Biographietheoretische Auslegung von Bildungsprozessen in hochkomplexen Gesellschaften. Weinheim

Meulemann, H. (1999): Stichwort Lebenslauf, Biographie und Bildung. In: Zeitschrift für Erziehungswissenschaft, H. 2, 305-324

Nittel, D. (2010): Biographietheoretische Ansätze in der Erwachsenenbildung. In: Tippelt, R./Hippel, A. v. (Hg.) (2010): Handbuch Erwachsenenbildung/Weiterbildung. Wiesbaden, 103-116

Nittel, D. (1996): Berufsbiographie und Weiterbildungsverhalten. In: REPORT, H. 37, 10-21

Nuissl, E. (2012): Deutungsmusteransatz. In: Schäffer, B./Dörner, O. (Hg.): Handbuch Qualitative Erwachsenen- und Weiterbildungsforschung. Opladen/Berlin/Toronto, 238-249

Pinquart, M. (2013): Stabilität und Veränderung. Persönlichkeit im Erwachsenenalter in entwicklungspsychologischer Perspektive. In: DIE-Zeitschrift, H. 4, 37-40

Rosenthal, G. (1995): Erlebte und erzählte Lebensgeschichte. Gestalt und Struktur biographischer Selbstbeschreibungen. Frankfurt a.M.

Schlüter, A./Schell-Kiehl, I. (Hg.) (2004): Erfahrung mit Biographien. Bielefeld

Siebert, H. (1985): Lernen im Lebenslauf. Zur biographischen Orientierung der Erwachsenenbildung. Frankfurt a.M.

Tietgens, H. (1991): Ein Blick der Erwachsenenbildung auf die Biographieforschung. In: Hoerning, E./Schulze, T. u.a. (Hg.): Biographieforschung und Erwachsenenbildung. Bad Heilbrunn, 206-223

Weitzel-Polzer, E. (1991): Bildungsbiographien älterer Arbeiterinnen und Arbeiter. Frankfurt a.M./Bern u.a.

Werder, L. v. (1996): Erinnern, Wiederholen, Durcharbeiten. Die eigene Lebensgeschichte kreativ schreiben. Berlin

Zeuner, C./Faulstich, P. (2009): Erwachsenenbildung – Resultate der Forschung. Entwicklung, Situation und Perspektiven. Weinheim/Basel

Erwachsenenpädagogische Perspektiven: Subjekt und Entwicklung in akademischen Lehr-Lern-Zusammenhängen

Kirstin Bromberg

1 Einführung

Dieser Beitrag diskutiert die Beziehung von Subjekt und Entwicklung aus erwachsenenpädagogischer Perspektive, wie sie in jüngerer Zeit die Überlegungen Joachim Ludwigs mit Blick auf akademisches Lehren und Lernen prägen (vgl. insbes. Ludwig 2014). Für seine Auseinandersetzung erlangt die pädagogische Interaktion, also der soziale Zusammenhang des Lernhandelns, beispielsweise die Konstruktion und Selektion von Lernanforderungen (vgl. Ludwig 2012a: 18ff.), besondere Relevanz. Das Interesse an Problemen und Widerständen bei Lernenden spielt dabei ebenso eine entscheidende Rolle wie die Frage danach, inwiefern die Lernenden im Zuge des Lernprozesses ihre gesellschaftlichen Teilhabemög-lichkeiten erweitern können, sich das Subjekt eben dadurch entwickelt (am Beispiel von Alphabetisierungskursen vgl. ebd.: 18-32). Für seine Überlegungen werden Fragen an das Verhältnis von Lernen und Bildung ebenso bedeutsam, wie die kritische Frage an die Disziplin, inwiefern sie die Per-spektive des Lernens wirklich zu ihrem Gegenstand macht oder machen will (vgl. Ludwig 2000: 10). Mithin geht es ihm um keine geringere Frage, als inwieweit Erwachsenenpädagogik sich tatsächlich als Lernwissenschaft konstituiert. Diese Perspektive appliziert Joachim Ludwig nicht nur konsequent auf das Lernen Erwachsener im Allgemeinen, sondern verfolgt sie im Besonderen an einer Vielzahl institutioneller Zusammenhänge (vgl. Ludwig 2013; Ludwig u.a. 2013; Ludwig 2012a, 2012b; Ludwig u.a. 2010; Ludwig 2003). Das akademische Lehren und Lernen wird dabei in jüngerer Zeit beispielhaft zu einem solchen Zusammenhang, der hier aus der Perspektive des Subjekts und seiner Entwicklungsmöglichkeiten betrachtet werden soll. Die nachfolgende Auseinandersetzung setzt daher bei Bemerkungen grundsätzlicher Art zur Beziehung von Subjekt und Entwicklung an.

2 Das Subjekt und wie es sich entwickeln (kann) – einige grundsätzliche Bemerkungen

Wenn man einen Zugang zu Joachim Ludwigs Werk sucht, so erscheint es als glücklicher Beginn bei der konsequent von ihm gedachten Unterscheidung von Lehren und Lernen anzusetzen. Häufiger anzutreffen, so Ludwig (2000: 15) sei hingegen die Vermischung und Verwechslung des Lernbegriffs mit dem Lehrbegriff. Verantwortlich hierfür sei, dass Lernen häufig nur die individuell-kognitive Plattform des eigentlichen Bildungsprozesses darstelle und sich daher in ihm aufhebe. Indes seien „Lehrhandlungen und Lernhandlungen [...] grundsätzlich zu unterscheidende Handlungen und gehorchen unterschiedlichen Logiken: einer Vermittlungslogik hier und einer Aneignungslogik dort" (Ludwig 2012a: 19). Lernen kann folglich nicht mit Lehren in Eins fallen. Obgleich er diese Perspektive mit anderen namhaften Wissenschaftlern teilt (vgl. Mader 1975; Loser/Terhart 1977; Roth 1967), handelt es sich hierbei bis heute gerade nicht um eine allgemein in den Erziehungs- und Bildungswissenschaften geteilte Sicht auf Lehr-Lern-Zusammenhänge. Das könnte uns durchaus erstaunen, denn nicht selten wird darauf hingewiesen, dass Pädagogik und Pädagogen seit jeher erkannt hätten, „daß das fruchtbare und wirksame Lehren vom Einblick in den Lernprozeß abhängig ist [...]" (Roth 1967: 179). Wir werden abschließend hierauf zurückkommen und fragen, welche Perspektiven subjektwissenschaftliche Zugänge auf studentisches Lernen eröffnen und welche lerntheoretischen Begründungen sich für eine stärkere Verbindung von Forschung und akademischer Lehre mit welchen erwartbaren Gewinnen ausgemacht werden können. Zunächst wird jedoch eine den Jubilar würdigende Auseinandersetzung dazu geführt, wie Lernen vom Subjekt aus prinzipiell zu denken sein könnte. Der Lernbegriff entfaltet gerade vor dem diskutierten Zusammenhang von Subjekt und Entwicklung tragende Bedeutung.[1]

Lernen versteht Ludwig als subjektiv begründete Aktivität (Ludwig 2000: 8) und untersucht es auf empirischem Weg im Zusammenhang institutioneller Lern- und Bildungsprozesse. Dabei grenzt er Ler-nen als soziales Handeln von sozial bedingtem Lernen ab (vgl. insbes. Ludwig 2012a: 19f. sowie 30-32). Sozial sei das von ihm untersuchte Lernhandeln deshalb, weil es im Zusammenhang von Bildungspro-zessen eine Subjekt-Welt-Relation beschreibe. Während Lernen als soziales Handeln darauf verweise, „dass sich Lernbegründungen in Begründungsdiskursen bewegen und als solche prinzipiell verstehbar sind" (ebd.: 30), werde Lernen als sozial bedingtes Lernen als Bedingungszusammenhang konzipiert und folglich aus der Perspektive von Bedingungsdiskursen erforscht (vgl. ebd.: 31). Hierfür erlangten wiederum individuelle Variablen und Kontextvariablen entscheidende Bedeutung. In Absetzung vom hier vorliegenden Untersuchungsinteresse an Lernerfolgen und diesen etwaig im Wege stehende Schwierigkeiten, rückt Ludwig die individuelle Begründung von Lernhandlungen ins Zentrum seiner Forschungsarbeiten. Lernhandlungen seien zwar ‚prinzipiell begründet' (ebd.: 32), als solche in ihrer Begründetheit indes mitnichten augenfällig. Die Hinwendung zur prinzipiell vorhandenen Begründetheit von individuellen Lernhandlungen schließt nicht nur die Möglichkeit ein, diese hermeneutisch zu rekonstruieren, sondern verbinde sich mit einem vertieften Verständnis von Lernhandlungen und deren „(nicht-)intendierten Erweiterung gesellschaftlicher Teilhabe" (ebd.: 32). Die vom Subjekt intendierte (resp. nicht-intendierte) Erweiterung seiner gesellschaftlichen Teilhabe ist es also, die uns auf seine Entwicklung im Zuge seines höchst individuellen Umgangs mit potentiellen Lerngegenständen verweist (vgl.

---

[1] Entwicklung im Rekurs auf Joachim Ludwig ließe sich durchaus ebenso auf das Subjekt wie auf die es umgebende soziale Umwelt beziehen, hier soll indes das sich entwickelnde Subjekt fokussiert werden. *Entwicklung soll daher* im Anschluss an Garz (2000: 15) als ein Prozess verstanden werden, der sich durch Interaktion, mithin als aktive Auseinandersetzung zwischen Subjekt und Umwelt konstituiert. Entwicklungsprozesse lassen sich sodann als allgemeine oder spezifische Verläufe personaler und sozialer Prägung empirisch identifizieren und können auf Wissenserwerb und Kompetenzen ebenso bezogen sein wie auf Persönlichkeit und berufsbezogene Identität.

ebd.: 24). Potentielle Lerngegenstände werden dabei als gesellschaftliche Bedeutungsräume gedacht, die ein Lernender nun zum Gegenstand seines Lernens machen kann oder eben nicht. Lernen als reflexives Handeln in schwierigen Situationen verstanden, konstituiert sogenannte ‚Handlungsproblematiken', aus der sich ‚Lernproblematiken' ergeben können, indes nicht müssen (Holzkamp 1987: 17 zit. n. Ludwig 2012a: 25f.). Handlungs- und Lernproblematiken resultieren dabei aus schwierigen Situationen. Auch bei dieser Annahme haben wir es mit traditionsreichem, pädagogischem Gedankengut zu tun. Bei Roth (1967: 166) lesen wir dazu beispielsweise, dass nur dasjenige Lernen hafte, „das aus der Überwindung von Schwierigkeiten zu Einsicht und zum Erfolg kam". Es muss also zunächst etwas subjektiv als problematisch empfunden werden, bevor überhaupt die Möglichkeit gege-ben ist zu lernen. Lernen, im Sinne einer „[…] Anreicherung und Differenzierung der bestehenden individuellen Bedeutungshorizonte, um die Selbst- und Weltverständigung in der fraglichen Situation zu erweitern" (Ludwig 2012a: 29) entsteht Ludwig zufolge stets dann, wenn expansiv (in Abgrenzung von defensivem Lernen) gelernt wird. Die Wahl, die das Subjekt hat, sich Situationen gegenüber expansiv oder auch defensiv zu verhalten, die es zuvor als problematisch eingeschätzt hat, sei als ‚intrasubjektive Handlungsalternative' (Holzkamp 1990: 37 zit. n. Ludwig 2012a: 29) zu verstehen. Während defensives Lernen abbreche sobald der Zwang nachlässt, ziele expansives Lernen „vor dem Hintergrund subjektiver Lerninteressen demgegenüber auf einen erweiterten Weltaufschluss, d.h. die Unvermitteltheit und Unübersichtlichkeit der Situation soll in Richtung gesellschaftlicher Vermitteltheit und Verfügung über die Lebensverhältnisse […] überwunden werden" (Ludwig 2012a: 29). Aus eben diesem lerntheoretischen Verständnis ergebe sich die Möglichkeit, intrasubjektive Lernbegründungstypen zu rekonstruieren, nicht jedoch intersubjektive Lernertypen, weshalb diese Lernforschung typische Begründungen rekonstruiere und nicht typische Menschen. Erklärtes Ziel Ludwig'scher Forschungsarbeiten ist es daher, subjektive Lernbegründungen, die Kursteilnehmende (vgl. Ludwig/Müller 2012; Ludwig 2012a), Studierende (vgl. Ludwig 2014; Ludwig u.a. 2013; Ludwig 2011) oder Betriebsangehörige (vgl. Ludwig 2000) „in Auseinandersetzung mit ihrer Lern- und Lebenssituation entwickeln" (Ludwig 2012a: 30) zu identifizieren und zu rekonstruieren, welche typischen Widersprüche sich in diesen Begründungen ausmachen lassen.

Etwas allgemeiner formuliert, geht es in seinen Untersuchungen darum zu erhellen, in welcher Weise sich das Subjekt zur Welt in Beziehung setzt. Dazu müsse es – das Subjekt – zunächst verstanden werden. Im verstehenden Zugang zu sozialen Handlungen nimmt Joachim Ludwig Rekurs auf die sogenannte verstehende Soziologie, weshalb Bezüge zur Phänomenologie (Schütz/Luckmann 1979) einer-seits und zum Symbolischen Interaktionismus (Mead 1980) andererseits dann auch nicht überraschen. Begriffe wie „subjektiv gemeinter Sinn", „Bedeutung", „Handlung" und „Deutung" gehören daher zum selbstverständlichen Vokabular Ludwig'scher Veröffentlichungen. Maßgeblich für diese Bezüge sind einerseits wiederum die Anregungen, die von der Handlungstheorie Klaus Holzkamps (1983) auf die lern- und bildungstheoretischen Überlegungen Joachim Ludwigs ausgehen, aber auch seine eigenen Bemühungen um Weiterentwicklung dieser theoretischen Überlegungen und deren Übertragung auf Lehr-Lern-Zusammenhänge andererseits. Das Subjekt, üblicherweise als erkennendes, denkendes und handelndes Individuum definiert, das den materiellen, sozialen und kulturellen Objekten, die seine Umwelt konstituieren, gegenübertritt, auf sie einwirkt, aber auch selbst von ihnen geprägt wird (vgl. Fuchs u.a. 1988: 756), konstituiert sich nun bei Ludwig im Anschluss an Holzkamp etwas anders. Wir kommen an dieser Stelle auf den Begriff „Bedeutung" zurück, der in Anlehnung an Holzkamp ein besonderes Verständnis von „Subjekt" vorschlägt, das den theoretischen Unterbau für die empirischen Forschungsarbeiten von Joachim Ludwig darstellt. In kritischer Auseinandersetzung mit dem weiter oben bereits erwähnten Symbolischen Interaktionismus und dessen zentraler theoretischer Kategorie „Bedeutung" konstatiert Holzkamp (1986: 394 zit. n. Ludwig 2000: 168), dass es der Gesellschaftstheorie an einem Außenkriterium für lebenspraktische Adäquatheit fehle, das nicht nur eine Beschreibung alltäglicher Bedeutungs- und Begründungszusammenhänge erlaube, sondern auch eine Erklärung gestatte, weshalb Subjekte gerade zu diesen und keinen anderen interaktiven ‚Bedeutungsproduktionen/Handlungskonstruktionen' (Holzkamp 1986: 394) kämen. Das Verständnis der Kategorie „Bedeutung" im Symbolischen Interaktionismus als eine außerhalb des Individuums liegende und auf es einwirkende Größe einerseits und den vom Individuum selbst situationsbezogen hergestellten Bedeutungszuschreibungen andererseits überzeugt Holzkamp nicht. „In Überschreitung dieser Position des symbolischen Interaktionismus begreift Holzkamp gesellschaftliche Verhältnisse nicht lediglich als soziale Interaktionsverhältnisse, sondern als Produktionsverhältnisse" (Ludwig 2000: 168). Die subjektivistische Zirkularität sei dann überwindbar, so Ludwig Holzkamp zitierend weiter, „wenn man die Handlungen als über die Bedeutungen mit der gesellschaftlichen Produktion/Reproduktion des Lebens vermittelt begreift" (ebd.: 395). Dieses Bedeutungskonzept verfolge Holzkamp in seiner Lerntheorie zum einen bezogen auf die Erklärung der Konstitution des personalen Pols der subjektiven Befindlichkeit durch Lernen in Auseinandersetzung mit den gesellschaftlichen Bedeutungen weiter und zum anderen mit Bezug auf die Konstitution gesellschaftlicher Bedeutungen. Die Differenzierung und Erweiterung subjektiver Bedeutungen im Rahmen gesellschaftlicher Produktion, verstanden als gesellschaftliches Möglichkeitsfeld, konstituiere demnach zugleich die individuelle Identität und den gesellschaftlichen Produktionszusammenhang (vgl. ebd.: 168). Lernen, wie es von Joachim Ludwig als soziales Handeln theoretisch und empirisch untersucht wird, sei daher stets Teil der subjektiven Weltbezogenheit eines gesellschaftlichen Subjekts (Ludwig 2012a: 21). Wenn man nicht vertraut mit diesem gedanklichen Zugriff auf das Subjekt ist, mag es nicht gleich auf der Hand liegen, was hiermit gemeint ist. Faulstich und Ludwig (2004: 17 zit. n. Ludwig 2012a: 24) konstatieren dazu, dass der Holzkamp'sche Zugang sich abgrenzt von einem Verständnis, dass das Subjekt seiner Umwelt und der weiteren Gesellschaft isoliert gegenüber stelle. Damit werde die Verschiedenheit zu anderen Konzepten von ‚Subjektorientierung' klar (ebd.: 24). Das Subjekt stets in und mit gesellschaftlichen Bezügen zu denken, mache daher einen reflektierten Begriff von ‚Subjekt' aus, der von anderen, das Subjekt isolierenden Zugriffen verschieden ist. Wie Joachim Ludwig das skizzierte Verständnis von Subjekt und seinen Möglichkeiten sich lernend zu entwickeln auf akademische Lehr-Lern-Zusammenhänge überträgt und didaktisch fruchtbar macht, soll im folgenden Abschnitt erörtert werden.

3 Forschungsbasierte Lehre und studentisches Lernen aus subjektwissenschaftlicher Sicht

Wir kommen an dieser Stelle auf die bedeutsame und eingangs bereits angesprochene Unterscheidung von Lehren und Lernen zurück. Mit dem Hinweis darauf, dass sich Erwachsenenpädagogik seit jeher als Lernwissenschaft verstanden und sich folglich mit der Lernproblematik von Erwachsenen auseinanderzusetzen habe, wird nämlich die diskursive Nähe Joachim Ludwigs (2000: 9) Überlegungen zu einer aktuellen angelsächsischen Forschungslinie erkennbar, die seit den 1990er Jahren unter dem Etikett *The Scholarship of Teaching and Learning* firmiert, im deutschen Sprachraum bislang jedoch kaum rezipiert wurde. Übersetzen ließe sich dies als „Wissenschaft vom Lehren und Lernen". Ihre Voraussetzung findet diese angelsächsische Forschungslinie darin, dass das eigene Lehren für den Hochschullehrer erst einmal bedeutsam werden müsse. Obgleich hier zunächst beim Lehren angesetzt wird, thematisieren Forschungsarbeiten dieser Linie das eigene Lehrhandeln konsequent aus der Perspektive des Lernens, weshalb sie hier überhaupt erörtert wird. In seiner Einführung zu *The Scholarship of Teaching and Learning* stellt Bass (1999) beispielsweise fest, wie verschieden es empfunden werden kann ein Problem zu haben. Während es – das Problem – das Herz jeder Forschung sei und als Einladung für wissenschaftliche Debatten fungiere, nehme sich in der Lehre ein Problem als etwas aus, das man besser nicht hat oder möglichst schnell wieder loswerden will. *The Scholarship of Teaching and Learning* schlägt nun allerdings vor, das Problematisieren von Lehr-Lern-Situationen im Diskurs der scientific community zu routinisieren, ein Anliegen, welches für das jüngere Ludwig'sche Werk charakteristisch ist. Dabei würde es dann darum gehen, über die Lehrpraxis und deren Effekte auf Studierende als Probleme nachzudenken, sie zu untersuchen, zu analysieren, darzustellen und schließlich zu diskutieren. Das erfordere, so Bass weiter (1999: 8), eine bewusste Entscheidung, das Lehren aus der Perspektive des Lernens zu betrachten und setze unbedingt ein Motiv voraus, wie beispielsweise die Unzufriedenheit mit den Verläufen und Resultaten der eigenen Lehre. Bezüge zu den Perspektiven Joachim Ludwigs auf akademisches Lernen können zwar an dieser Stelle bereits hergestellt werden, konkretisieren sich indes im Fortgang der Argumentation, wenn zudem diskursive Kontextualisierung und Forschungszugänge von *The Scholarship of Teaching and Learning* herangezogen werden. Bemerkenswert in diesem Zusammenhang ist, dass die Einheit von Forschung und Lehre, wie sie konstituierendes Merkmal deutscher Hochschulen ist, international erst seit den 1990er Jahren als *The Nexus of Teaching and Research* diskutiert wird (vgl. hierzu u.a. Halliwell 2008; Gottlieb/Keith 1997). So hätten umfangreiche international angelegte Studien zum Verhältnis von Wissensgenerierung und Wissensvermittlung (resp. Forschung und Lehre) gezeigt, dass es hiermit nicht zum Besten stehe (vgl. Carnegie Foundation 1989). Lehrqualität und Forschungsleistung für Bachelor- und Masterstudiengänge in ein wechselseitig förderliches Verhältnis zu bringen (vgl. Freestone/Wood 2006; Halliwell 2008: 2-5), gehört seither zu den zentralen Zielen US-amerikanischer Bildungsbemühungen. Nach Halliwell (2008: 23) lassen sich vier Varianten der Veschränkung von Forschung und Lehre unterscheiden:

a) forschungsgeleitetes Lehren (research-led teaching), das inhaltliche Forschungsinteressen der Hochschullehrer curricular abbildet,
b) forschungsorientiertes Lehren (research-oriented teaching), das auf den Prozess von Forschung hin ausgerichtet ist,
c) forschungsbasiertes Lehren (research-based teaching), bei dem sich das Curriculum auf einzelne Untersuchungsaktivitäten konzentriert sowie
d) forschungsinformiertes Lehren (research-informed teaching), das sich durch den systematischen Bezug auf den Lehr-Lern-Prozess an sich kennzeichnet.

Die Kontextualisierung von *The Scholarship of Teaching and Learning* als eine dieser vier Varianten von *The Nexus of Teaching and Research*, nämlich als forschungsinformiertes Lehren, gestattet uns nun die engere Bezugnahme auf die Überlegungen Joachim Ludwigs zur *Lehre im Format der Forschung* (2014). Auch wenn er sich in dieser Veröffentlichung zur Frage wie sich Lehre im Format der Forschung typischer Weise zeigen könne in erster Linie mit den drei erstgenannten Verschränkungen von Forschung und Lehre auseinandersetzt, darf angenommen werden, dass es das forschungsinformierte Lehren (research-informed teaching) ist, das seiner Perspektive auf Lehr-Lern-Zusammenhänge im Sinne eines Lernhandelns aus Sicht des lernenden Subjekts am nächsten kommt. Diese Annahme liegt deshalb nahe, weil sich forschungsinformiertes Lehren durch den systematischen Bezug auf den Lehr-Lern-Prozess an sich kennzeichnet. Wir haben es hier demnach mit einer spezifischen Verschränkung von Forschung und Lehre zu tun, die zum einen auf lerntheoretischen Einsichten basiert und zum anderen den in akademischen Kontexten stattfindenden Lehr-Lern-Prozess empirisch untersucht. Genau hier liegt der Anschluss an die Forschungsarbeiten von Joachim Ludwig, der im Zuge des Vergleichs von Forschungs- und Lernprozessen lerntheoretisch begründete Potentiale zur Herausbildung von Professionalität durch akademische Lehre im Zeitalter von Bologna herausarbeitet (vgl. Ludwig 2014: 8-13). In Absetzung zum Verständnis, akademisches Studium ziele seit der Bologna-Deklaration (1999) auf Berufsqualifizierung und Beschäftigungsfähigkeit, schlägt Joachim Ludwig vor, Professionalität und professionelles Handeln zum Hauptziel universitärer Lehre zu machen (vgl. Ludwig 2014: 8). Studierende müssten Gelegenheit bekommen, „eigene Handlungsproblematiken im Rahmen ihrer Profession zu entwickeln und ihnen im Rahmen des Studiums auch nachzugehen" (ebd.: 9). Während häufig kontextualisiert lose Wissensvermittlung nach dem Modell *Schule* stattfinde, würden wissenschaftliches Arbeiten und Forschen ebenso selten gefördert wie die Teilhabe an Wissenschaft und Forschung. Fragen der Identitätsbildung entfalten vor diesem Hintergrund ebenso Bedeutung wie das Verstehen studentischer Studienmotive, studentischer Lern- und Erkenntnisproblematiken. Bei einem vergleichenden Blick auf das angelsächsische *Scholarship of Teaching and Learning* lässt sich eine Reihe weiterer Ähnlichkeiten zu den Ludwig'schen Überlegungen finden. So stellt Bass (1999: 3f.) beispielsweise fest, dass er kaum etwas darüber wisse, wie seine Studierenden überhaupt dazu kommen, etwas von dem zu verstehen, was er ihnen inhaltlich im Seminar zu vermitteln sucht. Er fragt sich ferner, ob es wirklich als Erfolg seines Seminars gelten kann, wenn Studierende am Ende eines Semesters die Lehrinhalte verstanden zu haben scheinen oder ob es sich bei denjenigen nicht schlicht um den Teil der Studierenden handelt, die bereits zu Beginn des Seminars ein besonders gutes Vorwissen hatten. Vor dem Hintergrund dieser Gedanken entwickelt er schließlich ein Untersuchungsdesign zum Vorwissen seiner Studierenden (Bass 1999: 4-5). Ihn interessiert die tatsächliche Entwicklung von Studierenden entlang einer spezifischen Lehrveranstaltung, weshalb er in die empirische Untersuchung seiner eigenen Lehrveranstaltungen investiert. Studierende werden hier nicht als Objekte der Forschung begriffen, sondern vielmehr als Co-Forschende einbezogen. Forschungsmethodisch ist eine Reihe vergleichbarer Verfahren im Kontext von *The Scholarship of Teaching and Learning* erkennbar. Dabei sind Untersuchungen selten auf nur ein methodisches Verfahren beschränkt. Empfohlen wird vielmehr die Kombination von mindestens drei Forschungsmethoden, um im Ergebnis auch zu verallgemeinerbaren Aussagen zu kommen (Hutchings 2001: 7). *Focus groups* und andere (mitunter auch summative) Formen der Befragung werden eingesetzt sowie formative Designs entwickelt, beispielsweise unter Verwendung von Portfolios und Lerntagebüchern. Ins Ludwig'sche Begriffsinventar transferiert ist es die prozesshafte Verschränkung von Problemsetzungen, die von Lehrenden ausgehen und individueller Handlungsproblematiken von Studierenden, die aufs Ganze gesehen das Anliegen von *The Scholarship of Teaching and Learning* ausmacht. Schließlich verbinden sich Ludwigs Überlegungen zum Entdeckungscharakter wissenschaftlichen Wissens (vgl. Ludwig 2014: 11ff.), der sich Studierenden eben als Zuschauer gerade nicht, wohl aber als Teilhabender an den für die Wissenschaftsinstitution typischen Prozessen mit dem Aktionsforschungsansatz der vorgestellten angelsächsischen Forschungslinie zur Untersuchung der eigenen akademischen Lehrpraxis. *The Scholarship of Teaching and Learning* ist demnach als integraler Bestandteil von akademischer Lehrpraxis zu verstehen und insoweit nicht Forschung über das Lehren. Die Forschungslinie zielt daher auch unmittelbar auf Lerngewinne für Studierende durch eine weiterentwickelte Lehrpraxis. Hierin liege der Transformationscharakter von *The Scholarship of Teaching and Learning*: das Anliegen auf mikrosozialer Ebene, langanhaltende Lernprozesse für Studierende zu unterstützen und mesostrukturell überzeugendere Curricula und eine wirksame Pädagogik zu entwickeln.

Vergleichen wir abschließend die von Joachim Ludwig entwickelten drei Typen forschungsbasierter Lehre mit den schon oben vorgestellten angelsächsischen Verschränkungsvarianten von Forschung und Lehre so zeigen sich Ähnlichkeiten auch im Detail beiderseitiger Überlegungen. Ludwig zufolge haben wir es zum ersten dann mit Lehre im Format von Forschung zu tun, wenn sie sich über Forschungs- und Lerninteressen konstituiere und sich als Prozess von der Identifikation einer Handlungsproblematik über die einer Fragestellung hin zum Auffinden möglicher theoretischer Zugänge abbilde (ebd.: 14). Zum zweiten lasse sich ein Typus ausmachen, den Ludwig (ebd.: 15) *Forschungsprozess* nennt, weil er sich prozesshaft auf Forschung beziehe und über Handlungsproblematiken, Lerninteressen und hierzu notwendiger Theorien hinaus auch methodische Erkenntnisverfahren, also wissenschaftliche Arbeitsweisen einschließe. Zum dritten zeige sich ein Typus ‚Community', der der am weitesten gehende Typus einer

Lehre im Format der Forschung sei. Zentral für diesen sei die Teilnahme an realen Forschungsprojekten, „in denen auch die gesellschaftliche Kontextuierung mit ihren Möglichkeiten und Grenzen für die Forschung erfahrbar wird" (ebd.: 16f.).

Im direkten Vergleich von forschungsorientierter Lehre (Typus 1) mit den aufgeführten Varianten von *The Nexus of Teaching and Research* werden Ähnlichkeiten zum angelsächsischen forschungsgeleiteten Lehren (research-led teaching) erkennbar. Während die angelsächsische Variante allerdings auf die Forschungsinteressen des Hochschullehrers beschränkt bleibt, denkt Joachim Ludwig diesen Typus als Verschränkung von Erkenntnisinteressen von Lehrenden und Studierenden (vgl. ebd.: 14) und löst hier den subjektwissenschaftlichen Anspruch seiner Arbeiten konsequent ein. Zwischen Ludwigs (ebd.: 15f.) ‚Forschungsprozess' (Typus 2) und dem angelsächsischen forschungsorientierten Lehren (research-oriented teaching), das sich prozesshaft auf Forschung bezieht, lassen sich gleichermaßen Parallelen ausmachen. Mit Blick auf den dritten Typus der Lehre ‚Community' zeichnen sich Parallelen zur angelsächsischen Variante forschungsbasierter Lehre (research-based teaching) ab im Versuch, Studierende in kleineren Arbeitsgruppen an einzelnen Untersuchungsaktivitäten im Zuge von Forschungsprozessen teilhaben zu lassen.

4 Subjekt und Entwicklung in akademischen Lehr-Lern-Zusammenhängen – einige Schlussfolgerungen

Anliegen des Beitrags war es, die Beziehung von Subjekt und Entwicklung aus erwachsenenpädagogischer Perspektive zu diskutieren, wie sie Joachim Ludwigs Überlegungen mit Bezug auf akademisches Lehren und Lernen prägen. Hierüber sollten die Perspektiven subjektwissenschaftlicher Zugänge zu studentischem Lernen dargestellt und die lerntheoretischen Begründungen für eine stärkere Verbindung von Forschung und akademischer Lehre erkennbar werden. Basierend auf dem begrifflichen Verständnis von *Lernen* als sozialem Handeln und *Vermittlung* im Sinne eines Austausches von studentischen Bedeutungshorizonten mit denen von Lehrenden müsse es universitärer Lehre um die Anbahnung und Förderung von Professionalität bei Studierenden gehen, die keineswegs in einer Berufsqualifizierung aufgehe. Professionelles Handeln entstehe vielmehr erst aus der Möglichkeit, an typischen Prozessen von Wissenschaft teilzuhaben. Dabei müsse an den studentischen Motiven, an den Erkenntnis- und Lerninteressen der Studierenden angesetzt werden. Handlungsproblematiken als Voraussetzung für jedwedes Lernen resultierten vor dem Hintergrund struktureller Ähnlichkeiten von Forschen und Lernen in besonderer Weise aus dem Einbezug von Studierenden in Forschungsprozesse. Der erwartbare Gewinn für studentisches Lernen und hierauf basierendes späteres professionelles Handeln resultiere aus der Tatsache, dass Forschen ebenso wie Lernen als Prozess ihren Anfang in Fragen und Irritationen nehmen. Aus ihnen resultieren sodann vergleichbare Handlungsproblematiken und sie bewältigende Lösungsversuche. Es ist diese Form von pädagogisch angeregten Suchbewegungen, die es Studierenden ermöglicht, im Zuge von Teilhabe an wissenschaftstypischen Aktivitäten und Prozessen wissenschaftlich relevantes und für professionelles Handeln notwendiges Wissen selbst zu entdecken anstatt es lediglich präsentiert zu bekommen. Lerngewinne für Studierende im Zuge einer durch Forschung weiterentwickelten Lehrpraxis zu erzielen ist dabei als gemeinsames Anliegen von Joachim Ludwigs Arbeiten und angelsächsischen Varianten zur Verbindung von Forschung und Lehre im Zusammenhang von *The Scholarship of Teaching and Learning* identifiziert worden. Von noch ausstehenden Anschlussarbeiten zur systematischen Verschränkung beiderseitiger Überlegungen könnte ein weiterführender Beitrag zu transnationalen Ansätzen akademischer Lehre im Format der Forschung ausgehen.

Literatur

Bass, R. (1999): The scholarship of teaching: What's the problem? In: INVENTIO – Creative thinking about learning and teaching. Vol. 1 (1), pp. i-x. http://www.carnegiefoundation.org/sites/default/files/approaching.pdf., 18.05.2014

Bologna Deklaration (1999): Der Europäische Hochschulraum. Gemeinsame Erklärung der Europäischen Bildungsminister vom 19. Juni 1999, Bologna, https://www.bmbf.de/pubRD/bologna_deu.pdf, 11.08.2014

Carnegie Foundation (1989): The Condition of the Professoriate. Attitudes and Trends – A Technical Support. Princeton, NJ

Fuchs, W./Klima, R./Lautmann, R./Rammstedt, O./Wienold, H. (1988) (Hg.): Lexikon zur Soziologie, 2. Bd., Opladen

Freestone, R./Wood, D. (2006): Exploring Strategies for Linking Research and Teaching. In: Journal for Education in the Built Environment, vol.1, no 1, 94-111

Garz, D. (2000): Biographische Erziehungswissenschaft: Lebenslauf, Entwicklung und Erziehung. Eine Hinführung. Opladen

Gottlieb, E.E./Keith, B. (1997): The academic research-teaching nexus in eight advanced-industrialized countries. In: Higher Education, vol. 34 (3), 397-419

Halliwell, J. (2008): The Nexus of Teaching and Research: Evidence and Insights from the Literature. Toronto

Holzkamp, K. (1986): Handeln. In: Rexilius, G./Grubitzsch, S. (Hg.): Psychologie. Theorien – Methoden – Arbeitsfelder. Reinbek, 381-402

Holzkamp, K. (1983): Grundlegung der Psychologie. Frankfurt a.M./New York

Hutchings, P. (2001): Approaching the Scholarship of Teaching and Learning. In: INVENTIO Creative Thinking about learning and teaching. Vol. 1(1), 1-10, http://www.carnegiefoundation.org/sites/default/files/approaching.pdf, 18.05.2014

Loser F./Terhart E. (1977) (Hg.): Theorien des Lehrens. Stuttgart

Ludwig, J. (2014): Lehre im Format der Forschung. Brandenburgische Beiträge zur Hochschuldidaktik (BBHD), Bd. 7. Potsdam, http://opus.kobv.de/ubp/volltexte/2014/7110/pdf/bbhd07.pdf, 10.08.2014

Ludwig, J. (2013): Fallstudie zur Hochschule Gubernatio. In: Hochschule und Weiterbildung, H. 2, 33-38

Ludwig, J./Schubarth, W./Wendland, M. (2013) (Hg.): Lehrerbildung in Potsdam: eine kritische Analyse. Potsdamer Beiträge zur Hochschulforschung 2. Potsdam, http://opus.kobv.de/ubp/volltexte/2013/6285/pdf/pbhsf02.pdf, 10.08.2014

Ludwig, J. (2012a) (Hg.): Lernen und Lernberatung. Alphabetisierung als Herausforderung für die Erwachsenendidaktik. Bielefeld

Ludwig, J. (2012b): Studieneingangsphasen als Professionalitätsproblem. In: Kossack, P./Lehmann, U./Ludwig, H. (Hg.): Die Studieneingangsphase – Anlayse, Gestaltung und Entwicklung. Bielefeld, 45-56

Ludwig, J./Müller, K. (2012): Lernforschung in der Alphabetisierung. In: Literatur- und Forschungsreport Weiterbildung, H. 1, 33-42

Ludwig, J. (2011): Forschungsbasierte Lehre als Lehre im Format der Forschung. In: BBHD (Brandenburgische Beiträge zur Hochschuldidaktik) H. 1, http://www.sq-brandenburg.de/files/bbhd03.pdf, 10.08.2014

Ludwig, J./Schumann, M./Hafer, J. (2010): Fallstudien in medialen Räumen. Potsdam, http://opus.kobv.de/ubp/volltexte/2013/6443/pdf/93_98_hafer_etal.pdf, 10.08.2014

Ludwig, J. (2003): Das lernende Subjekt in der politischen Bildung. Didaktische Vermittlungskonzepte in der gewerkschaftlichen Bildungsarbeit. In: Literatur- und Forschungsreport Weiterbildung, H. 1, 83-92 (Wiederveröffentlicht In: Postprints der Universität Potsdam, Humanwissenschaftliche Reihe 3), http://opus.kobv.de/ubp/volltexte/2007/1255/pdf/postprint_ludwig_das_lernende_subjekt.pdf, 10.08.2014

Ludwig, J. (2000): Lernende verstehen: Lern- und Bildungschancen in betrieblichen Modernisierungsprojekten. Deutsches Institut für Erwachsenenbildung. Reihe: Theorie und Praxis der Erwachsenenbildung. Bielefeld, (Wiederveröffentlicht In: Postprints der Universität Potsdam, Humanwissenschaftliche Reihe 190) http://opus.kobv.de/ubp/volltexte/2010/4545/pdf/TuP-Ludw.pdf, 10.08.2014

Mader, W. (1975): Modell einer handlungstheoretischen Didaktik als Sozialisationstheorie. In: Mader, W./Weymann, A. (Hg.): Erwachsenenbildung. Theoretische und empirische Studien zu einer handlungstheoretischen Didaktik. Bad Heilbrunn, 11-146

Mead, G.H. (1980): Geist, Identität und Gesellschaft. Frankfurt a.M.

Roth, H. (1967): Pädagogische Psychologie des Lehrens und Lernens. Berlin u.a.

Schütz, A./Luckmann, T. (1979): Strukturen der Lebenswelt, 1. Bd., Frankfurt a.M.

Zur Praxis einer Lehre im Format der Forschung

Alexandra Schmidt-Wenzel

1 Einleitung

Der folgende Beitrag widmet sich aus hochschuldidaktischer Perspektive der Passung subjekttheoretischer Entwürfe einer forschungsbasierten Lehre in einem sozialwissenschaftlichen Studiengang der Fachhochschule Potsdam. Als subjektwissenschaftlicher Forscher hat sich Joachim Ludwig in unterschiedlichen Feldern der Erwachsenenpädagogik immer wieder dem Verhältnis von Lernen und Lehren aus der Sicht des Subjektstandpunktes der Lernenden gewidmet (vgl. z.B. Ludwig 2000, 2004, 2006a, 2006b, 2012). In aktuellen Auseinandersetzungen geht er, vom selben Sinnhorizont aus agierend, der hochschuldidaktischen Überlegung nach, wie eine „Lehre im Format der Forschung" es ermöglichen kann, an studentische Lerninteressen anzuschließen und die „Professionalisierung und fachspezifische Identitätsbildung der Studierenden" zu unterstützen (Ludwig 2014: 7).

Er nimmt dafür gleichsam eine implizite begriffliche Differenzierung im Diskurs um das sogenannte Forschende Lernen (vgl. z.B. Huber 2009) vor. Im Ergebnis fokussiert sein Begriff von einer „Lehre im Format der Forschung" die Perspektive des empirisch beschreibbaren Handelns innerhalb eines pädagogischen Vermittlungsprozesses und richtet damit den Blick auf die Lehrenden und ihr Lehrhandeln, statt auf das von außen nicht verfügbare Lernen der Studierenden. Gleichwohl macht er aus lerntheoretischer Sicht deutlich, dass aufgrund der Nähe, der „korrespondierenden Logiken" von Forschen und Lernen, eine forschungsbasierte Lehre in spezifischer Weise Lernprozesse anregen kann (Ludwig 2011: 10).

Legt man als Zielkategorie eines Hochschulstudiums die Fähigkeit zu professionellem Handeln, als Ausdruck des Vermittlungsvermögens zwischen wissenschaftlichem Wissen und praktischer Situation zugrunde, so wird deutlich, dass die dafür nötige Haltung, die dafür nötigen Kompetenzen kaum in eindimensionalen Vermittlungsverhältnissen, wie sie die allermeisten Studienanfänger/innen aus der Schule kennen, entwickelt werden können. Erst wenn Studierenden die Möglichkeit eröffnet wird, eigene Handlungsproblematiken zu erfahren und entlang ihrer Analyse an wissenschaftlichen Erkenntnisprozessen teilnehmen zu können, wächst die Chance auf die Entwicklung eines professionellen Selbstverständnisses. Dieses Potenzial entfaltet sich schließlich in dem Maße, wie Studierende Interesse an der Überwindung der je aktuellen Problematik haben. Als zentrales Kriterium einer an diesen Prämissen orientierten Lehre hebt Joachim Ludwig die anhaltende „Auseinandersetzung mit der funktionalen Differenz zwischen Wissenschaftswissen und Alltagswissen" (Ludwig 2014: 9) auf der Basis einer steten „Verbindung von Theorie und Praxis" (ebd.: 10) hervor.

2 Typen der Forschungsbeteiligung

Wie eine, diesen Prinzipien verpflichtete Lehre im Format der Forschung aussehen kann, erörtert Joachim Ludwig entlang dreier Typen, die durch ein je unterschiedliches Maß an Forschungsbeteiligung gekennzeichnet sind.

So zielt der erste Typus *„Forschungs- und Lerninteressen"* im Sinne einer an Forschung *orientierten* Lehre darauf ab, den Studierenden einen entdeckenden Zugang zu eigenen Lerninteressen und daraus resultierenden Fragestellungen zu ermöglichen. Dieses Potenzial kann sich bspw. darüber entfalten, dass der von den Lehrenden ausgewählte Vermittlungsgegenstand den Studierenden im Lichte widersprüchlicher gesellschaftlicher Bedeutungshorizonte problematisch wird und sie schließlich mit eigenen Handlungsproblematiken daran anknüpfen können. Daraus entwickelten Fragestellungen multiperspektivisch und mit kritisch-reflexivem Blick auf das eigene Lernen nachzugehen, ist das Anliegen dieses forschungsorientierten Zugangs (vgl. Ludwig 2014: 14).

Auch der zweite Typus *„Forschungsprozess"* rekurriert auf die Lern- und Forschungsinteressen der Studierenden, schließt aber darüber hinaus die im Forschungsprozess benötigten methodologischen Verfahren als Gegenstand mit ein. In der Praxis kann das sowohl bedeuten, sich derer entlang bereits vollzogener Forschungsprojekte zu vergewissern, eigene Auswertungen an schon erhobenem Datenmaterial vorzunehmen, als auch selbst ins Feld zu gehen, um eigenes empirisches Material zu Analysezwecken zu erheben. Kern dieses Typus' ist also die Chance, „Erkenntnisinteressen mit Blick auf den Gegenstand [zu] entwickeln und sowohl theoretisch als auch methodisch [zu] realisieren" (ebd.: 15) zu können.

Der dritte Typus, den Joachim Ludwig in Anlehnung an Huber (2009) als *„Community"* bezeichnet, geht noch ein weiteres Stück über die beiden zuvor genannten hinaus. Hier sollen Studierende tatsächlich Teil einer Forschungsgemeinschaft werden, sei es im Rahmen eines Lehrforschungsprojekts oder eines bereits laufenden Projekts. Auf der Grundlage der ‚Echtheit' der Projekte erleben die Studierenden eine Forschungspraxis, die auch die Gesellschaftlichkeit von Forschung in all ihren Facetten erfahrbar machen kann. Solche Erfahrungen wiederum in studentischen Selbstverständigungsprozessen thematisch werden zu lassen, unterstützt eine Lehre im Format der Forschung dieses Typus' (vgl. Ludwig 2011: 13, 2014: 16).

Wie schwer es zuweilen sein kann, in der Lehrpraxis tatsächlich und dauerhaft an den Prämissen einer forschungsbasierten Lehre festzuhalten, ist den meisten Hochschullehrenden, nicht zuletzt seit dem, durch die Bologna-Reform bedingten Strukturwandel, sicher vertraut. Gelegentlich zeigen exemplarische Beschreibungen von einzelnen Projekten unterschiedlicher Disziplinen, wie es gelingen kann, Studierende an forschungsbasierten Erkenntnisprozessen teilhaben zu lassen (vgl. z.B. Huber 2009). Seltener wird erfahrbar, wie die in den Modulordnungen festgeschriebenen Strukturmerkmale der Lehrveranstaltungen, in der Absicht einer *kontinuierlich* forschungsbasierten Lehre, in der Praxis tatsächlich ausgestaltet werden. Dieses Anliegen verfolgt der vorliegende Beitrag. Er beschreibt die Kernformate einer forschungsbasierten Lehre entlang eines Bachelorstudiengangs des Fachbereichs Sozialwesen der Fachhochschule Potsdam und zeigt deren Anschlussfähigkeit an die von Joachim Ludwig (2014) skizzierten drei Typen einer „Lehre im Format der Forschung".

3 Kernformate einer forschungsbasierten Lehre im Studiengang Soziale Arbeit der Fachhochschule Potsdam

Im Studiengang Soziale Arbeit der Fachhochschule Potsdam ist forschungsbasierte Lehre, oder – um mit Joachim Ludwig zu sprechen – „Lehre im Format der Forschung" (2014), spätestens seit 1996 fest in der Studienordnung etabliert[1] und darf entlang der zentralen Formate, die gegenwärtig das Studium prägen, wohl zurecht als best practice Modell herangezogen werden. Auf die Potenziale forschungsbasierter Lehre setzt man hier bereits unmittelbar zu Beginn des Studiums. Wie ein roter Faden zieht sich der Anspruch einen forschenden Wissensaufschluss zu initiieren durch die einzelnen Module bis hin zum Ende des Studiums.

Wie sich die einzelnen Formate darstellen, soll für das Bachelorstudium Soziale Arbeit - Präsenz[2] gezeigt werden, das an der Fachhochschule Potsdam in sechs Regelsemestern zu absolvieren ist. Drei Kernformate sind in diesem Zusammenhang hervorzuheben und werden nachfolgend beschrieben. Daran schließt sich eine kurze Zusammenschau studentischer Erfahrungen an, die im Rahmen der durchgeführten Projekte gesammelt wurden.

Kernformat: Werkstatt

Seit dem Wintersemester 1996/97 ist die zweisemestrige Werkstatt als Modus einer strukturierten Studieneingangsphase fest in der Modulordnung des Studienganges verankert und verbindet dabei drei grundlegende Perspektiven, die sich kaum voneinander getrennt diskutieren lassen. Der besseren Übersicht halber aber wird diese Trennung hier vorübergehend vollzogen. Erstens konstituiert das Modul den grundlegenden Modus des Einsozialisierens in die allgemeine Studien- und Lernkultur einer Hochschule, die sich (bestenfalls) deutlich von dem, was die Allermeisten bislang als Kultur des institutionellen Wissenserwerbs verinnerlicht haben, abhebt. Manche Studierende sehen sich im Hochschulstudium erstmals mit den Anforderungen eines selbstverantworteten Lernens, eines Perspektivwechsels vom „Schüler" zum Studieren (Ludwig 2011: 12) konfrontiert, wie er mit dem didaktischen Setting der Werkstatt angeregt werden soll. Die Gruppe derer[3], die am sogenannten Werkstatttag einmal wöchentlich ganztägig zusammenkommt, begründet sich zu Beginn des ersten Semesters entlang der individuellen Entscheidung für eines von sechs angebotenen Rahmenthemen. Dabei handelt es sich jeweils um typische Arbeitsfelder bzw. Gegenstände der Sozialen Arbeit wie Erziehung/Bildung, Migration, Familie, Sozialraum, Geschlecht oder Jugendkultur. Gemäß des didaktischen Interesses, den Studierenden von Beginn an die Habitualisierung einer akademischen Kultur zu ermöglichen, wird in der Werkstatt entlang des jeweiligen Themas in die Arbeitstechniken eines weitgehend selbstorganisierten Lernens eingeführt. Es werden die Grundregeln wissenschaftlichen Arbeitens vermittelt und erprobt. Im Zuge kollaborativer bzw. kooperativer Arbeitszusammenhänge werden Konzepte zur Gruppendynamik sowie zur konstruktiven Konfliktlösung reflexiv eingeholt. Über die gesamte Dauer der Werkstatt hinweg werden die Studierenden darüber hinaus im Mentoring zu allen Fragen hinsichtlich Studium und Werkstatt beraten.

Das zweite Anliegen des Werkstattmoduls hat im Kern zum Ziel, den Studierenden einen unmittelbaren Zugang zur Fachkultur der Sozialen Arbeit zu ermöglichen. Wie wird in der Theorie, wie in der Praxis über gesellschaftliche Problemlagen, die dem Zuständigkeitsbereich der Sozialen Arbeit überantwortet

---

[1] 1996 wurde das im Folgenden beschriebene Konzept der Werkstatt mit seinem expliziten Anspruch ein projekt- und forschungsbasiertes Lernen zu ermöglichen in der Modulordnung implementiert. Im Jahr 1998 wurde es mit dem Lehrpreis des Landes Brandenburg ausgezeichnet.

[2] An der Fachhochschule Potsdam gibt es ebenso die Möglichkeit des berufsbegleitenden Studiums der Sozialen Arbeit im blended learning Format.

[3] In der Regel lernen in einer Werkstatt etwa zwanzig Studierende miteinander.

sind, gesprochen? Mit welchen professionellen Begründungen wird wie gehandelt? Wo sehen sich die Akteure und Akteurinnen der Profession selbst? Grundlegendes Studienziel ist die Entwicklung eines beruflichen Selbstverständnisses, das auf der Basis einer gelingenden Relationierung von wissenschaftlichem Wissen und praktischen Handlungsoptionen Professionalität gewährleistet. Diese in der Praxis immer wieder neu herzustellende Leistung (vgl. Nittel 2000) bedarf eines steten Selbstverständigungsprozesses, wie er in der Werkstatt im Rahmen der Auseinandersetzung mit dem gewählten Kernthema exemplarisch erprobt wird. Und damit ist bereits das dritte Anliegen des Werkstattmoduls formuliert: Die unmittelbare Arbeit am Gegenstand im Modus einer forschungsbasierten Lehre. Da dieser Anspruch in der Praxis sukzessive den von Joachim Ludwig skizzierten Typ „Forschungs-und Lerninteressen" (Ludwig 2014) überschreitet, um in der Folge tatsächlich in einem originären Forschungsprozess zu münden, ist das Werkstattmodul nicht nur von einer Vorlesung zur Empirischen Sozialforschung flankiert. Es wird darüber hinaus jede einzelne Werkstatt engmaschig und stets orientiert am aktuellen Stand des Forschungs-prozesses im Seminar Sozialforschung methodologisch beraten und begleitet.

Wie nun eine solche Werkstatt in der Auslegung der/des einzelnen Lehrenden umgesetzt werden kann, soll exemplarisch an der Lehrveranstaltung ‚Erziehen – wozu? Bildungs- und Erziehungskonzepte im Fokus sozialpädagogischer Handlungsfelder' verdeutlicht werden. Zu Beginn der Werkstatt haben die Studierenden zunächst Gelegenheit, sich aus theoretischer wie empirischer Perspektive mit dem Themenfeld ‚Erziehung und Bildung' auseinanderzusetzen: Braucht es überhaupt Erziehung und wenn ja, wie viel? Welche Werte, Haltungen, Normen sind für die Erziehenden heute handlungsleitend? Wo streben elterliche und professionelle Erziehungs- und Bildungskonzepte auseinander? Welche Auswirkungen hat das auf die kindliche Entwicklung? Wie nehmen Kinder und Jugendliche das elterliche bzw. pädagogische Handeln wahr? Und nicht zuletzt: Wie haben wir selbst Erziehung erlebt? Das sind nur einige von vielen Fragen, denen die Studierenden in dieser Werkstatt systematisch nachgehen und dabei gar nicht umhinkommen, an ihre subjektiven Bedeutungshorizonte anzuknüpfen. Denn sie alle waren in der Vergangenheit Ziel vielfältiger Erziehungs- und Bildungsbemühungen. Erfahrungsgemäß birgt vor allem die reflexive Auseinandersetzung mit der eigenen Erziehungsgeschichte, der eigenen Bildungsbiografie das Potenzial zur Entwicklung individueller Lerninteressen. Dafür bedarf es vor allem der Konfrontation mit gesellschaftlichen Gegenhorizonten, die persönliche Erfahrungen möglicherweise in einem neuen Licht erscheinen lassen, die im Sinne einer subjekttheoretischen Didaktik (Ludwig 2005) Differenzerfahrungen ermöglichen. Die dafür herangezogenen Konzepte und Ansätze sind bewusst kontrovers zueinander gewählt. So verschaffen sich die Studierenden im ersten Teil der Werkstatt einen grundlegenden Überblick über historische wie aktuelle Erkenntnisse aus Bildungsforschung, Psychologie, Neurobiologie und Allgemeiner Pädagogik. Die Erarbeitung dieser unterschiedlichen Schwerpunktthemen in Gruppenpräsentationen, aber auch Exkursionen zu Fachtagungen oder thematisch spannenden Orten sowie Gespräche mit Experten und Expertinnen der spezifischen Arbeitsfelder fordern immer wieder zur studentischen Selbstverständigung heraus. Die daraus entstehenden, oftmals kontroversen Diskursräume bilden gleichzeitig den Ort zum Entdecken subjektiver Erkenntnisinteressen, zum Skizzieren spannender Forschungsfragen, denen die Studierenden im zweiten Semester in kollaborativer Weise nachgehen. Im Modus qualitativer Sozialforschung, in der Regel entlang problemzentrierter Interviews und einer der Grounded Theory (Strauss/Corbin 1996) verpflichteten Forschungslogik, bearbeiten die Studierenden schließlich eine selbstgewählte Fragestellung. In einer interessegeleiteten Suchbewegung nähern sie sich dem Gegenstand und erproben erstmals ihre methodologischen und fachlichen Kenntnisse. Dabei stoßen die Studierenden nicht selten auf unerwartete Hindernisse in der Forschungspraxis und werden im Zuge dessen auch mit den je aktuellen Grenzen des eigenen Könnens konfrontiert. Hier Fehlversuche und Irrwege als unvermeidliche, ja folgerichtige Etappen auf dem Weg zu beruflicher Professionalität anerkennen und als Entwicklungschancen nutzen zu lernen, ist eine zentrale Vermittlungsaufgabe der Lehrenden, die die studentischen Arbeitsprozesse kontinuierlich begleiten. Die Ergebnisse dieser in Kleingruppenarbeit vollzogenen Forschungsprozesse bilden schließlich den Kern des werkstatteigenen Sozialreports, den die Studierenden zum Ende des Werkstattmoduls anfertigen. Eine Zwischen- und eine Abschlusspräsentation ermöglichen den fachlichen Austausch mit den Teilnehmenden der jeweils anderen Werkstätten. Das Werkstattkonzept entspricht in der Ludwig'schen Terminologie einer „Lehre im Format der Forschung" damit zunächst dem Typ Forschungs- und Lerninteressen, schließlich unmittelbar dem Typ Forschungsprozess (vgl. Ludwig 2014).

Kernformat: Praxisprojekt

Das vierte Semester ist das Praxissemester innerhalb des Studiengangs Soziale Arbeit. Schon frühzeitig müssen sich die Studierenden darum kümmern, einen ihren (Lern)Interessen gemäßen Praktikumsplatz zu finden. Einmal wöchentlich findet der sogenannte Hochschultag statt, an dem die Studierenden ihre Einrichtungen verlassen, um abwechselnd an Supervisionsveranstaltungen sowie Praxisbegleitseminaren teilzunehmen. Beide Angebote verstehen sich als Raum für einen Erfahrungsaustausch mit anderen Studierenden, als Podium zur Klärung aktueller Problemlagen, wobei der Fokus der Supervision, seiner originären Absicht verpflichtet, auf der Beratung fallspezifischer Handlungsproblematiken und der Involviertheit der eigenen Person liegt. Die Praxisbegleitseminare hingegen zielen auf die Klärung struktureller und fachlich-methodischer Fragen ab. Im Praktikum können sich die Studierenden in konkreten Arbeitsfeldern ausprobieren, erste Vermittlungsversuche zwischen wissenschaftlichem Wissen und praktischer Situation unternehmen und ihren Selbstverständigungsprozess bezüglich der eigenen Berufsidentität vorantreiben. Doch damit nicht genug, die Studierenden sind zudem gefordert, ein sogenanntes Praxisprojekt zu initiieren, durchzuführen und schließlich zu evaluieren. Für dieses Unternehmen sind sie abermals frei in ihrer Themen- und Methodenwahl, frei auch hinsichtlich der Entscheidung für ein Handlungs- oder aber ein Forschungsprojekt. Da diese ambitionierte didaktische Idee nicht nur die Freiheit der Wahl beschert, sondern damit auch die Herausforderung, sich für eine Thematik, einen Gegenstand und eine diesem angemessene Vorgehensweise entscheiden zu müssen, dient das Praxisbegleitseminar im Besonderen der Begleitung und Beratung jener Projekte. Von der ersten Skizze bis hin zu Exposé und Umsetzung werden die studentischen Vorhaben zum Gegenstand der Diskussion. Fußend auf den in der Werkstatt gesammelten Erfahrungen und Kenntnissen entschließen sich nicht Wenige zur Durchführung eines forschungsbasierten Projekts. Oftmals liegen hierbei Forschungsinteressen zugrunde, die im Verlauf der bisherigen fachlichen Auseinandersetzung oder während der Orientierungsphase im Praktikum selbst entstanden sind. Die Bandbreite dieser in Anbetracht der forschungspraktischen Möglichkeiten meist kleinformatigen Projekte reicht von quantitativen Erhebungen zu Fragen des Nutzungsverhaltens bestimmter Hilfeangebote, über die Klärung der Adressat/innenzufriedenheit der betreffenden Einrichtung bis hin zu empirisch qualitativen Vorgehensweisen, die sich bspw. basierend auf teilnehmender Beobachtung und Leitfadeninterviews mit Teilaspekten professionellen Handelns im spezifischen Arbeitsfeld beschäftigen. Solche und ähnliche Projekte changieren damit gleichsam zwischen den Typen Forschungsprozess und Community (vgl. ebd.).

Wie schon erwähnt, werden neben forschungsbasierten Projekten auch sogenannte Handlungsprojekte entwickelt. In diesem Zusammenhang steht in aller Regel ein konkretes Produkt oder Ereignis am Ende der Projektphase. Auch hier sind der Ideenreichtum der Studierenden und damit die Vielfalt der Projekte groß. Neben der Konzeption und Umsetzung von Veranstaltungsformaten, die das originäre Angebot einer Einrichtung sinnvoll ergänzen, dem Erstellen und Aktualisieren wissenschaftlicher Begleitmaterialien für bestehende Angebotsformate wird bspw. auch das Entwickeln von Orientierungsleitfäden für Praktikant/innen im betreffenden Feld zum Gegenstand des Praxisprojekts. Wenngleich bei einem Handlungsprojekt nicht unmittelbar von einem forschungsbasierten Arbeiten gesprochen werden kann, so erfüllt jenes Format doch den grundlegenden Anspruch des von Joachim Ludwig skizzierten ersten Typus' einer Lehre im Format der Forschung, weil schließlich jedes Projekt einer für den/die Studierende/n selbst bedeutsamen Problemstellung entspringt (vgl. ebd.: 14). Für die Lehrenden im Praxisbegleitseminar ist es eine große Herausforderung, den oftmals sehr unterschiedlichen individuellen Beratungsbedarfen der Studierenden hinsichtlich ihrer Praxisprojekte gerecht zu werden. Dieses Anliegen gelingt aber dann umso besser, je mehr alle Studierenden Teil eines kollegialen Beratungsprozesses werden. Aber auch die Beratung und der Austausch mit anderen Lehrenden, die aufgrund der unmittelbaren Nähe der studentischen Interessen zu ihren persönlichen Forschungs- und Arbeitsschwerpunkten in Betracht kommen, unterstützen das Gelingen einzelner Praxisprojekte. Die Ergebnisse der studentischen Arbeiten werden am Ende des Semesters in der Gruppe präsentiert und in einem Abschluss-bericht verschriftlicht. Im ebenfalls anzufertigenden Praxisreflexionsbericht setzen sich die Studierenden resümierend mit ihren gesammelten Erfahrungen aus Praktikum und Projekt auseinander. Der kritisch-reflexive Blick auf das eigene Lernen, auf erfahrene Sackgassen und vollzogene Umwege, auf Unvermutetes wie Inspirierendes, ist dabei eine obligatorische Kategorie.

Kernformat: Studierenden- bzw. Lehrendenprojekt

Zum Ende ihres Studiums hin haben die Studierenden abermals Gelegenheit über zwei Semester hinweg ihren jeweils aktuellen Lern- und Forschungsinteressen zu folgen. Im Theorie-Praxis-Modul werden hierfür zwei unterschiedliche Modi angeboten, die zum Teil unterschiedlich stark ein Anknüpfen an die studentischen Interessenslagen ermöglichen. Auf der einen Seite besteht die Chance, gemeinsam mit anderen Studierenden, in relativer Autonomie ein sogenanntes Studierendenprojekt durchzuführen. Auf der anderen Seite ist es möglich, in einem sogenannten Lehrendenprojekt mitzuarbeiten, das, wie der Name bereits vermuten lässt, auf einer Idee, einer entsprechenden Initiative der/des jeweiligen Lehrenden fußt. Beide Formate sind in der Regel gekennzeichnet von einem unmittelbaren Praxisbezug und bieten Gelegenheit bereits gewonnene Einblicke in spezifische Arbeitsfelder zu intensivieren oder aber weitere aus der Perspektive des Theorie-Praxis-Bezugs kennenzulernen. Zunächst sei an dieser Stelle das Modell des Studierendenprojekts skizziert, das wie kein anderes didaktisches Konzept im bisherigen Studienverlauf ein selbstverantwortetes und den eigenen Erkenntnisinteressen folgendes Lernen gestattet. So ist es im Rahmen der im fünften Semester startenden Studierendenprojekte möglich, sich in einer studentischen Arbeitsgruppe[4] intensiv mit einer als Problemstellung identifizierten Thematik auseinanderzusetzen und diese aus wissenschaftlicher Perspektive zu bearbeiten. Auch hierbei kann es sich wieder um ein eher forschungs- oder handlungspraktisches Projekt handeln, wobei die Grenzen zwischen beiden Formaten fließend sein können. In diesem Kontext arbeiten die Studierenden selbstständig in freier Zeiteinteilung und mit minimaler Begleitung eines/r Lehrenden, die dann thematisch wird, wenn tatsächlich Beratungsbedarf, in der Regel methodologischer oder konzeptioneller Art, entsteht. Diese Struktur verlangt den Studierenden ein enorm hohes Maß an Orientierungsvermögen, an Koordinations- und Kooperationsfähigkeit ab, um die intendierte wissenschaftliche Auseinandersetzung überhaupt erst einmal in Gang zu setzen. So müssen Projektpartner/innen gefunden, Feldkontakte geknüpft sowie verbindliche Absprachen zur Arbeitsaufteilung getroffen werden. Ein solches Vorgehen ist den Studierenden bis zu diesem Zeitpunkt aus Werkstatt und Praxisprojekt im Kern vertraut. Eine Projektarbeit aber von der Idee bis zur Umsetzung in ausschließlich selbst zu organisierenden Strukturen und in kollektiver Verantwortung zu bewältigen, bleibt dennoch eine große Herausforderung. Sie impliziert nicht zuletzt, dass vor allem in diesem Format das Potenzial aus Fehlern zu lernen als wichtige Triebkraft für studentische Selbstverständigungsprozesse anzuerkennen ist. Ähnliches gilt für den zwei-

---

[4] In der Regel kommen etwa fünf Studierende in einer Gruppe zusammen.

ten Modus des Theorie-Praxis-Moduls, der im Rahmen sogenannter Lehrendenprojekte, in Anliegen und Struktur analog den etablierten Lehrforschungsprojekten, die Möglichkeit zu studentischer Beteiligung an konkreten Handlungs- bzw. Forschungsprojekten bietet. Unter der Leitung eines/r Lehrenden werden Studierende Teil eines wissenschaftlichen Erkenntnisprozesses, der entweder auf eine in der Praxis zu lösende Handlungsproblematik abzielt oder im Kontext empirischer Sozialforschung einer spezifischen Forschungsfrage nachgeht. Wie groß der individuelle Gestaltungsraum für Studierende hierbei ist, und damit auch die Chance zur Anknüpfung an subjektive Lern- und Forschungsinteressen, hängt maßgeblich von der Ausgestaltung des Formats durch die Lehrenden, bei Praxisprojekten darüber hinaus auch von den Erwartungen und Bedingungen der beteiligten Praxispartner/innen, ab. Im Gegensatz zu den Studierendenprojekten findet bei den Lehrendenprojekten eine deutlich intensivere Zusammenarbeit zwischen Studierenden und Lehrenden statt, da beide unmittelbar im selben Arbeitsprozess involviert sind und kooperativ an einem Projekt arbeiten. Damit gestaltet sich zwangsläufig auch die Begleitung durch die Lehrenden engmaschiger, was sowohl potenzielle Vor- als auch Nachteile birgt. Unter Umständen erleichtert manchen Studierenden die Perspektive der/s kontinuierlich verfügbaren Lehrenden und die damit verbundene Möglichkeit zur unmittelbaren Rückversicherung über die Angemessenheit des eigenen Vorgehens, das Sich-Einlassen auf einen zunächst ergebnisoffenen Prozess. Andererseits ist anzunehmen, dass erst die Herausforderung zur selbstinitiierten und selbstverantworteten Umsetzung einer Projektidee, wie sie im Format der Studierendenprojekte angelegt ist, eine größtmögliche Identifikation mit dem Gegenstand ermöglicht, die auch den Mut zur komplexen Bearbeitung freisetzt.

Die Erkenntnisse und Erträge der in den Studierenden- bzw. Lehrendenprojekten vollzogenen Arbeits- und Forschungsprozesse werden am Ende des sechsten Semesters sowohl in Form ausführlicher schriftlicher Berichterstattungen dargelegt, als auch in Form von oftmals hochschulöffentlichen Präsentationen (z.B. als Ausstellungen oder aus den Projekten hervorgehende Fachtagungen) zur Diskussion gestellt.

Der typologischen Zuordnung Joachim Ludwigs folgend, entsprechen die grundlegend forschungsbasierten Studierenden- bzw. Lehrendenprojekte schließlich dem Typ Community, da die hier durchgeführten Forschungsprojekte „Echt"-Charakter haben und in ihrer „gesellschaftlichen Kontextuierung" (ebd.: 16) erfahrbar werden können. Doch auch in eher handlungspraktischen Projekten sind die Studierenden in der Kooperation bspw. mit Institutionen und Behörden mit den Möglichkeiten und Begrenzungen gesellschaftlicher Realität konfrontiert und dem Ziel einer wissenschaftlich fundierten Bearbeitung der identifizierten Problemstellung verpflichtet. Insofern bilden beide Umsetzungsmodi die Möglichkeit zur unmittelbaren studentischen Teilhabe an Wissenschaft und Forschung auf dem Weg zur Entwicklung einer „wissenschaftsbasierten Professionalität" (ebd.: 7).

4   Studentische Erfahrungen mit den Formaten einer forschungsbasierten Lehre

Der resümierende Austausch mit Studierenden, die an den hier beschriebenen Formaten forschungsbasierter Lehre teil hatten, sowie der Einblick in eine Vielzahl ihrer verschriftlichten Reflexionen dazu[5] ermöglichen einen Blick auf einige wesentliche und nicht selten kollektiv geteilte studentische Erfahrungen.

Grundsätzlich lässt sich sagen, dass die Studierenden in der Regel zunächst einmal offen und interessiert, zuweilen aber auch überrascht bis irritiert auf die Anforderung reagieren, schon früh im Studium eigene Lern- und Forschungsinteressen identifizieren und in Auseinandersetzung mit theoretischen Konzepten und praktischen Handlungssituationen entsprechende Fragestellungen formulieren zu sollen. Dass diese dann auch noch weitgehend selbstständig und im Team mit bislang wenig bekannten Ande-

---

[5] Hier wurden sowohl studentische Reflexionen im fortlaufend zur Lehrveranstaltung geführten Onlinelerntagebuch (www.oltb.de) als auch mündliche und schriftliche Evaluationen zum Ende der Lehrveranstaltungen einbezogen.

ren zu bearbeiten sind, führt bei manchen Studienanfänger/innen durchaus zu Überforderungsgefühlen. Hier kommt ganz offensichtlich die beschriebene Diskrepanzerfahrung zum Tragen, die aus der Konfrontation des bislang internalisierten Konzepts vom Lehren und Lernen mit dem neu und ungewohnt anmutenden, zum Teil als Zumutung erlebten Lehrangebot erwächst. Diese Befindlichkeiten nicht zu übergehen, sondern im Austausch mit anderen Studierenden thematisch werden zu lassen, einen Raum zur kritischen Reflexion zu eröffnen, ist insbesondere innerhalb der Werkstatt als zentrales Format der Studieneingangsphase erklärtes Ziel. Auch im parallel stattfindenden Mentoring nehmen die Studierenden die Gelegenheit wahr, unmittelbar an ihre je aktuellen Erfahrungshorizonte anzuschließen.

In der Phase der Projektarbeit selbst äußern Studierende, vor allem im Kontext von Forschungsarbeiten, sowohl Empfindungen enormer Anstrengung angesichts des hohen Arbeitspensums, als auch großer Zufriedenheit über die unter diesen Umständen erzielten Ergebnisse. Immer wieder kommt es im Projektverlauf zu krisenhaft empfundenen Einbrüchen, die bei genauerer Betrachtung aber oft als regelhafte, empirischen Forschungsprozessen immanente Krisen gedeutet werden können. Doch auch auf noch mangelnden Forschungserfahrungen fußende Irritationen lösen bei den Studierenden oftmals Unmut aus. In diesem Zusammenhang ist es also wichtig, in der Beratung der Forschungsprojekte von vornherein auf zu erwartende Unwägbarkeiten und deren Bedeutung hinzuweisen, in der Situation selbst beim Versuch der Problemlösung beratend zu unterstützen.

Zum Ende der gemeinsamen Projektarbeit passiert es nicht selten, dass Studierende Bedauern darüber äußern, über zu wenig Zeit zu verfügen, um auch die im Prozessverlauf entstandenen Anschlussfragen bearbeiten zu können. Diese Haltung darf sicherlich als Indikator für eine hohe Identifikation mit dem gewählten Gegenstand und damit als implizite Äußerung eines gesteigerten Lerninteresses gedeutet werden. Für die Lehrenden ist diese Kritik daher kein Zeichen für die Unzufriedenheit der Studierenden, sondern vielmehr der Hinweis darauf, dass hier offenbar der Weg des Einsozialisierens in die Fachkultur der Sozialen Arbeit und in die Prozesslogik eines forschungsbasierten Arbeitens bereits ein ganzes Stück beschritten wurde. Dass die Studierenden als Adressaten und Adressatinnen einer Lehre im Format der Forschung tatsächlich von Projekt zu Projekt handlungssicherer werden, zeigt sich nicht zuletzt in der Vielzahl der Bachelorarbeiten, die schließlich im Modus empirischer Sozialforschung entwickelt werden.

5 Resümee

Ausgangspunkt der vorliegenden Auseinandersetzung war die Überlegung, dass ein den Prämissen forschungsbasierter Lehre verpflichtetes Studiensetting die Entwicklung beruflicher Professionalität entscheidend begünstigen kann. Wenngleich die früh im Studium angebahnte, für die Studierenden in unerwarteter Weise auf Selbststeuerung zielende Auseinandersetzung mit aktuellen sozialwissenschaftlichen Problemstellungen kein Garant für die Ausbildung fachlicher Identität und professioneller Handlungsfähigkeit ist, so birgt sie doch grundlegendes Potenzial dafür: Zum einen sind die Studierenden von Beginn an gefordert zu realisieren, welche konkreten Herausforderungen in der Praxis gegenwärtig zu bewältigen sind. Sich in einem weiteren Schritt sowohl über professionelle Bearbeitungsmöglichkeiten zu verständigen als auch darüber, welches Wissen, welche fachlichen Kompetenzen dafür benötigt werden, konfrontiert die Studierenden zum anderen mit der Frage, in welchem Umfang sie selbst bereits über jene professionellen Kompetenzen verfügen. Gleichzeitig aber eröffnet sich hierüber auch die Möglichkeit zu erkennen, wo noch individueller Entwicklungsbedarf besteht, wo Handlungsbegründungen noch von alltagsweltlichem statt wissenschaftlichem Wissen dominiert werden. Dieser Einsicht entlang subjektiv bedeutungsvoller Lerngegenstände zu folgen, ermöglichen die hier diskutierten Modi einer Lehre im Format der Forschung.

Zusammenfassend lässt sich festhalten, dass es im Sinne einer gelungenen Umsetzung einer forschungsbasierten Lehre weniger darum geht, dass Studierende möglichst von der Idee bis zur Ergebnispräsentation autonom an selbst initiierten Forschungsprojekten arbeiten. Vielmehr müssen Form und Umfang studentischer Teilhabe an Prozessen forschenden Wissensaufschlusses gewährleisten, dass Studierende einen Gegenstand ihres Interesses ausgliedern und mit beratender Unterstützung der Lehrenden bzw. in Kooperation mit ihnen entlang ihrer Fragestellungen bearbeiten können. Sich dabei reflexiv an den von der Bildungsinstitution gesetzten Anforderungen zu reiben, ist in diesem Zusammenhang konstitutiv für die Entwicklung eines professionellen Selbstverständnisses (vgl. ebd.: 8). Für beide im Modus forschungsbasierter Lehre eng aufeinander verwiesenen Prozesse bieten die hier vorgestellten Formate meines Erachtens ein enormes Potenzial, das durchaus auch für andere Disziplinen Orientierungscharakter haben kann.

Literatur

Huber, L. (2009): Warum Forschendes Lernen nötig und möglich ist. In: Huber, L./Hellmer, J./Schneider, F. (Hg.): Forschendes Lernen im Studium. Aktuelle Konzepte und Erfahrungen. Bielefeld, 9-35

Ludwig, J. (2000): Lernende verstehen – Lern- und Bildungschancen in betrieblichen Modernisierungsprojekten. Bielefeld

Ludwig, J. (2004): Vermitteln – verstehen – beraten. In: Faulstich, P./Ludwig, J. (Hg.): Expansives Lernen. Baltmannsweiler, 112-126

Ludwig, J. (2005): Modelle subjektorientierter Didaktik. In: Literatur- und Forschungsreport Weiterbildung, H. 1, 75-80

Ludwig, J. (2006a): Lernen als Erweiterung gesellschaftlicher Teilhabe. In: Postprints der Universität Potsdam, Humanwissenschaftliche Reihe, 17, http://opus.kobv.de/ubp/volltexte/2007/1291/pdf/postprint_ludwig_lernen_gesell.teilhabe.pdf, 27.02.2014

Ludwig, J. (2006b): Lehren und Lernen in der Erwachsenenbildung – subjektorientiert? In: Ludwig, J. /Zeuner, C. (Hg.): Erwachsenenbildung 1990-2022. Weinheim/München, 99-118

Ludwig, J. (2011): Forschungsbasierte Lehre als Lehre im Format der Forschung. In: Brandenburgische Beiträge zur Hochschuldidaktik, H. 1, http://www.sq-brandenburg.de/files/bbhd03.pdf, 27.02.2014

Ludwig, J. (2012): Lernen und Lernberatung. Alphabetisierung als Herausforderung für die Erwachsenendidaktik. Bielefeld

Ludwig, J. (2014): Lehre im Format der Forschung. In: Brandenburgische Beiträge zur Hochschuldidaktik, H. 7, http://opus.kobv.de/ubp/volltexte/2014/7110/pdf/bbhd07.pdf, 13.07.2014

Nittel, D. (2000): Von der Mission zur Profession. Stand und Perspektiven der Verberuflichung in der Erwachsenenbildung. Bielefeld

Strauss, A./Corbin, J. (1996): Grounded Theory. Grundlagen qualitativer Sozialforschung. Weinheim

Einblicke in eine Forscherbiographie

„… ein Highlight zu Beginn des Studiums, die Veranstaltung zur Wissenschaftstheorie…". Ein Interview mit Prof. Dr. Joachim Ludwig*

Kurt R. Müller

Kurt: Achim, es geht mir darum, in diesem Gespräch Deine Biographie als Wissenschaftler ein wenig zu beleuchten, um den Lesern dieser Schrift die Person, um die es da geht, auf diese Weise ein wenig näher zu bringen. Ich bitte Dich deshalb, Dich erst einmal an die Anfänge Deiner wissenschaftlichen Karriere zu erinnern. Ich nehme an, dass es Dir nicht in die Wiege gelegt wurde, diesen beruflichen Werdegang zu gehen und es mag in Deiner Karriere Kreuzungspunkte gegeben haben, wo sich entschieden hat, dass Dich die Wissenschaft in besonderer Weise interessiert und Du Dich in dieses Feld hineinarbeiten willst. Denke also bitte zurück, vielleicht findest Du solche Kreuzungspunkte in Deiner Biographie, Punkte, wo sich Deine wissenschaftlich-berufliche Karriere allmählich konturiert hat.

Achim: Ja, da gibt es schon einige Kreuzungen, die charakteristisch waren. Die erste wichtige Kreuzung war der Ethikunterricht im Gymnasium, der mir deutlich gemacht hat, dass das ein Gebiet ist, in dem meine Interessen liegen. Aus dieser Erfahrung heraus wollte ich ursprünglich Psychologie studieren. Das war mein Ziel, ein Psychologiestudium nach der Schule, weil mich Fragen nach dem Subjekt und wie der Mensch denkt interessiert haben. Dies ließ sich aber letztlich, aus verschiedenen Gründen, die hier nicht interessieren, nicht realisieren. Letztlich landete ich im Pädagogikstudium an der Universität der Bundeswehr.

Kurt: Hast Du das eher als Kompromiss erlebt oder hast Du als klar war, das läuft auf die Pädagogik zu, dies auch offensiver annehmen können?

---

* Dieses Gespräch fand am 9. Januar 2014 in Werder statt. Es wurde aufgezeichnet, transkribiert und an wenigen Stellen redaktionell überarbeitet.

Achim: Zunächst einmal war dies für mich nur ein Kompromiss. Aber der Kompromiss hat sich sehr schnell, im ersten Semester eigentlich schon, erledigt und ich war dann heilfroh, Erziehungswissenschaft zu studieren, weil ich gemerkt habe, das sind genau die Fragen, die mich eigentlich interessieren.

Kurt: Ich habe Dich erstmals 1979 in einem Hörsaal wahrgenommen. Es war ein rechteckiger Hörsaal und Du saßest etwas abgesetzt von den anderen Studenten. Du bist mir sofort in zweierlei Hinsicht aufgefallen: erstens hast Du gefragt, was in diesem Setting nicht ganz üblich war und zweitens hast Du sehr interessante Fragen gestellt, die mich als Professor gefordert haben. Ich habe gemerkt, dass Du eine literarische Basis hattest. Kannst Du mir diesen Anfangspunkt aus Deiner Sicht nochmals beschreiben?

Achim: Das muss etwa in meinem 4., 5. Trimester gewesen sein. Damit hatte ich schon eine Studienbiographie und die war eigentlich ganz glücklich. Mich haben sehr die Veranstaltung zur Allgemeinen Pädagogik und vor allem, das war ein Highlight zu Beginn des Studiums, die Veranstaltung zur Wissenschaftstheorie interessiert, wo wir vor allem den sog. Werturteilsstreit bearbeitet haben. Das war super. Da haben wir tolle Diskurse geführt und diese Erfahrung hat für das gesamte Studium orientiert. Von daher habe ich schon zentrale Problemstellungen entwickelt gehabt bis zu diesem Zeitpunkt, als wir uns dort kennengelernt haben und konnte damit eben gut an dem anknüpfen, was Du angeboten hast. Das war die eine Seite, die andere war die Seite der Erziehungspraxis. Ich war seit dem 3. Trimester dauerhaft im Praktikum im Zornedinger Modellkindergarten und habe dort an Begleitforschungsprojekten teilgenommen und war auch an Veröffentlichungen beteiligt. Insofern hatte ich konkrete Forschungsfragen aus der Pädagogik, mit denen ich mich beschäftigt habe.

Kurt: Ich habe Dich damals im weiteren Verlauf des Studiums eher am Rande wahrgenommen. Dein Schwerpunkt war nicht die Erwachsenenbildung.

Achim: Das war sie nicht. Durch meine Mitarbeit im Zorndedinger Modellkindergarten war ich ursprünglich ab dem 3. Trimester vor allem an Fragen sozialer Ungleichheit, den Chancen von Kindern aus dem Arbeitermilieu und ihren individuellen Entwicklungsmöglichkeiten interessiert. Insofern stand ich auch etwas am Rande des Studienjahrgangs, weil die anderen Studenten diejenigen besonders exkludierten, die sich für das Studium in besonderem Maße interessierten. Die Mentalität vieler Offiziersstudenten ist ja eher, das Studium als unheilvolle Plage irgendwie zu bewältigen, sich nicht darauf einzulassen, es eher als Karriereknick zu betrachten.

Kurt: Du hast Dich dann als Zeitoffizier nach dem Studium erst einmal mit Deinem eigentlichen Beruf in der Truppe befasst, dies in verschiedenen Verwendungen. Diese Zeit klammere ich aus und knüpfe an den Übergang auf den zivilen Arbeitsmarkt an. Du bist dann in die gewerkschaftliche Bildungsarbeit eingetreten.

Achim: Ja, aber das hatte schon wieder eine Vorgeschichte, mit dem Studium zusammenhängend. Ich weiß nicht mehr genau, wie dies mit Dir zusammenhängt, auf jeden Fall habe ich mich im Studium ab dem Zeitpunkt, den Du beschrieben hast, 4.,5. Trimester immer stärker mit der sog. Arbeiterbildung auseinandergesetzt. Ich denke, das kam über den Studienschwerpunkt Erwachsenenbildung herein.

Kurt: Ich hatte damals in mein Lehrangebot eine Lehrveranstaltung zur sog. ‚Arbeiterbildung' einge-gliedert. Es ging vor allem um die Reflexion des von Oskar Negt im Kontext der gewerkschaft-lichen Bildung propagierten Prinzips des ‚Exemplarischen Lernens', verknüpft mit der Fachlich-keit ‚Soziologischer Phantasie', wie Negt dies bezeichnete. Das war eine sehr kritische Ausein-andersetzung mit den gängigen didaktischen Theorien für die Erwachsenenbildung, für viele der Studierenden eine echte Zumutung.

Achim: Mich hat dieses Angebot sofort interessiert. Dies auch deshalb, weil ein großer Teil der offenen Fragen im Kontext des Werturteilsstreits, insbesondere was das Verhältnis von Alltagsbewusst-sein, gesellschaftlichem Bewusstsein und wissenschaftlichem Wissen angeht, im Zusammen-hang mit Arbeiterbewegung und Arbeiterbildung eine starke Rolle spielten. Ich habe mich dann für eine gewisse Zeit parallel mit zwei Themenkreisen beschäftigt: einerseits habe ich mich in dem schon erwähnten Zornedinger Kindergartenprojekt engagiert und auch zur Art und Wei-se, wie Kleinkinder Baukastenanweisungen wahrnehmen, quantitativ empirisch geforscht. Auch habe ich im Rahmen meiner Mitarbeit im Modellprojekt untersucht, welche Wirkung Sachunter-richt im Vorschulbereich hat. Auf der Grundlage des damals populären Konzeptes der Hand-lungsforschung habe ich mit Eltern gearbeitet und geforscht. In meiner Diplomarbeit ging es, mit Bezug auf Piaget, um die Entwicklung des Raumverständnisses bei Kindern. Andererseits: zu diesem Zeitpunkt hat mich auch schon die Arbeiterbildung interessiert. Das wurde ein starker Schwerpunkt, der allerdings zeitverzögert zu dem Kindergartenprojekt in den Vordergrund trat. Das Lehrangebot zum Thema Arbeiterbildung war ein wichtiger Anknüpfungspunkt und ab dem Zeitpunkt habe ich mich auch gewerkschaftlich und politisch engagiert. Also, die Auseinander-setzung mit der Arbeiterbildung, aber auch die zu dieser Zeit aktuelle Diskussion der Thesen des Club of Rome haben mich politisiert. Die nach wie vor aktuelle soziale Frage und die neu auftauchende ökologische Frage nach den Grenzen des Wachstums haben meine persönliche Selbst- und Weltverständigung stark beeinflusst. Für mich wurde Erwachsenenbildung ein Medi-um, in dem sich die Menschen über diese zentralen Fragen ihrer Existenz verständigen konnten.

Kurt: Mich interessiert nun im Weiteren zunächst, wie Dein Eintritt in die gewerkschaftliche Bildungs-arbeit inszeniert wurde, zum Zweiten, was dort Deine Aufgaben waren und zum Dritten, welche pädagogischen Konzepte Du in Deiner Bildungsarbeit favorisiert hast.

Achim: Der Eintritt in die gewerkschaftliche Bildungsarbeit war einfach. Ich war in A. bei der Bundes-wehr, war ja dort als Offizier tätig und habe mich eben bei der örtlichen Gewerkschaft gemeldet und gesagt: „Ich komme aus München, bin Mitglied der ÖTV und will gewerkschaftlich aktiv werden". Dass da überhaupt ein Soldat ankommt und dann noch Offizier, das war schon etwas Besonderes. Dass ich pädagogische Kompetenzen mitbrachte erst recht. Ich fing also an mit Seminaren zur politischen Bildung und Vertrauensleuteseminaren und habe mich dadurch sehr schnell profiliert. Das Studium hat mir sehr geholfen, einigermaßen vernünftige, im besten Sinne eben teilnehmerorientierte Seminare durchzuführen, also die Teilnehmer zu beteiligen an dem ‚Was' im Seminar erarbeitet wurde und dem ‚Wie' gearbeitet wurde. Insofern war das wirklich ein ziemlich unproblematischer Einstieg. Ich wurde dann auch schnell in den ÖTV-Kreisvorstand ge-wählt und war überhaupt in verschiedener Hinsicht in der Zivilgesellschaft der Region verankert, sprich im Widerstand gegen die Wiederaufbereitungsanlage in Wackersdorf, in der Friedens-bewegung und im Stadtrat. Für das Offizier-Corps der Bundeswehr gründete ich zusammen mit Helmut Pries das ‚Darmstädter Signal', eine Gruppe kritischer Offiziere, die sich mit den Entwicklungen zur Sicherheitspolitik und zur inneren Struktur der Bundeswehr kritisch auseinandersetzen. Das ‚Darmstädter Signal' existiert bis heute. Die verschiedenen politischen Aktivitäten waren insofern eine gute Grundlage, um auch Bildungsarbeit in der Gewerkschaft zu machen und da akzeptiert zu sein.

Kurt: Wir haben uns damals für längere Zeit aus den Augen verloren und Du hast in dieser Zeit auch ein Interesse entwickelt, zu promovieren. Wie kam denn das?

Achim: Na ja, das Interesse zu promovieren war seit dem ersten Tag nach dem Studium vorhanden. Das hing mit meinen positiven Erfahrungen aus dem Studium zusammen. Ich wollte weiter wissenschaftlich denken und arbeiten, konnte dies aber nicht, weil ich vertraglich bei der Bundeswehr verpflichtet war. Insofern habe ich nach einer Möglichkeit gesucht, im Raum Amberg an eine Promotionsbetreuung zu kommen und habe diese bei Professor Helmut Heid in Regensburg gefunden. Gegenstand meiner Promotion sollten erstens meine Erfahrungen in der Bildungsarbeit von Bürgerinitiativen gegen die Wiederaufarbeitungsanlage und in der Friedensbewegung und zweitens Erfahrungen mit meiner institutionalisierten Bildungsarbeit bei der ÖTV werden. Diese Reihenfolge ist wichtig. Ich habe zwar sehr viel umfänglicher Bildungsarbeit bei der ÖTV gemacht, in Seminarform, aber mehr interessiert haben mich, wie wir heute sagen, diese informellen Kontexte der Bürgerinitiative und der Friedensbewegung. Mich hat die Frage interessiert, wo und wie kommen dort Bildungsprozesse zustande und habe das verglichen mit den institutionalisierten Bildungsprozessen in Seminarform innerhalb der Gewerkschaft. Eigentlich war das eine eher gewerkschaftskritische Arbeit, weil sie sich kritisch und selbstkritisch mit gewerkschaftlicher Bildungsarbeit auseinandergesetzt hat, weil diese Bildungsprozesse verglichen wurden mit sog. freieren Bildungsprozessen in diesen gesellschaftlichen Initiativen.

Kurt: In welchen theoretischen Kontext hast Du Dich damals, um dieses Projekt zu bewältigen, eingearbeitet, in welche sozialwissenschaftlichen Konstrukte?

Achim: Konstrukte waren einmal mit Bezug auf Negt das sog. ‚Exemplarische Prinzip', also der Versuch, die Frage, wie sich individuelle Erfahrungen in Bürgerinitiativen mit den gesellschaftlichen Kontexten und Problemlagen verbinden lassen: also wie kann ich aus meinem Oikos der Bürgerinitiative heraus eine allgemeinere Perspektive auf Gesellschaft entwickeln oder sind das eher egoistische Prozesse, die dafür sorgen sollen, dass eben nicht vor meiner Haustüre Raketen stationiert werden oder Wiederaufarbeitungsanlagen. Also, um dieses Verhältnis von Individuum und Gesellschaft ging es mir. Das war ein wichtiger Punkt. Die Habermas'sche Kommunikationstheorie war der theoretische Filter, der darüber gelegt wurde.

Kurt: Nachdem Du das Promotionsprojekt abgeschlossen hattest, sind wir uns wieder näher gekommen, Anfang der 90er Jahre. Ich kann mich noch an eine möglicherweise für Dich sehr wichtige Begegnung erinnern. Du kamst gerade aus einem Betriebsräteseminar und hast eigentlich eher ein wenig resigniert festgestellt: „Das war wieder einmal etwas vom Üblichen. Irgendwie bin ich damit nicht mehr so recht zufrieden." Wir kamen ins Gespräch über das, was ich damals als Forschungs- und Entwicklungsprojekt am Laufen hatte, der Versuch, Erwachsenenbildung vom Subjekt her zu definieren, nämlich den Bildungsprozess über erfahrene Handlungsproblematiken zu initiieren. Kannst Du Dich an diese Zeit erinnern und was die Eröffnung solch einer Perspektive für Dich bedeutet hat?

Achim: Ja. Ich war ja seit 1986 bei der ÖTV hauptamtlich und für die Bildungsarbeit in München zuständig, ab 1988 für die Beratung von Interessenvertretern in ganz Bayern und habe in diesem Kontext sehr viele Seminare durchgeführt. Das war mein Erfahrungshintergrund und der Problemhorizont, den Du gerade angesprochen hast. Was Du mir geschildert hast, fand ich deshalb attraktiv, weil es die alte Fragestellung in neuem Gewand aufgegriffen hat. Die Frage, wie kann man eine individuelle Erfahrung, ihr habt diese im Bereich der betrieblichen Berufsausbildung mit Ausbildern thematisiert, wie kann man eine individuelle Erfahrung mit allgemeinem pädagogischen Wissen verknüpfen. Das war ja auch mein zentrales Anliegen innerhalb der gewerkschaftlichen Bildungsarbeit: wie kann man die individuellen Erfahrungen von Betriebs- und Personalräten mit Gesellschaftstheorie, mit rechtlichen Regelsystemen und ähnlichem verknüpfen, so dass diese individuelle Erfahrung in ihren gesellschaftlichen Kontext gestellt wird. Das hat mich interessiert.

Kurt: Du hast Dich dann Mitte der 90er Jahre entschlossen, an einer Fortbildung zum Fallberater, die ich angeboten habe, teilzunehmen. Bist Du in diesem Zusammenhang auch auf das Lernbuch von Klaus Holzkamp gestoßen?

Achim: Ja.

Kurt: Was hat dieser Ansatz für Dich für eine Bedeutung gewonnen?

Achim: Also, ich hatte das Buch im Zusammenhang mit meiner Arbeit an der Habilitation gelesen und war insofern begeistert, als Holzkamp mit dem Konstrukt ‚gesellschaftliches Subjekt' nun wieder das Thema der Vermittlung von Subjekt und Gesellschaft aufgegriffen hat. Ich kann mich heute noch daran erinnern, dass wir im Rahmen meiner Fortbildung zum Fallberater schöne Streitgespräche hatten zu der Frage, ob denn nun diese hermeneutische Fallarbeit nicht zu beliebig wäre und ob man nicht im Sinne von Holzkamp – ich hatte Holzkamp damals noch durch eine orthodoxere Brille gelesen – nicht, wenn man subjektwissenschaftlich auf Fallgeschichten schaut, eine stärkere Normierung einführen müsste: richtig und falsch als Lesart, wann ist etwas expansiv, wann etwas defensiv usw.? Ich habe dann eine ganze zeitlang gebraucht, um in das Gedankengebäude von Holzkamp tiefer einzusteigen.

Kurt: Du hast eben die Habilitation erwähnt. Durch dieses Projekt sind wir wieder stärker in Verbindung getreten. Was hat Dich in dieser Zeit bewogen, nochmal den nächsten Schritt in Richtung Wissenschaftler und ggf. sogar in Richtung auf eine Professur zu gehen?

Achim: Ich begann relativ kurz nach der Promotion mit dem Habilitationsprojekt. Ich hatte zum damaligen Zeitpunkt einen Lebensstil entwickelt, der es mir möglich gemacht hat, auf der einen Seite bei der Gewerkschaft relativ extensiv zu arbeiten – gewerkschaftliche Arbeit ist ja politische Arbeit, ist immer entgrenzte Arbeit – und zugleich wissenschaftlich zu arbeiten und zu denken. Ich dachte, das geht eben so weiter. Interessiert hat mich im Zuge meiner gewerkschaftlichen Aufgaben die Frage, wie Beschäftigte in betrieblichen Modernisierungsprojekten diese Projekte im Kontext der Einführung moderner Arbeitskonzepte und damit verbundener Qualifizierungsmaßnahmen für sich verarbeiten. Also, was entwickeln sie für Widerstände und welche Möglichkeiten entwickeln die Beschäftigten im Zuge von Bildungsangeboten als Modernisierungsmaßnahme. Dieses Projekt habe ich seit 1993 verfolgt und insofern war der Kontakt mit Deiner Fallarbeit in doppelter Weise interessant und auch wirksam. Einerseits in Richtung dieser Habilitation, weil da eben Diskurse stattfanden, die für die Habil relevant waren, auf der anderen Seite für die ÖTV und deren Weiterentwicklung der Bildungsarbeit.

Kurt: Du hast ja damals ziemlich gravierende Entscheidungen getroffen, weil sich das Habilitationsprojekt nicht unbedingt mit Deiner beruflichen Tätigkeit zur Gänze vermitteln ließ. Du musstest eine wichtige Entscheidung treffen.

Achim: Das ist richtig. Das ging halt nicht so wie während der Promotion, dass ich voll weiterarbeite und wissenschaftlich arbeite, forsche. Ich bin dann ab 1996 auf eine Halbtagsstelle. Das war schon eine gravierende Entscheidung, denn das waren etwa drei Schritte zurück: aus der beruflichen Präsenz, die auch politisch wichtig war. Es galt halt für mich abzuwägen, was letztlich wichtiger ist, die Wissenschaft oder die politische Arbeit. Zunächst einmal habe ich die Arbeitszeit reduziert, aber als das Geld knapp wurde habe ich die Hälfte meines Arbeitsvertrages verkauft um wieder an Geld zu kommen und den Rest des Habilitationsprojektes zu finanzieren.

Kurt: Beschreibe mir bitte, was Du in dem Habilitationsprojekt bearbeitet hast und welchen Stellenwert dieses Projekt für Deinen weiteren thematischen Werdegang, Deine wissenschaftliche Biographie bekommen hat.

Achim: Ich beschreibe erst einmal, um was es da ging. Untersucht hatte ich ein Modernisierungsprojekt in einem Stadtwerkeunternehmen, das eine komplett neue EDV, eine SAP-Software, eingeführt hat, die in allen Fachabteilungen die Arbeitsprozesse verändert hat. Ich habe untersucht, wie die Beschäftigten in den betrieblichen Qualifizierungsmaßnahmen mit diesem Projekt umgegangen sind und wie sie es sich angeeignet haben, Widerstand geleistet haben usw. Damit stand ich vor dem theoretischen und vor dem methodischen Problem, wie ich diese Veränderungsprozesse anfasse. Ich habe dann die verschiedensten theoretischen Zugänge versucht. Natürlich wieder die Kiste mit dem Bewusstsein, ich bin wissenstheoretisch herangegangen, also in verschiedener Weise. Bis mir dann Holzkamp in seinem Lernbuch diese Bedeutungs-Begründungs-Analyse angeboten hat. Also Bedeutungs-Begründungs-Analysen als Rekonstruktion. Das war auch in der Erwachsenenbildungswissenschaft eigentlich da. In den 80er Jahren hat Enno Schmitz in ganz vergleichbarer Weise aus einer wissenstheoretischen Position heraus mit der Rekonstruktion von Bedeutungen gearbeitet. Aber leider habe ich das nicht in vertiefter Weise wahrgenommen, sondern nur am Rande. Das hätte sich vielleicht nochmals stärker wechselseitig mit Holzkamp bereichern können, aber so war es Holzkamp, der mir die Bedeutungs-Begründungs-Analyse angeboten hat und ich konnte das sehr gut in den erziehungswissenschaftlichen Diskurs einbauen und insbesondere in den bildungstheoretischen Diskurs und hatte somit eine theoretische Folie, mit der ich die Aneignungs- und Widerstandsprozesse der Beschäftigten interpretieren und rekonstruieren konnte. Methodisch bin ich mit der Grounded Theory herangegangen. Man muss einfach dazu sagen, dass in den 90er Jahren der Diskurs zur Qualitativen Forschung in der Erwachsenenbildungswissenschaft noch relativ unterentwickelt war und insofern habe ich mich also beholfen mit Diskursen in der Soziologie. Z.B. habe ich versucht, die Einsichten der Magdeburger Kollegen, Marotzki und andere, die damals schon in diesem Bereich gearbeitet haben, in meiner Forschungsarbeit umzusetzen.

Im Kern ist aus dieser Arbeit heraus so etwas wie eine pädagogische Lernforschung entstanden, die die Lernforschung und die Bildungsprozessforschung eng zusammenführt. Meine Erkenntnis aus dieser Art von Forschung ist, dass sich Bildungsforschung als Bildungsprozessforschung durch eine rekonstruktive Lernforschung ausdifferenzieren und bereichern lässt, weil ich mir die Lernbegründungen und Widerstandsbegründungen anschauen kann, die Menschen im Zuge ihrer Selbstverständigungsprozesse führen.

Kurt: Wenn ich Dein wissenschaftliches Oevre heute betrachte, dann fällt mir auf, dass diese Habilitationsarbeit sowohl thematisch als auch methodologisch, methodologisch vielleicht nicht in der gleichen Weise wie thematisch, Dein weiteres wissenschaftliches Interesse markiert hat und Du in die gleiche Richtung weitergearbeitet hast. Ich bitte Dich deshalb, mir den heutigen Wissenschaftler Ludwig zu beschreiben, wofür er sich interessiert, womit er sich auseinandersetzt, welche Forschungsmethodologien und Forschungsstrategien er für besonders bedeutsam hält.

Achim: Ich fange mal mit den Gegenständen und Theorien an, weil diese für mich der Ausgangspunkt des Forschungsprozesses sind. Methodische Fragen sind aus meiner Sicht ganz wichtige Fragen, aber davon abgeleitete Fragen. Was mich nach wie vor interessiert, ganz stark interessiert, sind Lern- und Aneignungsprozesse. Leider war es mir in den verschiedenen Lernforschungsprojekten, die ich durchgeführt habe, nicht möglich, Längsschnittuntersuchungen durchzuführen. Ich bin immer in der Anfangsphase der Lernprozesse steckengeblieben, das gilt für das Lefo-Projekt, wo wir uns das Lernen von Wissenschaftlern angesehen haben, das gilt auch für das Alpha-Projekt und auch für viele kleinere Projekte. Das heißt, wie sich nun der Lernprozess über einen längeren Zeitraum von ein, zwei Jahren entwickelt, sich also Lernbegründungen entlang eines sich verändernden Bedeutungs- und Wissenshorizontes entwickeln. Das ist etwas, was mich sehr interessiert.

Das ist eine offene Wunde, die ich jetzt im Zuge eines Projektes angehen werde, indem ich die pädagogische Weiterbildung von Kunstschaffenden untersuche und das über einen längeren Zeitraum von bis zu drei Jahren. Ich kann also schauen, wie sich pädagogische Wissenskonzepte, Deutungsmuster und Orientierungen entwickeln. Also das ist ein ganz wichtiger Punkt. Ganz eng verbunden mit dieser Fragestellung die Frage, wie sich Wissens- und Bedeutungshorizonte in ihrem sozial-gegenständlichen Charakter im Zuge von Lernprozessen verändern. Also eigentlich ist dies nur die materielle Seite, wenn man so will, der, wenn man so will, formalen Seite des Lernens. Wobei materiell und formal so gar nicht stimmt, weil wir auf der einen Seite den sozial-gegenständlichen Prozess haben, der sich aber entlang eines sozialstrukturierten Gegenstandes entwickelt. Also der Prozess und der Gegenstand sind aufs engste miteinander verbunden. Der Prozess lässt sich ohne eine Kenntnis dieses Gegenstandes gar nicht untersuchen. Das ist ein DFG-Projekt, das wir beantragt haben, aber ich weiß noch nicht, ob es genehmigt wird und realisiert werden kann.

Wir wollen zudem in größerem Umfang untersuchen, ob sich solche Wissensstrukturen, unabhängig von Lernprozessen, in verschiedenen Disziplinen unterschiedlich entwickeln und welche Formen sie annehmen, ob es sozusagen typische Strukturbildungen gibt, wenn Menschen mit ihrem Alltagswissen auf wissenschaftliches Wissen treffen. Gefragt wird also, ob es typische gegenständliche Strukturbildungen gibt, wenn ein Studienanfänger mit seinem Alltagswissen auf physikalisches Wissen trifft, wenn er Physik studiert, wenn er mit seinem Alltagswissen auf erziehungswissenschaftliches Wissen trifft, wenn er Erziehungswissenschaft studiert, Germanistik studiert, Musikwissenschaft studiert, Geographie studiert. Also fünf verschiedene Disziplinen und die Frage lautet – wir untersuchen hier nicht Lernprozesse – wir schauen im Rahmen einer Längsschnittstudie zum Zeitpunkt 1, 2, 3, 4 wie sich das Verhältnis von Alltagswissen und Wissenschaftswissen, bezogen auf prototypische Gegenstände, entwickelt. Bei der Erziehungswissenschaft schauen wir uns also Bildung an, wir schauen uns in der Geographie Grenzen an, in der Musikwissenschaft haben wir den Blick auf Hören und schauen, inwieweit die Bedeutungshorizonte typische Veränderungen vollziehen oder auch an typische Grenzen und Widerstände und Hindernisse führen. Das ist insofern hochinteressant, als wir über solche Wissensdomänen nichts wissen. Wir wissen etwas über Fachsystematiken in der Physik, in der Musikwissenschaft und so weiter. Wir wissen immer, was wir vermitteln wollen, aber wir haben keine Ahnung über typische Wissenshorizonte der Menschen, die in Bildungs- und Lernprozessen stecken und dort bearbeitet werden. Und da wollen wir, zumindest für den Bereich des Studiums und für die Professionalisierungsprozesse, die im Studium stattfinden, ein wenig Licht ins Dunkel bringen. Im ersten Projekt Lernforschung auf der einen Seite und Forschung zu Wissensstrukturen im zweiten Projekt, das ist ganz interessant.

Und das Dritte, das ist so ein bisschen dazwischen. Wir fragen, welche unterschiedlichen Typen von pädagogischem Wissen sich heute bei ausgewählten Kursleitern finden lassen. Man muss hier differenzieren zwischen Kursleitern im Feld der Allgemeinen Bildung und der Berufsbildung, man muss zwischen verschiedenen Trägern differenzieren, zwischen verschiedenen Kursleitertypen. Bisher ist die Forschungssituation so, dass die theoretischen Zugänge zum pädagogischen Wissen sehr disparat sind. Es gibt einen Deutungsmusteransatz, es gibt einen Beliefs-Ansatz, es gibt einen kognitionstheoretischen Ansatz, den Ansatz subjektiver Theorien, den Conceptual Change Ansatz und so weiter. Wie diese theoretischen Zugänge und ihre Ergebnisse zueinander stehen, ist vollkommen offen. Es gibt quasi kein Metamodell, das diese theoretischen Zugänge verbindet. Daran arbeiten wir momentan und wollen dann eine empirische Untersuchung sowohl qualitativ als auch quantitativ durchführen, um herauszufinden, wie die Situation in der Erwachsenenbildung in Deutschland ist. Ich befürchte, dass der intensive didaktische Diskurs aus den 80er Jahren einer Psychologisierung und Methodisierung des pädagogischen Wissens gewichen ist.

Kurt: Das waren nun die thematischen Schwerpunkte Deiner aktuellen und künftigen Forschungsarbeit. Du hast zum Schluss kurz auf die die forschungsmethodischen Seiten hingewiesen, qualitativ, quantitativ, erläutere dies bitte noch etwas näher.

Achim: Auf der qualitativen Seite interessiere ich mich sehr die Fragen nach dem Verhältnis von subjektivem Sinn und Sinnstrukturen, das in Fallstudien immer zu beantworten ist, wenn man nicht in der Introspektion stecken bleiben möchte. Die Auseinandersetzung zwischen den Vertretern einer sozialwissenschaftlichen Hermeneutik und der Objektiven Hermeneutik steht dafür beispielhaft. Das Verhältnis von Sinn und Sinnstrukturen möchte ich mir methodologisch-methodisch neu erschließen und mit ihm die Forschung zum pädagogischen Wissen bei Kursleitern angehen, das ja stark eine Frage nach deren Biografie ist. Und zweitens interessiert mich das Verhältnis quantitative vs. qualitative Forschung. Hier glaube ich, müssten unbedingt begründete Modelle gefunden werden, um diese beiden erkenntnislogisch unterschiedlichen Verfahren aufeinander zu beziehen. Ein einfacher Hinweis auf triangulierende Methoden ist da deutlich zu wenig. Das muss differenziert ausgewiesen werden, mit was man zuerst forscht, in welcher Weise diese beiden Logiken miteinander verbunden werden können.

Kurt: Noch ein Stichwort zum Schluss. Ich nehme Dich wahr als jemand, der sich vor allem für das Beratungsthema interessiert. Beratung als pädagogisches Handeln hat in der Erziehungswissenschaft und auch in der Erwachsenenbildung ja durchaus eine Tradition. Du greifst offenbar diese Tradition auf, willst sie aber auch vorantreiben. Wie siehst Du dies selbst?

Achim: Ja, ja. Beratung ist etwas, was mich auf einer praktischen Ebene und natürlich in ihrer theoretischen Begründung sehr interessiert. Leider haben sich noch keine Forschungsmöglichkeiten in diesem Bereich in größerem Umfang ergeben, außer kleineren Projekten. Mich interessiert pädagogische Beratung deswegen, weil ich mit ihr konfrontiert wurde im Zuge Deiner Fallarbeit. Das war der Ausgangspunkt, daran knüpfte ich an mit dem Versuch, die Begründungsfragen zur Fallarbeit weiterzutreiben. Die haben wir ja schon gemeinsam weitergetrieben, indem wir an dem ursprünglichen hermeneutischen Ansatz angeknüpft haben und subjektwissenschaftliche Begründungen ergänzt und zusätzlich eingeführt haben. Im Zuge dieser Auseinandersetzung ist mir auch noch einmal klarer geworden, wie tief die Wurzeln der pädagogischen Beratung reichen. Das ist das eine. Mir ist auch deutlich geworden, dass es eigentlich zwei unterschiedliche Paradigmen gibt: eine rekonstruktive Beratung, die neben dem Subjekt an Sachverhalten, an gegenständlichen Problemen interessiert ist und eine eher auf Kommunikation und Beziehungsarbeit setzende Beratung, die mehr aus der Psychologie kommt und vor allem die Stärkung der Persönlichkeit im Auge hat, was ja durchaus wichtig ist. Meines Erachtens ist dieser Ansatz aber für pädagogische Beratung zu wenig, denn pädagogische Beratung zielt immer auf die Erweiterung von Handlungsfähigkeit und die Entwicklung von Handlungsoptionen. Und deswegen interessiert mich die rekonstruktive Beratung und da bietet Fallarbeit einerseits etwas, als gruppenförmige Beratung, aber es gibt ja auch Einzelberatungen, in denen Problemlagen, die Ratsuchende mitbringen, rekonstruiert werden müssen. Und da ergeben sich eine Reihe an interessanten Fragen und theoretischen Herausforderungen. Ich denke wirklich, dass mit der ‚Fallarbeit' ein sehr gut begründetes und auch praktikables Rekonstruktionskonzept für die Beratungspraxis entwickelt wurde. Trotzdem gibt es in der Beratungspraxis sehr viele Schwierigkeiten für Berater in der Rekonstruktion. Das muss sich deutlich verbessern und die Rekonstruktionsdichte muss auch verbessert werden. Da gibt es noch eine zu große Differenz und Diskrepanz zwischen der Konstruktionsdichte in der Forschung bei rekonstruktiver Forschung einerseits und dem, was man in der Beratungspraxis an Rekonstruktionsleistungen erbringt. Daran muss man weiterarbeiten.

Kurt: Achim, ich danke Dir herzlich für dieses offene Gespräch und ich bin überzeugt, dass die Leser dieses Buches entlang Deiner Biographie als Erziehungswissenschaftler einen interessanten Einblick in Dein Werden und Wollen gewinnen. Der Mensch, der hinter den vielen Veröffentlichungen, mit denen Du am Prozess der wissenschaftlichen Erkenntnisgewinnung teil hast, gewinnt ein wenig Kontur, Profil. Die Leser werden es dieser Schrift danken.

Joachim Ludwig als Initiator des Netzwerkes Studienqualität Brandenburg (sqb)

Kristine Baldauf-Bergmann, Cornelia Gabel, Till Heyer-Stuffer, Christin Schramm

„Zwei Dinge sollen Kinder von ihren Eltern bekommen: Wurzeln und Flügel."
Johann Wolfgang von Goethe

Joachim Ludwig ist Ideengeber, Initiator und Mitbegründer des Netzwerkes Studienqualität Brandenburg, das 2008 zunächst als Projekt der neun brandenburgischen Hochschulen startete und das er bis 2012 als wissenschaftlicher Leiter betreute. Die Konzeption dieses Netzwerkes, das mit hochschuldidaktischen Angeboten die Qualitätsentwicklung von Studium und Lehre stärkt, beschreibt Ludwig in einer Presseerklärung von 2008:

„Das Netzwerk Studienqualität Brandenburg besteht aus neun KoordinatorInnen der neun Hochschulen und einer Geschäftsstelle an der UP. Die Geschäftsstelle arbeitet seit April 2008, [...] koordiniert und organisiert das Netzwerk und ist verantwortlich für die konzeptionelle Entwicklung und Evaluation des gesamten hochschuldidaktischen Weiterbildungsangebots. In diesem Prozess steht sie in kontinuierlichem Austausch mit allen Hochschulen und arbeitet in einem engen Zusammenschluss mit den vor Ort jeweils zuständigen Koordinator/-innen. Dieser Kooperationsverbund ist deshalb besonders wichtig, weil das Programm nach den unterschiedlichen hochschuldidaktischen Bedarfen der einzelnen Hochschulen erstellt wird. Im WS 2008/2009 wurde das erste Weiterbildungsprogramm aufgelegt. Mehr als 35 Angebote mit unterschiedlichen Formaten stehen den Hochschullehrenden zur Verfügung" (Ludwig 2008b).

Mit seiner (subjekt-)wissenschaftlichen Herangehensweise prägte und fundierte Joachim Ludwig als gedanklicher Vater die hochschuldidaktische Arbeit von sqb. Aus diesem Grund standen schon immer die Handlungsproblematiken und Handlungsmöglichkeiten der Lehrenden mit Bezug auf das Lernen der Studierenden im Mittelpunkt von Weiterbildung und Beratung zur Qualitätsentwicklung von Lehre und Studium.

Dies hat Ludwig bereits im Vorwort des ersten sqb-Weiterbildungsprogramms zum Ausdruck gebracht:

„Unser Ziel ist es, dass durch dieses Angebot Hochschullehre als wissenschaftliche Herausforderung und Lehre als faszinierende Aufgabe von den Hochschullehrenden empfunden werden kann. Lehre ist kein Verfahren, um möglichst viel Wissen möglichst vielen Studierenden zu präsentieren. Durch Lehre soll Lernen angeregt werden. Sie wird nachhaltig, wenn es gelingt die disziplinären Wissensbestände mit den individuellen Wissenshorizonten der Studierenden zu koppeln. Dies ist für Lehrende eine permanente Herausforderung. Es ist gleichermaßen eine Entdeckungsreise zu den Sinn- und Wissenshorizonten der Studierenden. Zugleich erfordert so eine individualisierte Lehre flexibel verfügbares und didaktisches Wissen der Lehrenden. Dieses Programm bietet sowohl für Einsteiger als auch für langjährig erfahrene Lehrende Zugänge zur Faszination Lehre" (Ludwig 2008a: 5).

So agiert das Netzwerk schon seit Jahren mit einer Art Verständigungsfunktion zwischen den Interessen der Lehrenden, der Struktureinheiten und der Studierenden. Verstehenshorizonte werden in der Programmentwicklung und in der Beratung sichtbar. Dieser Zugang begründet sich in der Heuristik der subjektorientierten Lernforschung, die sich als praktizierte Erwachsenenbildung der brandenburgischen Hochschuldidaktik versteht.

Joachim Ludwig legte mit dem ersten Programm im Jahr 2008 auch den Grundbaustein für die Arbeit des hochschuldidaktischen Netzwerkes, welches heute, d.h. seit 2013, als Institut und wissenschaftliche Einrichtung durch die brandenburgischen Hochschulen getragen wird.

Zudem hat Ludwig mit dem Ansatz der Verständigung zwischen Lehrenden und Studierenden Qualitätsmaßstäbe in die Hochschullehre getragen, die auf Theorien eines individuell wie gesellschaftlich engagierten Lernens beruhen (vgl. Holzkamp 1995). Ein solches Bildungsverständnis verweist noch einmal in einer ganz eigenen Art auf den wachsenden Stellenwert von Lehre, der sonst eher durch qualitätssichernde Verfahren der Evaluation und Akkreditierung und die Steigerung von Absolvent_innen- bzw. die Senkung von Abbrecher_innen-Quoten unterstrichen wird.

„Eine gute und professionelle Lehre [...] ist der Kern einer guten Studienqualität" (Ludwig 2009: 5). Doch aus Ludwigs Sicht geht Studienqualität noch darüber hinaus, weil sie erst „die Faszinationsmöglichkeiten sowohl für Lehrende als auch für Studierende schafft" (ebd.). Darüber hinaus formuliert Ludwig schon 2009 Rahmenbedingungen zur Förderung der Studienqualität, die nach wie vor aktuell sind (vgl. ebd.):

- eine lehr- und lernförderliche Hochschulkultur, die Lehrleistungen fördert und anerkennt,
- ausreichend Zeit-, Raum- und Finanzressourcen,
- innovativ geplante und profilierte Studiengänge,
- systematisch integrierte Praxisphasen,
- Unterstützungsangebote für die Entwicklung von Studierfähigkeit,
- qualifizierte Studieneingangsphasen,
- Qualitätssicherung und Beratungsmöglichkeiten in den Studiengängen,
- Evaluationskonzepte auf den Ebenen Lehrveranstaltung, Modul und Studiengang,
- eine lehrbezogene Hochschulforschung.

Ludwig entfaltet seine Vorstellung von Qualitätsentwicklung auf verschiedenen didaktischen Handlungsebenen. Berührt er mit den Rahmenbedingungen vor allem die Meso- und Makroebene des Lehrens, so spricht er auf der Mikroebene Anlässe und Gründe an, die Lehrende zu den Angeboten des Netzwerkes führen können: „Lehrveranstaltungen laufen oft gut und manchmal ist man als Lehrende(r) unzufrieden. Das können ganz unterschiedliche Gründe sein – Gründe, die einmal mehr auf der Studierendenseite verortet werden oder/und Gründe, die man bei sich selbst sieht. Ein besonders starker Anlass zur Reflexion sind die Durchfallquoten. Unabhängig von Gründen und kleinen und großen Anlässen – Eines ist sicher: Lehre lässt sich immer verbessern!" (Ludwig 2010: 4).

Auf die Frage, was unter einer professionellen, guten Lehre zu verstehen ist und wohin sich Lehre entwickeln soll, eröffnet Ludwig jenseits von programmatischen Forderungen der Bologna-Reformen eine interessante Sicht auf die Studierendenorientierung als ein zentrales Leitmotiv moderner Lehre:

„Die Lehr-Lernforschung und die hochschuldidaktische Forschung zeigen wieviel effektiver eine studierendenzentrierte Lehre im Verhältnis zur traditionellen Inhaltsvermittlung ist. Studierendenzentrierung ist gleichbedeutend mit einer Ausrichtung der Lehre an den Lernprozessen der Studierenden. [...] Es geht in einer studienzentrierten Hochschullehre schlicht darum die Fragen der Studierenden, die zunächst noch aus einem alltäglichen Verstehenshorizont entstehen aufzugreifen, und als wissenschaftliche Forschungsfrage weiter zu verfolgen. Kennzeichen eines wissenschaftlichen Studiums und wissenschaftlicher Lehre ist die Beschäftigung mit Prinzipien wissenschaftlichen Denkens. Es geht nicht allein um die Verarbeitung von Erkenntnissen, sondern um das Verstehen und Gestalten verschiedener Erkenntniswege. Dies erfordert von den Studierenden Aktivität und eigene Denkanstrengungen. Dementsprechend geht es um die Etablierung einer interaktiven und lebendigen Lernkultur – nicht nur um Lehrplanerfüllung. Es geht darum, dort wo Stofforientierung dominiert, vermehrt offene, interaktive und variable Arbeitsprojekte ins Studium zu integrieren. Die Kernaufgabe des Lehrenden ist die Verbindung des disziplinären Fachwissens mit den individuellen Wissenshorizonten der Studierenden. Das Lehrziel – eine gut strukturierte Wissensbasis – kommt nicht allein durch Darbietung des Wissens, schon gar nicht irgendwie magisch zustande, sondern durch verstehende Zugänge der Lehrenden zu den individuellen Perspektiven und Hürden der Studierenden. Hochschullehrende sind in der Lehre – wie auch in der Forschung – immer zugleich Lernende: Sie sind aufgefordert sich auf die Suche nach den Interessen und Problemstellungen der Studierenden zu machen und diese mit dem disziplinären Fachwissen zu verbinden. Das macht die Faszination der Lehre aus" (Ludwig 2008b).

Mit diesem Credo wird deutlich, dass die Verbesserung der Lehre hier nicht aus einer externen Sicht gedacht wird, sondern sich aus einer reflexiven Perspektivverschränkung zwischen Lehrenden, Studierenden und hochschuldidaktischen Akteuren heraus begreift und entwickelt. In diesem Sinne agiert das Netzwerk Studienqualität Brandenburg in seiner Gesamtheit seit nunmehr sechs Jahren handlungsorientiert wie gleichermaßen reflexiv und verstehensbasiert. Für die Hochschulen ist neben den einzelnen Lehr- und Lernproblematiken die Qualitätsentwicklungsperspektive für Brandenburg leitend. Diese beiden Aspekte gilt es entlang konkreter Lehraufgaben ins Verhältnis zu setzen.

Die ersten vier Jahre unterstützte und lenkte Ludwig die Arbeit des Netzwerkes. 2012 hat er das Amt der wissenschaftlichen Leitung niedergelegt. Dennoch blieb er immer noch Ansprechpartner, z.B. bei theoretischen Auseinandersetzungen zum Thema Forschendes Lernen. Zudem hat er die Entwicklung der Angebote in den ersten Jahren in zweiwöchentlichen Theorieworkshops, gemeinsam mit den Mitarbeiter_innen des Lehrstuhls für Erwachsenenbildung/Weiterbildung und Medienpädagogik (Universität Potsdam) und der AG eLEARNiNG (Universität Potsdam), theoretisch reflektiert und kritisch begleitet.

Mittlerweile verfügt das Netzwerk (sqb) als wissenschaftliches Institut über eine neue Arbeits- und Rahmenstruktur, dennoch stellen die Gründungsideen und die theoretische Fundierung durch Ludwig nach wie vor eine wichtige Ressource für die hochschuldidaktische Arbeit dar. Ludwig hat dem Netzwerk seine Wurzeln gegeben, nun wächst sqb seit einigen Jahren selbstständig weiter und lernt, mit den eigenen Flügeln zu fliegen.

Literatur

Holzkamp, K. (1995): Lernen. Subjektwissenschaftliche Grundlegung. Studienausgabe. Frankfurt a.M.

Ludwig, J. (2008a): Faszination Lehre. In: Netzwerk Studienqualität Brandenburg (sqb) (Hg.): Weiterbildungsprogramm für Lehrende an brandenburgischen Hochschulen 2008/09. Potsdam

Ludwig, J. (2008b): Pressestatement zum Pressefrühstück der Ministerin für Wissenschaft, Forschung und Kultur am 12. November 2008

Ludwig, J. (2009): Faszination Lehre. In: Netzwerk Studienqualität Brandenburg (sqb) (Hg.) (2009): Weiterbildungsprogramm für Lehrende an brandenburgischen Hochschulen 2009/2010. Potsdam

Ludwig, J. (2010): Faszination Lehre. In: Netzwerk Studienqualität Brandenburg (sqb) (Hg.) (2010): Weiterbildungsprogramm für Lehrende an brandenburgischen Hochschulen 2010/11. Potsdam

Bibliographie Joachim Ludwig

Monographien

Ludwig, J./Schmidt-Wenzel, A. (2014): Wie Lehrer lernen. Pädagogische Kompetenzentwicklung in Selbstlernarchitekturen. Opladen (i. E.)

Ludwig, J. (2008): Lernender Forschungszusammenhang. Praxis und Reflexion interdisziplinärer und transferorientierter Forschungsprozesse. Bielefeld

Ludwig, J. (2000): Lernende verstehen. Lern- und Bildungschancen in betrieblichen Modernisierungsprojekten. Bielefeld

Ludwig, J. (1990): Bildungsarbeit als Zurückeroberung der Praxis. Zum Verhältnis institutionalisierter Erwachsenenbildung und selbstinitiierten Lernens am Beispiel gewerkschaftlicher Arbeiterbildung und der Praxis von Bürgerinitiativen. Regensburg

(Mit-)Herausgeberschaften

Ludwig, J./Schubarth, W./Wendland, M. (Hg.) (2013): Lehrerbildung in Potsdam. Eine kritische Analyse. Potsdam

Ludwig, J. (Hg.) (2012): Lernen und Lernberatung. Alphabetisierung als Herausforderung für die Erwachsenendidaktik. Bielefeld

Ludwig, J. (Hg.) (2012): Lernberatung und Diagnostik. Modelle und Handlungsempfehlungen für Grundbildung und Alphabetisierung. Bielefeld

Kossack, P./Lehmann, U./Ludwig, J. (Hg.) (2012): Die Studieneingangsphase – Analyse, Gestaltung und Entwicklung. Bielefeld

Gieseke, W./Ludwig, J. (Hg.) (2011): Hans Tietgens. Ein Leben für die Erwachsenenbildung. Theoretiker und Gestalter in der zweiten Hälfte des 20. Jahrhunderts. Dokumentation des Kolloquiums am 23.10.2009 an der Humboldt-Universität zu Berlin.

Hof, C./Ludwig, J./Schäffer, B. (Hg.) (2011): Steuerung – Regulation – Gestaltung: Dokumentation der Jahrestagung der Sektion Erwachsenenbildung der Deutschen Gesellschaft für Erziehungswissenschaft vom 23. bis 25. September 2010 an der TU Chemnitz. Baltmannsweiler

Hof, C./Ludwig, J./Schäffer, B. (Hg.) (2010): Erwachsenenbildung im demographischen und sozialen Wandel. Dokumentation der Jahrestagung der Sektion Erwachsenenbildung der Deutschen Gesellschaft für Erziehungswissenschaft vom 24. bis 26. September 2009 an der Hochschule für Philosophie München, der Ludwig-Maximilians-Universität München und der Universität der Bundeswehr München. Baltmannsweiler

Hof, C./Ludwig, J./Schäffer, B. (Hg.) (2010): Professionalität zwischen Praxis, Politik und Disziplin. Dokumentation der Jahrestagung der Sektion Erwachsenenbildung der Deutschen Gesellschaft für Erziehungswissenschaft vom 25. bis 27. September 2008 an der Freien Universität Berlin. Baltmannsweiler

Hof, C./Ludwig, J./Zeuner, C. (Hg.) (2009): Strukturen Lebenslangen Lernens. Dokumentation der Jahrestagung der Sektion Erwachsenenbildung der Deutschen Gesellschaft für Erziehungswissenschaft vom 27. bis 29. September 2007 an der Universität Bremen. Baltmannsweiler

Horstkemper, M./Ludwig, J./Schubarth, W. (Hg.) (2008): Bildungs- und Erziehungskontrakte als Instrumente von Schulentwicklung. Expertise. Bonn/Berlin

Ludwig, J. (Hg.) (2008): Interdisziplinarität als Chance. Wissenschaftstransfer und Beratung im Lernenden Forschungszusammenhang. Bielefeld

Ludwig, J./Moldaschl, M./Schmauder, M./Schmierl, K. (Hg.) (2007): Arbeitsforschung und Innovationsfähigkeit in Deutschland. München/Mering

Klebl, M./Ludwig, J./Petersheim, A.K. (Hg.) (2007): Gestaltung und Umsetzung kollaborativer und integrierter Lernszenarien. Hagen

Ludwig, J./Zeuner, C. (Hg.) (2006): Erwachsenenbildung 1990-2022: Entwicklungs- und Gestaltungsmöglichkeiten. Festschrift für Peter Faulstich zum 60. Geburtstag. Weinheim/München

Faulstich, P./Ludwig, J. (Hg.) (2004): Expansives Lernen. Baltmannsweiler

Beiträge in Sammelwerken

Ebner von Eschenbach, M./Ludwig, J. (2014): Kategoriale Reflexionen auf sozialräumliche Ansätze in der Erwachsenenbildung. In: Pätzold, H./Felden, H. v./Schmidt-Lauff, S. (Hg.): Programme, Themen und Inhalte in der Erwachsenenbildung. Dokumentation der Jahrestagung der Sektion Erwachsenenbildung der Deutschen Gesellschaft für Erziehungswissenschaft (DGfE). Baltmannsweiler, 247-262 (i.E.)

Ludwig, J. (2014): Zur rekonstruktiven Handlungslogik professioneller pädagogischer Beratung. In: Schwarz, M./Ferchhoff, W./Vollbrecht, R. (Hg.): Professionalität: Wissen – Kontext. Sozialwissenschaftliche Analysen und pädagogische Reflexionen zur Struktur bildenden und beratenden Handelns. Festschrift für Bernd Dewe. Bad Heilbrunn

Ludwig, J. (2014): Kooperation von Forschung und Praxis als Lernherausforderung. In: Georg, A./Jacobsen, H./Jostmeier, M. (Hg.): Sozialen Wandel gestalten. Zum gesellschaftlichen Innovationspotenzial von Arbeits- und Organisationsforschung. Wiesbaden, 201-212

Ludwig, J. (2014): Subjektwissenschaftliche Lerntheorie und Bildungsprozessforschung. In: Faulstich, P. (Hg.): Lerndebatten. Phänomenologische, pragmatistische und kritische Lerntheorien in der Diskussion. Bielefeld, 181-202

Ludwig, J./Rihm, T. (2013): Der Subjektstandpunkt in der Didaktik. In: Zierer, K. (Hg.): Jahrbuch für Allgemeine Didaktik 2013. Neuere Ansätze in der Allgemeinen Didaktik. Baltmannsweiler, 83-96

Ludwig, J. (2013): Lernbegleitung und Lernberatung in Alphabetisierungskursen. In: Bundesministerium für Bildung und Forschung (Hg.): Lernberatung und Unterricht. Berichte aus der Praxis. Bonn, 61-66

Ludwig, J. (2012): Studieneingangsphasen als Professionalitätsproblem. In: Kossack, P./Lehmann, U./Ludwig, J. (Hg.): Die Studieneingangsphase – Analyse, Gestaltung und Entwicklung. Bielefeld, 45-56

Kossack, P./Ludwig, J. (2012): Studieneingangsphasen bedarfsorientiert weiterentwickeln. In: Webler, W.-D. (Hg.): Studieneingangsphase? Das Bachelor-Studium braucht eine neue Studieneingangsphase! 2. Bd.: Lösungsmodelle. Bielefeld, 25-34

Ludwig, J. (2012): Lernen, Lernberatung und Diagnostik. In: Ludwig, J. (Hg.): Lernberatung und Diagnostik. Modelle und Handlungsempfehlungen für Grundbildung und Alphabetisierung. Bielefeld, 13-18

Ludwig, J. (2012): Lernbegründungen verstehen – Lernen beraten. In: Ludwig, J. (Hg.): Lernberatung und Diagnostik. Modelle und Handlungsempfehlungen für Grundbildung und Alphabetisierung. Bielefeld, 152-180

Ludwig, J./Nuissl, E. (2012): Nachwuchssicherung und Entwicklung der Disziplin. In: Egetenmeyer, R./Schüßler, I. (Hg.): Zur akademischen Professionalisierung in der Erwachsenenbildung/Weiterbildung. Entwicklungen im Kontext des Bologna-Prozesses. Baltmannsweiler, 273-280

Ludwig, J. (2012): Lernberatung in der Selbstlernarchitektur. Eine Analyse aus subjektwissenschaftlicher Sicht. In: Maier-Reinhard, C./Wrana, D. (Hg.): Professionalisierung in Lernberatungsgesprächen. Theoretische Grundlegungen und empirische Untersuchungen. Opladen, 301-320

Ludwig, J. (2012): Zum Verhältnis von pädagogischer Lernforschung und Lehr-Lernforschung. In: Felden, H. v./Hof, C./Schmidt-Lauff, S. (Hg.): Erwachsenenbildung und Lernen. Dokumentation der Jahrestagung der Sektion Erwachsenenbildung der Deutschen Gesellschaft für Erziehungswissenschaft vom 22. bis 24. September 2011 an der Universität Hamburg. Baltmannsweiler, 80-92

Ludwig, J. (2012): Vom Lernen zum Lehren und zurück – Probleme der Disziplin im Umgang mit Lernen. In: Arnold, R. (Hg.): Entgrenzungen des Lernens. Internationale Perspektiven für die Erwachsenenbildung. Bielefeld, 128-139

Ludwig, J. (2012): Bildungstheoretische Zugänge zu Lernen und Lernberatung. In: Ludwig, J. (Hg.): Lernen und Lernberatung. Alphabetisierung als Herausforderung für die Erwachsenendidaktik. Bielefeld, 18-42

Ludwig, J. (2012): Gemeinsam Lernen. Lernen und Beraten. In: Bayer, M./Faulstich, P. (Hg.): LernLust. Hamburg, 131-148

Ludwig, J. (2011): Transformationskompetenz für Professionalität in der Erwachsenenbildung. In: Gieseke, W./Ludwig, J. (Hg.): Hans Tietgens. Ein Leben für die Erwachsenenbildung. Theoretiker und Gestalter in der zweiten Hälfte des 20. Jahrhunderts. Dokumentation des Kolloquiums am 23.10.2009 an der Humboldt-Universität zu Berlin. Berlin, 365-372

Ludwig, J./Klages, B./Schmidt-Wenzel, A. (2011): Hans Tietgens und die Sektion Erwachsenenbildung. In: Gieseke, W./Ludwig, J. (Hg.): Hans Tietgens. Ein Leben für die Erwachsenenbildung. Theoretiker und Gestalter in der zweiten Hälfte des 20. Jahrhunderts. Dokumentation des Kolloquiums am 23.10.2009 an der Humboldt-Universität zu Berlin. Berlin, 9-12

Ludwig, J./Müller, K. (2011): Lernen und Teilhabe – Ergebnisse aus dem Projekt SYLBE. In: Projektträger im DLR e.V. (Hg.): Zielgruppen in Alphabetisierung und Grundbildung Erwachsener. Bestimmung, Verortung, Ansprache. Bielefeld, 119-142

Geißler, H./Ludwig, J. (2011): Mit Beratung und transdisziplinärer Forschung Innovationspotentiale stärken. In: Jeschke, S. (Hg.): Innovation im Dienste der Gesellschaft. Beiträge des 3. Zukunftsforums Innovationsfähigkeit des BMBF. Frankfurt am Main, 537-546

Hafer, J./Ludwig, J./Schumann, M. (2010): Fallstudien in medialen Räumen. In: Keil, R./Magenheim, J./Selke, H. (Hg.): HDI2010 – Tagungsband der 4. Fachtagung zur „Hochschuldidaktik Informatik". 9./10. Dezember 2010 in Paderborn. Potsdam, 93-98

Ludwig, J. (2010): Selbstsorge und Selbstverständigung. Didaktik der „Selbstsorge" und subjektwissenschaftliche Didaktik im Vergleich. In: Klingovsky, U./Kossack, P./Wrana, D. (Hg.): Die Sorge um das Lernen. Festschrift für Hermann J. Forneck. Bern, 205-218

Ludwig, J. (2008): Bildungsberatung und Lernberatung – Systematisierungsversuche. In: Grotlüschen, A./Beier, P. (Hg.): Zukunft lebenslangen Lernens: Strategisches Bildungsmonitoring am Beispiel Bremens. Bielefeld, 73-82

Ludwig, J. (2008): Interdisziplinarität als Chance – Einführung in Projektkontext, Ziele, Fragestellungen. In: Ludwig, J. (Hg.): Interdisziplinarität als Chance. Wissenschaftstransfer und Beratung im Lernenden Forschungszusammenhang. Bielefeld, 13-28

Ludwig, J. (2008): Konzeptbegründungen und Ergebnisse des LeFo-Projekts. In: Ludwig, J. (Hg.): Interdisziplinarität als Chance. Wissenschaftstransfer und Beratung im Lernenden Forschungszusammenhang. Bielefeld, 29-64

Ludwig, J. (2007): Kompetenzentwicklung und Bildungsberatung als reflexiver Selbstverständigungsprozess. In: Heuer, U./Siebers, R. (Hg.): Weiterbildung am Beginn des 21. Jahrhunderts. Festschrift für Wiltrud Gieseke. Münster, 183-196

Ludwig, J. (2007): Forschungsnahe Praxisberatung. In: Klaus, J./Vogt, H. (Hg.): Wissensmanagement und wissenschaftliche Weiterbildung. Dokumentation der Jahrestagung der Deutschen Gesellschaft für wissenschaftliche Weiterbildung an der Universität Karlsruhe 13.-15. September 2006. Hamburg

Ludwig, J. (2007): Wissenschaftstransfer, Wissenstransfer und neue Veränderungskulturen. In: Ludwig, J./Moldaschl, M./Schmauder, M./Schmierl, K. (Hg.): Arbeitsforschung und Innovationsfähigkeit in Deutschland. München/Mering, 237-248

Ludwig, J./Scherbaum, M. (2006): Weiterentwicklung der IG Metall Bildungsarbeit. In: Kurzer, B./Mathes, H./Scherbaum, M. (Hg.): Bildung ist der Rede wert. Perspektiven gewerkschaftlicher Bildungsarbeit. Supplement der Zeitschrift Sozialismus, H. 9, 45-60

Ludwig, J. (2006): Lehren und Lernen in der Erwachsenenbildung – subjektorientiert? In: Ludwig, J./Zeuner, C. (Hg.): Erwachsenenbildung 1990-2022: Entwicklungs- und Gestaltungsmöglichkeiten. Festschrift für Peter Faulstich zum 60. Geburtstag. Weinheim/München, 99-118

Ludwig, J. (2004): Zur Lernförderlichkeit von Netzwerken. In: Dehnbostel, P./Elsholz, U. (Hg.): Kompetenzentwicklungsnetzwerke. Konzepte aus gewerkschaftlicher, berufsbildender und sozialer Sicht. Berlin, 107-123

Faulstich, P./Ludwig, J. (2004): Lernen und Lehren – aus subjektwissenschaftlicher Perspektive. In: Faulstich, P./Ludwig, J. (Hg.): Expansives Lernen. Baltmannsweiler, 10-28

Ludwig, J. (2004): Bildung und expansives Lernen. In: Faulstich, P./Ludwig, J. (Hg.): Expansives Lernen. Baltmannsweiler, 40-53

Ludwig, J. (2004): Vermitteln – verstehen – beraten. In: Faulstich, P./Ludwig, J. (Hg.): Expansives Lernen. Baltmannsweiler, 112-126

Ludwig, J. (2004): Wissenstransfer: Verstehen in virtuellen Bildungsräumen. In: Meister, D. (Hg.): Online-Lernen und Weiterbildung. Wiesbaden, 137-148

Ludwig, J./Müller, K.R. (2004): Kompetenzentwicklung im Interessenfeld betrieblicher Modernisierung. Fallarbeit als Konzept zur Kompetenzentwicklung? In: Brödel, R./Kreimeyer, J. (Hg.): Lebensbegleitendes Lernen als Kompetenzentwicklung: Analysen – Konzeptionen – Handlungsfelder. Bielefeld, 281-306

Ludwig, J./Petersheimer, A. (2004): Virtuelle Bildungsräume als Brücke zwischen Lernen und Handeln. In: Bender, W./Groß, M./Heglmeier, H. (Hg.): Lernen und Handeln – Eine Grundfrage der Erwachsenenbildung. Schwalbach/Ts., 254-270

Ludwig, J. (2004): Der lernende Forschungszusammenhang – Eine Chance für den interdisziplinären Brückendiskurs in der Genderforschung? In: Baatz, D./Rudolph, C./Satilmis, A. (Hg.): Hauptsache Arbeit? Feministische Perspektiven auf den Wandel von Arbeit. Münster, 227-240

Ludwig, J. (2003): Lernen in betrieblichen Modernisierungsprojekten – Zugangsstrategien und Ergebnisse der Lernforschung. In: Achtenhagen, F./John, E.G. (Hg.): Institutionelle Perspektiven beruflicher Bildung. Bielefeld, 317-326

Ludwig, J. (2003): Lehr-, Lernprozesse in virtuellen Bildungsräumen: vermitteln – ermöglichen – verstehen. In: Arnold, R./Schüßler, I. (Hg.): Ermöglichungsdidaktik: Erwachsenenpädagogische Grundlagen und Erfahrungen. Baltmannsweiler, 262-275

Ludwig, J. (2002): Kompetenzentwicklung – Lerninteressen – Handlungsfähigkeit. In: Dehnbostel, P. (Hg.): Kompetenzentwicklung in vernetzten Lernstrukturen – Gestaltungsaufgabe für betriebliche und regionale Sozialpartner. Berlin, 95-110

Ludwig, J. (2002): Welche Lernchancen eröffnen scheiternde Lebensführungsregeln? Ein pädagogischer Zugang zum Konzept der alltäglichen Lebensführung. In: Voß, G./Weihrich, M. (Hg.): Arbeit und Leben im Umbruch. Beiträge zur subjektorientierten Soziologie der Arbeit und Arbeitsgesellschaft. Mering, 153-164

Ludwig, J. (2002): Kooperatives Wissensmanagement in Online-Netzen – Eine neue Angebotsoption für Weiterbildungseinrichtungen. In: Faulstich, P./Wilbers, K. (Hg.): Wissensnetzwerke. Netzwerke als Impuls der Weiterentwicklung der Aus- und Weiterbildung in der Region. Bielefeld, 5-20

Ludwig, J. (2000): Die Kategorie „subjektive Lernbegründung" als Beitrag zur empirischen Differenzierung der Vermittlungs- und Lernerperspektiven mit Blick auf das Forschungsmemorandum für die Erwachsenen- und Weiterbildung. In: Faulstich, P./Wiesner, G./Wittpoth, J. (Hg.): Wissen und Lernen, didaktisches Handeln und Institutionalisierung. Beiheft zum Literatur- und Forschungsreport Weiterbildung. Bielefeld, 29-38

Ludwig, J. (1996): Zugangsprobleme der Pädagogik zur Informationsgesellschaft. In: Bulmahn, E. (Hg.): Informationsgesellschaft-Medien-Demokratie: Kritik, Positionen, Visionen. Marburg, 398-410

Aufsätze in Fachzeitschriften

Ludwig, J. (2014): Lehre im Format der Forschung. In: BBHD – Brandenburgische Beiträge zur Hochschuldidaktik, H. 7

Dollhausen, K./Ludwig, J./Wolter, A. (2013): Organisation und Re-Organisation wissenschaftlicher Weiterbildung in einer bewegten Hochschullandschaft. In: Hochschule und Weiterbildung, H. 2, 10-13

Ludwig, J. (2013): Fallstudie zur Hochschule Gubernatio. In: Hochschule und Weiterbildung, H. 2, 33-38

Ludwig, J./Ebner von Eschenbach, M. (2013): Wissenschaftliche Weiterbildung zwischen hochschulspezifischer Aufgabenerfüllung und (Sub)Systembildung im Kontext lebenslangen Lernens. Vergleich von fünf Fallstudien zur Re-Organisation wissenschaftlicher Weiterbildung. In: Hochschule und Weiterbildung, H. 2, 46-52

Müller, K./Ludwig, J./Tröster, M. (2012): Lernforschung in der Alphabetisierung. In: Report: Zeitschrift für Weiterbildungsforschung, H. 1, 33-42

Ludwig, J. (2012): Vermittlungswissenschaft oder Interdisziplinarität? In: Erwägen Wissen Ethik, H. 3, 373-376

Ludwig, J. (2012): Reflexionen zur interdisziplinären Forschungskooperation und weiterführende Perspektiven (Bilanz). In: Erwägen Wissen Ethik 23, H. 3, 458-462

Ludwig, J. (2012): Architektur aus Sicht der Bildungstheorie. Anforderungen an Bildungsräume. In: DIE Zeitschrift für Erwachsenenbildung, H. 3, 26-29

Ludwig, J. (2012): In Bewegung bleiben. Erwachsenenbildungsforschung und ihre Ordnungsstrukturen. In: Weiterbildung, H. 4, 20-23

Ludwig, J. (2011). Forschungsbasierte Lehre als Lehre im Format der Forschung. In: BBHD – Brandenburgische Beiträge zur Hochschuldidaktik, H. 3

Ludwig, J. (2010): Von der wissenschaftlichen Weiterbildung zum lebensbegleitenden Studieren. Aussichten auf die nächsten zehn Jahre. In: Hochschule und Weiterbildung, H. 2, 38-41

Hilliger, B./Kossack, P./Lehmann, U./Ludwig, J. (2010): Die bedarfsorientierte Weiterentwicklung von Studieneingangsphasen: Ein Projektbericht aus der Universität Potsdam. In: Das Hochschulwesen, H. 4/5, 134-139

Ludwig, J. (2010): Die Welt im Kurs. Zum Verhältnis von Exklusion und Lernprozessen in der Alphabetisierung. In: Hessische Blätter für Volksbildung, H. 3, 255-263

Ludwig, J./Baldauf-Bergmann, K. (2010): Profilbildungsprobleme in der Erwachsenenbildungsforschung. In: Report: Zeitschrift für Weiterbildungsforschung, H. 1, 65-76

Ludwig, J. (2009): Subjektivierung der Arbeit – Standardisierung der Bildung? In: Beyersdorf, M./Christmann, B. (Hg.): Strukturwandel der Arbeit – Zukunft der wissenschaftlichen Weiterbildung. Jahrestagung DGWF 2008, Hamburg, 19-27

Hörr, B./Ludwig, J. (2009): Ein Wort vorab: Kann Wissenschaft praktisch sein? In: Hochschule und Weiterbildung, H. 2, 7-8

Ludwig, J. (2008): Die Forschungslandkarte Erwachsenen- und Weiterbildung als neues Steuerungsmedium. In: Hesssiche Blätter für Volksbildung, H. 2, 105-113

Ludwig, J./Muszynski, B. (2007): Strukturen wissenschaftlicher Weiterbildung an der Universität Potsdam. In: Hochschule und Weiterbildung, H. 2, 49-53

Ludwig, J. (2007): Laufend aktuelle Informationen. Das Projekt Forschungslandkarte Erwachsenen- und Weiterbildung. In: Weiterbildung, H. 5, 29-31

Ludwig, J. (2007): Virtuelle Räume für die Personalentwicklung. In: Personal, H. 3, 40-42

Ludwig, J. (2006): Lernen und gesellschaftliche Teilhabe. In: Education permanente, H. 2, 14-16

Ludwig, J. (2006): Lernen und Lernberatung – im Internet? In: Hessische Blätter für Volksbildung, H. 4, 338-347

Ludwig, J. (2005): Modelle subjektorientierter Didaktik. In: Report: Zeitschrift für Weiterbildungsforschung, H. 1, 75-80

Ludwig, J. (2005): Zukunftsfähige Arbeitsforschung. In: Zeitschrift für Arbeitswissenschaft, H. 1, 8-10

Ludwig, J. (2005): Fallstudien. In: Report: Zeitschrift für Weiterbildungsforschung, H. 2, 51-60

Ludwig, J. (2005): Bildung und expansives Lernen. In: Hessische Blätter für Volksbildung, H. 4, 328-336

Ludwig, J. (2004): Entgrenzte Arbeit – begrenzte Erwachsenenbildung? In: Report: Zeitschrift für Weiterbildungsforschung, H. 1, 103-109

Ludwig, J. (2003): Das lernende Subjekt in der politischen Bildung. Didaktische Vermittlungskonzepte in der gewerkschaftlichen Bildungsarbeit. In: Report: Zeitschrift für Weiterbildungsforschung, H. 1, 83-92

Ludwig, J. (2003): Subjektwissenschaftliche Didaktik. In: Grundlagen der Weiterbildung GdWZ, H. 3, 118-120

Ludwig, J. (2002): Anforderungen an subjektorientierte Lernberatung in Online-Foren. In: Dewe, B./Wiesner, G./Wittpoth, J. (Hg.): Professionswissen und erwachsenenpädagogisches Handeln. Beiheft zum Literatur- und Forschungsreport Weiterbildung, 255-266

Ludwig, J./Reese, H./Schmidt, H. (2000): Sichtweisen auf das lernende Subjekt in der gewerkschaftlichen Bildungsarbeit. In: Praxis politische Bildung, H. 3, 193-199

Ludwig, J. (1999): Zugänge zum selbstgestalteten Lernen aus subjektwissenschaftlicher Sicht. In: Literatur- und Forschungsreport Weiterbildung, H. 43, 60-73

Ludwig, J. (1999): Kursrealität aus der Perspektive der Lernenden. In: Grundlagen der Weiterbildung GdWZ, H. 4, 155-157

Ludwig, J. (1999): Subjektperspektiven in neueren Lernbegriffen. In: Zeitschrift für Pädagogik, H. 5, 667-682

Ludwig, J. (1999): Wider die Postulatspädagogik. Lernbehinderungen und Lernchancen in der gewerkschaftlichen Bildungsarbeit. In: kursiv – Journal für politische Bildung, H. 3, 35-41

Ludwig, J. (1995): Qualifizierung – Fortbildung und Softwareentwicklung. In: Computer, H. 7, 66-68

Einträge in Fachwörterbüchern

Ludwig, J. (2014): Beratung vom Subjektstandpunkt. In: Allespach, M./Held, J. (Hg.): Handbuch Subjektwissenschaft. Ein emanzipatorischer Ansatz in Forschung und Praxis. Frankfurt a.M., 286-305

Kossack, P./Ludwig, J. (2014): Qualifikationen und Kompetenzen. In: Dinkelaker, J./Hippel, A. v. (Hg.): Erwachsenenbildung in Grundbegriffen. Stuttgart (i.E.)

Ludwig, J./Klages, B. (2012): Erziehung im Lebenslauf. In: Dühlmeier, B./Melzer, W./Rausch, A./Sandfuchs, U. (Hg.): Handbuch Erziehung. Bad Heilbrunn, 168-172

Ludwig, J. (2012): Lehr-, Lernsettings. In: Dörner, O./Schäffer, B. (Hg.): Handbuch Qualitative Erwachsenen- und Weiterbildungsforschung. Opladen, 516-529

Ludwig, J. (2012): Lernen lernen. In: Horn, K.- P./Kemnitz, H./Marotzki, W./Sandfuchs, U. (Hg.): Lexikon Erziehungswissenschaft, Bd. 2. Bad Heilbrunn, 303

Ludwig, J. (2011): Das Lernen Erwachsener. Erwachsenenpädagogische Lerntheorien. Subjekttheoretische Ansätze. In: Fuhr, T./Gonon P./Hof, C. (Hg.): Handbuch der Erziehungswissenschaft. 4. Bd.: Erwachsenenbildung – Weiterbildung. Paderborn u.a., 147-152

Ludwig, J. (2009): Subjekttheoretische Ansätze. In: Fuhr, T./Gonon, P./Hof, C. (Hg.): Handbuch der Erziehungswissenschaft. Erwachsenenbildung/Weiterbildung. Paderborn, 887-892

Ludwig, J. (2003): Die besten Probleme sind die eigenen Probleme. Praxiskommentar zum problembasierten Lernen. In: Hohenstein, A./Wilbers, K. (Hg.): Handbuch E-Learning: Lehren und Lernen mit digitalen Medien. (Loseblattsammlung, Beitrag 4.12). Köln

Angaben zu den Autorinnen und Autoren

Dr. Kristine Baldauf-Bergmann
Netzwerk Studienqualität Brandenburg
Arbeits-/Forschungsschwerpunkte: Subjektwissenschaftliche Lerntheorie und -forschung, Forschungs- und Begleitprojekte zur pädagogischen Organisationsberatung und -entwicklung
Email: K.Baldauf-Bergmann@t-online.de

Franziska Bonna
Universität Hamburg
Arbeits-/Forschungsschwerpunkte: Lern- und Literalitätsforschung, Biografie und Arbeitslosigkeit
Email: Franziska.Bonna@uni-hamburg.de

Prof. Dr. (phil.) Kirstin Bromberg
Brandenburgische Technische Universität Cottbus-Senftenberg
Arbeits-/Forschungsschwerpunkte: Berufliche Sozialisations- und Entwicklungsprozesse, Lehr-Lern-Forschung
Email: kirstin.bromberg@b-tu.de

Prof. Dr. rer. pol. habil. Bernd Dewe
Martin-Luther-Universität Halle-Wittenberg, Institut für Pädagogik, Erwachsenenbildung/betriebliche und arbeitsmarktbezogene Weiterbildung
Arbeits-/Forschungsschwerpunkte: Wissensverwendungsforschung unter dem Gesichtspunkt der Applikation von Wissen und Können in performanztheoretischer Perspektive; Analysen zu den Kommunikationsformaten Bildung, Beratung, Therapie; Untersuchungen zur Sozialfigur „klinischen Soziologien" unter Berücksichtigung der Dualität von Hermeneutik und Rhetorik („Dialoghermeneutik"); Rekonstruktion einer materialen Theorie der „Reflexiven Professionalität" von modernen Dienstleistungsberufen; Beratungsforschung; Konstitutionsbedingungen von Theorien der Erwachsenenbildung
Email: bernd.dewe@paedagogik.uni-halle.de

Malte Ebner von Eschenbach
Universität Potsdam, Humanwissenschaftliche Fakultät, Profilbereich Bildungswissenschaften, Professur Erwachsenenbildung, Weiterbildung und Medienpädagogik
Arbeits-/Forschungsschwerpunkte: Intermediäre Strukturbildung, Lernen in der Zivilgesellschaft (Alltagsgebundenes Lernen von Erwachsenen), Fragen zu Epistemologie, „epistemische Widerständigkeit"
Email: malte.ebner.von.eschenbach@uni-potsdam.de

Prof. Dr. Peter Faulstich
Universität Hamburg
Arbeits-/Forschungsschwerpunkte: Berufliche und Poltische Erwachsenenbildung, Weiterbildungspolitik, Lernen
Email: peter.faulstich@uni-hamburg.de

Cornelia Gabel, M.A.
Wissenschaftliche Mitarbeiterin im Netzwerk Studienqualität Brandenburg (sqb)
Arbeits-/Forschungsschwerpunkte: Tutor/inn/enqualifizierungen, Evaluation, Veranstaltungsmanagement, Programmplanung
Email: cornelia.gabel@faszination-lehre.de

Dr. (phil.) Juliane Giese
Ruhr Universität Bochum, Institut für Erziehungswissenschaft
Arbeits-/Forschungsschwerpunkte: Orientierungen und Praxen im Übergang Schule – Beruf; Lebenswelt, Wissen und Bildung; Methodologie rekonstruktiver Bildungsforschung
Email: juliane.giese@rub.de

Prof. Dr. Wiltrud Gieseke
Seniorprofessur in der Abteilung Erwachsenenbildung/Weiterbildung im Institut für Erziehungswissenschaften der Kultur-, Sozial- und Bildungswissenschaftlichen Fakultät der Humboldt-Universität zu Berlin
Arbeits-/Forschungsschwerpunkte: Beratungsforschung, Programmforschung, Kulturelle Bildung
Email: wiltrud.gieseke@cms.hu-berlin.de

Prof. Dr. Anke Grotlüschen
Professorin für Lebenslanges Lernen an der Universität Hamburg
Arbeits-/Forschungsschwerpunkte: Literalitätsforschung, Lern- und Interesseforschung, Lernen mit digitalen Medien
Email: anke.grotlueschen@uni-hamburg.de

Stephanie Günther, M.A.
Wissenschaftliche Mitarbeiterin an der Universität Potsdam, Department Erziehungswissenschaft, Professur Erwachsenenbildung, Weiterbildung und Medienpädagogik
Arbeits-/Forschungsschwerpunkte: Subjektwissenschaftliche Lerntheorie und -forschung, Pädagogisches Handeln, Methoden der Qualitativen Sozialforschung
Email: stephanie.guenther@uni-potsdam.de

Anja Hauser
Promovendin an der Universität Tübingen, Wirtschafts- und Sozialwissenschaftliche Fakultät
Arbeits-/Forschungsschwerpunkte: Lernen in betrieblichen Kontexten, Erwachsenenpädagogische Organisationsentwicklung, Betrieblich-berufliche Weiterbildung
Email: anja.hauser@freenet.de

Till Heyer-Stuffer
Geschäftsführung des Netzwerkes Studienqualität Brandenburg (sqb)
Arbeits-/Forschungsschwerpunkte: Standortkoordination für die Hochschuldidaktische Beratung und Weiterbildung an der Universität Potsdam
Email: till.heyer-stuffer@faszination-lehre.de

Prof. Dr. Wolfgang Jütte

Universität Bielefeld, Fakultät für Erziehungswissenschaft, AG Weiterbildung & Governance of Lifelong Learning

Arbeits-/Forschungsschwerpunkte: Kooperations- und Netzwerkforschung, Internationale Erwachsenenbildung, Wissenschaftliche Weiterbildung

Email: wolfgang.juette@uni-bielefeld.de

Dr. (phil.) Ulla Klingovsky

Vertretungsprofessorin für Erwachsenenbildung/betriebliche und arbeitsmarktbezogene Weiterbildung an der Martin-Luther-Universität Halle-Wittenberg

Arbeits-/Forschungsschwerpunkte: Theorie und Empirie von Lern- und Bildungsverhältnissen, Professionalisierung erwachsenenpädagogischen Handelns, Bildungstheorie und Didaktik, politische Ökonomie der Bildung, Gouvernementalität in der Weiterbildung

Email: ulla.klingovsky@paedagogik.uni-halle.de

Dr. (phil.) Peter Kossack

TU Darmstadt, Vertretung der Professur für Allgemeine Pädagogik mit dem Schwerpunkt Ewachsenenbildung

Arbeits-/Forschungsschwerpunkte: Differenztheoretisch begründete Analysen zum Lernen Erwachsener, Beraten und Lehren als Formen pädagogischer Professionalität und zum Lebenslangen Lernen

Email: p.kossack@apaed.tu-darmstadt.de

Dr. des. Barbara Lindemann

Lehrstuhl für Allgemeine Pädagogik und Bildungsforschung der Ludwig-Maximilians-Universität München

Arbeits-/Forschungsschwerpunkte: Weiterbildung/Erwachsenenbildung, berufliche Sozialisation, Hochschulforschung/Übergänge

Email: barbara.lindemann@edu.lmu.de

Prof. Dr. Kurt R. Müller

Arbeits-/Forschungsschwerpunkte: Lernen Erwachsener; Bildung im Modus von Beratung; Rekonstruktion von Lebenspraxen als Lernpraxen

Email: dr.k.r.mueller@t-online.de

Barbara Nienkemper

Universität Hamburg

Arbeits-/Forschungsschwerpunkte: Alphabetisierung und Grundbildung, Literalitätsforschung, Kompetenzdiagnostik

Email: Barbara.Nienkemper@uni-hamburg.de

Prof. Dr. Dieter Nittel
Goethe-Universität, Fachbereich Erziehungswissenschaften, Institut für Sozialpädagogik und Erwachsenenbildung
Arbeits-/Forschungsschwerpunkte: Erziehungswissenschaftliche Professionstheorie, Organisationsforschung, Biographieforschung, qualitative Bildungsforschung
Email: nittel@em.uni-frankfurt.de

Prof. Dr. habil. Dr. h.c. Ekkehard Nuissl von Rein
Bis 2011 Direktor des Deutschen Instituts für Erwachsenenbildung in Bonn; Professuren in Kaiserslautern, Florenz, Timisoara und Torun
Arbeits-/Forschungsschwerpunkte: Lehr-/Lernforschung, Bildungspolitik, Vergleichende Erwachsenenbildung, Empirische Bildungsforschung
Email: nuissl@die-bonn.de

Prof. em. Dr. Ortfried Schäffter
Humboldt-Universität zu Berlin
Arbeits-/Forschungsschwerpunkte: Theorie der Weiterbildung, Interkulturalität, alltagsgebundenes Erwachsenenlernen, theoretische und praktische Beschäftigung mit Institutionalisierung, Organisationsstrukturen, Organisationsentwicklung in der Erwachsenenbildung und pädagogischer Beratung von Weiterbildungseinrichtungen; Arbeiten zu einer Allgemeinen Relationstheorie
Email: ortfried.schaeffter@googlemail.com

Prof. Dr. habil. Sabine Schmidt-Lauff
Universitätsprofessorin für Erwachsenenbildung und Weiterbildung am Institut für Pädagogik, Philosophische Fakultät, Technische Universität Chemnitz, Vorsitzende und Sprecherin der Sektion Erwachsenenbildung der Deutschen Gesellschaft für Erziehungswissenschaft (DGfE)
Arbeits-/Forschungsschwerpunkte: Zeitfragen des Lernens Erwachsener; Temporalität und Bildung im Erwachsenenalter, Betriebliche und Berufliche Weiterbildung, Professionalisierung und Professionalität in der Erwachsenenbildung, Europäische Perspektiven des Lebenslangen Lernens
Email: schmidt-lauff@phil.tu-chemnitz.de

Prof. Dr. Alexandra Schmidt-Wenzel
Fachhochschule Potsdam, Fachbereich Sozialwesen, Professur für Soziale Arbeit mit dem Schwerpunkt Pädagogik der Lebensalter
Arbeits-/Forschungsschwerpunkte: Professionelles Handeln in der Sozialen Arbeit, Familienbildung und Familiales Lernen, Hochschuldidaktik mit Fokus auf forschungsbasiertes Lehren und Lernen
Email: schmidt-wenzel@fh-potsdam.de

Christin Schramm, M.A.
Wissenschaftliche Mitarbeiterin im Netzwerk Studienqualität Brandenburg (sqb)
Arbeits-/Forschungsschwerpunkte: Hochschuldidaktische Beratung und Weiterbildung, Lernberatung, kooperative Netzwerkarbeit
Email: christin.schramm@faszination-lehre.de

Dr. Julia Schütz
Leuphana Universität Lüneburg, College, EU-Großprojekt „Innovations-Inkubator"
Arbeits-/Forschungsschwerpunkte: (Erwachsenen-)Bildungsforschung, komparative pädagogische Berufsgruppenforschung, Anerkennungstheorie, Hochschulforschung
Email: julia.schuetz@inkubator.leuphana.de

Bettina Setzer, M.A.
Lehrstuhl für Allgemeine Pädagogik und Bildungsforschung der Ludwig-Maximilians-Universität München
Arbeits-/Forschungsschwerpunkte: Bildung im Alter, Bildungsberatung
Email: bettina.setzer@edu.lmu.de

Prof. Dr. Rudolf Tippelt
Lehrstuhl für Allgemeine Pädagogik und Bildungsforschung der Ludwig-Maximilians-Universität München
Arbeits-/Forschungsschwerpunkte: Bildungsforschung, Weiterbildung/Erwachsenenbildung, Bildungsprozesse über die Lebensspanne, Übergang von Bildung in Beschäftigung, Fortbildung des pädagogischen Personals (im internationalen Kontext)
Email: tippelt@edu.lmu.de

Prof. Dr. phil. habil. Jürgen Wittpoth
Ruhr-Universität Bochum, Institut für Erziehungswissenschaft
Arbeits-/Forschungsschwerpunkte: Systembeobachtungen (in) der Weiterbildung; Regulative der Weiterbildungsbeteiligung; Lebenswelt, Wissen und Bildung; Methodologie rekonstruktiver Bildungsforschung
Email: juergen.wittpoth@rub.de